초기 유다이즘 입문

성서와함께 총서 연구 2

James C. VanderKam
An Introduction to Early Judaism
© 2001 Wm. B. Eerdmans Publishing Co.
All rights reserved.

This Korean Edition trans. by Prof. Dr. Johan Y.S. PAHK, is published by arrangement with Wm. B. Eerdmans Publishing Co. through KCBS, Seoul, the Republic of Korea.

Korean Translation Edition
© 2004 Living with Scripture Publishers

*이 책은 KCBS를 통해 저작권자와 저작권 계약을 통해 펴내는 책으로 저작권법의 보호를 받습니다. 무단 전재와 복제를 금합니다.
*이 책(3쇄)은 가톨릭 공용 성경에 따른 수정판입니다.

초기 유다이즘 입문

J. C. 판데어캄 지음
박요한 영식 옮김

성서와함께

총서기획위원

김영남(신약 · 가톨릭대학교 교수)
박요한 영식(구약 · 가톨릭대학교 교수)
백운철(신약 · 가톨릭대학교 교수)
최안나(구약 · 영원한 도움의 성모회)

책 머리에

필자는 대학 강단에서 강의하고 다른 여러 단체를 위해 강연하면서, 이 책에서 다루는 '유다의 역사와 문학'에 관해 의외로 관심이 많다는 것을 알게 되었다. 유다인들은 유다이즘의 오랜 형성 단계에 관해 더 궁금해하고, 그리스도인들은 '신·구약 중간시기' 쪽을 더 알고 싶어 한다. 문제는 그런 관심을 가진 사람이 이처럼 광대한 분야에 들어서자면 그들을 이끌어 주고 방향을 잡아 줄 안내가 필요한데, 그것이 마땅치 않다는 것이다. 전문가야 오늘의 학자들이 이용할 수 있는 무수히 많은 훌륭한 원천에 친숙하겠지만, 비전문가에게는 그처럼 무거운 책들이 너무 상세하고 전문적인데다 실제로 별 가치가 없어서 초기 유다이즘 시기가 친숙하지 않은 영역으로 남을 것이다.

윌리암 에드만스 출판사의 존 플롯과 댄 헤를로가 졸저 《The Dead Sea Scrolls Today》와 같은 부류의 초기 유다이즘 입문서를 준비해 달라고 청탁해 왔을 때, 이번 기회에 교실에서 교과서로 사용되고 동시에 이 분야를 시작하려는 관심 있는 독자들에게 출발점이 될 만한 입문서를 써서 그들의 요구를 채워 주기로 결심하였다. 그래서 나는 당시의 역사, 문학, 그리고 주요 고고학 발굴지에 관한 요긴한 정보를 제공하고, 그것을 명백히 하면서도 이해하기 쉬운 형태로 소개하여 다양한 수준의 관심과 목적을 가진 독자들이 쉽게 접근할 수 있는 책을 준비하려고 하였다.

 책을 준비하면서 어떤 것을 덧붙이고 제외해야 할지 결정해야 했다. 최근 십수 년간 그 시기를 '초기 유다이즘' 시기라 부르는 것이 관용처럼 되어 왔지만, 이 용어는 연대기적 의미에서 정확한 용어로 보기 어렵다. 여기에서 초기 유다이즘이란 예루살렘에 제2성전이 건재해 있을 때, 곧 기원전 516/515년에서 기원후 70년까지를 가리킨다. 우리는 제2성전이 언제 세워져서 파괴되었는지 정확히 알고 있지만, 몇몇 유다 본문들의 저작 시기를 두고는 그다지 만족스러운 대답을 하지 못할 때가 많다. 이 책에는 초기 유다이즘 시기에 집성되었을 가능성이 많은 본문들을 실었지만, 다른 본문들을 다루어야 할 경우도 더러 있었다. 예를 들어 차명 필로의 〈성경 고대사(Biblical Antiquities)〉와 〈요셉과 아세넷(Joseph and Aseneth)〉 같은 저작물은 포함시켜야 하고, 〈에녹의 비유집(Similitudes or Parables of Enoch=1에녹 37-71장)〉은 더 후대의 것이기 때문에 제외시켜야 한다고 주장할 수 있다. 물론 토론의 여지가 남아 있는 몇몇 예가 있기는 하지만 어떤 작품을 포함시킬지 신중히 결정했다. 독자는 여기에 포함된 자료들을 통해 이 시기에 있었던 일과 기록된 본문들의 유형, 그리고 유다 사상가들의 사고를 확신할 수 있어야 한다.

 필자는 이 책을 저술하면서 많은 사람의 도움을 받았다. 노트르담대학교와 신학부 측에서 강의와 연구를 지속할 수 있도록 훌륭한 자리를 제공해 주었다. 동료 학자들이 내놓은 많은 연구 결과는 이 책을 저술하는 데 귀중한 자료가 되었다. 박사과정의 유능한 학생들이 줄곧 고대 그리스도교와 유다이즘에 관한 연구 계획에 관심을 보여 준 덕분에, 이 책에서 다룬 시기에 관해 생각해 볼 수 있었다. 이 책에 도움을 준 사람들 가운데 특히 초고를 읽고 찾아보기를 만들어 준 김 안젤라에게 감사드린다.

  나는 재능 있고 박식한 나의 아내 마리아에게 사랑으로 이 책을 바친다. 그는 내가 관심 있어 하는 위경偽經 등의 주제를 가지고 나와 농담을 주고받을 줄 알았다. 사실 그는 '유능한 아내'여서 잠언 31장에 나오는 선조처럼 "입을 열면 지혜이고 자상한 가르침이 그 입술에 배어 있는" 여인이다.

차 례

책 머리에 … 5

제1장 제2성전 시기 … 15

1. 페르시아 시기(기원전 538-332) … 16

    1) 시작 … 16

    2) 유다에서 일어난 사건 … 18

        (1) 에즈라·느헤미야의 위업 … 18

        (2) 야뚜아와 알렉산드로스 대왕 … 23

    3) 이집트에서 일어난 사건 … 25

    4) 바빌론과 페르시아에서 일어난 사건 … 28

2. 헬레니즘 시기(기원전 332-63) … 32

    1) 프톨레마이오스 왕조의 이집트와 유다 통치

       (기원전 약 305-198) … 33

        (1) 프톨레마이오스 1세와 유다 … 33

        (2) 프톨레마이오스 2세와 토라의 그리스어 번역 … 34

        (3) 토비야의 소설 … 37

    2) 셀레우코스 왕조의 유다 통치와 그 영향(기원전 198-63) … 40

        (1) 안티오코스 3세(기원전 223-187) … 41

        (2) 안티오코스 4세, 대사제, 그리고 헬레니즘 … 43

    3) 하스모네아 왕가(기원전 약 140-63) … 55

        (1) 시몬(기원전 142-134) … 55

　　　　(2) 요한 히르카노스(기원전 134-104) ⋯ 59

　　　　(3) 아리스토불로스 1세(기원전 104-103)와 왕권 ⋯ 61

　　　　(4) 알렉산드로스 얀네오스(기원전 103-76) ⋯ 62

　　　　(5) 살로메 알렉산드라(기원전 76-67) ⋯ 64

　　　　(6) 히르카노스 2세와 아리스토불로스 2세

　　　　　　　　　　(기원전 67-63) ⋯ 65

3. 로마 시대(기원전 63 이후) ⋯ 68

　　1) 로마 시대 초기(기원전 63-37) ⋯ 68

　　2) 헤로데(기원전 37-4)와 아르켈라오스

　　　　(기원전 4-기원후 6) ⋯ 73

　　3) 로마의 직접 통치(기원후 6-66) ⋯ 79

　　4) 로마에 반기를 든 첫 유다 독립 항쟁(66-73) ⋯ 83

　　5) 바르 코크바의 독립항쟁(132-135) ⋯ 95

부록: 이집트 유다이즘 ⋯ 97

제2장 제2성전 시기의 유다 문학 ⋯ 103

1. 히브리어 성경에 포함된 제2성전 시기 본문 ⋯ 103

2. 제2성전 시기의 작품 분류 ⋯ 105

　　1) 외경 ⋯ 105

　　　　(1) 가톨릭의 제2경전 ⋯ 105

　　　　(2) 그리스어 성경에는 있으나

　　　　　　히브리어 성경에는 없는 작품 ⋯ 107

　　2) 위경 ⋯ 108

3. 제2성전 시기의 유다 작품 … 112

    1) 설화 작품 … 112

        (1) 역사 … 112

            ① 에즈라 1서 … 112

            ② 마카베오기 상권 … 118

            ③ 마카베오기 하권 … 124

        (2) 꾸민 이야기 … 131

            ① 토빗기 … 131

            ② 유딧기 … 135

            ③ 수산나 이야기 … 143

            ④ 마카베오기 3권 … 147

            ⑤ 아리스테아스의 편지 … 152

            ⑥ 그리스어 에스테르기 … 159

    2) 다시 쓰인 작품 … 166

        (1) 에녹 1서 … 166

            ① 에녹의 천문학 책(1에녹 72-82장) … 167

            ② 파수꾼의 책(1에녹 1-36장) … 170

        (2) 아람어 레위기 … 176

        (3) 희년서 … 180

        (4) 열두 성조의 유언서 … 186

    3) 묵시록 … 190

        (1) 주간 묵시록(1에녹 93,3-10; 91,11-17) … 191

        (2) 꿈의 책(1에녹 83-90장) … 193

　　　　(3) 시빌의 신탁서 … 198

　　　　(4) 에녹의 은유집 또는 비유집

　　　　　　(1에녹 37-71장) … 202

　　　　(5) 모세의 유언서 … 207

　4) 지혜문학 … 211

　　　　(1) 벤 시라의 지혜서 … 212

　　　　(2) 에녹의 편지(1에녹 91-107〔108〕장) … 219

　　　　(3) 바룩(또는 바룩 1서) … 222

　　　　(4) 솔로몬의 지혜서 … 227

　5) 시 작품 … 234

　　　　(1) 솔로몬의 시편 … 234

　　　　(2) 므나쎄의 기도 … 241

　　　　(3) 아자르야의 기도와 세 젊은이의 노래 … 243

　6) 우상들을 비웃음 … 245

　　　　(1) 예레미야의 편지 … 246

　　　　(2) 벨과 용 … 248

　7) 필로와 요세푸스 … 251

　　　　(1) 알렉산드리아의 필로 … 251

　　　　(2) 요세푸스 … 258

　8) 위대한 고고학 발굴 … 266

　　　　(1) 엘레판틴 파피루스 … 267

　　　　(2) 사해 두루마리 … 272

　　　　　① 수사본과 단편 … 273

          ② 고고학 증거 … 287
          ③ 쿰란 공동체와 그 역사 … 289
      (3) 마사다 … 299
          ① 역사 … 300
          ② 고고학 증거 … 306

제3장 종합: 지도자, 단체, 그리고 제도 … 313
1. 통치자와 지도자 … 314
    1) 사제 … 314
        (1) 대사제 … 315
        (2) 고위 사제 … 323
        (3) 일반 사제 … 325
    2) 사회 통치자 … 326
    3) 최고 의회(산헤드린) … 328
2. 단체 … 331
    1) 제2성전 시기 초 … 331
    2) 헬레니즘 시기 후기와 로마 시기 … 333
        (1) 바리사이파 … 333
        (2) 사두가이파 … 337
        (3) 에세네파 … 340
        (4) 다른 종파 … 343
3. 예배 … 345
    1) 성전 … 345

　　　　(1) 성전 구조 ··· 345

　　　　(2) 희생 제사 제도 ··· 358

　　　　(3) 축제 ··· 359

　　　　　　① 파스카 축제 ··· 360

　　　　　　② 무교절 ··· 360

　　　　　　③ 두 번째 파스카 축제 ··· 362

　　　　　　④ 주간절 ··· 362

　　　　　　⑤ 칠월 초하루 ··· 363

　　　　　　⑥ 속죄일 ··· 363

　　　　　　⑦ 초막절 ··· 364

　　　　　　⑧ 하누카(성전 봉헌 축제) ··· 365

　　　　　　⑨ 푸림절 ··· 366

　　　　(4) 다른 형태의 예배 ··· 367

　　　　　　① 음악 ··· 367

　　　　　　② 기도 ··· 370

　　2) 회당 ··· 372

4. 성경 ··· 375

　　1) 권위 있는 저작물 분류 ··· 376

　　2) 판본 ··· 379

　　3) 해석 ··· 381

참고 문헌 ··· 383

찾아보기 ··· 390

제1장
제2성전 시기

제2성전 시기(기원전 516/15-기원후 70)는 유다 백성이 어디에 살았든 정치·군사적으로 다른 나라들의 통제를 받았던 시기였다. 기원전 2세기 말부터 기원전 1세기 초에 잠시 자신들의 독립 국가를 누렸을 뿐, 늘 훨씬 강력한 권력의 그늘에 가려져 있었다.

  거의 여섯 세기에 걸쳐 다양한 유다 공동체에게 영향을 준 역사적 사건들을 간략히 그려 보는 것이 제2성전 시기에 대한 서론을 시작하는 데 도움이 될 듯하다. 후기 히브리어 성경 시기로 시작되는 제2성전 시기는 기원후 1세기까지 계속된다. 주요한 역사적 사건과 인물을 알면 제2성전 시기의 문학을 다루기가 훨씬 더 쉬울 것이다. 그러면 독자는 정확한 역사적 맥락에서 본문들을 읽을 수 있을 것이다.

1. 페르시아 시기(기원전 538-332)

제2성전 시기는 페르시아가 고대 근동을 통치하던 때에 시작된다.

1) 시작

성경의 역사에 따르면 키루스 임금이 바빌론 통치 제1년에 예루살렘에 성전을 지으라고 명령한 칙서를 반포함으로써 제2성전을 건축하는 일이 시작되었다(기원전 539-538. 2역대 36,22; 에즈 1,1-2; 5,13; 참조 에즈 6,3). 그 전에도 제2이사야 예언자가 "그는 나의 목자. 그가 나의 뜻을 모두 성취시키며 예루살렘을 두고 '그것은 재건되고 성전은 그 기초가 세워지리라.' 하고 말하리라"(이사 44,28)는 주님의 말씀을 인용하였다. 성경에 보면 키루스 임금은 "온 나라에 어명을 내리고 칙서도 반포하였다"(2역대 36,22; 에즈 1,1).

페르시아 임금 키루스는 이렇게 선포한다. 주 하늘의 하느님께서 세상의 모든 나라를 나에게 주셨다. 그리고 유다의 예루살렘에 당신을 위한 집을 지을 임무를 나에게 맡기셨다. 나는 너희 가운데 그분 백성에 속한 이들에게는 누구나 그들의 하느님(2역대 36,23에는 '주 그들의 하느님'으로 되어 있음)께서 함께 계시기를 빈다. 이제 그들이 유다의 예루살렘으로 올라가서(2역대 36,23은 여기서 끝남), 주 이스라엘의 하느님 집을 짓게 하여라. 그분은 예루살렘에 계시는 하느님이시다. 이 백성의 남은 자들이 머무르고 있는 모든 지방의 사람들은, 예루살렘에 계시는 하느님의 집을 위한 자원 예물과 함께, 은과 금과 물품과 짐승으로 그들 모두를 후원하여라(에즈 1,2-4).

키루스는 예루살렘 도성이 아니라, 그에게 가진 모든 것을 주셨다고 고백하는 바로 그 하느님께서 당신의 거처로 선택하신 성전에 관심을 집중하였다. 자신이 세운 정책에 충실한 위대한 임금은 바빌론 임금 네부카드네자르가 기원전 587/586년 예루살렘 성전을 파괴하면서 성전에서 가져간 성전 기물들을 돌려주었다. 키루스는 그 기물들을 다윗의 후손으로 보이는 세스바차르라는 사람에게 넘겨 주었다(1역대 3,18에 나오는 '셴아차르'는 그의 이름을 다른 식으로 표기한 것인 듯하다). 그가 누구였든, 세스바차르와 다른 많은 이가 성전 기물들을 전에 예루살렘 성전이 있던 곳으로 가져왔는데, 그때 성전 건축이 시작된 듯하다. 그들은 미래의 성전 기초를 놓기 시작하였으나(에즈 5,16을 보라) 큰 진전을 보지 못했을 것이다. 기초공사가 마무리되지 못한 이유는 알려져 있지 않다.

약 18년이 지난 뒤, 곧 다리우스 임금(기원전 522-486)의 통치 제2년인 기원전 520년에 새 성전을 지으려는 노력이 다시 진지하게 시작된다(에즈 5,1-6,15). 성전을 건축하기 위해 애쓴 지도자들의 이름이 에즈라기에 기록되어 있다. 평신도 지도자는 즈루빠벨이었는데, 그는 분명히 다윗의 후손이었다(1역대 3,19). 대사제는 예수아로 제1성전의 마지막 대사제의 후손이었다. 그리고 두 사람의 예언자 하까이와 즈카르야가 즈루빠벨과 예수아와 백성을 독려하여 성전 공사를 재개시켰다. 에즈라기는 임금의 승락과 지원으로 성전 공사를 재개하여 다리우스 임금 통치 제6년(기원전 516/515. 에즈 6,15) 아다르 달 초사흗날에 성전이 준공되었다고 말한다. 그리하여 이른바 제2성전 시기로 알려진 새 시대가 열린다.

2) 유다에서 일어난 사건

제2성전이 준공된 뒤에 히브리어 성경의 원천들은 유다에서 일어난 사건들을 매우 불균등하게 보도한다. 두 세기에 걸쳐 진행된 유명한 지도자 두 사람의 일을 기록하고 다른 사건들에 대해서는 간단히 암시할 뿐이다.

(1) 에즈라·느헤미야의 위업

기원전 458년(아르타크세르크세스 1세(기원전 465-424)의 통치 제7년) 사제이며 율법 학자로서 "주님의 계명과 이스라엘에 내린 규정에 통달한 학자"(에즈 7,11)인 에즈라가 바빌론을 떠나 사제, 레위인, 평신도로 구성된 많은 귀환자를 이끌고 유다에 도착하였다. 에즈라는 임금에게서 아주 특별한 임무를 받아 왔다. 곧 그는 〔유프라테스 강〕 서부 지방이라 불리는 페르시아 영토에서 특정한 법을 실행하라는 구체적 임무를 맡았는데, 유다는 이 서부 지방에 속했다.

에즈라, 그대는 그대 손에 있는 하느님의 지혜에 따라 유프라테스 서부 지방의 온 백성, 곧 그대의 하느님 법을 아는 모든 이의 재판을 맡아볼 수 있는 판관들과 행정관들을 세워라. 법을 모르는 이들은 그대들이 가르쳐라. 그대의 하느님 법과 임금의 법을 따르려 하지 않는 자는 누구에게나 어김없이 법규를 적용하여, 사형이나 추방형, 재산 몰수형이나 징역형에 처하여라(에즈 7,25-26).

임금과 그의 고문관들도 다리우스 임금의 선임자들의 정책을 그대로 받아들여 예루살렘의 성전을 운영하고 보존할 수 있도록 아낌없이 후원하였다(에즈 7,14-24; 8,36 참조).

에즈라는 예루살렘에 도착한 직후 많은 유다인이 유배에서 돌아온 이들이 아니라 다른 사람들과 혼인한 사실을 알았다. 에즈라는 단식을 하고 머리카락을 뜯고 의복을 찢은 뒤에 고백의 기도를 길게 바치고(9장), 그렇게 이민족과 혼인한 죄를 지은 사람들에게 그들의 이민족 아내와 그들에게서 난 자식들을 모두 내보낼 것을 요구하였다(10장). 그들의 범죄 – "거룩한 씨가 이 지방 백성들과 섞이는"(9,2) – 가 가벼운 듯하지만 하느님의 법을 어기는 행위였고, 에즈라는 그런 죄악 때문에 이미 125년 전에 바빌론인들의 손에 짓밟히고 유배를 당하게 되었다고 한다. 적어도 에즈라의 설득을 들어 보면, 그의 해결 방안이기도 한 순수한 세대와 가족만이 당시 하느님의 법에 충실한 이들의 핵심임을 강조한다.

이때까지만 하더라도 에즈라는 임금에게 받은 임무를 수행하지 않았던 것으로 보인다. 그는 약 14년이 지나도록 임금이 명한 임무를 실행하지 않았다. 같은 페르시아 임금 아르타크세르크세스 1세의 술 시중 담당이던 느헤미야는 예루살렘의 상황에 대해 충격적인 보고를 받는다. 그의 형제 하나니가 "몇 사람과 함께 유다에서 와서"(느헤 1,2. 이 구절은 유다와 수사 사이에 왕래가 있었음을 보여 준다) 느헤미야에게 말하였다. "포로살이를 모면하고 그 지방에 남은 이들은 큰 불행과 수치 속에 살고 있습니다. 예루살렘 성벽은 무너지고 성문들은 불에 탔습니다"(1,3). 기원전 587/586년 바빌론인들이 성벽을 파괴한 뒤에 그곳이 그대로 방치되었다는 말인지, 아니면 새로 지은 성벽이 무너졌다는 말인지 알 수 없다. 그러나 이 소식을 듣고 놀란 느헤미야는 용기를 내어 잠시 자신의 공적 직무를 중단하고 예루살렘 성읍을 다시 세울 수 있도록 보내 달라고 청하였다. 느헤미야는 이 일이 아르타크세르크세스 임금 제20년에 있었다고 하는데(1,1; 2,1), 기원전 445/444년쯤 되었을 것이다.

느헤미야는 필요한 목재를 왕실 숲에서 대 주라는 임금의 서신을 들고 군대의 호위를 받으며 예루살렘으로 올라갔다. 예루살렘에 도착한 느헤미야는 폐허가 된 예루살렘의 성벽을 다시 세우는 계획을 짜고(느헤 3장) 52일이 걸리는 대사업을 성공적으로 착수하였으나, 예루살렘 근처에 사는 지도자들은 그가 임금의 총애를 받고 있다는 사실을 의심하여 강하게 반대하였다. 그들 가운데 대표 인물이 암몬 사람 토비야와 호론 사람 산발랏이었다. 느헤미야는 예루살렘에서 사회 개혁을 많이 이룩하였으나, 그의 이름을 딴 느헤미야기는 갑자기 8-10장에서 주인공에게서 주의를 거두고 에즈라에게 집중한다.

여기서 에즈라는 마침내(그가 예루살렘에 도착한 지 14년이 흐른 뒤) 아르타크세르크세스 임금이 그에게 명한 임무를 수행하였다. 곧 에즈라는 "남자와 여자, 그리고 말귀를 알아들을 수 있는 모든 이"(8,2)로 이루어진 회중 앞에서 율법 책을 읽고 설명하였다. 율법 학자 에즈라가 "주님께서 이스라엘에게 명령하신 모세의 율법서"(8,1)를 읽고, 레위인들이 그를 도왔다. 그들은 "백성에게 율법을 가르쳐 주었다. 백성은 그대로 서 있었다. 그들은 그 책, 곧 하느님의 율법을 번역하고 설명하면서 읽어 주었다. 그래서 백성은 읽어 준 것을 알아들을 수 있었다"(8,7-8). 율법 독서로 초막절 축제를 올바로 준수할 수 있었고 이미 그 지방 백성과 갈라선 이스라엘인들이 자기네 죄를 고백하게 되었다(9장). 에즈라는 죄를 고백하면서 다른 나라의 지배를 받는 유배와 현재의 상황이 율법을 지키지 않아서 생긴 일임을 인정한다. 그래서 그곳에 모인 백성은 "맹약을 맺고 그것을 기록하였"(10,1)으며 그 문서에 서명하였다(에즈라기와 느헤미야기에서처럼 서명한 사람들의 이름이 모두 명시된다). 그들이 맹약한 내용은 하느님의 율법에 순종하기로 서약할 것, 이 지방 백성들과 혼인하지 않을 것, 안식일에 장사하지 않을 것, 빚 탕감을 포함하여 안식년을 준수하며 하느님 집의 전례를 위하여 해마다 삼분의 일 세켈씩 바칠 것, 번제물에 필요한 장작을 주기적으로 바칠 때마다 맏물을 성소에서 바칠 것, 그리고 십일조를 바치는 일이다(10장). 나중에 느헤미야는 이 맹약들 가운데 몇 가지를 강제로 실시하였다(13장).

느헤미야기는, 느헤미야가 아르타크세르크세스 임금의 통치 제

32년(기원전 433-432) 바빌론으로 갔지만(13,6), 얼마 지나서 두 번째 일을 하기 위하여 지방관으로서 예루살렘으로 돌아왔다고 보고한다. 아르타크세르크세스 임금의 통치 제32년은 히브리어 성경에 언급된 가장 확실한 연대이다. 물론 느헤 12장에 나오는 사제들의 이름 가운데 더러는 훨씬 더 뒤에 등장하는 인물일 것이다. 예를 들어 대사제들의 명단에는 야뚜아도 들어 있는데, 야뚜아는 알렉산드로스 대왕이 예루살렘을 방문했을 때 대사제로 봉직했던 것으로 추정된다(12,11.22). 그러나 어떤 학자들은 그가 틀림없이 더 이전의 야뚜아로서 그의 이름이 그 시기의 대사제들을 열거하는 다른 명단에서 생략되었다고 생각한다. 느헤 12,22에 언급된 "페르시아인 다리우스"는 아마 기원전 423-404년에 통치했던 다리우스 2세를 가리키는 것으로 여겨진다.

에즈라·느헤미야기는 동부 디아스포라에서 돌아온 유다인들이 다른 방식이기는 하지만 주님을 숭배하기도 하였던 이웃 백성과 분리되려고 노력하였음을 보여 준다. 호론 사람 산발랏은 사마리아 지역을 다스렸던 지방관들의 선조였고, 그곳 사람들은 유다인들과 반목 관계에 있었던 것으로 여겨진다. 암몬 사람 토비야와 아라비아 사람 게셈과 연계된 백성도 마찬가지였을 것이다(예로 느헤 6,1 참조). 예루살렘 성전 주위에 모여 살던 특정한 유다인들은 다른 백성들과 한데 섞여 사는 것을 미래에 훨씬 더 큰 문제를 일으킬 수 있는 위험한 생활방식으로 보았던 것으로 나타난다. 그들은 자기들에 대한 신의 호의를 보장받기 위해 분리주의를 주장하는 규정을 포함하여 모세에게 계시된 계약의 율법을 지키기로 맹세하였다.

느헤미야와 더불어 적어도 모든 실천적 문제에 대해서는 유다 역사가 막을 내린다. 느헤미야 시대와 기원전 160년 마카베오 형제들의 항쟁 사이에 있었던 사건에 관해서 우리에게 전해지는 정보가 거의 없다. 유다인 역사가 요세푸스가 쓴 〈유다 고대사〉에서 전해주는 게 유일한 자료이다(제2장의 요세푸스에 관한 부분 참조). 요세푸스는 기원후 90년에 〈유다 고대사〉를 썼고, 느헤미야 통치 시기와 마카베오 항쟁 사이의 사건에 관한 정보를 아주 적게 가졌음에 틀림없다. 요세푸스가 어느 정도 상세히 서술하는 한 가지 사건에 대사제 야뚜아가 포함되어 있는데, 야뚜아는 느헤 12장(11.22절)에 언급된 마지막 대사제이다.

(2) 야뚜아와 알렉산드로스 대왕

요세푸스에 따르면 야뚜아는 알렉산드로스 대왕이 기원전 332년 지중해 동부 연안을 지나 출정할 때 대사제직을 수행하고 있었다. 느헤미야기의 명단에 나오는 마지막 두 사람이 오랫동안 대사제직을 수행한 것으로 추정할 수 있기 때문에, 어떤 학자들은 그가 결코 느헤미야기에 나오는 야뚜아일 수 없다고 생각하였다. 그러나 그들이 비교적 오랫동안 재직하였다 하더라도 알렉산드로스 시기에 야뚜아가 대사제로 재직할 수도 있었다.

요세푸스의 이야기에 따르면, 알렉산드로스가 그 지역 지도자들에게 충성을 요구했을 때 야뚜아는 페르시아의 마지막 임금 다리우스 3세와 동맹을 맺은 터라 그에게 한 서약 취소를 거부하였다. 마케도니아의 군주가 그를 징벌하러 예루살렘으로 행군해 오자 대사제는 온 백성에게 흰옷을 입히고 정복자를 맞이하였다. 그때 알렉산드로스는 전혀 예상치 못한 뜻밖의 일을 하였다. 곧, 말에서 내려 대사제에게 걸어가 머리 숙여 인사한 것이다. 알렉산드로스는 얼마 전 꿈에 대사제를 보았다고 주장하고, 야뚜아는 그의 예루살렘 입성이 다니엘서에 예언되어 있다고 확신시켰다. 알렉산드로스는 다시 이집트로 진군하기 전에 유다인들에게 많은 호의를 베풀었다.

이 이야기에는 개연적 요소가 많이 들어 있고 비非유다계의 그리스 원천들은 어떤 문헌에서도 알렉산드로스와 유다의 대사제가 만난 것을 언급하지 않는다. 그러나 그 이야기를 어떻게 생각하든, 그것은 대사제의 지도 아래 있던 유다 공동체의 모습을 밝혀 주며 막강한 권력자들과 원만한 관계를 맺고 있었음을 드러낸다.

이 이야기에는 예루살렘 북쪽에 인접해 살던 사마리아 사람들과 관련된 부수적 이야기가 끼어 있다. 에즈라기와 느헤미야기에서 이미 유배에서 돌아온 직후에 이 이웃과의 관계가 불편했음을 여러 가지 사례로 보여 주었다. 에즈 4,1은 "유다와 벤야민의 적들"을 언급하는데, 그들이 돌아온 유배자들의 하느님을 믿어 왔고 성전 재건을 돕기를 원한다고 주장하는 것(4,2) 외에 그들의 정체를 정확하게 밝히지 않는다. 그들의 제안은 거절당한다(4,3). 나중에 아르타크세르크세스 시기에 같은 지역의 지방 장관들이 임금에게 유다인들이 예루살렘 성읍을 다시 세우고 있다며 그들을 고발하는 편지를 썼다. 그에 대한 대답으로 아르타크세르크세스는 작업을 중지시켰다(4,7-23). 느헤미야를 방해한 적들 가운데 하나가 호론 사람 산발랏(느헤 2,10에 처음 언급되었음)이었다. 호론 역시 북쪽 지역이었고, 산발랏 집안은 지방관으로 사마리아를 계속 다스렸고 그 지배는 한 세기 뒤에 알렉산드로스 대왕이 도착할 때까지 지속되었다.

1960년대 초 와디 엣-달리예(ed-Daliyeh)에서 발견된 파피루스들을 통해 당시에 이런 주장이 있었다는 증거가 확보되었다. 그 문서들은 아람어로 쓰인 기원전 300년 중반의 것이고 대부분의 본문이 계약서이다. 몇몇 문서에 산발랏의 이름이 보존되어 있는데, 이를 통해 가족의 계보를 다시 구성할 수 있다. 느헤미야의 적이었던 산발랏은 지방관으로서 사마리아를 통치하던 세 사람의 산발랏 가운데 첫째 인물이었던 것 같다. 그의 아들 델라이아(Delaiah)는 엘레판틴에서 발견된 파피루스들 가운데 하나에 언급된다(아래를 보라). 두 번째 산발랏은 사마리아 파피루스에서 그 모습을 드러내고, 요세푸스가 대사제 야뚜아와 동시대 인물로 제시한 산발랏은 세 번째 산발랏일 것이다. 요세푸스에 따르면 이 산발랏은 알렉산드로스를 지원하였고, 알렉산드로스는 그에게 자기 지역에 성전을 지으라고 허락하였다. 산발랏은 야뚜아의 형제를 자기 딸과 혼인시켰고, 그에게 자기가 지은 새 성전의 대사제직을 제의하였다. 이것이 사마리아 지역에 세운 성전의 기원일 것으로 추정된다.

3) 이집트에서 일어난 사건

페르시아가 근동 지역을 통치하는 동안 유다에만 유다 민족이 살고 있었던 것은 아니다. 여러 나라에서 유다인을 찾아볼 수 있었다. 유다인들은 다양한 이유로 곳곳에 흩어져 살고 있었다. 유다인들이 흩어지게 된 이유 가운데 가장 잘 알려졌고 문서로 입증되는 이유는 기원전 6세기 초에 있었던 유배 과정이다. 그 유배로 인하여 대단히 많은 유다인이 메소포타미아에 정착하게 되었다. 페르시아 시기와 그 후 시기에 관한 원천에 따르면, 이집트에도 많은 유다인이 살고 있었다. 그들은 해가 거듭할수록 불어나 참으로 큰 집단이 되었다.

예레미야서는 기원전 587/586년 네부카드네자르가 예루살렘을 점령한 여파로 유다인들이 이집트로 이주하였다고 전한다. 정복자들은 그달야라 불리는 유다인에게 유다의 땅을 맡겨 돌보게 하였으나(예레 39,14; 40,5-12). 기원전 582년 그는 이스마엘에게 살해되었다(40,13-41,10). 이스마엘이 이끄는 살인자들은 그 뒤에 요하난이 이끄는 다른 유다인들에게 패배하여 나라 밖으로 달아났다. 그러나 요하난과 그의 군대 지휘관들은, 바빌론인들이 유다의 땅을 맡아 돌보던 지방관의 죽음에 책임을 물어 자기들을 징벌할까 봐 두려워하게 되었다. 그 결과 그들은 이집트로 달아났고 예레미야 예언자를 억지로 이집트로 데리고 갔다(예레 43,1-7). 예레미야는 처음에는 유배자들과 함께 바빌론으로 가자는 초대를 거절하고(40,1-6) 두려움에 휩싸인 유다인들에게 유다 땅에 그대로 남아 있도록 종용하더니(42,7-22), 이집트에 끌려가서 그곳에 있는 유다인들 사이에서 부정적 예언 활동을 계속하다가 거기서 생애를 마쳤다(43,8-44,30). 예레미야서는 "믹돌과 타흐판헤스와 멤피스와 파트로스 지방에"(44,1) 유다인들이 살고 있었다고 말하며, 그들은 거기에서 계속 우상을 숭배하였다고 한다. 예레미야의 마지막 말은 파라오 호프라(기원전 588-569)가 원수들의 손에 넘겨질 것이라는 예언이다(44,30). 이로써 그가 그때까지 아직 살아 있으면서 예언 직무를 수행하였음을 짐작할 수 있다.

엘레판틴 파피루스(Elephantine Papyri)로 알려진 일련의 본문들은 더 나중에 이집트에 유다인들이 거주하고 있었음을 증거한다. 엘레판틴 섬은 거대한 댐이 보이는 아스완 시 맞은편에 위치한다. 19세기 말과 20세기 초에 거기서 여러 묶음의 파피루스가 발견되었다. 기원전 400년대 말부터 기원전 300년대 초에 쓰인 아람어 본문들은 그 섬에 주둔하고 있던 유다의 군사 식민지에서 나온 것인데, 본문에서는 그곳을 옙(Yeb)이라 부른다. 엘레판틴 파피루스에 관해서는 제2장에서 다루겠고, 여기에서는 거기서 전하는 역사 정보를 간단히 소개하겠다.

옙의 유다인들은 성전을 가지고 있으면서 그곳에서 야후(Yahu)라 부르는 하느님을 숭배하였는데, 야후는 성경에서 말하는 야훼(Yahweh)와 같은 형태이다(보통 '주님'으로 번역됨). 그들은 기원전 525년 페르시아 임금 캄비세스가 이집트를 침공하기 전부터 그 자리에 성전이 세워져 있었다고 주장하였다. 그러나 성소는 기원전 410년에 파괴되었다. 성전의 파괴는 이집트의 신 크눔(Khnum)을 섬기는 사제들이 페르시아 제국의 승인을 받아 일으킨 소행이었다. 가장 높은 페르시아 관리였던 총독 아르사메스(Arsames)는 공격이 시작되자 이집트를 떠났다. 엘레판틴의 유다인들은 성전을 다시 짓기 위해 지원을 받으려고 하였다. 그들은 예루살렘의 대사제 요하난(느헤 12,22에서 언급된다)에게 서신을 보냈지만 아무런 답을 듣지 못한 것 같다(그 사정에 대해서는 알려져 있지 않음). 그들은 또 예루살렘의 지방관 바고아와 느헤미야의 적대자인 산발랏의 아들 델라이아에게도 편지를 보냈는데, 델라이아는 당시에 사마리아의 지방관이었다. 이 관료들이 성전 재건 사업을 주창하여 성전이 다시 세워졌으나 동물을 희생 제물로 바치는 제사는 더 이상 허용되지 않았다.

엘레판틴의 본문에는 다른 신들에 대한 지적도 많다. 그래서 170년 전에 예레미야에게 그토록 강력히 비판을 받았던 이집트의 유다인들처럼 이 유다인들도 종교혼합주의로 기울어진 경향을 보였다.

4) 바빌론과 페르시아에서 일어난 사건

2열왕 25장은 바빌론인들에게 예루살렘이 함락되고 많은 유다인이 더 먼 동부 지역(바빌론 외에는 별다른 지명이 없음)으로 유배를 가는 것으로 끝난다. 열왕기 하권 마지막 장 마지막 단락은 바빌론 임금 에윌 므로닥(Evilmerodach)이 유다 임금 여호야킨의 유배살이(기원전 598-561) 제37년에 여호야킨을 감옥에서 풀어 주었다고 한다. 그는 여호야킨을 잘 돌보아 주기도 했다. "살아 있는 동안 내내 바빌론 임금 앞에서 늘 음식을 먹게 되었다. 여호야킨의 생계비는 그가 살아 있는 동안 내내, 임금이 날마다 일정하게 대 주었다"(2열왕

25,29-30). 이 간략한 정보는 여호야킨과 그의 아들들에게 제공해 준 생필품을 언급하는 바빌론의 문서에서도 입증되었다.

에제키엘 예언자는 바빌론에서 유배살이를 하는 유다인들에 관해 몇 가지 정보를 덧붙인다. 에제키엘 자신이 다른 유배자들이 있던 크바르 강 가에서 유명한 '하느님의 수레'의 환시를 받았다(에제 1,1). 나중에 에제키엘은 크바르 강 근처에 있던 텔 아비브에 유배자들이 살고 있었다고 한다(3,15). 에제키엘서의 마지막 부분에 나오는 유다 땅의 복구와 성전에 관한 그의 환시(40-48장)는 기원전 573년에 있었다(40,1).

이런 일이 있은 뒤 메소포타미아 지역에 살고 있던 유다인들에 관한 정보는 매우 간헐적으로 전해진다. 우리가 앞에서 살펴보았던 것처럼, 에즈 1장에서 어떤 이들은 유배에서 돌아왔고 다른 이들은 그대로 남아 있으면서 돌아간 유배자들을 재정적으로 도왔다. 에즈라 자신은 바빌론에서 올라왔다(에즈 7,9; 8,1). 에즈라는 자신과 함께 예루살렘으로 올라가기를 원하는 사람들을 "아하와로 흐르는 강 가에" 모았다(에즈 8,15; 참조 8,21.31). 그는 성전 봉사자들이 있던 카시프야라는 곳에 있는 유배자들의 우두머리와 접촉하였다(에즈 8,17). 느헤미야는 수사의 왕궁에서 관료로 일했다(느헤 1,1). 이 몇몇 정보는 시편 137과 더불어 메소포타미아와 페르시아의 여러 지역에 꽤 많은 유다인이 살고 있었음을 가리킨다. 그러나 이 자료들만으로는 그들의 역사에 대해 많은 것을 쓰기 어렵다. 또한 성경과 외경의 몇몇 본문이 동부 디아스포라와 관계되지만, 그 자료들을 역사적으로 평가하기는 어렵다.

예를 들어 제2장에서 더욱 상세히 다루게 될 토빗기는 바빌론인들이 예루살렘을 파괴하고 페르시아인들이 바빌론을 멸망시키기 오래 전, 아시리아인들이 다스리던 기원전 722년 사마리아의 함락에 뒤이은 이스라엘인들의 디아스포라가 그 배경이다. 토빗은 살만에세르 임금 아래에서 봉직하였다(토빗 1,13-15). 그의 조카 아키카르는 산헤립 임금과 에사르 하똔 임금의 고위 관료였다(1,21-22). 토빗기는 이스라엘인/유다인이 외국 임금들 밑에서 고위직을 맡게 되었다고 하는 문학의 첫 번째 예다.

성경에 포함된 그러한 문학 작품의 예는 다니엘서와 에스테르기인데, 이 책들이 역사적 사건들을 전한다고 믿기는 어렵다. 다니엘은 바빌론 임금 네부카드네자르가 자기 왕실에서 일하게 하려고 데려간 이스라엘 귀족 가문의 젊은이였다(다니 1,1-7). 다니엘과 그의 친구들은 왕실에서 여러 가지 면에서 특출하였다. 특히 다니엘은 꿈의 뜻을 풀이하고(2장과 4장) 왕궁 벽에 쓰인 글자를 해독하는 데(5장) 놀라운 성과를 거둔다. 다니엘서의 후반부(7-12장)에서는 다니엘이 다른 사람들의 해석을 들어야 할 꿈의 환시를 받게 되었다. 다니엘이 외국 임금들의 왕실에서 쌓은 괄목할 만한 경력은 네부카드네자르(1-4장), 바빌론의 벨사차르(5장, 7장, 8장), 메디아 사람 다리우스(6장과 9장; 참조 11,1), 페르시아의 키루스(10-12장) 때 있었던 일이다. 네부카드네자르와 벨사차르(임금이 된 적은 분명히 없지만 임금이라 불린다)는 다른 원천들을 통해서도 알려져 있고, 키루스 역시 친숙한 이름이다. 그러나 다니엘서에서 키루스는 바빌론 정복자가 아니다. 다니엘서에서 벨사차르의 직접 후계자이고, 바빌론 정복자로 묘사되는 메디아 사람 다리우스가 누구를 가리키는지는 모른다. 페르시아 임금 다리우스는 메디아 출신이 아니었지만, 다니엘서에서는 다리우스가 "메디아족 출신으로 칼데아 나라 임금이 된, 크세르크세스의 아들"(9,1)이라고 한다. 이처럼 정확하지 않은 역사적 사실은 얼마든지 더 있다. 때문에 학자들은 다니엘서에 나오는 이야기들이 역사적 사실을 기록한 문학이 아니라는 결론에 이르게 되었다.

외국 왕실에서 고위 관직을 맡았던 유다인들에 관한 성경 이야기의 두 번째 예는 에스테르기이다. 에스테르기의 배경은 크세르크세스 시대인데, 페르시아의 군주 크세르크세스 1세(기원전 486-465) 때로 이해한다. 특히 그리스 지역을 침공한 것으로 유명한 이다. 에스 1,3은 크세르크세스 재위 제3년 때 와스티 왕비가 임금의 눈에서 벗어났고 이로 인해 유다인 에스테르가 왕비가 되었다고 언급한다. 이야기의 핵심을 이루는 극적 사건은 크세르크세스 임금 제12년에 일어났다(에스 3,7). 에스테르와 그를 왕비로 추천하였던 사촌 오빠 모르도카이는 임금을 설득하여 페르시아 제국에 있는 모든 유다인을 절멸시키려는 사악한 대신 하만의 명령을 취소시키는 칙령을 반포하게 할 수 있었다. 유다인들은 자신들의 목숨을 지키는 데 성공하여 푸림절(Purim)을 지내며 그 사건을 기념하기로 결정하였다. 에스테르와 모르도카이는 크세르크세스 임금에 관한 성경 밖의 역사 문헌들에는 나타나지 않는데(여기에서 크세르크세스에게는 다른 이름을 가진 아내가 있다), 에스테르기는 왕국에 127개 주州가 존재했다는 등 믿기 어려운 다른 주장도 하고 있다. 그러므로 에스테르기 역시 역사적 사실을 이야기하는 것으로 보이지 않지만, 위에서 언급한 다른 본문들처럼 외국의 대제국에서 고위 관직을 맡았던 유능한 유다 백성을 묘사한다.

2. 헬레니즘 시기(기원전 332-63)

알렉산드로스는 기원전 333년 킬리키아의 이수스에서 페르시아 임금 다리우스 3세를 굴복시킨 뒤에 별다른 전투 없이 시리아 전부와 유다를 포함한 남부 지역을 대부분 정복하였다. 다만 티로와 가자에서는 전투를 벌여야 했다. 그다음 그는 이집트로 진군하여 거기서 자신을 새 파라오로 선포함은 물론, 아몬 신의 아들로 지명받고 자기의 이름을 따서 알렉산드리아 도시를 창건하였다. 그는 이집트에서 출발하여 동쪽을 정복해 나갔다. 그는 기원전 330년 메소포타미아의 가우가멜라에서 마지막으로 다리우스 임금을 무찌르고 광대한 제국을 차지하였다. 그것으로 만족하지 못한 알렉산드로스는 인도까지 진군해 나갔고 결국 바빌론으로 돌아와서 기원전 323년 서른세 살의 나이로 죽었다. 알렉산드로스의 아주 어린 아들이 잠시 알렉산드로스를 승계하였으나, 군대의 주요 장군들이 그의 막강한 적대자가 되어 곧바로 알렉산드로스의 광대한 소유지를 두고 세력 다툼을 벌였다. 알렉산드로스의 후계자들 사이의 전쟁이 한 세대 이상이나 계속되다가 광범위한 지역에 걸친 제국은 어느 정도

안정되어 갔다. 알렉산드로스 이후가 헬레니즘 시기로 알려져 있는데, 그때 그리스 문화와 그리스 언어에 대한 지식이 널리 퍼져 나가 주도적 입지를 차지하였다. 새로운 문화와 정치적 실재는 그 후 여러 세기 동안 유다 역사에 엄청난 결과를 남겨 놓았다.

1) 프톨레마이오스 왕조의 이집트와 유다 통치(기원전 약 305-198)

알렉산드로스의 후계자들 가운데 두 사람만이 우리의 주제에서 중요하다. 한 사람은 이집트와 그 주변 지역을 장악한 프톨레마이오스이고, 다른 한 사람은 시리아와 메소포타미아, 그리고 이웃 나라들을 장악한 셀레우코스이다(셀레우코스에 대해서는 다음 단락을 보라). 프톨레마이오스는 이집트로 가서 이집트는 물론 훨씬 더 넓은 주변 지역을 차지하였다. 그 지역 가운데에는 예루살렘을 중심으로 유다인들이 고립되어 사는 작은 땅이 있었다. 그래서 프톨레마이오스는 이집트에 거주하는 많은 유다인뿐 아니라 성지에 있는 유다 백성의 정복자가 되었다. 그는 그 땅을 얻기 위하여 오랫동안 싸웠고, 여러 차례 유다로 진군하였다. 유다와 남부 시리아는 수십 년 동안 프톨레마이오스 왕조와 셀레우코스 왕조의 각축장이 된다.

(1) 프톨레마이오스 1세와 유다

요세푸스는 프톨레마이오스가 술수를 써서 예루살렘을 장악하였다고 보도한다(《유다 고대사》 12.3-10). 그는 안식일에 도성에 들어가 성전에 희생 제사를 바치러 온 것처럼 행세하였다. 그리하여 추호도 의심하지 않은 유다인들은 일곱째 날에는 전쟁을 하지 않기 때문에 그의 통제 아래 들게 되었다. 프톨레마이오스는 도성을 빼앗은 뒤에는 잔인하게 통치하였다. 그는 예루살렘과 그 주변 지역에서 수많은 포로를 붙잡아 이집트로 데려가 그곳에 정착시켰다. 유다 백성은 계약을 충실히 준수하는 사람들로 알려져 있었기 때문에, 프톨레마이오스는 그들을 자기 수비대에 편성하였고 동족인 마케도니아인들이 알렉산드리아에서 누리는 시민권을 그들에게도 똑같이 부여하였다. 요세푸스는 이집트의 토양이 좋고 임금이 관대하였기 때문에 다른 유다인들이 스스로 이집트로 내려갔다고 덧붙인다.

요세푸스는 이처럼 유다인들에 대한 프톨레마이오스의 태도를 다소 상반되게 묘사한 뒤에, 프톨레마이오스와 그의 후손들이 이집트와 유다의 유다인들을 지배한 그 후의 백 년에 관해서는 별로 말하지 않는다. 요세푸스가 하는 이야기의 대부분은 두 가지 원천 – 토라를 그리스어로 번역한 이야기와 〈토비야의 소설〉 – 에 의존하는데, 그 두 가지 원천은 이집트와 유다 사이에 정규적 통교가 있었음을 전제한다.

(2) 프톨레마이오스 2세와 토라의 그리스어 번역

요세푸스는 〈아리스테아스의 편지(Letter of Aristeas)〉에 근거하여 번역 이야기를 들려주는데, 이 편지에 관해서는 제2장에서 더욱 상세히 다루겠다. 〈아리스테아스의 편지〉에서 말하는 것처럼, 모세의 율법을 번역하는 일은 알렉산드리아에 새로 지은 왕립 도서관의 관장이 제안하여 임금이 승인하고 지원하였으며, 대사제의 지시에 따라 유다에서 온 일흔두 명의 학자들이 번역을 맡았다. 이 일을 지원한 임금은 프톨레마이오스 왕조에서 가운데 가장 위대한 프톨레마이오스 2세 필라델푸스(기원전 283-246)이다. 〈아리스테아스의 편지〉에서 나타나듯이 번역에 얽힌 이야기는 대체로 전설의 형태를 띠지만, 율법이 헬레니즘 시기 초기에 히브리어에서 그리스어로 번역되었다는 주장은 아주 일찍부터 이 번역본을 인용한 사실(기원전 200년경)과 초기 그리스도교의 사본들에 의해 입증된다. 〈아리스테아스의 편지〉를 쓴 저자는 단순한 사실을 이야기로 윤색하여 토라와 토라를 계시하신 하느님, 율법을 준 모세, 그리고 히브리어 본문을 빼어난 그리스어 본문으로 옮긴 사람들의 지혜에 놀라운 선물이 되게 하였다.

팔레론(Phaleron)의 도서관 사서 데메트리오스는 책을 애호하는 군주에게, 임금의 도서관 장서에 포함시켜야 할 율법서가 유다인들에게 있음을 알았지만 "알파벳으로 쓰였고 그들의 방언으로 쓰였기 때문에 그것을 그리스어로 번역하자면 적지 않은 고충이 따를 것"(12.14)이라고 건의하였다. 번역 작업이 이루어져야 한다는 데 기꺼이 동의한 임금은 필요한 준비를 하라고 명령하였다. 왕실에서 근무하였던 아리스테아스는 이 기회를 이용하여 프톨레마이오스 1세가 예루살렘과 유다를 점령한 뒤에 노예로 삼은 십 만 명 이상의 유다인들을 해방해 달라 건의 하였다고 말한다. 임금은 이 건의도 승낙하여 노예가 된 각 유다인에게 스무 드라크마를 지불하도록 명령하였다. 제2성전 시기의 다른 임금들이 그러했듯이, 그는 예루살렘의 성전에 값진 선물도 보냈는데, 아리스테아스는 그 선물들을 아주 상세히 묘사하였다(12.17-84).

번역 준비는 대사제가 맡았다(대사제 직무를 맡은 사람은 이 시기의 이민족 통치자들에게 한결같이 유다 백성의 대표자로 묘사된다). 대사제는 히브리어와 그리스어에 능통한 일흔두 명의 유다인을 뽑아 히브리어 성경을 그리스어로 번역하도록 알렉산드리아로 보냈다. 일흔 둘이라는 숫자는 대사제가 이스라엘의 열두 지파에서 각각 여섯 명씩 번역자를 뽑았기 때문이다. 대부분의 지파가 더 이상 유다를 대표하지 않았기 때문에 이 숫자는 전설적 성격을 띤다. 번역자들은 토라의 사본을 가지고 왔는데, 가죽에 금 글씨로 쓰여 있었다고 묘사된다(12.89). 칠십이일 동안 작업하여 그리스어 번역본 성경을 완성시켜(12.107) 유다 공동체의 승인을 받았다. 누군가 번역본에서 수정해야 할 것을 발견하면, 그것을 유다 공동체에 알렸던 것이다.

번역본의 완성으로 토라는 다른 언어로 번역된 최초의 경전 본문이 되었다. 번역자들의 작업은 유다 밖에서 살던 헬레니즘 세계의 유다인들이 자신들의 성경에 접근할 수 있게 했을 뿐 아니라(히브리어가 태생 언어가 아니어서 그들이 가지고 있지 않았던 것), 더욱 많은 청중이 성경 말씀을 들을 수 있게 하였다. 초기 헬레니즘 시기에 시작된 번역본은 '셉투아진타'(Septuaginta. 보통 로마 숫자 LXX로 간단히 표기됨)로 알려졌는데, 셉투아진타는 번역본을 완성한 번역자 칠십(이)명의 숫자를 가리키는 '칠십'을 뜻한다. 여러 형태로 되어 있는 이 그리스어 성경은 헬레니즘 시기에 유다교의 성경이 되었고, 나중에는 초기 그리스도교의 성경이 되었다.

(3) 토비야의 소설

요세푸스가 프톨레마이오스 왕조의 지배 아래에서 유다인들이 겪었던 일을 전하는 두 번째 이야기는 토비야 가문에 관한 것이다. 토비야 가문은 프톨레마이오스 제국에서 가문 출신 중 여럿이 높은 직위에 올랐던 저명한 유다인 가문이었다. 느헤미야의 적대자들 가운데 토비야가 있었고 요르단 동쪽의 암몬 지역과 연관된다는 점을 상기해야 할 것이다. 〈토비야의 소설(The Tobiad Romance)〉은 이 토비야 가문의 후대 사람들에 관한 것이라 생각할 수 있다. 요세푸스 이야기에 나오는 가문의 가장 역시 토비야라 불리며, 프톨레마이오스 왕조의 기록(제논 파피루스)에서 그는 요르단 강 건너편에 사는 부유한 족장으로 알려져 있다. 소설은 주로 토비야의 아들 요셉을 중심으로 하는데, 요셉은 프톨레마이오스 제국에서 세금 징수 청부업을 하여 큰 재산과 권력을 쥐게 되었다. 요셉의 엄청난 번영을 기반으로 여덟째 아들 히르카노스가 가장 크게 성공하였다. 히르카노스는 아버지의 역할을 떠맡았다. 토비야 가문은 그 자체로 워낙 특출한 데다 혼인을 통해 대사제 가문과 인연을 맺기도 하였다. 두 가문의 사람들은 기원전 3세기 말에서 기원전 2세기 초에 있었던 사건들과 연관된 흥미로운 이야기에 등장한다.

요세푸스가 말하듯이 대사제 오니아스(오니아스 2세)는 욕심이 많았다. 그는 프톨레마이오스 왕조의 국고에 기부하기를 거부하여 유다인 나라를 큰 위험에 빠지게 하였다. 이처럼 어려운 상황에서 토비야 가문의 요셉은 임금을 방문하여 상황을 바로잡으려 시도함으로써 난관을 극복하였다. 요셉은 알렉산드리아에서 슬기로운 방책과 막대한 뇌물을 사용하여 제국의 넓은 지역에서 세금을 거둬들이는 권리를 따 내는 데 성공하였다. 그는 22년 동안 그 자리를 지켰고, 그러면서 큰 부자가 되었다. 또한 요셉은 아내에게서 일곱 아들을 얻었고 조카딸에게서 히르카노스라 불리는 여덟째 아들을 얻었다. 요셉의 형제(그녀의 아버지)가 이민족 무용가와 사랑에 빠진 요셉을 보고 무용가 대신 자기 딸을 요셉에게 주었던 것이다. 그의 형제는 나름대로 이민족 여자와 성관계를 금하는 율법을 어기지 않도록 요셉을 보호할 목적으로 그렇게 한 것이다(〈유다 고대사〉 12.186-89). 요셉의 아들 히르카노스는 나중에 이야기의 주인공이 된다. 그는 아버지처럼 아주 대담하여, 아버지의 유산을 불리는 데에서 그의 형제들을 훨씬 능가하였다(12.190-95).

히르카노스와 형제들 사이의 경쟁은 수십 년 동안 유다의 정치 분위기를 좌우하는 핵심 면모가 되었다. 히르카노스의 형제들은 "그를 죽여야 한다는 편지를 임금의 측근들에게" 보냈다(12.202; 참조 12.218). 물론 히르카노스는 그들보다 고수였기 때문에 임금마저 설득하여 임금은 그의 모든 소원을 들어 주겠다고 하였다.

그러나 히르카노스는 자기 부친과 형들에게 임금이 직접 서신을 써 준다면 더 바랄 것이 없겠다고 하였다. 이에 임금은 그를 극진히 대접하고 많은 예물을 주며 그의 부친과 형제들에게 보내는 친서를 써서 건네 주고는 그를 고국으로 돌려보냈다. 한편 히르카노스의 형들은 그가 임금에게 극진한 환대를 받고 금의환향하였다는 소식을 듣고 그를 죽이려고 결심하며 그를 맞으러 나갔다(12.219-21).

히르카노스의 부친인 요셉마저 히르카노스가 임금에게 자기 돈을 그렇게 많이 갖다 바친 데 화가 나서 그를 죽이겠다는 아들들의 계획에 은밀히 동조하였다. 그 결과 형제를 죽이는 전쟁이 벌어지고 말았다.

히르카노스는 형들이 공격해 오자 맞서 싸워 형 두 명과 부하들을 죽였다. 이에 나머지 형들은 예루살렘에 있는 부친의 집으로 달아났다. 히르카노스는 예루살렘 성읍으로 그들을 쫓아 갔으나 아무도 그를 따뜻하게 영접해 주지 않았다. 이에 그는 죽을까 봐 두려워 요르단 강 건너편 지역으로 피신하여 그곳에 거주하면서 야만인들에게 세금을 강요하였다(12.222).

아버지 요셉이 죽은 뒤에도 히르카노스와 그의 배다른 형제들 사이의 싸움은 계속되었다(《유다 고대사》 12.228 참조). "요셉이 죽자 그의 아들들 때문에 백성 사이에 파벌 싸움이 일어났다. 형들이 요셉의 막내 아들인 히르카노스와 전쟁을 벌였고, 백성은 두 진영으로 갈라졌기 때문이다. 대부분은 형들과 한편이 되어 싸웠고 대사제 시몬도 형들과 인척 관계였기 때문에 형들 편이었다"(12.228-29). 요세푸스는 히르카노스가 요르단 강 건너편 지역에서 7년 동안 다스렸고 거기에 장대한 도시를 세웠다며 히르카노스의 공적을 높이 평가한다. 그러나 그의 종말은 비극이다. "히르카노스는 안티오코스(셀레우코스 임금 안티오코스 4세)의 세력이 대단히 큰 것을 보고, 또 그에게 붙잡혀 자기가 전에 아랍인들에게 행한 일 때문에 벌을 받을까 두려워하여 스스로 목숨을 끊었다. 이렇게 해서 그의 모든 재산은 안티오코스의 손에 들어갔다"(12.236). 이처럼 히르카노스가 셀레우코스 임금의 적이었음(그리고 아마 이집트 임금의 친구였음)을 상기시키는 것으로 토비야 가문의 이야기는 끝난다.

이 이야기와 더불어 프톨레마이오스 시기에 살았던 유다인들에 관한 요세푸스의 보도도 마감된다.

2) 셀레우코스 왕조의 유다 통치와 그 영향(기원전 198-63)

유다 역사에서 특별히 관심을 끄는 인물은 알렉산드로스 대왕의 두 번째 후계자인 셀레우코스이다. 셀레우코스는 메소포타미아, 시리아와 소아시아 일부는 물론 먼 동부 지역까지 장악하였다. 그 지역들을 지배하기 시작한 때부터 셀레우코스 왕조의 군주들은 프톨레마이오스 왕조에 속하는 남부 시리아와 유다를 통제하고 싶어 하였다. 그 지역들을 소유하기 위하여 기원전 3세기에 지역을 통제하고 있던 프톨레마이오스 왕조와 자주 전쟁(시리아 전쟁이라 불리는)을 벌였다. 마지막 전쟁은 기원전 217년에 끝났는데, 이때 프톨레마이오스 군대가 놀랍게도 셀레우코스 왕국의 야심찬 새 임금인 안티오코스 3세와 싸워 승리하였다.

(1) 안티오코스 3세(기원전 223-187)

제국 동쪽의 문제들을 다루느라 몇 년을 보낸 뒤에 안티오코스 3세는 기원전 201년 다시 한 번 남쪽으로 관심을 돌렸다. 처음에 그의 군대는 쉽게 남부 시리아와 유다를 통과하였으나, 프톨레마이오스 왕조의 장군 스코파스(Scopas)가 반격하였고 그 과정에서 스코파스는 유다를 점령하고 예루살렘에 군대를 주둔시켰다. 양편의 행운은 기원전 200년 다시 뒤바뀌게 되었다. 안티오코스 3세의 군대가 파니온(요르단 강의 상류쪽에 위치해 있는 곳: 〈유다 고대사〉 12.132) 전투에서 프톨레마이오스의 군대를 격파하였기 때문이다. 안티오코스 3세는 기원전 198년 예루살렘을 접수하였고, 그 뒤 한 세기 이상 셀레우코스 왕조가 유다를 통치하거나 현저한 영향력을 행사하였다.

다시 요세푸스에 따르면, 안티오코스 3세는 프톨레마이오스 군주들과 셀레우코스 군주들이 싸우는 동안 그 지역이 겪은 고통을 보상해 주고, 예루살렘 주민들이 안티오코스의 예루살렘 입성을 환영하고 그의 군대와 코끼리들에게 양식을 공급해 준 것, 그리고 예루살렘 성채에서 프톨레마이오스 왕조의 군인들을 내쫓는 데 도와준 것을 대해 보상하기 위하여 유다 백성을 특별하게 배려하였다. 특히 그는 성전에서 희생 제사를 바치는 데 소용되는 짐승들과 다른 물품들을 지불하기 위한 기금을 마련해 주었다. 그는 성전을 보수하는 데 필요한 재정을 지원하고 성전을 더욱 아름답게 꾸밀 수 있게 물자를 공급하였다. 유다인들에게는 조상들의 율법에 따라 사는 것을 허락하였다. 원로와 사제, 성전 서기관과 레위인 성가대원에게는 세금을 면제해 주었다. 예루살렘 주민들과 규정된 기간에 예루살렘에 이주해 온 사람들에게도 세금을 면제해 주었다. 또 그는 미래의 세금을 삼분의 일로 삭감해 주었고, 노예였던 유다인들에게는 자유를 주고 재산을 복구해 주었다(〈유다 고대사〉 12.138-46).

다른 한편, 임금은 유다인 이천 가정에게 메소포타미아에서 소아시아의 리디아와 프리기아로 이주하라고 명령하여 그곳에서 일어날 수 있는 모반을 억제하였다. 이는 헬레니즘 세계의 또 다른 지역에도 유다인들이 존재했음을 입증한다. 그는 그들에게 자기네 율법에 따라 살 권리를 허용하였고 재정적 면에서도 호의를 베풀었다(12.147-53). 안티오코스 3세가 예루살렘에서 희생 제물을 바치는 예식에 드는 비용을 지불한 것은 키루스부터 시작된 선임자들의 정책을 그대로 따른 것이다. 다른 곳을 보더라도 그의 후계자인 셀레우코스 4세(기원전 187-175)도 똑같이 했다(1마카 3,3).

오랜 재위 기간 말미에 안티오코스의 군대는 마그네시아(Magnesia) 전투에서 로마인들에게 패배당한다. 이 전쟁이 있었던 기원전 190년에 근동의 정치 세력 판도는 크게 바뀐다. 로마가 일어나서 계속 승리하면서 모든 지역을 통제하기 시작하기 때문이다. 로마는 셀레우코스 왕조와 싸워 승리한 뒤에 아파메아 협정(The Peace of Apamea, 기원전 188)을 맺었다. 이러한 정치적 해결에는 막대한 전쟁 배상금이 포함되었는데, 이 때문에 셀레우코스 왕조의 재정은 오랫동안 심각한 어려움을 겪게 되었다.

(2) 안티오코스 4세, 대사제, 그리고 헬레니즘

유다를 통제한 셀레우코스 왕조의 세 번째 군주인 안티오코스 4세(기원전 175-164)는 유다 역사에서 가장 잘 알려진 기간 중의 하나와 밀접히 연관된다. 견식 있는 젊은이가 왕좌에 오르기 얼마 전에 예루살렘의 대사제인 오니아스 3세와 관련된 문제가 생기기 시작하였다. 마카베오기 하권은 오니아스를 성인 같은 인물로 묘사하며, 그를 반대한 자가 성전의 재정 책임자였던 시몬이라고 밝힌다. 그들이 의견 대립을 보인 것은 '시장 운영'과 관련된 것이었다(2마카 3,1-4). 시몬은 셀레우코스 왕조에서 파견된 그 지역 총독에게 가서 예루살렘의 금고에는 엄청나게 많은 돈이 가득 들어 있는데, 그 돈은 희생 제물에 드는 비용이 아니므로 임금의 권한 아래 둘 수 있다고 일러바쳤다(3,5-6). 이 일로 왕조의 총리직에 있던 헬리오도로스(Heliodorus)가 예루살렘을 방문하게 되었다. 그는 돈을 몰수하여 셀레우코스 4세 임금에게 바치기 위해서 파견되었다. 그는 분명히 성공하지 못하지만, 그가 도대체 무엇 때문에 돈을 가져가지 못했는지는 이해하기 어렵다. 마카베오기 하권에 따르면 말을 탄 무시무시한 기사가 다른 건장하고 출중한 두 사람과 함께 헬리오도로스를 쉴 새 없이 때려 의식을 잃게 하였다. 오니아스 3세가 헬리오도로스를 회복시키기 위하여 희생 제물을 바침으로써 헬리오도로스는 목숨을 구했다(3,22-40).

기원전 175년에 안티오코스가 임금이 되자 대사제직에 중대한 변화가 일어났다.

오니아스의 동생 야손이 부정한 방법으로 대사제직을 차지하였다. 야손은 임금을 알현하는 자리에서, 은 삼백육십 탈렌트와 또 다른 수입에서 팔십 탈렌트를 바치겠다고 약속하였다. 그것에 덧붙여, 자기의 권한으로 체육관과 청년학교를 설립하고 예루살렘 주민들을 안티오키아 시민으로 등록하도록 임금이 승락해 준다면, 백오십 탈렌트를 더 바치겠다고 언약하였다. 임금의 허락을 받은 야손은 그 직위에 오르자마자 동족의 생활방식을 그리스식으로 바꾸었다(2마카 4,7ㄴ-10).

야손에게 대사제직을 강탈당한 오니아스 3세는 안티오키아 근처에 있는 다프네(Daphne)라는 신성 도피처로 들어갔다(2마카 4,33). 많은 돈을 주겠다는 야손의 약속은 재정의 위기를 겪고 있던 군주의 마음에 들었을 것이다. 그는 이때 전례를 깨고 수세기 동안 중단되지 않은 대사제들의 세습 계열에 개입하였다. 그리하여 유다교에서 최고의 직위를 가진 대사제는 외국의 대군주에게 직접 임명되었다. 게다가 야손(그리스식 이름에 주목하라)은 체육관을 포함하여 그리스식의 여러 기관을 설립할 허락을 받았다. 마카베오기 하권의 저자는 사제들이 전통적으로 해 오던 유다인들의 풍습을 희생하면서까지 새로운 이국 풍습을 열성적으로 따랐다고 지적한다(4,14-15). 야손은 예루살렘을 방문한 안티오코스 임금을 성대하게 환영한 것으로 여겨지기도 한다(4,21-22).

 야손의 대사제직은 기원전 175년부터 172년까지 지속된다. 기원전 172년 그는 메넬라오스(오니아스 3세와 문제를 일으켰던 시몬의 동생)라는 자에게 들러 임금에게 돈을 보냈다. "그런데 메넬라오스는 임금에게 인도되자 자신을 권위 있는 것처럼 내세우고, 야손보다 은 삼백 탈렌트를 더 바쳐 대사제직을 확보하였다. 그는 어명을 받고 돌아왔지만 대사제직을 맡을 자격이 없는 자였다. 잔인한 폭군의 기질과 사나운 야수처럼 포악한 성격을 지니고 있었던 것이다"(2마카 4,24-25). 대사제직을 맡은 메넬라오스는 임금에게 약속한 돈을 지불하는 데 어려움을 겪었다. 그는 부족한 돈을 메우기 위하여 성전의 금기물들을 훔쳐 팔았다. 그의 기세 등등한 지세는 다프네로 피신해 있던 오니아스 3세에 의해 폭로되었다. 메넬라오스는 오니아스를 살해할 계획을 세웠다. 그래서 오니아스의 아들 오니아스 4세는 이집트로 피해 가서 임금의 허락을 받아 레온토폴리스 성읍에 성전을 지었다. 그는 거기에서 오니아스 가문의 대사제직을 수행하였고, 예루살렘 성전은 다른 사람들의 손에 넘어갔는데, 그들은 성전에서 하는 일을 크게 바꾸었고 결국 성전의 예식마저 관장하게 되었다.

 메넬라오스가 대사제로 있을 때(기원전 172-162) 안티오코스 4세는 기원전 170년 이집트를 침공하여 프톨레마이오스 6세 필로메토르를 패배시켰다(1마카 1,16-19). 그러나 이듬해 다시 이집트 원정 길에 올랐을 때, 로마의 특사 포필리우스 레나스의 명령에 따라 이집트로 들어가지 못했다. 그는 불쾌한 기분으로 자기 나라로 돌아가면서 도중에 그와 그의 군대가 예루살렘에 들어갔다. "그는 거드럭거리며 성소에 들어가 금 제단, 등잔과 그것에 딸린 모든 기물, 제사상과 잔, 대접과 금향료, 휘장과 관을 내오고, 성전 정면에 씌워져 있던 금장식을 모두 벗겨 냈다. 또 은과 금, 값진 기물들과 깊숙이 간직되어 있던 보물들을 찾아냈다. 그는 마구 살육을 저지르고 오만불손한 말을 한 다음, 그 모든 것을 가지고 자기 나라로 돌아갔다"(1마카 1,21-24ㄱ).

예루살렘에는 더욱 시끄러운 일이 이어졌다. 1마카 1,29-40은 이태 뒤 임금이 예루살렘에 조공 징수관을 파견한 사실을 묘사한다. 그는 군대를 이끌고 예루살렘에 들어와 성읍과 주민들을 공격하였다(그 이유는 설명되어 있지 않음). 그는 성벽을 허물었고, 그와 그의 군인들은 "튼튼한 성벽을 높이 쌓고 견고한 탑을 세워 다윗 성을 재건하고, 자기들의 성채로 삼았다"(1,33). 외국 군인들이 주둔한 이 성채는 다음 세대까지 셀레우코스 왕조가 예루살렘과 유다를 통제하는 군사 중심지가 되었다.

같은 해인 기원전 167년(1마카 1,54) 안티오코스 4세는,

온 왕국에 칙령을 내려, 모두 한 백성이 되고 자기 민족만의 고유한 관습을 버리게 하였다. 이민족들은 모두 임금의 말을 받아들였다.

이스라엘에서도 많은 이들이 임금의 종교를 좋아하여, 우상들에게 희생 제물을 바치고 안식일을 더럽혔다. 임금은 사신들을 보내어 예루살렘과 유다의 성읍들에 이러한 칙서를 내렸다.

유다인들이 자기 고장에 낯선 관습을 따르게 할 것. 성소에서 번제물과 희생 제물과 제주를 바치지 못하게 하고, 안식일과 축제를 더럽힐 것. 성소와 성직자들을 모독할 것. 이교 제단과 신전과 우상을 만들고, 돼지와 부정한 짐승을 희생 제물로 바칠 것. 그들의 아들들을 할례 받지 못하게 하고, 온갖 부정한 것과 속된 것으로 그들 자신을 혐오스럽게 만들도록 할 것. 그리하여 율법을 잊고 모든 규정을 바꾸게 할 것. 임금의 말대로 하지 않는 자는 사형에 처할 것(1마카 1,41-50).

성전은 올림포스의 제우스 신전으로 개명되었고(2마카 6,2), 성전에서 매춘이 이루어졌으며, 희생 제물에 적합하지 않은 짐승들이 봉헌되었고, 달마다 임금의 생일을 경축하는 동안 유다인들은 부정한 희생 제물을 강제로 먹어야 했다. 그들은 또한 그리스 신 디오니소스를 위한 축제에도 참석하도록 강요받았다(2마카 6,3-7). 특히 주목할 만한 사건은 기원전 167년 키슬레우(아홉째) 달 열닷새날에 있었는데, 그때 "안티오코스는 번제 제단 위에 황폐를 부르는 혐오스러운 것을 세웠다"(1마카 1,54). 게다가 율법서가 불태워졌다(1마카 1,56). 속국의 백성을 다루는 정상적인 정책과 반대되는 임금의 이런 행위는 유다 종교를 금하고 왕명을 어기는 자를 사형에 처하기까지 한다. 외적으로 견식 있는 군주가 왜 이처럼 극단적 조치를 취하게 되었을까?

무엇이 안티오코스를 자극했는지는 오랫동안 논의되어 왔다. 적어도 예루살렘이 얼마 동안 문제를 일으키는 장본인이 되었고, 그가 평범하지 않은 유다 종교를 문제의 핵심으로 여겼다는 것은 명백한 사실이다. 2마카 3장은 현재 기적 같은 이야기로 포장되어 있지만, 셀레우코스 왕조의 행정 책임자가 성전에서 돈을 가져가려고 할 때 예루살렘에서 아주 어려운 시간을 보냈던 사건을 묘사하고 있다(위를 보라). 훗날의 책임은 메넬라오스에게 돌아갔다. 메넬라오스는 안티오키아로 불려 가면서 자기 동기 리시마코스를 예루살렘의 대사제 대리로 앉혔는데, 리시마코스가 예루살렘 사람들을 악랄하게 공격하여 피를 흘리게 하였기 때문이다(2마카 4,39-50). 안티오코스가 메넬라오스의 승인을 받아 성전의 기물들을 약탈한 사건이 있기 전에 예루살렘에서는 모반이 일어났다. 대사제직에서 해임된 야손은 이집트로 원정을 간 안티오코스가 죽었다는 헛소문을 들었다. 야손은 그 기회를 틈타 임금의 사람 메넬라오스를 축출하고 그 전에 가지고 있던 자리를 되찾았다. 야손의 군대는 철수하기 전에 엄청난 피해를 입히고 많은 동족을 학살하였다(2마카 5,5-10). 마카베오기 하권에 따르면 야손이 도성을 공격하였다는 말을 들은 안티오코스는 도성에 반란이 일어났다고 믿었다. 바야흐로 알렉산드리아를 접수하려는 바로 그 순간 이집트에서 좌절당한 체험 때문에 기분이 좋지 않았다. 그리하여 그는 예루살렘에서 격분한 마음으로 욕구 불만을 쏟아냈다(2마카 5,11-16).

안티오코스가 칙령을 반포하게 된 원인이 무엇이었던 간에, 유다인들의 전통적 생활방식과 연관된 예식과 관습을 수행하기는 거의 불가능하였다. 이런 명령들이 발표되고 강행될 때쯤 모데인 성읍 출신의 사제 가문인 하스모네아 가문의 사람들이 새로운 체제에 반대하는 첫발을 내디뎠다. 2마카 5,27은 "그때에 마카베오라고 하는 유다가 아홉 명가량의 사람들과 함께 광야로 물러갔다. 유다는 그곳에서 동지들과 함께 들짐승처럼 살며, 몸을 부정하게 하지 않으려고 줄곧 들에 나는 것만 먹고 살았다"고 말한다. 1마카 2장은 하스모네아 가문의 족장 마타티아스에 관한 이야기를 전하는데, 마타티아스는 임금의 새 정책을 따르고 임금이 원하는 희생 제사에 참여하도록 초대받았을 때 그 초청과 뇌물을 완강히 거절하였다. 또한 마타티아스는 "왕명에 따라 모데인 제단 위에서 희생 제물을 바치려"(1마카 2,23)는 유다인을 살해하였고, 임금의 명령에 따라 제물을 바치라고 강요하는 임금의 신하를 죽이고 제단도 헐어 버렸다(1마카 2,24-25). 그런 다음 마타티아스는 군사들을 동원하였다. "마타티아스는 그 성읍에서 '율법에 대한 열정이 뜨겁고 계약을 지지하는 이는 모두 나를 따라 나서시오' 하고 큰 소리로 외쳤다. 그리고 그와 그의 아들들은 가지고 있던 모든 것을 성읍에 남겨 둔 채 산으로 달아났다"(1마카 2,27-28). 다른 이들은 새 정책을 피해 광야로 달아났다(1마카 2,29).

작은 규모로 시작된 반대자들은 곧 크게 불어나 그들을 진압하기 위해 파견된 셀레우코스 왕조의 군인들을 패배시킬 정도에 이르렀다. 마타티아스는 전통주의자들을 불러 모은 뒤 얼마 안 있어 죽었고, 그의 아들 유다가 군대의 장수가 되었다. 그는 '망치'를 뜻하는 마카베오라는 별명을 받았다. 그래서 유다가 이끈 운동과 그의 가문은 마카베오라는 이름으로 알려지기도 했다. 유다와 그의 군사들은 셀레우코스 왕조의 장수들과 싸운 일련의 전투에서 승리하였고 (1마카 3,10-4,35) 마침내 예루살렘을 탈환할 수 있었다. 그들은 여러 가지 것으로 더럽혀진 성전을 정화하는 과정을 거쳤다. 그들은 피해를 입은 곳을 보수하고 더럽혀진 모든 것을 정화했을 뿐 아니라, 새로운 제단을 쌓고 이스라엘의 하느님께 예배드리는 성소를 다시 봉헌하기도 하였다. 그들은 이민족들의 희생 제사가 시작되고 나서 정확히 2년 또는 3년(마카베오기 하권을 따를지 아니면 마카베오기 상권을 따를지에 달려 있음) 되는 키슬레우 달 스무닷샛날 성전을 새로이 봉헌하였다. 그런 다음 그들은 해마다 그때가 돌아오면 키슬레우 달 스무닷샛날부터 여드레 동안을 하누카(Hanukkah), 곧 제단 봉헌 축일로 지내기로 결정하였다(1마카 4,36-59).

그다음 여러 해 동안 중요한 사건들이 생겨났다. 셀레우코스 왕조 정권과의 투쟁은 성전을 봉헌한 뒤에도 계속되었다. 안티오코스의 칙령이 공식으로 철회된 때는 기원전 162년이었다. 유다 마카베오는 유다에서 주요한 정치적·군사적 세력을 계속 쥐고 있었다. 사실 그는 군대를 이끌어 여러 차례 주변 지역을 침략하는 데 성공하였고 그 지역에 사는 유다 백성을 보호했다(1마카 5장). 대사제 메넬라오스는 기원전 162년에 죽었고 뒤를 이어 알키모스가 대사제가 되었는데, 그도 왕실이 임명한 사람이었다. 알키모스 역시 전통적 대사제 계열을 따른 사람이 아니었는데도 대사제로 임명되어 군사들과 더불어 유다로 파견되었던 것 같다. 흥미로운 것은 알키모스가 당시의 임금 데메트리오스 1세(기원전 162-150)를 찾아가 유다를 고발하였다는 점이다. 그에 대한 답변으로 임금은 유다에 군대를 파견하였지만, 마카베오 형제들에게 패하였다(7,20-50).

1마카 8장은 유다의 경력에 중요한 주석을 덧붙인다. 유다는 "로마인들의 명성을 들었다. 그들은 대단히 강력하면서도, 저희 편에서는 이들은 누구에게나 호의를 베풀고, 저희에게 다가오는 이들은 누구와도 우호 관계를 맺는다는 것이었다"(8,1-2ㄱ). 유다는 로마에 사절을 급파하여 "우호 동맹을 맺게 하였다. 그리스인들의 왕국이 이스라엘인들을 완전히 노예로 부리는 것을 보고, 그 멍에에서 벗어나려는 것이었다"(1마카 8,17ㄴ-18). 이 간단한 소개는 마카베오 형제들이 셀레우코스 왕조의 손에서 유다를 제대로 통제하지 못했음을 가리킨다. 로마의 원로원은 동맹을 맺자는 마카베오의 제안을 받아들였다. 이는 한 나라가 공격을 받을 경우 다른 나라가 그 나라를 돕는다는 뜻이었다(1마카 8,22-28). 안티오코스 4세에게 이집트에서 물러나도록 명령했을 때 이미 로마의 세력은 유다 역사에 간접적으로 힘을 행사했으며 그 뒤 여러 번 소중한 것으로 드러났다. 한 세기 후(기원전 63)에 로마가 유다의 주인이 되어 적대 관계가 되기 훨씬 전에 오랫동안 로마와 우호 관계를 유지했던 것이다.

한 번도 공적 지위에 오르지 않은 것으로 보이는 유다는 기원전 160년 셀레우코스 왕조에서 파견한 군대와 싸우다가 결국 전사하였다(9,1-18). 유다의 뒤를 이어 그의 동생 요나탄(마타티아스의 막내아들)이 후계자가 되어 전쟁을 지휘할 지도자가 되었으나, 이때 셀레우코스 왕국은 다시 마카베오 일행보다 분명히 우위에 있었다.

한 해 뒤 대사제 알키모스가 죽었다(1마카 9,54-57). 마카베오기 상권은 그의 후계자 이름을 언급하지 않는다. 요세푸스도 후계자를 언급하지 않는다. 요세푸스에 따르면 대사제직은 알키모스가 죽은 뒤 7년 동안 공석으로 남아 있었다. 350년 이상 되는 제2성전 시기의 역사에서 한 번도 없었던 매우 무질서한 상황이었기 때문에 당시에 그 직무를 누가 맡았는지 궁금하게 생각하게 된다. 곧 이름이 알려지지 않은(어떤 이유로든) 대사제가 그 직무를 수행하였는지, 아니면 알키모스의 공식 후계자가 없었기 때문에 더 낮은 직급의 사제가 직무를 대행하였는지 묻게 되는 것이다(이런 상황이 사해 공동체의 기원에 어떤 영향을 미쳤는지 알려면 '사해 두루마리'에 관한 부분을 보라).

셀레우코스 왕국의 마지막 80년 정도는 혼란스러운 시기였다. 왕좌에 있는 사람과 왕위를 요구하는 자가 자주 전쟁을 벌였기 때문이다. 마카베오 지도자들은 셀레우코스 왕조가 약해지고 불안정해진 틈을 타 개인이 유다 나라를 위해 득을 보는 때도 있었다. 그런 기회가 기원전 152년에 찾아왔다. 앞에서 살펴본 것처럼, 기원전 159년(알키모스가 죽은 해)부터 152년까지 누가 대사제였는지 알려져 있지 않다. 셀레우코스 왕국의 왕좌를 차지하고 있던 데메트리오스 1세는 그 해에 알렉산드로스 발라스(안티오코스 4세의 아들로 자처하던)에게 강한 압박을 받았기 때문에 자신이 동원할 수 있는 모든 군사적 후원이 절실하였다. 이런 상황에서 그는 요나탄이 가지고 있는 군사력을 인정하고 자신을 돕는 대가로 요나탄에게 군대를 모으고 무장시키는 권한을 주었다. 요나탄은 그의 제안을 받아들여 새로 받은 권한으로 예루살렘을 탈환하고 도성을 튼튼히 하였다(1마카 10,1-11). 데메트리오스에게 지지 않으려는 알렉산드로스는 왕위 문제에 관심을 갖고 모험을 하였다. 그래서 알렉산드로스는 요나탄에게 편지를 써서 "우리는 오늘 귀하를 귀 민족의 대사제로 임명하고, 임금의 벗이라는 칭호를 부여하기로 하였습니다. 우리 편이 되어 우리와 우정을 지켜 주시기 바랍니다"(1마카 10,20)는 말을 전하였다. 요나탄은 알렉산드로스 발라스의 제안을 받아들였다. 1마카 10,21에서 말하는 것처럼 요나탄은 "백육십년(셀레우코스 왕국의 해로서 기원전 152) 일곱째 달 초막절에 거룩한 사제옷을 입었다. 그리고 그는 군대를 모으고 많은 무기를 마련하였다." 요나탄이 대사제가 된 것은 군대를 지휘하였기 때문이라고 말하는 것이 가장 적절한 표현일 것이다. 그가 요나탄이 사제 가문 출신이라는 사실 때문에 대사제 자리에 오른 것은 결코 아니었고, 오로지 그의 군사적 영향력 때문이었다. 데메트리오스 임금은 예외적 세금 면제를 포함한 대안을 내놓았지만(1마카 10,22-45), 요나탄과 백성은 그를 신뢰하지 않고 알렉산드로스 발라스 편에 머물렀다(1마카 10,46-47). 알렉산드로스가 데메트리오스와 싸워 그를 죽이고 임금이 되었기 때문에 그들의 결정이 현명하였다는 것이 곧 명백해졌다(1마카 10,48-50).

셀레우코스 임금의 장수이며 동맹자인 요나탄은 10년 동안 대사제직을 행사하였다. 그렇지만 요나탄이 종교 행위를 하였다고 전하는 문헌은 없다. 안티오키아에 새 임금들이 들어섰던 그 당시에 외교를 한다는 것은 매우 어려운 일이었지만, 요나탄은 전투에서 승리를 거두고 자신의 영예를 얻는 데 큰 성공을 거두었다(1마카 10-11장). 요나탄도 자기 형이 로마와 맺은 우호 관계를 새롭게 해야 한다는 것을 충분히 깨닫고 있었다. 로마는 셀레우코스 군주들과 기꺼이 손을 잡으려 하였고 시리아 인접 지역에 동맹국을 두는 것을 좋아하였다(1마카 12,1-4).

요세푸스는 자신의 〈유다 고대사〉에서 이 시기의 역사를 다시 쓰면서 요나탄의 대사제직 수행 기간의 어느 시점에 대해 마카베오기 상권(그의 주요 원천)에 흥미로운 단락을 덧붙였다. 그는 〈유다 고대사〉 13.171에서 다음과 같이 썼다. "당시 유다인들 사이에는 인간사에 관해 서로 다른 의견을 가진 세 개의 학파가 있었다. 첫째는 바리사이인들이 이끄는 학파였고, 둘째는 사두가이인들의 학파였으며, 셋째는 에세네인들의 학파였다." 요세푸스는 그 단체들이 당시에 생겨났다고 말하지 않는다. 그는 단순히 그들이 존재했고 중요한 문제에 관해 의견을 달리하였다고 하면서 그것을 간단히 요약할 따름이다(13.172-73).

그러나 결국 요나탄은 셀레우코스 왕국을 손에 넣으려고 시도하던 트리폰에게 속고 말았다. 그는 요나탄에게 프톨레마이스 성읍으로 가자고 하면서 성읍에 들어가기 전에 요나탄의 군사를 대부분 집으로 돌려보내도록 설득하였다. 그 뒤 요나탄의 남은 군사는 성읍 주민들에게 모두 살해되었고 요나탄은 포로가 되었다(1마카 12,46-53). 요나탄이 포로가 되고 그의 군사들이 죽었다는 소식을 들은 그의 형 시몬(마타티아스의 둘째 아들)은 대사제와 군대의 지휘자로서 유다 나라를 이끌게 되었다(1마카 13장. 그의 대사제직에 대해서는 36절을 보라). 시몬은 동생을 석방시키려 시도하였으나 실패하였다. 결국 트리폰은 바스카마 성읍 근처에서 요나탄을 죽였다(13,23).

3) 하스모네아 왕가(기원전 약 140-63)

셀레우코스 왕국의 그림자가 항상 드리워져 있기는 했으나, 시몬부터 시작된 하스모네아 가문의 지도자들은 여러 면에서 유다 나라의 독립을 성취할 수 있었다.

(1) 시몬(기원전 142-134)

어떤 면에서 시몬은 마카베오 형제들 가운데 가장 뛰어난 인물이었거나 그 시대 상황 덕분에 큰 성공을 거두었던 것으로 보인다. 시몬이 초기에 이룩한 업적으로 다음과 같은 것을 지적할 수 있다.

- 나라의 요새들을 견고히 하고 식량을 저장했다.
- 셀레우코스 왕조의 왕권을 두고 트리폰과 싸웠던 데메트리오스 2세 임금과 화친을 확고히 맺는다. 임금은 시몬과 유다인들에게 평화의 선물, 요새들을 차지할 권한, 그리고 임금에게 바쳐야 할 왕관세를 면제하였다(1마카 13,36-40).

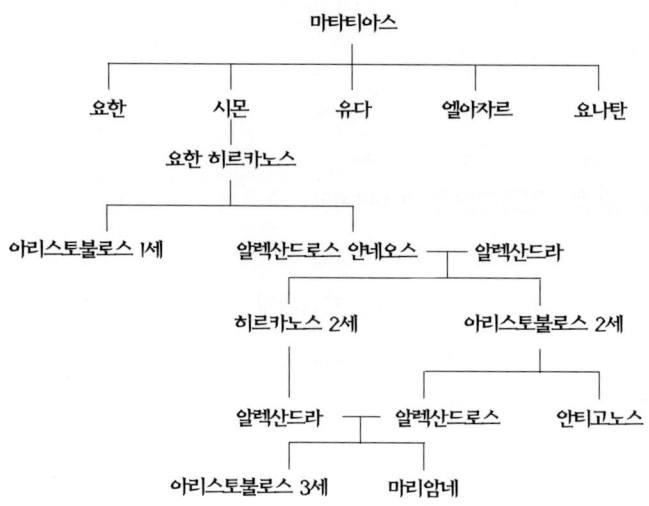

마카베오/하스모네아 왕조의 가계도

1마카 13,41-42은 이런 성공을 거둔 결과 기원전 142년 "이스라엘은 이민족들의 멍에에서 벗어났다. 백성은 모든 문서와 계약서에 '유다인들의 총독이며 지도자인 시몬 대사제 제일년'이라고 쓰기 시작하였다"고 밝힌다. 이듬해 시몬은 예루살렘 성채에서 외국 군대를 몰아내는 데 성공하여 셀레우코스 왕조의 존속 근거지를 수도에서 제거하였다. 시몬은 해마다 그 사건을 기념하도록 결정하였다(1마카 13,49-52). 마카베오기 상권의 저자는 시몬의 업적과 그의 시대에 이룩한 평화를 찬양하는 시를 싣고 있다(1마카 14,4-15). 저자는 "저마다 제 포도나무와 무화과나무 아래 앉았다"(12절)는 고대의 성경 표상까지도 사용한다.

시몬의 업적과 영광은 계속 늘어만 갔다. 로마인들(이번에는 로마인들이 먼저 시작한 것으로 되어 있음)은 시몬과 우정 관계와 우호 동맹을 갱신하였다(1마카 14,16-19). 그러나 마카베오기 상권은 "사제들과 백성, 민족의 우두머리들과 나라의 원로들이 큰 모임을"(28절) 열고 공포한 법령을 기술하는 데 상당한 부분을 할애한다. 이 법령에서 그들은 시몬과 그의 형제들(요나탄만이 지명됨)이 이룩한 엄청난 공헌을 치하하였다. 왜냐하면 그들은 "성소와 율법을 지키려고 위험을 무릅쓰며 민족의 적들과 맞서 싸워, 이 민족을 대단히 영광스럽게 하였"(29절)기 때문이다. 시몬은 자기 재산을 들여 민족의 병사들을 무장시키고 그들에게 봉급을 주었으며 13장(32-34절)에서 언급된 여러 일을 행한 공로자로 생각된다. 그리고 그들은 공식적으로 시몬의 큰 권력을 확인하고 인정하였다.

- "유다인들과 사제들은 이러한 내용에 동의하였다. 참된 예언자가 나올 때까지 시몬이 계속 그들의 지도자와 대사제가 된다"(41절). 이 말은 하느님의 가르침이 이런 조처들을 반대하지 않는 이상 그 조처들이 존속한다는 것을 뜻한다.
- "모든 이는 그에게 복종하고 이 지방의 모든 문서는 그의 이름으로 작성한다. 그는 자줏빛 옷을 입고 금 죔쇠를 찬다"(43절).
- 아무도 이 결정이나 시몬이 한 말을 반대하거나 "이 지방에서 그의 허락 없이 회의를 소집하거나, 자주색 옷을 입거나 금 죔쇠를 차서는 안 된다"(44절). 이 말을 하는 것은 시몬과 그의 통치에 반대하는 사람들이 있었음을 반영하는 것일 수 있다. 칙령은

이를 불법으로 선언하는 것을 뜻한다.

나라 안에서 확고한 입지를 구축한 시몬은 계속해서 셀레우코스 임금들이 호의로 대하는 동맹자이며 영도자로 머물렀다. 데메트리오스 2세의 동생 안티오코스 7세는 왕국을 차지하기 위하여 침략 전쟁을 계획하면서 이전에 시몬에게 허락했던 세금 면제를 다시 확인하고 새로운 특전을 덧붙였다. "나는 귀하가 화폐를 주조하여 귀하의 지방에서 사용하는 것을 허용합니다"(1마카 15,6). 전문가들은 시몬이 실제로 화폐를 주조하였는지에 관해 논쟁을 벌였지만(사실일 것 같지 않음), 적어도 안티오키아의 임금이 시몬에게 화폐 주조를 허락했다는 것은 사실이다. 그러나 안티오코스 7세와 시몬 사이의 동의는 깨어지고 말았다. 시몬의 두 아들 유다와 요한은 안티오코스가 유다에 파견한 군사들과 싸워 승리하였다(1마카 16,1-10).

마카베오기 상권은 시몬의 죽음과 그의 아들 요한이 아버지의 뒤를 이어 여러 가지 직무를 물려 받았다는 이야기로 끝난다. 시몬의 사위로서 예리코 지역의 장수였던 프톨레마이오스가 시몬과 그의 두 아들을 잔치에 초대하였다. 손님들이 술에 취하자 그는 병사들에게 신호를 보내 그들을 모두 죽였다. 대사제 시몬은 거기서 죽었고, 잔치에 참석하지 않았던 그의 계승자 요한 역시 피살 대상이 되었다(실패로 돌아갔음. 1마카 16,11-22).

기원전 134년 시몬의 죽음으로 30년 이상 자신들의 군대를 가지고 마침내 나라까지 이끌었던 마카베오 형제들의 눈부신 활약은 끝났다. 그들은 유다를 성전 국가에서 반독립 국가로 바꾸었고, 영토와 군사 세력을 크게 확장하였다. 요나탄과 시몬은 유다에서 가장 높은 자리인 대사제직을 얻어 냈고, 시몬은 다른 최고의 직위도 모두 소유하였다. 대사제직이 군대도 통제하면서 나라를 다스린 사제 가문의 손에 있었기 때문에, 150년 이상 보존되다가 기원전 175년 강탈당한 오니아스의 대사제직 노선은 복구되기가 더욱 어려웠다.

마카베오 가문, 곧 하스모네아 왕가에 관한 다른 이야기는 주로 요세푸스의 〈유다 고대사〉에서 전해지는데, 요세푸스의 작품 〈유다 전쟁사〉에도 그들의 역사가 간략히 소개되어 있다.

(2) 요한 히르카노스(기원전 134-104)

요한 히르카노스는 통치를 시작하면서 자기 아버지를 죽이고 어머니와 형제들을 포로로 잡아간 프톨레마이오스를 처벌하려고 시도하였다. 요한이 프톨레마이오스의 성채를 공격하자, 프톨레마이오스는 성벽 꼭대기에서 요한의 어머니를 고문하였다. 나중에 프톨레마이오스는 그녀와 그녀의 두 아들을 죽였다(〈유다 고대사〉 13.230-35). 요한에게는 설상가상으로 안티오코스 7세가 침공하여 예루살렘을 점령하고 성벽을 허물었으며 유다인들에게 엄청난 돈을 요구하였다(13.245-48). 나중에 요한과 안티오코스는 동맹을 맺은 것으로 보인다(13.249-53). 기원전 129년 안티오코스 7세가 죽자 요한은 고대의 모압과 사마리아 지역을 점령하고 사마리아인들의 성전을 파괴하였으며, 그곳 주민들에게 강제로 할례를 받게 하는 등 유다인들의 법을 따르게 하였다(13.254-58).

요한 히르카노스는 기존의 전통을 따라 유다인들과 로마인들 사이의 우호 관계와 동맹을 갱신하였다(13.259-66). 놀랍게도 사태가 역전되어 요한은 통치 기간 내내 셀레우코스 왕조와 평화로운 관계를 누릴 수 있었는데, 그 큰 이유는 셀레우코스 왕가에 왕좌를 둘러싼 투쟁이 끊임없이 계속되어 한때 막강했던 제국이 약화되었기 때문이다. 요한은 왕좌를 두고 형제끼리 피를 흘리며 싸우는 데 열중한 그들을 모두 깔보았다고까지 한다(13.273-74). 나중에 요한은 오랫동안 사마리아를 포위한 끝에 마침내 사마리아를 점령하였다. 요한이 공격하는 동안 사마리아인들은 두 번에 걸쳐 셀레우코스 왕국의 임금 안티오코스 9세 시지체노스(Cyzicenus)의 지원을 받지만, 안티오코스 9세는 두 번 다 요한에게 격퇴당하였다.

요세푸스는 요한 히르카노스와 바리사이인들과 사두가이인들이 연루된 이야기를 전하는데, 그 이야기는 학파들이 어떻게 해서 최고 수준의 정치에 관여하게 되었으며 히르카노스와 같은 통치자들을 움직이는 권력자가 되었는지를 보여 준다. 요세푸스는 바리사이들이 특히 요한에게 적대감을 갖고 있었다고 한다. 요한은 얼마 전까지만 하더라도 "바리사이파에 속해 있었으며 그들의 지지를 한 몸에 받고 있었다"(13.288-92). 요한은 큰 잔치를 베풀어 그들을 초청한 자리에서 혹시라도 자기에게 잘못된 것이 있는지 물으며, 잘못된 것이 있다면 고치겠다고 말하는 실수를 범하였다. 요세푸스는 의견 차이를 보인 엘아자르 외에 모든 이가 그를 칭송하였다고 한다. 엘아자르는 히르카노스에게 대사제직을 포기하고 단순히 시민으로서 국가의 영도자가 될 것을 요구하였다. 그렇게 요청한 이유는 "안티오코스 에피파네스 시대에 당신의 어머니가 포로였다는 사실을 우리 조상들에게 들었기 때문"이었다. 비록 그 이야기는 모두 날조된 것이었지만(안티오코스 에피파네스 시대에 이런 일이 있었다는 기록은 없음), 엘아자르는 이를 반복하면서 히르카노스는 물론 동료 바리사이들마저 분노하게 하였다. 사두가이에 속했던 한 친구의 음모를 통해 요한은 엘아자르가 자신을 위해서가 아니라 전체 바리사이를 위해 이 말을 한 것이라 확신하게 되었다. 그래서 요한은 사두가이들과 손을 잡고 바리사이들이 세워 놓은 규정들을 제거하였다. 요세푸스는 이 사건 때문에 바리사이들을 따르던 군중이 요한 히르카노스를 증오하게 되었다고 생각하였다(13.293-98).

(3) 아리스토불로스 1세(기원전 104-103)와 왕권

기원전 104년 요한 히르카노스가 죽은 뒤에 맏아들 아리스토불로스가 뒤를 이어 여러 직무를 승계하였다. 요세푸스에 따르면 그는 나라를 다스리는 정부를 왕국의 정부 형태로 바꾸고 하스모네아 가문에서 처음으로 왕이라는 칭호를 사용하였다(13.301). 아리스토불로스는 형제들 대부분을 감금하고 자기 어머니를 굶겨 죽였다. 아리스토불로스는 좋아하는 형제 안티고노스를 의심하여 자신이 직접 명령하여 죽인 것은 아니지만 어떻든 형제를 살해하였다(13.307-9). 아리스토불로스는 단 일 년을 통치한 뒤에 죽었다(13.318). 요세푸스는 아리스토불로스가 자기 가족들에게 행한 잔악한 행위를 기록하면서도, 아리스토불로스가 이투래아를 점령하고 그곳의 주민들에게 할례를 받고 유다의 율법에 따라 살도록 강요하는 등 유다 나라에 많은 유익을 남긴 임금(친헬레니즘 인물)이라고 그를 칭송한다 (13.318-19).

(4) 알렉산드로스 얀네오스(기원전 103-76)

아리스토불로스의 아내 알렉산드라는 시동생 알렉산드로스 얀네오스를 남편의 후계자로 임명하였다. 통치 초기에 그의 군대는 프톨레마이오스 10세에 크게 패하였고 나중에는 키프로스에게도 패하였다. 알렉산드로스는 프톨레마이오스의 어머니 클레오파트라 3세의 지원을 받아 자신과 나라를 심각한 위험에서 구할 수 있었다. 알렉산드로스는 프톨레마이오스의 위협에서 벗어나자 가자를 포함한 여러 지역을 다시 공격하기 시작하였고, 가자의 주민들을 죽였다 (13.320-64).

알렉산드로스 얀네오스의 군사 행위로 백성은 많은 대가를 치러야 했다. 어느 해 초막절 축제 때 대사제였던 알렉산드로스가 희생 제사를 준비하며 제단 옆에 서 있을 때 사람들이 그에게 과일(레몬. 주례자들이 짚고 다니던 지팡이는 레몬 나무 가지로 만든 것) 세례를 퍼부었다. 게다가 "그들은 유배자들의 후손인 그가 대사제로 봉직하며 희생 제사를 바치기에는 부적합하다고 하면서 그에게 욕설을 퍼부었다"(13.372). 얀네오스는 이 사건과 그의 통치에 반대한 다른 행위를 보복하기 위해 자기 백성을 수천 명도 넘게 죽였다. 그러다가 이제 자기가 어떻게 해야 좋겠느냐고 묻자 백성은 자살을 요구하였다. 그리고 그들은 데메트리오스 아카이로스에게 사람을 보내어 자신들을 지원하러 와 달라고 청하였다(13.376). 곧 얀네오스의 백성이 셀레우코스 왕조의 임금에게 얀네오스를 대항해 지원해 달라고 청했던 것이다.

실제로 데메트리오스는 유다를 침공하여 얀네오스와 싸워 얀네오스를 패배시켰다(13.377-78). 하지만 데메트리오스가 후퇴하여 얀네오스는 외국의 위협에서 벗어났으나, 국내 문제는 여전히 남아 있었다. 그 대가로 얀네오스는 자기에게 타협하지 않는 유다인 적대자들에게 보복하였다. 얀네오스는 그들 가운데 육천 명을 잡아 예루살렘으로 끌고 와서 소름끼치는 방식으로 그들을 징벌하였다. "그는 사람 눈에 잘 띄는 곳에서 자기 첩들과 향연을 베풀면서 팔백 명 가량의 유다인들을 십자가에 못 박게 하였고 간신히 목숨이 붙어 있는 그 비참한 사람들이 보는 앞에서 그들의 자식들과 아내들을 학살하였다"(13.380). 팔천 명가량의 다른 반대자들이 공포에 떨며 외국으로 도망가자, 가장 소란하고 적극적인 비판자들이 사라진 뒤라 얀네오스는 국내에서 평화로운 가운데 왕으로 나머지 해를 살 수 있었다. 국내 문제가 해결되자 호전적인 군주는 주변 성읍과 나라들을 상대로 끝없이 전쟁을 벌였다. 그의 원정은 성공을 거두었다(13.393-97). 실제로 그는 3년 동안 병을 앓았다는 사실도 잊고 전쟁을 하다가 전장에서 죽었다(13.398-404).

얀네오스는 임종하는 자리에서 자기 아내 알렉산드라(아리스토불로스와 결혼했었던)에게 중요하면서 효과적인 지침을 일러 주었다고 한다. 얀네오스는 아내에게 "바리사이인들에게 일정한 정도의 권력을 나누어 주라고 촉구하였다. 왜냐하면 그녀가 바리사이인들에게 이런 대접을 해 주면 그들은 국사에 호의적으로 협력할 것"이기 때문이라는 것이다(13.400). 때늦은 지혜였지만, 그는 바리사이들과의 관계가 악화되어 백성의 신망을 잃어버린 것을 후회하였다(13.401). 이 후회는 그가 그토록 잔인하게 죽인 사람들이 바리사이였음을 암시한다. 게다가 그는 아내에게 일단 정권을 잡으면 그들의 동의 없이는 공식 행위를 하지 않을 것이라는 사실을 바리사이들에게 알려 주라고 말한 것으로 전해진다(13.403). 얀네오스가 자기 아들들이 아니라 아내에게 권력을 넘겨 준 사실에 대해서 요세푸스는 아무 설명조차 하지 않는 것이 흥미롭다. 어떻든 알렉산드라는 그의 유언대로 하였고 그가 준비했을 장례식보다 더 멋진 장례식을 치러 주었다(13.406).

(5) 살로메 알렉산드라(기원전 76-67)

전통에서 벗어나 알렉산드라는 남편의 뒤를 이어 유다 왕좌에 앉았다. 물론 알렉산드라에게는 대사제에 선출될 자격이 없었다. 요세푸스는 왕좌를 물려받지 못한 얀네오스의 두 아들에 관해 묘사하면서 곧 나라를 괴롭히게 될 몇 가지 문제를 독자에게 미리 알려 준다. "알렉산드로스가 두 아들 곧 히르카노스와 아리스토불로스를 남겨 놓았지만, 그는 왕권을 알렉산드라에게 넘겨 주었다. 이 아들들 가운데 하나인 히르카노스는 정치에는 부적당한 인물이었고 더 나아가 조용한 생활을 훨씬 더 좋아하였으나, 그의 동생 아리스토불로스는 활동적이며 대담한 인물이었다. 여왕(직역하면 '여자')은 남편이 저지른 잘못을 유감으로 생각하고 있는 것처럼 백성의 눈에 비쳤기 때문에 백성의 사랑을 받았다"(13.407). 알렉산드라는 방임적인 히르카노스를 대사제로 임명하였고, 바리사이들에게 "모든 문제에서 그들이 원하는 대로 하고 자신들에게 순종하도록 백성에게 명령도 할 수 있게"(13.408) 허락하였다.

지배력을 가지게 된 바리사이들은 얀네오스 때 팔백 명의 죽음에 책임 있는 사람들을 많이 처형하였다(13.408-15). 이로써 사회에 깊은 골이 생겼고 행동적인 아리스토불로스가 공공연하게 자기 어머니를 반대하고 비판하는 계기가 되었다(13.416-18). 여왕이 중병에 걸리게 되자 아리스토불로스는 대놓고 모반하여 지방의 모든 성채를 점령하였다. 그가 지방 요새들을 점령하고 있는 동안 여왕은 9년의 통치를 끝내고 죽었다(13.422-30). 성경에 나오는 아탈야에 이어, 알렉산드라는 예루살렘의 왕좌를 차지한 두 번째 여왕이었다. 요세푸스는 그의 통치에 대해 이야기하면서 몹시 비판적인 후기를 덧붙인다. 즉 절대 권력을 바랐으며 왕국을 유감스런 후계자들에게 남겨 주었다고 비난한다(13.430-32).

(6) 히르카노스 2세와 아리스토불로스 2세(기원전 67-63)

알렉산드라가 죽자 호전적인 아들 아리스토불로스가 여왕의 후계자인 히르카노스 2세를 격파하였다. 그들은 아리스토불로스에게 왕권과 대사제직까지 내주는 데 동의하는 서명을 하였다. 히르카노스는 공무에서 손을 떼고 자기 재산을 향유하는 것에 동의하였다(14.4-7). 아리스토불로스 2세는 안티파테르라 불리는 히르카노스의 친구만 없었다면 무적의 통치자로 남았을 것이다. 부유하고 저명한 이두매아인인 안티파테르는 악명 높은 헤로데 대왕의 아버지다. 아리스토불로스의 세력을 약화시키는 것이 자신에게 유리하리라 판단한 안티파테르는 히르카노스와 다른 이들을 충동하여 아리스토불로스에게 대항하게 하였고, 결국 그 노력은 성공하였다. 안티파테르는 예루살렘을 떠나도록 히르카노스를 설득하여 페트라에서 통치하던 아랍 임금 아레타스에게 피신시켰다. 아레타스는 알렉산드로스 얀네오스가 빼앗아 간 열두 개 성읍을 돌려받는 조건으로 히르카노스를 지원하기로 동의하였다. 그 결과 아레타스는 아리스토불로스를 격파하여 예루살렘으로 쫓아 보냈다. 아레타스와 히르카노스, 그리고 그들의 지지자들은 성전에 있는 아리스토불로스와 사제들을 포위하여 공격하였다(14.8-21).

작은 나라의 군주들이 사소한 것을 얻기 위하여 끝없이 서로 싸우는 일들이 아무런 실속 없이 계속되었다. 그러나 이 와중에 막강한 새 세력이 그 지역으로 들어와 유다 역사를 영원히 바꾸고 말았다. 요세푸스는 로마의 야전군 사령관 폼페이우스가 아르메니아로 진군하면서 그의 재무관 스카우루스를 먼저 다마스쿠스에 보냈다고 말한다. 스카우루스는 다마스쿠스에서 곧바로 유다로 나아갔다. "그가 유다에 도착하자 아리스토불로스와 히르카노스 양편에서 온 사절들이 그를 맞이하였다. 그들은 저마다 자기네를 도와 달라고 청하였다. 아리스토불로스는 그에게 사백 탈렌트를 주겠다고 하였다. 히르카노스도 그에 못지 않은 액수를 주겠다고 약속하였지만 스카우루스는 아리스토불로스의 제안을 받아들였다. 아리스토불로스는 부유하고 관대했으며 더욱 겸허한 말로 청했지만, 가난하고 인색하면서도 더 많은 돈을 주겠다는 히르카노스의 약속은 믿기지 않았기 때문이다"(14.30-31). 그래서 스카우루스는 아레타스에게 포위를 풀라고 명령하면서 그렇게 하지 않으면 로마의 원수가 될 것이라고 하였다. 아레타스는 포위를 철회하고 집으로 돌아갔지만, 아리스토불로스는 그 기회를 이용하여 아레타스와 히르카노스를 공격하여 그들을 완전히 격파하였다(14.32-33).

폼페이우스가 그 지역에 도착했을 때 그에게도 유다인들을 포함하여 많은 사절이 찾아갔다. 히르카노스와 아리스토불로스 양편의 사절들도 폼페이우스에게 접근하였는데, 그는 그것을 그들의 싸움을 판결하는 기회로 삼았다. 그가 그 문제에 대한 판결을 미루고 있는 동안 아리스토불로스가 그곳을 떠나 유다로 돌아가 버리자, 폼페이우스는 분노하였다. 로마이 사령관은 곧 유다로 진군하여 아리스토불로스에게 요새들을 포기하라고 명령하였다(14.37-53).

아리스토불로스는 폼페이우스와 평화롭게 지내고 그와 싸우지 않으려 열심히 노력하였지만, 예루살렘에 있던 그의 군사들로 인해 노력은 수포로 돌아가고 말았다. 폼페이우스는 그를 포로로 잡고 예루살렘을 공격하기 시작하였다. 그곳에서 아리스토불로스의 군대는 성전 경내를 점령하여 폼페이우스에게 대항하였고, 성읍의 나머지 지역은 폼페이우스의 손에 넘어갔다. 로마인들은 세 달을 포위한 끝에 성전의 경내를 장악하여 도성 전체를 통제하게 되었다.

히르카노스는 폼페이우스를 지원하였다. 그는 이에 대한 보상으로 대사제직을 되찾았다. 폼페이우스는 많은 성읍을 유다에서 분리하였다. 그리하여 유다의 경계는 크게 축소되었다. 예루살렘 도성은 기원전 63년 폼페이우스의 손에 들어갔다. 바야흐로 수세기 동안 지속될 운명적인 로마의 통치가 시작된 것이다. 오랫동안 유다인들과 우호 동맹을 맺어 왔던 로마인들이 이제 유다인들의 주인이 되었다(14.55-76).

3. 로마 시대(기원전 63 이후)

로마 제국이 붕괴될 때까지 로마는 유다와 유다인들이 살고 있던 다른 중심지들을 통제하였다. 우리는 그 긴 기간의 전반부만을 살펴볼 것이다.

1) 로마 시대 초기(기원전 63-37)

폼페이우스는 스카우루스에게 그 지역을 맡기고 로마로 돌아가면서 아리스토불로스와 그의 가족을 포로로 데려갔다(14.79). 아리스토불로스의 아들 알렉산드로스는 도망갈 수 있었고, 요세푸스의 말에 따르면, 그는 잠시 동안 유다를 석권하였는데, 이는 바보 같은 히르카노스가 막지 못했기 때문이라고 한다(14.82). 로마인들은 계속해서 아리스토불로스의 가족을 통제하고 지배할 수 있었지만, 이는 아리스토불로스의 가족이 로마인들을 반대하는 데 실패하였기 때문이 아니었다. 로마에서 파견된 총독 가비니우스는 알렉산드로스를 격파한 뒤에 히르카노스에게 성전을 맡기고 유다를 다섯 지역으로 나누어 각 지역에 최고 의회(산헤드린)를 두었다(14.82-91). 아리스토불로스는 마침내 로마를 탈출하여 유다에서 옛 지위를 다시 차지하려고 시도하였다. 이번에도 역시 아리스토불로스는 가비니우스에게 패배하고 두 번째로 전쟁포로가 되어 로마로 끌려갔다. 그러나 가비니우스가 자기 아내에게 한 약속 때문에 아리스토불로스의 자녀들은 석방되었다(14.92-97). 뒤에 가비니우스에게는 알렉산드로스를 쳐부술 다른 기회가 왔다(14.100-102). 아리스토불로스는 폼페이우스를 반대하는 인물로 여겨질 수 있었기 때문에, 그는 로마의 권력 정치에서 인질이 되었다. 율리우스 카이사르는 그에게 자유를 주었고 시리아 지역에서 지원을 받기 위하여 두 개의 군단을 제공하기까지 하였다. 그러나 폼페이우스의 후원자들은 그를 독살하고 그의 아들 알렉산드로스마저 목을 잘랐다(14.123-25).

나중에 안티파테르의 아들 헤로데가 답습한 초기 로마의 정책에 비추어 볼 때, 안티파테르가 카이사르에게 강력한 지지를 보여 주고 그에게서 이득을 챙겼다는 것은 흥미로운 일이다. 안티파테르는 이집트에서 카이사르를 군사적으로 지원하여 카이사르를 감동시켰기 때문에 카이사르는 그에게 위험한 과제를 맡기기 시작하였다. 그는 안티파테르를 지방관으로 임명하고 히르카노스를 또다시 대사제로 세웠다. 카이사르가 이집트를 원정할 때 히르카노스 역시 카이사르를 도왔던 것이다. 안티파테르와 히르카노스는 계속해서 협력하고 합심하여 로마인들을 지원하였다(14.127-44). 실제로 히르카노스 시대에 로마의 호의와 우호 관계가 다시 한 번 공식적으로 확인되었다(14.145-48).

안티파테르는 나라에 질서를 다시 확립한 사람으로 여겨지지만, 자기의 두 아들을 높은 지위에 임명하였다. 히르카노스는 냉담한 반응을 보였다. 안티파테르는 파사엘을 예루살렘과 변방 지역의 사령관으로 임명하였고 "아직도 아주 어린 둘째 아들 헤로데에게 갈릴래아를 맡겼다. 실제로 헤로데의 나이는 열다섯 살밖에 되지 않았다"(14.158). 이때가 기원전 47년이므로 헤로데의 실제 나이는 좀 더 많았을 것(아마 스물다섯 살)이다. 나이야 어떠하든, 헤로데는 갈릴래아와 에제키야(요세푸스가 산적이라 부르는)와 그의 군사들이 차지하고 있던 시리아 사이의 변방 지역을 차지하여 곧바로 유능하고 확고한 통치자의 능력을 드러냈다. 헤로데는 재판을 하지 않고 그들을 죽였다(14.159-60). 그때부터 헤로데는 유다 역사에 긴 그늘을 드리웠다. 그의 공적 경력은 40년 이상 계속될 것이다.

백성은 안티파테르와 그의 아들들이 권력을 차지하고 행사하는데 분노했는데, 아마 히르카노스 역시 그런 감정을 가지고 있었을 것이다. 지도급 위치에 있던 사람들이 히르카노스를 설득하여 행동으로 옮기게 하였다. 그 결과 히르카노스는 젊은 헤로데를 소환하여 예루살렘의 최고 의회 법정에 세웠다. 예루살렘의 최고 의회는 장로 일흔 명으로 구성되고 대사제가 주재하는 유다교의 의회로서

헤로데 왕조의 가계도

안티파테르의 아들 헤로데(헤로데 대왕: 기원전 37-4)는 아내를 열 명 두었는데, 그 가운데 다섯 아내에게서 당시의 역사에 중요한 자녀들이 나왔다.

1. 헤로데 ── 도리스

   안티파테르 3세

2. 헤로데 ── 마리암네 1세(하스모네아 가문)

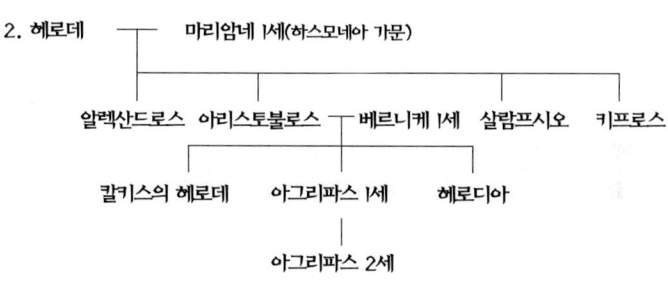

3. 헤로데 ── 마리암네

   헤로데

4. 헤로데 ── 말타케

   아르켈라오스   안티파스   올림피아스

5. 헤로데 ── 클레오파트라

   헤로데   필립포스

법원 역할을 하는 기관이었다. 헤로데가 소환된 혐의는 에제키야와 그의 무리를 살해한 것이었다(14.168-69). 요세푸스가 묘사하는 장면은 잊지 못할 장면이다. 헤로데는 군사들을 거느리고 나타나 판관들을 둘러싼 채 그들을 협박하였다. 그 뒤 무슨 일이 있었는지 확실하지 않지만, 막강한 세력을 등에 업고 있던 헤로데는, 최고 의회가 사형 선고를 내리기 전에 예루살렘을 빠져나갔을 뿐 아니라 반드시 보복하리라 앙심을 품었다(14.172-84).

헤로데는 여전히 혐의를 받고 있었으나(예를 들어 14.302-303; 14.324-26 참조), 징벌을 잘 피하였다(14.327-29 참조). 그러나 국제적 사건들로 인해 그의 경력도 곧 마감될 것이다. 기원전 40년 페르시아 북쪽에 위치한 파르티아가 시리아로 진격하여 유다의 내부 분쟁에 개입하였다. 아리스토불로스 2세의 다른 아들인 안티고노스가 뇌물을 주어 침략자 파르티아의 강력한 후원을 얻어 낼 수 있었다. 안티고노스는 히르카노스와 헤로데를 그 자리에서 몰아내고 그 지역의 임금이 되고 싶었다. 헤로데와 그의 형 파사엘은 파르티아인들을 저지하는 데 성공하였다(14.330-41). 파사엘과 히르카노스는 파르티아 장수들과 거래하기로 결정하였으나 그 와중에 그들의 포로가 되었다. 파르티아인들은 헤로데를 제거할 계획도 세우고 있었다. 헤로데는 가족과 몇몇 지지자와 함께 도망하여 그들을 마사다라 불리는 유다 광야의 요새 꼭대기에 남겨 두었다. 안티고노스는 성공하였지만, 백성이 히르카노스를 대사제직에 복직시킬까 염려하였다. 그래서 "그는 파르티아인들에게 구금되어 있던 히르카노스를 찾아가 그의 귀를 자름으로써 다시는 대사제직에 오르지 못하게 하였다. 이제 히르카노스는 불완전한 사람이 되었고, 신체적으로 완전한 사람만 대사제직에 오르도록 율법이 규정하고 있기 때문이다"(14.366). 파사엘은 파르티아인들에게 구금되어 있는 동안 자살하였다(14.340-69).

 헤로데는 배를 타고 로마로 갔다. 헤로데는 거기서 마르코 안토니우스와 옥타비아누스의 지지를 받아 뜻밖에도 원로원 회의에서 임금으로 임명되었다. 사실 헤로데는 왕위를 달라고 안토니우스를 찾아간 것이 아니었다. 헤로데는 하스모네아 가문 출신으로서 처남인 아리스토불로스 3세에게 왕위를 수여해 달라고 청원하기 위해 안토니우스를 찾은 것뿐이었다(14.370-87). 로마인들은 파르티아인들에게 대항하는 인물이 필요했기 때문에 헤로데를 임금으로 임명한 것이다. 안티고노스가 파르티아인들의 도움으로 현재의 자리를 차지했기 때문이다. 헤로데는 기원전 40년에 임금으로 임명되었다.

 그러나 헤로데는 곧바로 유다 나라를 다스리지 못하였다. 그는 갈릴래아로 돌아와 자신이 장악한 군대의 힘을 빌어 남쪽으로 진격하여 마사다에서 자기 가족과 친구들을 구했다.

2) 헤로데(기원전 37-4)와 아르켈라오스(기원전 4-기원후 6)

헤로데는 숱한 전쟁을 치른 뒤 임금으로 임명된 지 3년만에 유다인들과 로마 군대의 힘을 빌려 예루살렘을 점령하였다. 그의 군대는 강력히 저항하는 자들의 인명을 앗은 뒤에야 예루살렘 성읍을 접수하였다. 안티고노스는 생포되었다. 많은 이가 하스모네아 왕가의 복구를 원한다는 것을 두려워한 헤로데는 마르코 안토니우스를 뇌물로 매수하여 하스모네아 왕가의 마지막 인물인 안티고노스를 죽이게 하였다. 안토니우스는 안티고노스를 참수시켰다(14.468-91; 15.8-10).

나이가 많아 몸이 허약해진 대사제 히르카노스는 계속 파르티아인들에게 구금되어 있다가 마침내 풀려나게 되었다. 그에게 유다인들이 많이 살고 있던 바빌론에 정착할 기회가 있었지만, 그는 이런 제안을 거절하고 고향 유다로 돌아오고 싶어 했다. 요세푸스에 따르면 히르카노스가 실제로 유다 땅으로 돌아왔을 때 헤로데는 그를 따뜻하게 영접하는 것처럼 행세하였으나, 반대자들이 두려워 바빌론 출신의 평범한 사제를 예루살렘의 대사제로 임명하였다(15.21-22).

헤로데가 임금으로 임명되었을 때, 그의 경력에서도 항상 드러나듯이 그의 통치를 반대하는 사람들이 있었던 것으로 보인다. 헤로데는 자신이 자극한 반대자들 외에 이전 왕가인 하스모네아 왕가가 여전히 힘을 발휘하고 있고 백성이 어느 정도 충성을 바치고 있다는 사실과도 씨름해야 했다. 헤로데도 자신이 왕족이 아니라는 것을 잘 알고 있었고 다른 사람들도 그 사실을 지적하였다. 그는 당연히 하스모네아 왕족들에게 의심의 눈초리를 보낼 수밖에 없는 형편이었다. 그가 로마와 우호 정책을 편 것은 초기에 도움을 주었으며, 임금이 된 뒤에도 로마인들에게 줄곧 순종하는 태도를 취했다. 처음에 그는 막강한 세력을 떨치던 마르코 안토니우스의 총애를 받아 그의 영향력으로 원로원 회의에서 임금으로 임명되었다. 나중에 악티움 해전(기원전 31)이 있은 뒤 슬기롭게도 그는 승리자이자 나중에 아우구스투스가 된 옥타비아누스를 지원하고, 나중에 여러 차례 그를 방문하였다.

하스모네아 왕가의 알렉산드라와 그의 딸 마리암네(헤로데의 아내)의 영향력으로, 헤로데 임금은 기원전 35년 하나넬을 대사제에서 직위해제하고 마리암네의 동생 아리스토불로스를 대사제로 임명하였다. 그러나 헤로데는 아리스토불로스를 대사제로 임명한 지 얼마 되지 않아 대사제직을 가진 하스모네아 왕가의 마지막 인물인 아리스토불로스를 수영장에서 익사시켰다(15.50-61). 헤로데는 이 일로 인해 마르코 안토니우스에게 불려 갔지만, 이번에도 그는 마땅히 받아야 할 벌을 받지 않았다. 4년 뒤, 곧 기원전 31년 헤로데는 전직 대사제 히르카노스를 처형하였다. 사실 헤로데는 편집병이 몹시 심했던 마지막 몇 년 이전에도 일가친척을 많이 살해하였다. 예를 들어 헤로데는 기원전 29년에 자기 삼촌 요셉(15.62-70; 80-87)과 하스모네아 왕가 출신의 아내 마리암네(15.213-39)를, 기원전 28년에는 하스모네아 왕가 출신의 장모 알렉산드라를 죽였다(15.240-52).

헤로데가 명성을 얻게 된 이유는 특히 건설 사업에 치중하고 선심을 썼기 때문이다. 그는 왕국 바깥 성읍들에는 성전들을 짓고, 안에는 새로운 성읍(예를 들어 카이사리아)과 성채(가장 유명한 것이 헤로데 성과 마사다 성)를 건설하는 데 심혈을 기울였다. 그는 예루살렘에 자신의 왕궁을 짓고 원형극장과 경기장을 지었다. 그의 가장 유명한 건축 사업은 예루살렘 성전이었다(15.380-425를 보라). 기원전 20년부터 성전 개축 공사를 시작하여 기원전 516/515년부터 서 있던 성전을 매우 화려하게 개축하였다. 성전 개축 공사는 헤로데가 재위하는 동안 계속 진행되었고 그 뒤에도 이어졌다. 예수님께서 "이 성전을 허물어라. 그러면 내가 사흘 안에 다시 세우겠다"(요한 2,19)고 말씀하시자 유다인들은 "이 성전을 마흔여섯 해나 걸려 지었는데, 당신이 사흘 안에 다시 세우겠다는 말이오?"(요한 2,20)라고 하였다. 사실 성전 개축 공사는 기원후 70년 성전이 파괴되기 직전인 기원후 62-64년 알비누스 총독 때까지도 완성되지 않았다. 흥미로운 것은 헤로데가 두 번이나 세금을 감면하였다는 사실이다. 한 번은 삼분의 일을 감면하였고(기원전 20), 또 한 번은 사분의 일을 감면하였다(기원전 14). 그의 왕실에서 일한 사람들 가운데 헤로데의 전기를 쓴 다마스쿠스의 니콜라오스가 있었다. 요세푸스가 헤로데 시기에 대해 길고 상세한 이야기를 전할 수 있었던 것은 그가 남긴 글을 일차 원천자료로 사용했기 때문이다.

그 자료에 따르면 헤로데는 통치 후기에 특히 가족 내에서 여러 가지 난관에 부딪쳤다. 열 명의 아내 가운데 가장 특출한 아내는 히르카노스의 손녀 마리암네였던 것으로 보인다(그는 나중에 마리암네라 불리는 다른 여자와 결혼함). 마리암네 헤로데는 다섯 명의 자녀를 두었는데, 그들 가운데 둘(알렉산드로스와 아리스토불로스)은 국내 문제를 일으킨 장본인이었다. 이 아들들은 로마로 파견되어 5-6년 동안 교육을 받았다. 헤로데는 매번 그들을 수도 로마에서 직접 데려

왔다(15.342; 16.6). 이 젊은이들은 모계 쪽으로 하스모네아 왕가에 속한다는 사실로 인해 그 왕가에 속하지 않는 친척들보다 우월하다고 느꼈다. 그 친척들 가운데 몇몇(특히 헤로데의 누이 살로메)은 두 사람을 중상 비방하는 데 앞장섰다. 헤로데가 기원전 29년 그들의 어머니를 처형한 사실 때문에 그들과 아버지의 관계는 좋아질 수가 없었다. 그들의 영향력을 저지하기 위하여 헤로데는 안티파테르라 불리는 다른 아들을 명목상 자기 왕좌의 후계자로 세웠다. 알렉산드로스와 아리스토불로스가 고발되자 헤로데는 마침내 기원전 12년 아우구스투스 앞에서 그들을 공공연히 비난하였다(16.84, 87-135). 뒤에 그들은 아버지에 의해 감금되었고 반역죄로 몰렸다(16.320-34). 결국 그들은 기원전 7년 교살되었다(16.361-94).

하스모네아 왕가 출신의 두 왕자가 죽자 헤로데와 안티파테르 사이의 알력은 점점 커갔고, 안티파테르 역시 투옥되었다(17.93-141). 설상가상으로 헤로데는 이때 목숨까지 위태로운 지병을 앓고 있었고, 군중은 그가 참으로 죽기를 바란다는 것을 드러냈다. 헤로데는 자기 아들 안티파테르를 처형해도 좋다는 로마 제국의 허락을 받아 죽기 직전에 그를 처형하였다(17.182-87). 그는 다른 아들 아르켈라오스를 후계자로 지명하고 자기 아들 안티파스를 갈릴래아와 페레아의 분봉왕에, 자기 아들 필리포스를 요르단 강 동편의 북부 지역 분봉왕에 지명하였다(17.188-90).

헤로데는 신체적 고통을 겪고 가족이나 나라의 사랑을 받지 못한 채 기원전 4년에 죽었다(17.191). 요세푸스가 말하기를 그는 자기가 죽을 때 애도할 사람들이 없다는 것에 큰 충격을 받고 자기가 죽는 순간 저명한 인사들을 죽여 그가 열망하던 애도의 물결이 일게 하라고 명령하였다고 한다. 다행히도 그 명령은 실행되지 않았다 (17.173-75). 헤로데는 헤로데 성(헤로디움)에 안장되었다.

헤로데가 죽은 뒤에 로마인들은 이 무자비한 통치자를 잃은 일촉즉발의 왕국에서 지휘 체계를 유지하는 데 오랫동안 큰 어려움을 겪었다. 그의 아들 아르켈라오스는 아버지의 마지막 뜻에 따라 제국의 임명 동의를 받기 전에 많은 인명을 희생시켜 폭동을 진압하였다. 군중은 헤로데 통치 말기에 바리사이 지도자 두 명을 죽이는 데 관여한 헤로데의 신하들에게 그 행위에 대한 책임을 물으려 했다(17.206-18).

아르켈라오스는 헤로데의 뜻을 확인하기 위하여 로마로 갔지만, 헤로데의 이전 뜻에 따라 임금으로 임명된 그의 형제 안티파스 역시 서둘러 제국의 수도로 가서 이 사실을 호소하였다. 헤로데 왕가의 다른 사람들 역시 로마로 가서 로마가 직접 다스려 달라고 청했다(17.218-27). 곧 어떤 형제도 임금으로 임명되어서는 안 된다는 것이었다. 그들이 로마에 머무르는 동안 예루살렘에서는 사건이 끊이질 않았다. 폭동을 진압하는 과정에서 행정관 사비누스는 성전 보고를 약탈하여 상당한 양을 자기 주머니에 넣었다(17.250-64). 헤로데가 임금이 되기 전에 죽인 에제키야의 아들 유다가 갈릴래아에서 지원자들을 모으고 왕실 무기고를 턴 것도 바로 이때였다. 그 이름은 곧이어 유다 역사에서 중요한 역할을 하게 될 열혈당원들(젤롯파)과 연관되어 있었다(17.271-72). 시리아 총독 바루스가 개입한 뒤에야 비로소 유다 땅의 여러 폭동이 진압될 수 있었다

(17.286-98).

아우구스투스는 헤로데의 후계자를 결정하기 위하여 시간을 가졌다. 그는 그 문제를 두고 모든 관계자의 얘기를 듣고 나서 마침내 헤로데의 마지막 뜻을 인준하였다. 그는 죽은 헤로데 임금이 다스렸던 넓은 지역을 아르켈라오스(기원전 4-기원후 6)에게 주었지만, 임금의 칭호를 내리지는 않았다. 오히려 그는 분봉왕으로 임명되었다. 고대 문헌에서 흔히 헤로데라 불리는 안티파스(기원전 4-기원후 39)는 세례자 요한을 처형한 사람이다(마태 14,6-11; 마르 6,21-28; 루카 9,9; 〈유다 고대사〉 18.117-119). 예수님께서도 이 안티파스 앞에 서셨다(루카 23,7-12). 안티파스와 필리포스(기원전 4-기원후 33/34)는 헤로데의 뜻을 반영하여 더욱 좁게 한정된 지역을 받았고 사분봉왕이라는 칭호를 받았다. 이렇게 해서 헤로데의 꽤 큰 왕국은 여러 개의 작은 행정 지역으로 갈라졌다(17.317-23).

아르켈라오스의 통치는 짧았고 유감 천만이었다. 그가 잔혹하게 통치한 결과 유다와 사마리아의 귀족 대표들이 로마에 가서 그의 잘못된 통치에 관해 황제에게 불평하였다. 아우구스투스는 아르켈라오스를 로마로 불러 분봉왕에서 폐위시키고 갈리아로 추방하였다(훨씬 더 뒤에 안티파스도 갈리아로 추방되었다; 17.342-43).

3) 로마의 직접 통치(기원후 6-66)

기원후 6년 유다에 대한 통치는 약간 다른 형태를 보였다. 유다는 로마 황제 직속의 총독관구가 되었고 시리아 속주에 병합되었다. 그 지역의 로마 통치자들은 유다인들의 전형적인 생활방식(적어도 헤로데 가문은 인정해 주던 것)에 민감하게 반응하지 않았다. 그래서 그 지역 주민들에게 비참한 결과가 발생하였다. 로마인들의 직접 통치 시기는 두 부분으로 나눌 수 있다. 첫 번째 시기(6-41년)에는 지방장관이라는 칭호를 가진 관료가 유다 지역을 다스렸고, 두 번째 시기(44-66년)에는 행정관이 그 지역을 다스렸다. 두 시기 사이에 헤로데 가문의 아그리파스 1세가 임금으로서 짧은 기간(41-44년)을 다스렸다.

6-41년에 유다를 통치하였던 지방장관들은 시리아 속주에 있는 로마 총독의 통제를 별로 받지 않았다. 지방장관들과 행정관들은 지중해변에 자리잡은 도시 카이사리아에 공관을 가지고 있었는데, 카이사리아는 유다의 수도로 여겨졌다. 그러나 지방장관들은 큰 축제가 있어 수많은 유다인이 거룩한 도시 예루살렘으로 모여들 때 지역 안전을 위하여 잠시 예루살렘에 와 있었다(예수께서 체포되어 신문을 받으실 때 지방장관이었던 본시오 빌라도가 예루살렘에 있었던 것도 바로 이 때문이다).

6-41년에 예닐곱 명이 지방장관으로 있었다. 그들 가운데 가장 잘 알려진 본시오 빌라도는 26년부터 36년까지 유다를 다스렸다. 알렉산드리아의 유다인 철학자 필로는 아그리파스 1세의 편지를 인용하는데, 그 편지에서 임금은 빌라도를 모질고 탐욕스럽고 잔인한 인물로 묘사하였다(가이우스 38.302). 고대 문헌들은 그가 유다인의 입장을 충분히 고려하지 않은 여러 행위를 했다고 전한다. 예를

들어 그는 자기 부하들에게 밤에 군기를 들고 예루살렘에 들어가도록 명령하였다(군기에는 황제의 표상이 새겨져 있어, 군기를 들고 들어가는 것은 둘째 계명을 위반하는 것). 그는 유다인들의 압력으로 며칠 뒤 그 표상을 제거해야만 했다(18.55-59). 또 다른 때에 성전 기금으로 예루살렘에 물을 공급하는 수도관을 건설하였다. 그 행위는 강력한 반발을 불러왔고, 빌라도는 많은 피를 흘리면서 그 반발을 진압하였다(18.60-62; 빌라도가 갈릴래아 사람들을 죽여서 그들이 바치려던 제물을 피로 물들게 했던 일을 묘사하는 루카 13,1 참조). 결국 빌라도는 사마리아 지역에서 악의 없는 군중을 살해한 지나친 잔인성으로 인해 직위해제되었다(18.87, 89).

이 유다 역사의 단계는 변덕스런 황제 칼리굴라(37-41년 재위)의 죽음으로 끝이 났다. 칼리굴라는 예루살렘 성전에 자신의 동상을 세우라고 명령하였다. 황제의 칙령을 집행하기 위하여 어마어마한 군대가 팔레스티나로 옮겨 왔다(18.262). 그러나 시리아의 총독 페트로니우스는 동상을 세우려는 황제의 뜻에 동의하지 않았다. 페트로니우스는 만약에 있을 폭동을 다스려야 했다. 페트로니우스는 칙령을 실행하지 못하게 하였고 그 뒤 얼마 지나지 않아 황제는 암살되었다(18.263-72).

새 황제 클라우디우스(41-54년 재위)는 지체 없이 헤로데 대왕의 손자 아그리파스를 유다와 사마리아, 그리고 그의 할아버지에게 속했던 모든 지역의 임금으로 임명하였다(사실상 칼리굴라 황제가 그를 이미 임금으로 임명했다. 〈유다 고대사〉 19.274-77 참조). 아그리파스는 경건한 사람이었던 것으로 보인다. 적어도 자신의 지역에 있을 때는 그랬다. 신명기에서 임금이 지켜야 할 규정으로 제시하고 있는 대로 그는 초막절 축제 때에는 정해진 신명기 본문을 읽기까지 하였다(신명 17,18-22; 참조 사도 12,1-19). 그러나 아그리파스 임금은 짧은 기간 재위하였다. 그는 44년, 곧 간신배 무리들이 그를 신으로 환호한 뒤 곧 죽고 말았다(《유다 고대사》 19.343-52; 사도 12,20-23).

그가 죽은 뒤에 그가 다스리던 지역을 아들인 아그리파스 2세에게 넘기지 않고 다시 한 번 로마의 직속하에 둔다는 결정이 내려졌다. 그때부터 로마인들이 임명한 관리는 행정관(Procurator)이라는 칭호를 가졌다. 일반적으로 말해 유다인이 아닌 이 통치자는 유다인의 종교적 감수성을 충분히 존중하지 않았다고 말할 수 있다. 이 일촉즉발의 지역에서 로마의 주요 목표는 공공 질서를 유지하는 것이었다. 요세푸스는 모든 행정관에 관해 기술하고 있고 상당수는 사도행전에서 언급된다. 처음에 행정관 자리에 앉은 사람은 티베리우스 율리우스 알렉산드로스(약 46-48년)였는데, 그는 유다인 철학자 필로의 조카였다. 그는 조상들의 종교를 거부하고 로마인들의 세계에서 고위 관직에 올랐다. 사도 11,28-30에 언급된 기근은 그가 다스릴 때 일어났다. 행정관들이 다스리는 동안 여러 가지 이유로 반란이 잦았고 그만큼 로마의 무력 진압도 잦았다. 예를 들어 안토니우스 펠릭스(약 52-60년) 행정관 시대에는 거의 지속적으로 소동이 일어났고, 고대 문헌들에서 펠릭스는 잔인하게 소동을 진압한 인물로 호되게 비판을 받는다. 그가 행정관으로 있는 동안 열혈당원들이 더욱 기세를 떨치게 된다. 요세푸스는 그들이 바리사이들과 뜻을 함께했으나 하느님 외의 다른 어떤 사람도 통치자로 인정하기를 거부하였다고 한다. 더욱 과격적 근본주의 단체는 자객 집단(Sicarii)이라 불렸다. 단도(Sikarion)를 가지고 다니며 사용하였기 때문에 그들이 그렇게 불린 것이다(20.185-187). 요세푸스는 '도적들'이 대사제 요나탄의 온건한 견해를 수용하지 못해 그를 살해했다고 믿는다(20.161-63). 그들이 로마의 통치와 압박을 종식시키는데 크게 관심을 가진 유일한 종교 단체는 아니었다(20.167-72 참조). 펠릭스도 사도 바오로의 말을 들었던 청중이었는데(사도 23-24장 참조), 그는 60년에 로마로 소환되었다. 펠릭스의 후임이 되어 62년까지 다스린 포르키우스 페스투스(사도 24,27 참조) 때에도 반란은 계속되었다.

그다음 행정관인 루세이우스 알비누스는 모든 이에게 공공연하게 뇌물을 받았던 탐욕스런 폭군이었다(20.197-215). 마지막 행정관은 게시우스 플로루스(64-66년)였는데, 요세푸스의 기록에 따르면, 그는 가장 사악한 인물로서 모든 성읍을 약탈하는 등 드러내놓고 날강도짓을 하였다(20.252-58). 오랫동안 불안정과 긴장과 폭력이 이어지다가(양편 모두를 선동하던 시기였음) 그의 재직을 마감하는 때에 유다는 로마에 반기를 들었다. 바야흐로 66년 봄이다.

4) 로마에 반기를 든 첫 유다 독립항쟁(66-73)

행정관 플로루스의 무분별한 행위가 도화선이 되어, 마침내 유다인들은 로마의 통치에서 벗어나기 위해 가장 큰 규모로 가장 오랫동안 항쟁을 벌이게 된다. 탐욕스러운 관리가 성전 금고에서 엄청난 돈을 가져 간 것에 유다인들이 반대한 것은 예고된 일이나 마찬가지였다.

이와 더불어 유다인들은 플로루스의 개인적 악행에 대해서도 반란을 일으켰다. 군중은 그가 탐욕 때문에 성전을 약탈했다고 여겼다. 군중이 자신의 탐욕을 조롱한 것에 분노한 플로루스는 군대를 보내 예루살렘을 약탈하게 하였다(《유다 전쟁사》 2.293-308). 이때쯤 자객 집단이 요새로 알려진 마사다 성을 점령하였다.

이와 때를 같이하여 대사제의 아들 엘아자르가 사제들을 설득하여 날마다 성전에서 황제를 위해 바치던 제사를 바치지 못하게 하는 중대한 사건이 벌어졌고, 이에 대해 많은 유다 지도자가 황제를 위한 제사를 계속 드려야 한다고 주장하였다(2.408-21). 항쟁군은 예루살렘 도성을 완전히 장악한 뒤에 약속을 어기고 로마 병사들의 마지막 수비대를 몰살하였다(2.449-56). 여러 성읍에서 유다인들과 비유다인들이 싸웠다.

로마는 시리아의 총독(행정장관) 체스티우스 갈루스를 보내어 이에 대처했다. 갈루스가 대규모 병력을 이끌고 침공하여 예루살렘 성전이 서 있는 산을 공격하였으나 점령할 수 없었다. 알려지지 않은 이유로 인해 그는 퇴각하였다. 안티오키아로 퇴각하는 중에 항쟁군이 그를 공격하여 전리품을 많이 빼앗았다. 요세푸스는 이 승리를 기뻐하느라 평화를 주창하는 유다인들이 항쟁군에게 항복하도록 설득할 기회를 놓쳤다고 생각한다. 그후 요세푸스를 포함한 저명한 유다인들은 예기되는 로마의 응전에 저항할 책임을 맡았다. 요세푸스는 갈릴래아(로마인들이 침공할 것으로 예상된 장소)에서 군사를 지휘할 책임을 맡았으나, 그곳에 있던 기살라(갈릴래아의 한 성읍) 출신의 요한이라는 인물이 강력히 반대하였기 때문에 겨우 목숨을 구하고 새 일을 꾸려갔다.

  67년 네로 황제는 반기를 든 유다인들을 제압할 책임을 맹장 베스파시아누스에게 맡기고 그의 아들 티투스가 돕게 하였다. 그들은 세 개의 군단를 비롯하여 많은 병력을 지휘하였다. 베스파시아누스와 티투스가 세포리스 북쪽의 요타파타를 포함하여 몇몇 요새 도시를 정복했다고는 하지만, 요세푸스가 이끄는 북부 지역 군대 대부분은 로마인들이 시야에 들어오기도 전에 이미 그곳을 떠났다. 거기서 요세푸스와 함께 머물던 군인들도 몇 달을 버티다가 점령당하고 유다인들은 대량 학살되거나 노예로 붙잡혔다. 요세푸스는 기적적으로 살아 남았다고 한다. 요세푸스는 항복하기를 원했으나, 결국 요세푸스와 마흔 명의 동료는 제비를 뽑아 순시대로 서로를 죽이자는 데 동의하였다. 제비를 뽑은 결과 요세푸스가 마지막 인물로 정해졌고, 동료들에게서 자유로워지자 본래 의도했던 대로 항복하였다. 그는 베스파시아누스에게 끌려가, 베스파시아누스 장군이 황제가 될 것을 예고했다고 쓰고 있다. 그렇게 예고했다고 해서 곧바로 자유의 몸이 되지는 않았으나 더욱 정중한 대우를 받는 데에는 성공하였다(3.340-408). 베스파시아누스는 큰 손실을 입은 뒤 가말라 성읍도 점령하였다. 이런 저런 승리를 거듭하면서 유다 북부 지역은 원정이 끝날 때(67년)까지 로마의 엄중한 통제를 받았다.

북부 지역에서 날아온 불길한 소식을 접한 예루살렘의 반군 지도자들이 단결하였을 것으로 생각하겠지만, 요세푸스에 따르면 그 반대였다고 한다. 지금은 기살라 출신의 요한(로마인들이 갈릴래아 성읍들의 성문을 강제로 열기 직전에 도망쳤음)이 이끄는 열혈당원들(젤롯파)은 당원들을 충분히 모집하였고 예루살렘의 상황을 통제할 만큼 영향력을 얻었다. 그들은 자기들에게 반대하는 저명한 유다인 인사들을 죽였고 자신들의 대사제를 임명하기까지 하였다. 열혈당원들은 이두매아인들의 군대를 성읍으로 끌어들여 힘을 강화하였다. 이렇게 하여 항쟁에 가담하였던 초기의 귀족 출신 지도자들은 힘을 잃었고 목숨마저 잃는 경우가 잦았다.

　요세푸스는 성읍의 무질서를 묘사하지만, 누가 책임을 맡든 전쟁이 있는 동안 유다 지도자들은 동전을 만들었다. 유다인들이 만든 동전에는 지도자의 이름이 기록된 적이 없고 고대 히브리어 명각銘刻이 새겨져 있었다. 처음 3년 동안은 '거룩한 도성 예루살렘'(청동으로 주조한 동전에는 '시온의 자유'란 문구가 새겨져 있기도 했음)이란 문구가 새겨졌으나, 제4년에는 '시온의 구원을 위하여'라고 새겨져 있었는데, 이 표현은 하느님의 개입을 희망한 것으로 보인다.

　68년 초 베스파시아누스의 군대가 요르단 강 동편의 펠라를 점령하여 다른 지역으로 쉽게 이동할 수 있었다. 베스파시아누스는 대부분의 지역을 통제하게 되자 예루살렘을 포위 공격할 준비를 하였다. 그러나 그때(68년 6월) 베스파시아누스는 네로가 죽었다는 소식을 들었다. 베스파시아누스는 빈틈 없고 막강한 인물이었기 때문에 사태의 추이를 관망하기로 하였다. 사실 사태가 빠르게 발전하여 단 일 년 사이에 여러 명이 황제의 자리에 올랐다. 69년 베스파시아누스는 군사 작전을 계속하여 다른 여러 지역을 접수한 뒤에 다시 예루살렘에 주의를 돌렸다. 도성 내부에는 열혈당원들이 다스리던 폭력의 시기에 뒤이어 시몬 바르 기오라가 이끄는 새로운 세력이 등장하였다. 그 결과 도성에는 이제 두 사람의 난폭한 주인이 있게 되었다.

69년 7월 1일 베스파시아누스는 이집트에 주둔하던 군단들에 의해 황제로 선포되었고 곧바로 시리아와 팔레스티나에 주둔하던 군단들도 그를 황제로 지명하는 데 합세하였다. 이제 베스파시아누스는 제위帝位를 둘러싼 분쟁에서 주도권을 잡게 되었으므로 유다 전쟁을 천천히 진행시켰다. 베스파시아누스는 70년에야 티투스를 이집트에서 팔레스티나로 파견하였다. 베스파시아누스가 제국의 문제에 집중하는 동안 예루살렘의 상황은 악화되었다. 시몬 바르 기오라의 아들 엘아자르가 도성을 통제하기 위하여 아버지의 병사들과 열혈당원들과 겨루는 제3의 단체를 조직히였던 것이다. 서로를 증오한 그들은 경쟁자들에게 빼앗기지 않기 위하여 도성에 얼마 남아 있지 않은 귀중한 식량을 상당 부분 불태웠다.

70년 티투스는 네 개의 군단과 여러 개의 파견대로 예루살렘을 포위 공격하였다. 도성 내부에서 유혈 사태가 계속되었던 것으로 보이지만, 놀랍게도 유다인들의 단체가 로마군을 격파하기도 하였다. 티투스의 군대는 공성攻城 망치로 예루살렘의 성벽을 허물어 세 개의 성벽을 차례로 장악하였다. 요세푸스는 극도로 위험한 이 시기에 도성 내부에서 벌어지던 유다인들의 싸움이 마침내 종식되었다고 말한다. 유다인들이 계속 저항하는 동안 티투스는 굶주린 백성에게 전달되는 식량을 막기 위하여 예루살렘 주위에 돌벽을 쌓으라고 명령하였다. 로마군이 도성 안으로 들어가자 성전 뜰은 격렬한 전장이 되었다. 요세푸스(로마군 진영에 있던)는 로마군의 지휘관 회의에서 성전 자체는 보존하기로 결정하였다고 한다. 그러나 전투가 벌어지는 과정에서 성전은 소각되었다. 알비누스가 행정관으로 재직하던 불과 몇 년 전에 성전의 개축 공사가 끝났다. 성전을 파괴한 로마군은 이제 상부 성읍도 장악하여 예루살렘을 완전히 점령하였다. 이렇게 해서 제2성전 시기는 막을 내렸다.

예루살렘의 함락으로 예고된 결과가 일어났다. 곧 생존자들은 짐승들과 싸우거나 서로 결투를 벌이다가 희생당하는 운명이 되었고 다른 이들은 처형당했다. 티투스는 로마에서 개선 진군 때 동행시키려고 생존한 지도자들, 곧 시몬과 요한과 다른 이들을 살려 두었다. 71년 티투스와 아버지 베스파시아누스, 그리고 그의 형제 도미티아누스가 승리를 경축하였다. 그 시점에 시몬 바르 기오라가 처형되었다. 개선 진군 때 성전에서 가져온 빵을 놓는 탁자와 일곱 가지 촛대도 전시되었다. 로마인들은 유다인들을 물리치고 거둔 승리를 기념하기 위하여 매우 많은 동전을 주조하였다.

아직도 유다인들이 세 군데 요새에서 저항하고 있었기 때문에 로마 군인들이 예루살렘을 파괴한 것으로 모든 것이 끝나지 않았다. 헤로데 성과 마케루스는 곧바로 함락되었지만, 마사다는 저항 세력의 거점으로 남아 있었다. 새로 부임한 유다 지역의 지방관 플라비우스 실바(73/74-81)는 작열하는 유다 광야에 위치한 사실상 난공

불락의 천연 성채를 정복해야 하는 매우 중대한 과제를 떠맡았다. 앞에서 지적한 바와 같이 마사다 요새는 유다 항쟁의 초기부터 자객 집단이 점령하고 있었다. 그들의 지휘관은 엘아자르 벤 야이르였다. 로마인들은 마사다 주위에 진을 치고 마사다의 서쪽 돌출부에 토성을 쌓아 요새 주위의 성벽들을 공성 망치로 공격하였다. 마침내 그들은 성벽을 무너뜨리고 요새에 있던 유다인들이 급조한 다른 성벽에 불을 질렀다. 엘아자르는 항쟁자들에게 두 차례 연설을 한 것으로 생각된다. 그는 연설을 통해 로마인들의 손에서 겪게 될 무시무시한 운명을 피하기 위하여 저마다 자기 가족을 먼저 죽이고 이어서 자결하는 것이야말로 참으로 영예로운 일이라고 주장하였다. 요세푸스는 이런 식으로 구백여 명이 죽었기 때문에 로마인들이 마사다 정상에 다다랐을 때 그들을 반긴 것은 시체뿐(그리고 숨어 있어 친족에게 살해되지 않았던 단 몇 사람의 생존자)이었다고 보고한다. 마사다 요새는 73년(어쩌면 74년) 함락되었다.

예루살렘은 이제 폐허가 되었다. 예루살렘의 웅장한 성진은 기억 속에만 남게 되었고, 거룩한 도시는 로마 제10군단의 분견대가 머무르는 기지가 되었다. 전쟁 뒤에 유다에서 있었던 사건들에 관해 알려진 바가 거의 없다. 그러나 성전과 사제들과 최고 의회가 중심 역할을 하던 이전의 생활방식은 완전히 사라졌다고 말할 수 있다. 남아 있는 원천 자료에 따르면 일부 유다인 학자들이 야브네(얌니아)에 모여 라삐 요하난 벤 자카이와 가말리엘 2세의 지휘 아래 일종의 학파를 구성하였다고 보도한다. 그들의 토론과 결정은 유다교에 대단한 영향력을 행사하게 되었는데, 그들은 자신들을 전쟁 이

후에 성전과 희생 제사가 아니라 율법을 중심으로 모인 공동체로 다시 규정하였다.

70년에 있었던 사건은 생존자들에게 아주 깊은 상처를 입혔던 것으로 여겨진다. 물론 우리는 요세푸스가 우리에게 전해 주는 것 말고 별다른 정보를 가지고 있지 않다. 인간적으로 겪은 희생은 어마어마했고, 종교적 의미도 엄청난 것으로 입증되었다. 종교적 비극을 평가해 볼 수 있는 한 가지 길은, 예루살렘과 성전을 잃고 난 뒤에 그 반응으로 쓰인 두 편의 묵시록인 에즈라 4서(역자주: '에즈라 4서'는 라틴어 전통을 따른 것이며 현대 번역본에서는 에즈라 2서로 알려져 있음)와 바룩 2서를 자세히 읽는 것이다. 이 두 권은 모두 성경의 인물이 쓴 것으로 되어 있고, 바빌론에 의해 예루살렘과 제1성전이 파괴된 결과를 배경으로 삼고 있다. 그러나 이 책들을 읽으면 이것들이 70년의 재난에 대한 응답으로 쓰였으며 그 재난에 대한 엄중한 질문이라는 사실이 곧 드러난다. 이 책들이 존재한다는 사실만으로도 항쟁하도록 열정을 부추겼던 묵시적 사고가 70년의 불꽃과 더불어 사라지지 않았음을 보여 준다. 이 두 권의 묵시록은 예루살렘과 성전 파괴가 그런 작품의 내용에 강한 영향을 끼쳤다는 것을 드러내기도 한다. 이 책들에 나오는 계시는 파괴와 파괴의 이유, 그리고 그다음에 벌어질 일에 관한 내용이다. 두 책은 비극적 사건들이 있고 나서 약 삼십 년이 지난 뒤인 100년경에 저술되었다.

에즈라 4서는 모두 열여섯 장으로 구성되었는데, 사실상 독립된 세 개의 작품이 들어 있다. 곧 그리스도교 작품인 1-2장(학자들은 에즈라 5서라고 부름)과 15-16장(에즈라 6서라 부름) 사이에 유다인의 묵시록인 3-14장이 끼어 있다. 이 묵시록의 등장 인물은 살라디엘인데, 에즈라와 동일시되는 그는 바빌론에 있으면서 환시 일곱 개를 본다. 이 환시에서 에즈라는 예루살렘의 파괴와 하느님의 정의에 관한 괴로운 질문을 제기하고, 천사 우리엘이 에즈라의 관심사를 다루려 한다. 그러나 에즈라는 천사의 설명에 항상 완전히 만족하지 않는다. 첫 번째 환시(3,1-5,20)에서 에즈라는 사악한 나라들이 번성하는 것을 하느님의 계약 백성의 비참한 상태와 대비시키지만, 그의 논제는 곧이어 종말과 종말의 시기로 나아간다. 우리엘은 에즈라에게 자신이 하느님의 길을 이해하지 못하지만, 종말에 대한 몇 가지 징표는 말해 줄 수 있다고 한다. 두 번째 환시(5,21-6,34)와 세 번째 환시(6,35-9,25)에서 이 주제가 계속되지만, 에즈라가 천사의 말을 더 많이 받아들이게 된다는 점에서 주제의 발전이 엿보인다. 네 번째 환시(9,26-10,59)와 더불어 내용의 변화가 일어난다. 에즈라는 성읍에서 떨어진 광야에서 통렬히 애도하는 여인을 본다(9,38-10,28). 에즈라가 여인에게 왜 그렇게 애도하느냐고 묻자, 삼십 년 동안 아이를 갖고 싶어 하다가 마침내 아들을 낳아 애지중지 길렀으나 아들이 혼인하는 날 갑자기 죽었다고 설명한다. 그래서 그녀는 금식하면서 애도하다가 죽으려 마음 먹었다는 것이다. 에즈라는 개인적인 슬픔에만 집착해 있는 그녀를 꾸짖으면서 그토록 많은 자녀를 잃은 어머니 시온을 보라고 촉구한다. 잠시 후 에즈라의 눈 앞에서 애도하던 여인의 얼굴이 빛나기 시작하더니 여인은 온데간데없고 찬란한 도성이 보인다. 우리엘은 그 환시를 해석하여 애도하는 여인을 시온이라고 한다(10,29-59). 창조부터 삼천 년(=여인이 아이를 낳지 못한 삼십 년)이 흐른 뒤에 솔로몬이 성전에서 희생 제사를 바치기 시작하였고, 아이가 살아 있는 동안 그 예배는 계속되었다는 것이다. 아이의 죽음은 예루살렘의 멸망을 상징하였다. 기적같이 모습을 달리한 여인은 미래의 새 예루살렘이며, 새 예루살렘은 인간의 노력 덕분이 아니라 하느님의 이적으로 만들어졌다는 것이다.

에즈라가 본 다섯 번째 환시(11-12장)는 저자가 이전의 묵시록(다니 7장)을 성찰하고 자신의 체험에 비추어 이를 해석하였음을 보여 준다. 환시(11,1-12,3)에서 에즈라는 "열두 개의 깃털로 이루어진 날개와 세 개의 머리"(11,1)를 가진 독수리를 본다. 독수리는 바다에서 올라와 온 세상을 지배한다. 날개들이 차례로 통치하지만 마침내 날개들은 사라지고 세 개의 머리와 작은 날개 몇 개만 남는다. 그다음에 사자가 올라오는데, 사자는 독수리를 네 번째 짐승(곧 다니엘의 환시에 나오는 네 번째 짐승)이라고 하며 억압과 불의를 저질렀으므로 완전히 멸망할 것이라고 예언한다. 12,3ㄴ-9에서 깜짝 놀란 에즈라가 해석을 요청하여 12,10-39에서 천사의 해석을 듣는다. 천사는 에즈라에게 독수리는 다니엘의 환시에 나오는 바로 그 네 번째 왕국이라고 한다(12,11). 천사는 여기에서 다니엘의 환시를 재해석하고 있음을 인정한다. "그러나 내가 지금 당신에게 설명하고 있는 것처럼 다니엘에게 설명하지는 않았다"(12절). 열두 개의 날개는 임금들이고, 그들 가운데 두 번째 임금은 다른 임금들보다 더 오래 통치한다. 세 개의 머리는 다른 집단의 임금들이다. 그들은 "이전의 어떤 임금보다 훨씬 더 억압적으로 세상과 사람들을 통치할 것이다. 그래서 그들은 독수리의 머리라 불린다. 독수리의 사악함을 집약하고 그의 최종 행위를 수행하는 것이 바로 그들이기 때문이다"(12,23-25). 천사는 다윗 가문 출신의 메시아를 가리키는 사자가 독수리를 비판하는 것으로 시작하여 그것을 멸망시킬 것이라고 말한다. 메시아는 "내 백성의 남은 자들을 자비로 해방할 것"이고 최후 심판이 있을 때까지 잠정적인 메시아 왕국에서 그들을 다스릴 것이다(34절). 환시에 나오는 세부 사항이 로마 역사에 관해 우리가 알고 있는 정보와 모두 일치하지 않지만, 세 개의 머리는 플라비아누스 왕조의 황제 세 명, 곧 베스파시아누스, 티투스, 도미티아누스를 가리키는 것으로 보인다. 첫 두 황제는 유다 백성에게 뼈아픈 기억으로 남아 있었고, 도미티아누스 황제(81-96년 재위)는 에즈라 4서가 쓰일 때에 여전히 통치하고 있었다. 환시에서 대두되는 요점은 더 이전의 묵시록 본문 연구에서 제기된 것으로, 하느님께서 70년의 대참사를 포함하여 로마 시대의 모든 사건을 수세기 전에 에즈라에게 예고하셨다는 것이다. 그러나 훨씬 더 중요한 것은, 하느님께서 당신의 메시아를 통해 수행하게 될 바로 그 계획에서 로마의 파멸도 정해 놓으셨다는 점이다.

다섯 번째 환시에 나오는 몇몇 가르침은 바다에서 온 남자(다니엘 전승은 여기에서도 계속됨)에 관해 이야기하는 여섯 번째 환시(13장)에서도 표현된다. 그 이야기에서 남자 형상의 인물이 수많은 군중의 공격을 받는다. 그는 산을 만들어 그 위에 서서 입에서 나오는 불로 원수들을 없앤다. 그런 다음 그는 평화로운 다른 군중을 모은다. 신적 해석에 따르면, 사람 같은 존재는 하느님의 아들(메시아)로서 시온 산에서 율법(=불)으로 나라들을 멸망시키고 멀리서 열 지파를 모아 시온에 있는 지파들과 합세시킨다.

에즈라가 본 마지막 환시(14장)에는 "물과 같지만 색깔은 불과 같은 어떤 것"(14,39)을 마셔 능력을 받은 환시자가 다섯 명의 서기관들에게 40일 안에 94권의 책을 받아쓰게 하는 장면이 포함되어 있다. 그 책들은 히브리어 성경 24권과 전승되어 온 70권이었다. 24권은 모든 이가 읽어야 할 책이고, 70권은 현인들만을 위한 책이었다. 그리하여 둘째 모세를 통해 성경이 복구되고, 백성의 전승도 보존되지만 훨씬 더 유보된 조건으로 보존된다. 모든 것은 국가가 수행하도록 되어 있다.

에즈라 4서에 나오는 이 환시들은 환시자에게 종말이 계획되어 있으며 그 전에 일정한 표징들이 있을 것이고, 그때가 되면 의인들은 구원받고 악인들은 파멸될 것이라는 확신을 준다. 종말의 시간은 예고되지 않지만, 에즈라는 종말이 멀지 않다는 말도 듣는다(예를 들어 14,10-12). 본문의 맥락을 살펴볼 때 독자에게는 다른 주제가 훨씬 더 지배적일 수 있다. 곧 반드시 구원이 있을 것이며 로마는 파멸될 것이다. 그러나 그 파멸은 새로 일어나는 다른 권력을 통해 이루어지지 않을 것이다. 오히려 적절한 때가 오면 하느님께서 당신의 아들 메시아를 통해 이룩하실 것이다. 미래의 승리는 기적과 같이 일어나는 것이지 무기나 군사 전략의 결과가 아닐 것이다.

그 메시지는 바룩 2서라 불리는 동시대의 묵시록에 나오는 몇 구절에도 포함, 반영되어 있다. 바룩 2서는 많은 점에서 에즈라 4서와 병행하는 작품이다. 바룩 2서에서 숲, 포도나무, 샘, 그리고 삼나무의 묵시(35-40장)는 독수리 환시(4에즈 11-12장)와 흡사하다. 구름의 묵시(53-74장)는 역사의 열두 부분을 조사하고 메시아의 심판과 통치 앞에서 극악무도한 마지막 억압자가 멸망할 것을 예고한다. 여기에서도 이 일은 하느님께서 메시아를 통해 이루어지는 신적 행위의 결과로 일어난다.

수십 년 뒤에 두 번째 항쟁이 발발했을 때 에즈라 4서와 바룩 2서에서 울리는 목소리가 들려올 것이다.

5) 바르 코크바의 독립항쟁(132-135)

바르 코크바의 독립항쟁은 제2성전 시기가 끝난 뒤에 일어났지만, 이 자리에서 간략히 언급해야 할 것이다. 하드리아누스 황제 재위(117-138) 때 팔레스티나에서 대규모로 제2차 독립항쟁이 일어났다. 하드리아누스가 할례 금지법을 반포한 명백한 증거가 있기는 하지만, 두 번째 독립항쟁의 이유는 명확지 않다. 다른 나라 사람들도 할례를 하고 있었기 때문에 하드리아누스가 공적으로 할례를 금지한 것이 유다인만을 염두에 둔 것은 아니었던 것으로 보인다. 하드리아누스는 할례를 야만인의 의식이며 이전에 금지된 다른 의식, 곧 거세와 같은 것으로 여겨 금지시켰던 것 같다. 게다가 하드리아누스 황제는 예루살렘의 성전터에 새 도시를 세울 계획(흔히 해 오던 일이었음)이었다. 아일리아 카피톨리나라고 불릴 그 도시에는 유피테르 카피톨리누스에게 바칠 신전도 포함되어 있었다. 동전에 새겨진 증거를 보고 도시 건설이 독립항쟁을 하게 된 원인이었음을 짐작할 수 있다. 하드리아누스가 동부 지역을 여행하고 있을 때에는 유다인들의 반대 목소리가 억제되었지만, 그가 떠나자 132년에 독립항쟁이 발발하였다. 아마 그때가 성전이 파괴된 지 62년째 되던 해라는 사실이 시사하는 바가 있을 것이다. 유다인들 가운데에는 제1성전이 파괴된 지 70년만에 완공된 제2성전처럼 70년의 대재난 뒤에 비슷한 기간이 지나고 있으므로 이제 제3성전이 세워질 때라고 생각하던 사람들이 있었을 것이다. 독립항쟁을 벌이는 동안 주조된 몇몇 동전이 성전의 정면을 보여 준다. 아마 이것 역시 다른 성전을 세워야 한다는 관심을 반영하는 것 같다.

유다 군대를 이끈 지휘관의 실제 이름은 시몬 바르 코시바(Simon Bar Kosiba)로, 유다 광야(나할 헤베르와 다른 곳들)의 폐허에서 발굴된 그 시대의 문헌들에서 그 이름을 접할 수 있다. 저명한 라삐 아키바는 "야곱에게서 별 하나가 솟는다"(민수 24,17)는 예언이 가리키는 인물로 보아 그를 별의 아들(바르 코크바 Bar Kokhba)이라 불렀다고 한다. 이 구절은 메시아를 가리키는 구절로 이해되었다. 따라서 아키바는 독립항쟁의 지도자를 메시아로 인식하였던 것으로 보인다. 바르 코크바는 '이스라엘의 왕자'라는 칭호를 가졌고 엘아자르라는 이름의 사제와 연합하였다(두 사람 모두 첫 해의 동전에 언급되어 있음). 독립항쟁 초기에는 항쟁자들이 예루살렘 지역을 점령한 것으로 보인다. 그들은 분명히 자신들의 동전을 주조하였고(많은 동전이 발견되었음) 그 동전에 '이스라엘 구원 원년', '이스라엘 자유 제2년', 그리고 '예루살렘의 자유를 위하여'(제3년과 제4년)라는 연대를 새겼다. 시몬의 이름은 독립항쟁이 진행되는 동안 주조된 여러 동전에서 계속 나타난다.

바르 코크바와 그의 군대는 마침내 예루살렘 남서쪽에 위치한 베테르 요새에서 마지막으로 로마인들에게 대항하였다. 그들의 저항은 135년에 끝이 났고 바르 코크바는 거기서 죽음을 맞이하였다. 독립항쟁의 잔학성으로 인해 모든 것이 황폐해지고 항쟁을 막으려는 노력도 대단하였다. 다시 한 번 수많은 인명이 희생되었고 많은 사람이 노예가 되었다. 예루살렘은 존속했으나 이제는 아일리아 카피톨리나라 불렸고 유다인들의 출입이 금지되었다. 옛 성전 터에는 실제로 유피테르 카피톨리누스에게 바친 신전이 세워졌다.

부록: 이집트 유다이즘

기원전 마지막 두 세기부터 기원후 첫 세기에 관한 연구에서 이집트에 있는 유다인들의 역사를 다루는 것이 적절하지 않으므로, 여기에서 그들의 역사에 관해 간략히 소개하는 것이 좋을 것 같다. 우리는 앞에서 엘레판틴 공동체, 토라의 번역에 관한 이야기, 그리고 이집트에 있는 유다인 공동체와 성지의 유다인들과 이집트에 있는 유다인들의 관계에 관해 정보를 제공하는 〈토비야의 소설〉을 살펴보았다. 후대의 이집트 유다이즘에 관해서 우리가 가지고 있는 증거가 일관되지는 않지만, 어떤 유다인들은 이집트에서 고위 관직에 올랐고 또 어떤 이들은 분명히 학문 분야에서 공적을 남겨 지금도 일부가 남아 있다. 이집트에서 파피루스가 풍부하게 생산되었기 때문에 다양한 장소와 사회 계층에 있던 유다인들의 삶에 놀라운 빛을 던져 주었다. 초기 헬레니즘 시기부터 유다인들은 프톨레마이오스 군대와 관청에서 일하였고, 알렉산드리아 도시에는 유다인 구역이 따로 있었다(〈유다 전쟁사〉 2.488). 연대기를 기록하는 유다인 학자 데메트리오스는 프톨레마이오스 4세 필로파토르(기원전 221-204) 때 저술 활동을 했을 것이다. 그의 작품 가운데 남아 있는 단편들은 그가 성경의 역사를 그리스 신화와 역사의 연대기적 틀 안에 배치했음을 말해 준다.

대사제 오니아스 3세가 대사제직을 강탈당하고(기원전 175) 나중에 처형되었을 때, 그의 아들 오니아스 4세는 이집트로 가(〈유다 고대사〉 12.387) 프톨레마이오스 6세 필로메토르(기원전 180-145)에게 융숭한 대접을 받았다. 오니아스는 나일 강 삼각주의 남동쪽 끝자락에 있는 레온토폴리스에 정착하였고, 거기서 군대를 소집하였으며 성전을 지었다. 그 성전에서는 기원후 73년 파괴될 때까지 희생 제사가 봉헌되었다(〈유다 전쟁사〉 7.421-36; 〈유다 고대사〉 13.62-73 참조). 오니아스는 이집트의 권력 정치에서 일정 기간 능동적 역할을 하였다. 요세푸스는 프톨레마이오스와 그의 부인 클레오파트라 2세가 왕국을 유다인들에게 맡기고 전체 군대를 오니아스와 도시테오스라 불리는 그의 동료 유다인의 지휘 아래 두었다고 주장하기까지 한다(〈아피온 논박〉 2.49 참조). 기원전 145년 필로메토르가 죽자 동맹국들의 지원을 받은 클레오파트라 2세와 필로메토르의 형제이자 오랜 정적이었던 프톨레마이오스 8세 에우에르게테스 피스콘이 전쟁을 벌였다. 오니아스는 왕비를 지원하여 알렉산드리아로 군대를 이끌고 갔지만, 피스콘이 승리하였고 오니아스 편을 들었던 알렉산드리아의 유다인들은 보복을 당했다(《아피온 논박》 2.49-56. 이것은 그 사건이 더 이전에 일어났다고 제시하는 마카베오 3권의 역사적 핵심으로 여겨졌다). 나중에 오니아스의 두 아들 켈키아스와 하나니아스는 또 다른 왕조 내분이 있을 때 오니아스의 군대를 이끌었다(《유다 고대사》 13.349). 하나니아스는 알렉산드로스 얀네오스 시기에 클레오파트라 3세에게 유다를 침공하지 말라고 조언하였다(《유다 고대사》 13.352-55). 기원전 48-47년 율리우스 카이사르가 알렉산드리아에서 어려운 처지에 놓여 있을 때 레온토폴리스의 유다인들은 그를 지원하였다(《유다 전쟁사》 1.187-92; 《유다 고대사》 14.127-32).

이 시기에 여러 유다인 저술가가 활동하였다. 프톨레마이오스 6세 필로메토르 재위 때 아리스토불로스는 하느님의 본성에 관해 철학적으로 연구하였고, 파스카의 날짜를 다루었으며, 플라톤과 같은 그리스 철학자들이 율법서에서 아이디어를 받아들였다고 주장하였다. 2마카 1,10에 따르면, 아리스토불로스는 임금의 스승이었다(만약 그가 동일한 인물의 아리스토불로스라면). 아르타파노스는 이집트와 연관된 아브라함과 요셉, 특히 모세와 같은 유다 영웅에 관해 썼다. 그는 기원전 100년 이전에 활동한 사람이었다. 끝으로 비극 작가 에제키엘은 기원전 2세기의 어느 시점에서 이집트 탈출 이야기를 그리스 비극의 형식으로 개작하였다.

로마 시기는 이집트의 유다인들에게 힘든 기간이었다. 물론 그들은 아우구스투스의 통치 때에 안정된 신분을 누릴 수 있었다. 그러나 38년 플라쿠스가 총독으로 있을 때 알렉산드리아의 그리스인들과 유다인들 사이에 심각한 분쟁이 발생하였다. 가이우스 칼리굴라가 37년 황제가 되었을 때 그는 어지러운 정치 상황에 빠져들었다. 유다인들을 반대하던 자들은 그가 약화된 틈을 타 그를 미끼로 삼았다. 폭동의 도화선은 유다 임금 아그리파스 1세가 알렉산드리아를 방문한 일이었다. 알렉산드리아의 그리스인들은 임금을 줄지어 조롱하며 모욕하였다. 그에 따라 많은 사람이 죽었고 황제의 형상이 세워진 회당이 모독당했을 뿐 아니라 많은 자산이 파괴되었다. 총독은 유다인들의 권리를 박탈하고 그 지도자들을 매질하였으며 다른 이들을 고문으로 죽였다. 플라쿠스는 결국 체포되었다. 그리고 그리스인들과 유다인들은 황제에게 자기네 문제를 상소하기 위하여 사절단을 파견하였다. 알렉산드리아의 필로가 유다인을 이끌었다. 필로는 이 시기의 사건에 관해 정보를 얻을 수 있는 주요 원천이다. 그리스인들의 사절단 대표는 호메로스 전문가인 아피온이었는데, 그는 유다인을 반대하는 책 다섯 권을 저술하였다(여기에 대해 요세푸스는 〈아피온 논박〉으로 응답하였음). 사절단이 황제를 알현하기 위해 기다리고 있을 때 황제가 예루살렘 성전에 자신의 형상을 세우고 싶어 한다는 얘기를 들었다. 그러나 황제가 곧 죽었기 때문에 위기를 모면할 수 있었다. 새 황제 클라우디우스(41-54년 재위)는 알렉산드리아에서 온 유다인들의 두 번째 사절단을 만났다. 그는 알렉산드리아의 시민을 대표하는 두 개의 상반된 집단 문제를 다루는 데 애를 먹었다. 그 문제에 대한 클라우디우스의 결정은 〈유다 고대사〉 19.280-85에 보존되어 있고, 다른 판본은 이집트에서 발견된 파피루스에 보존되어 있다. 그는 유다인들에게 자기네 관습을 따르도록 하고 시민권을 빼앗은 것(필로와 같은 고위 관직을 가진 사람들에게는 아주 큰 타격이었음)으로 보인다.

유다와 갈릴래아에서 제1차 독립항쟁이 일어났던 66년에는 유다인들과 반대자들 사이에 더 큰 충돌이 있었다. 이때 총독이었던 필로의 조카 티베리우스 율리우스 알렉산드로스는 엄청난 사상자를 내며 폭동을 진압하였다(《유다 전쟁사》 2.494-98). 그다음 수십 년 동안 긴장이 계속되다가 마침내 116-117년 격렬한 항쟁이 발발하였고 때맞추어 디아스포라의 여러 지역에서 폭동이 일어났다. 이집트 전체로 확대되던 유다인 폭동은 정부 당국에서 대단한 노력을 기울인 끝에 비로소 멈추었다. 맹렬한 폭동은 잔인한 폭동 진압으로 이어졌다. 그 결과 이집트에서 한때 크게 불어난 유다인 공동체는 적은 수의 생존자로 축소되었다.

제2장
제2성전 시기의 유다 문학

제2성전 시기에 쓰인 방대하면서도 비교적 알려지지 않은 문학작품들이 남아 있다. 유다 땅과 널리 퍼진 디아스포라에 사는 유다인들이 저술한 이 작품들 가운데 가장 오래된 것들은 성경에 들어 갔다. 그러나 대부분의 작품들은 성경에 편입되지 못했기 때문에 본문이 많은 파란을 겪었다.

1. 히브리어 성경에 포함된 제2성전 시기 본문

제2성전 시기의 작품 가운데 가장 오래된 본문들은 히브리어 성경의 일부가 되었다. 몇몇 성경 본문이 쓰인 시기에 대해서는 학자들 사이에 의견 차이가 현저하다. 예를 들어 많은 전문가가 오경에 들어 있는 사제계 문학작품(가령 레위기)을 유배 이후에 쓰인 것으로 생각하지만, 훨씬 더 이전 시기에 쓰였다고 주장하는 학자들도 있다. 많은 이가 이른바 제3이사야서(이사 56-66장)가 유배에서 귀환한 시기에 기록되었고 다른 본문들도 대개 같은 시기에 쓰였다고 생각하기도 한다. 시간에 제약을 받지 않는 주제들을 다루는 잠언이나 욥기와 같은 지혜문학 작품들이 쓰인 연대를 확정하기 어렵듯이, 첨가된 책들 - 예컨대 룻기, 요엘서, 요나서 - 이 언제 쓰였는지 단언하기는 몹시 힘들다.

그러나 의심할 여지 없이 제2성전이 서 있을 때 나온 성경 책들도 있다. 그 책들은 제2성전 시기를 묘사하거나 그 시기의 상황과 특성을 전제하고 있기 때문이다. 이 책들은 역대기 상·하권, 에즈라기, 느헤미야기, 에스테르기, 몇몇 시편, 코헬렛(전도서), 다니엘서, 하까이서, 즈카르야서, 말라키서이다. 이 성경 책들을 소개하는 좋은 입문서가 많이 있으므로 여기에서는 다루지 않겠다. 이 책들에서 유래하는 역사적 정보는 이 책의 제1장에 요약되어 있다.

성경의 다양한 부분들이 저술된 시기가 문제로 논의되고 있으나, 여러 시기와 장소에서 살았던 유다인 저술가들이 매우 중요하게 여겼던 고대의 문서 자료들을 연구하기 위하여 제2성전 시기의 유다 문학을 정독하는 경우는 드물다. 유다인 저술가들이 고대의 자료들을 중시했다는 사실은 모세의 율법 책에 기록된 것에 근거하여 행동하였던 느헤미야(가령 느헤 8장을 보라)와 같은 제2성전 시기의 초기 본문들에서 이미 명백히 드러난다.

2. 제2성전 시기의 작품 분류

제2성전 시기의 광대한 유다 문학작품들을 점검할 때 생기는 실제 문제가 몇 가지 있다. 그중 하나가 본문을 분류하는 데 사용된 전통적 범주이다. 유다인 학자 필로와 요세푸스의 방대한 작품은 언제나 그들의 고유한 범주로 다루어졌으나, 다른 풍부한 본문들은 외경外經과 위경僞經이라는 제목 아래 포함되었다. 19세기 말부터 옛 유적지에서 발굴된 본문들이 이미 엄청나게 방대한 이 범주에 추가되었다. 오늘날에도 이 명칭이 폭넓게 사용되고 있으므로 외경(Apocrypha)과 위경이라는 말의 의미를 명확히 설명하고, 이 범주를 그대로 사용하는 데 깃든 몇 가지 어려운 점을 언급하는 것이 유익할 것이다.

1) 외경

수년 동안 외경(Apocrypha)이란 단어는 다양한 책에 적용되어 왔다. 이 단어는 적어도 구별되는 두 가지 뜻을 가지고 있다.

(1) 가톨릭의 제2경전

개신교는 가톨릭 교회의 제2경전에 해당하는 책들을 외경이라 부르기도 한다. 이 책들은 현재 가톨릭 교회의 구약성경에는 포함되어 있지만, 히브리어 성경(=개신교의 구약성경. 앞으로 개신교의 구약성경을 가리킬 때 히브리어 성경이라는 용어를 사용할 것임)에는 들어 있지 않다. 아래에서 개별적으로 다룰 제2경전의 책들은 다음과 같다.

1. 토빗기
2. 유딧기(가톨릭 교회의 구약성경에서 토빗기와 유딧기는 느헤미야기 다음에 나온다)
3. 마카베오기 상권
4. 마카베오기 하권(마카베오기 상·하권은 에스테르기 다음에 나온다)
5. 지혜서(또는 솔로몬의 지혜서. 아가 다음)
6. 시라(또는 집회서. 지혜서 다음)
7. 바룩서(애가 다음. 바룩서 6장은 '예레미야의 편지'라는 개별 제목으로 제시되기도 한다)

이 일곱 권의 책 외에 히브리어 성경에 나오는 다음 두 권의 책은 가톨릭 성경에서 다양한 형태를 취한다.

- 에스테르기(가톨릭 교회의 구약성경에서 에스테르기는 히브리어 성경의 에스테르기 본문 전체와 여러 곳에 흩어져 있는 여섯 개의 단락이 첨가되고 유딧기 다음에 배치된다)
- 다니엘서(에제키엘서 다음에 배치된다. 가톨릭 교회의 구약성경에

서 다니엘서는 히브리어 성경의 다니엘서 본문 전체와 세 개의 작품, 곧 〈수산나 이야기〉, 〈아자르야의 기도와 세 젊은이의 노래〉, 〈벨과 용〉을 포함한다)

(2) 그리스어 성경에는 있으나 히브리어 성경에는 없는 작품

'외경'이라는 용어는 구약성경의 그리스어 사본들에서 발견되는 그 밖의 책들을 가리키는 데 사용될 수도 있다. 그중에는 가톨릭 교회의 제2경전에 속하는 책 외에 몇몇 책이 포함되어 있다. 예를 들어 가장 널리 사용되는 칠십인역 그리스어 성경, 곧 랄프스(A. Rahlfs)가 편집한 셉투아진타(Septuaginta)는 주로 세 가지의 큰 고대 사본, 곧 바티칸 사본(codex Vaticanus), 시나이 사본(codex Sinaiticus), 그리고 알렉산드리아 사본(codex Alexandrinus)을 기초로 한다. 이 칠십인역 그리스어 성경에는 히브리어 성경과 가톨릭 교회의 제2경전에 속하는 모든 책이 포함되어 있다.

- 마카베오기 3권과 4권
- 에즈라 1서(역대기 하권의 끝 부분과 에즈라기와 느헤미야기에서 가져온 자료를 보충하며 결합한 작품이다)
- 솔로몬의 시편
- 송시(대부분 성경에서 가져온 찬미가 모음. 예를 들어 한나의 노래, 시메온의 노래)

마카베오기 4권과 송시(더 후대의 작품들)를 제외하고는 아래에서 이 책들을 다루게 될 것이다.

 외경이 지닌 이 두 가지 뜻을 정확히 구분하지 않으면 혼동이 생길 것이다. 혼동이 생기는 이유는 트렌트 공의회(1545-1563년) 때까지 가톨릭 교회의 제2경전의 공식 목록이 설정되지 않았기 때문이다. 트렌트 공의회 이전에는 히브리어 성경에 포함되어 있는 책들 외에 어느 책이 그리스도교의 성경에 포함되는지 명확하지 않았다.

2) 위경

위경(Pseudepigrapha)이라는 말을 문자 그대로 알아들으면 거짓 이름으로 된 작품을 가리킨다. 달리 말해 위경은 그 저자가 유명한 인물, 보통 실제로 그 책을 저술하지 않은 고대의 인물을 저자로 내세운다(아담과 에녹이 그 실례다). 표절의 반대 형태, 곧 자기 글을 쓰면서 다른 사람이 쓴 글로 소개하는 것이라 할 수 있다. 그러나 학자들이 위경의 범주로 분류한 모든 책에서 이러한 위경의 모습을 발견할 수 있는 것은 아니다. 사실 위경이라는 단어는 다양한 시간과 장소에서 유래하며 잡다한 문학 형태에 속하는 매우 다양한 책을 포괄하기 위하여 다소 느슨하게 사용되어 왔다. 또 가톨릭 저술가들이 이 책들을 외경이라 부르기도 하여 혼동을 가중시켰다. 그리고 솔로몬의 지혜서 같은 책은 제2경전/외경으로 분류되어 있지만 실제로는 위경이다.

지난 세기 이래 서구 세계에는 사람들이 '위경'으로 여긴 일련의 유다 본문들이 있다. 이 본문들은 영어로는 찰스(R.H. Charles, *The Apocrypha and Pseudepigrapha of the Old Testament in English*, Oxford: Clarendon Press, 1913), 독일어로는 카우치〔E. Kautzsch, *Die Apokryphen und Pseudepigraphen des Alten Testaments*, Tübingen: Mohr(Siebeck), 1900. 제2권에 위경이 실려 있음〕가 편찬한 방대한 수집물에 포함되어 있다. 찰스의 수집물에는 다음과 같은 책들이 포함되어 있다(범주별로 배열되어 있음).

율법의 관점에서 다시 쓴 초기 역사
    희년서
신성한 전설
    아리스테아스의 편지
    아담과 하와의 책
    이사야의 순교록
묵시록
    에녹 1서
    열두 성조의 유언서
    시빌의 신탁서
    모세 승천서
    에녹 2서, 또는 에녹의 비밀의 책
    바룩 2서, 또는 바룩의 시리아어 묵시록

바룩 3서, 또는 바룩의 그리스어 묵시록

　　에즈라 4서

시편

　　솔로몬의 시편

윤리와 지혜문학

　　마카베오기 4권

　　피르케 아봇(선조들의 어록)

　　아키카르의 이야기

역사

　　차독 작품의 단편들

이 열일곱 개의 본문은 찰스가 편집한 책의 광범위한 영향력과 보급으로 인해 가장 잘 알려져 있다. 그러나 자주 간과되는 사실은 찰스가 모든 위경을 수집한 것이 아니라 선택하여 모았다는 점이다. 그가 어떤 의도에서 그 작품들을 수집물에 포함시켰는지 의문이 간다. 예를 들어 〈아리스테아스의 편지〉를 어떻게 위경이라 부를 수 있는지 이해하기 어렵다. 또한 피르케 아봇은 라삐 문헌이며, 차독 작품의 단편들은 그 뒤 사해 두루마리에서도 발견된 법 문서(결코 역사서가 아님)이다. 카우치의 수집물이 동일한 본문들을 포함하고 있지만 에녹 2서, 피르케 아봇, 아키카르의 이야기를 빼놓았다.

　더욱 최근에 출판되었으나 매우 폭넓게 사용되는 수집물은 찰스워드가 《구약성서의 위경》이라는 제목으로 편집한 책이다(J. Charlesworth, *The Old Testament Pseudepigrapha*, Garden city, NY:

Doubleday, 1983, 1985). 두 권으로 구성된 이 책에는 예순세 개의 본문이 포함되어 있다(피르케 아봇과 차독 작품의 단편들을 제외한 찰스의 모든 본문과 다른 많은 본문이 들어 있음). 이 두 권의 책은 독자에게 남아 있는 제2성전 시기의 문학작품들을 총망라하여 볼 수 있게 하는 이점이 있으나, 수집물을 지칭하는 '위경'이라는 개념 정의가 너무 모호해서 성경에 나오는 책을 제외한 모든 책, 필로와 요세푸스의 작품들, 그리고 사해 두루마리까지도 포괄하는 잡동사니를 가리키게 되었다.

전통적으로 외경과 위경이라는 용어를 사용해 왔지만, 여기에는 어려움이 따른다. 이 용어들이 나중에 문학작품들에 부여된 데다가 완전히 적절한 용어가 아닌 인위적 개념일 뿐이기 때문이다. 게다가 외경과 위경이라는 말에는 가치 판단이 들어 있다. 곧 한 권의 책을 '성경'이라고 규정하는 것은 그 책을 한 가지 틀(모든 이가 동일한 방식으로 정의하지는 않을)에 고정시키는 것이며, 그 책을 외경에 배치하는 것은 그 책에 의구심을 던지고 어떤 의미에서 더욱 믿을 만한 책과 구분한다는 것을 가리킨다. '위경'이라는 용어에는 잘못된 책이라는 개념이 담겨 있어서, 그 책들의 목적과 적어도 제2성전 시기의 사람들이 권위 있는 책으로 인정했다는 사실을 무시한 채 그런 본문들의 권위를 훼손시킬 수 있다.

외경과 위경의 범주를 사용할 때 어려움이 있음을 감안하면 제2성전 시기의 유다 문학작품을 연대기순으로 살펴보는 것이 더욱 현명할 것이다. 이렇게 접근하면 전통적 범주와 연결된 몇몇 함정을 피할 수 있다. 그러나 자료가 집성된 연대에 관해서는 자주 반론이 제기되고 있다. 이런 논쟁은 남아 있는 작품의 저자나 상황에 관한 정보가 불충분하기 때문이다. 그렇지만 대략적인 연대를 제시할 수 있는 경우는 많다. 의문이나 해결되지 않은 어려움이 있을 때에는 이를 지적할 것이다.

이 책에서 받아들인 접근 방법은 가능한 개별 범주 안에서 연대 순서를 따르면서 문학 형태에 따라 본문들은 연구하는 것이다. 또한 최근에 발굴된 중요한 본문들을 개별적으로 다룬다. 이 본문들이 다른 범주와 겹칠 경우에는 그 사실을 지적할 것이다. 문학적 탐구를 마친 뒤에 발굴된 본문들을 다루도록 하겠다.

3. 제2성전 시기의 유다 작품

1) 설화 작품(Narrative Works)

(1) 역사

① 에즈라 1서(제2경전도 외경도 아니다. 동방 교회에서 이 책의 권위를 인정하기 때문에 외경으로 번역되는 경우가 자주 있다)

에즈라(그리스어로 '에스드라스')의 이름으로 회자되는 책이 여럿 있다. 물론 유배에서의 귀환과 성전 재건(기원전 538-516/5), 그리고 에즈라의 나중 사명(기원전 458)에 관해 이야기하는 책으로 우리에게 친숙한 성경의 에즈라기가 있다. 그러나 칠십인역 그리스어 성경에는 에즈라의 이름으로 된 책이 두 권 들어 있다.

- 에즈라 1서: 이 책은 2역대 35,1-36,23과 에즈라기(새로운 대목인 3,1-5,6이 첨가되어 있음), 느헤 7,38-8,12(느헤미야기에서 에즈라에 관한 대목)을 합성한 것이다.
- 에즈라 2서: 에즈라기와 느헤미야기를 합성한 것이다.

그러나 예로니모가 라틴어로 번역한 불가타 성경에는 에즈라의 이름으로 책 네 권이 실려 있다.

- 에즈라 1서: 에즈라기
- 에즈라 2서: 느헤미야기
- 에즈라 3서: 칠십인역 성경의 에즈라 1서(=에즈라 A)
- 에즈라 4서: 100년경에 쓰인 묵시문학 작품이다. 나중에 시작 부분(1-2장=에즈라 5서)과 마무리 부분(15-16장=에즈라 6서)이 첨가되었다.

아래 단락에서는 그리스어 성경의 에즈라 1서(불가타 성경의 에즈라 3서)를 검토할 것이다.

이야기는 성전에서 발견된 율법서에 기반을 둔 종교개혁의 일환으로 기원전 622년 요시야 임금이 파스카 축제를 지키는 것으로 시작된다(2열왕 23,21-23을 보라). 1장에서 이 이야기는 유다의 마지막 날에 관한 이야기와 연결된다(2역대 35,1-36,23의 내용이 약간 변경되었음). 에즈라기의 본문은 2,1에서 유배자들에게 예루살렘으로 돌아가 그곳에 새로운 성전을 짓도록 허락하는 키루스의 칙령으로 시작된다. 이 칙령은 예레미야를 통해 하신 하느님 말씀이 실현된 것이다(유배에 관한 예레미야의 예언으로 에즈라 1서 1장이 끝난다). 에즈라 1서 2,1-15은 에즈 1,1-11에 해당하며 여기에 언급된 사건들은 키루스 재위 1년(기원전 538)에 있었던 일로 소개된다. 그러나 에즈라 1서는 이 사건들을 언급한 뒤에 에즈라 2서의 내용을 계속하지 않고 2,16-30에서 에즈 4,7-24의 내용을 그대로 반복하는데, 에즈라기에서 이 대목은 분명히 연대기 순서에 따르지 않는다. 여기서 에즈라 1서는 아르타크세르크세스 임금(기원전 465-424) 시대에 있었던 일을 다루는데, 이는 이 대목의 앞뒤 단락에 나오는 사건들보다 칠십여 년 뒤에 있었던 일이다. 유다 역사가 요세푸스는 에즈라 1서의 이 대목을 요약하면서 여기에 언급된 페르시아 군주는 기원전 530-522년에 통치한 캄비세스라고 주장하였다.

  1에즈 3,1-5,6은 에즈라기에서 찾아볼 수 없는 대목이다. 이야기의 배경은 페르시아 임금 다리우스 때로 되어 있다. 다리우스는 키루스의 뒤를 이은 임금으로서(성경에는 언급되지 않은 캄비세스 임금의 뒤를 이었음) 기원전 522년부터 486년까지 통치하였다. 1에즈 5,6은 그 사건들이 임금의 재위 제1년에 있었다고 한다. 임금의 경호원들 가운데 세 젊은이가 내기를 하기로 결정하였다. "우리 각자가 세상에서 가장 강한 것이 무엇인지 말하자. 가장 현명한 대답을 내놓은 사람에게는 다리우스 임금이 많은 선물과 위대한 승리의 영예를 줄 것이다"(3,5). 그들은 각자 자기의 생각을 기록하여 그것을 다리우스의 베개 밑에 넣어 두었다. 그러면 잠에서 깨어난 임금이 그 기록을 읽을 것이다. 임금과 그의 부하들은 누가 승리자인지 결정하게 될 것이다.

첫째 젊은이는 포도주가 가장 강하다고 하면서(3,17ㄴ-24) 포도주가 모든 이에게 똑같이 영향을 미치고 일단 술에서 깨어나면 잊어버리고 마는 그런 비범한 일을 하게 만들기 때문에 가장 위대한 기준이 된다고 지적하였다. 둘째 젊은이는 임금이 가장 강하다고 주장하였다(4,1-12). 군주가 명령하면 백성은 순종한다. 군인들은 임금에게 전리품을 가져다 주고, 농부들은 농산물을 갖다 바친다. 4,13에서 즈루빠벨로 확인되는 셋째 젊은이(에즈 2-5장에서 그는 유배 이후의 초기 유다 공동체의 왕자로 알려져 있음)는 여자가 가장 강하다고 주장하였다(4,13-32). 모든 남자는 여자에게서 태어나며, "남자는 여자 없이 존재할 수 없다"(4,17). 게다가 남자는 다른 모든 것에 앞서 아름다운 여자를 선호한다. 그는 자기 부모보다 아내를 더 사랑하기 때문에 부모를 떠나며, 자기 소득을 여자에게 가져다 준다. 실제로 다리우스는 소실 아파메가 원하는 것이면 무엇이나 다 들어 준다는 것이다.

독자는 이 시점에서 누가 승리자인지 결정이 내려질 것으로 기대하지만, 즈루빠벨은 계속해서 진리가 여자보다 더욱 강하다고 주장한다(4,34-41). 진리는 "지속적이며 모든 것 중에서 강하고 세세대대로 살고 우세하다. 진리가 있으면 편파적이거나 선호하는 것이 없고 옳은 것을 행한다"(4,38-39ㄱ). 즈루빠벨의 마지막 연설이 승리한다(4,41).

임금은 즈루빠벨에게 원하는 것은 무엇이든지 요구하라고 한다. 즈루빠벨은 다리우스에게 즉위식 날 했던 맹세, 곧 예루살렘을 재건하고 키루스가 바빌론을 점령하면서 보관해 둔 성전 기물들을 돌려주겠다던 맹세를 상기시켰다(4,43-46). 다리우스는 즈루빠벨의 요청을 그대로 시행하라며 예외적으로 관대하게 명령하였다. 그뿐 아니라 임금은 왕실 재정에서 모든 비용을 지불하게 하였다(4,47-57). 즈루빠벨은 자기에게 지혜를 주신 하느님께 감사하며 동족에게 기쁜 소식을 전하였고, 무장한 군인들의 호위를 받으며 예루살렘으로 귀환할 사람들을 모았다. 사제 예수아와 즈루빠벨을 포함하여 귀환할 사람들의 지도자들이 선임된 뒤에(본문에는 약간의 혼동이 있음) 이 대목은 결론에 이른다.

이 지점부터 에즈라 1서는 성경의 본문으로 돌아간다.

- 1에즈 5,7-46=에즈 2,1-70
- 1에즈 5,47-73=에즈 3,1-4,5
- 1에즈 6,1-7,15=에즈 4,24-6,22
- 1에즈 8,1-9,55=에즈 7,1-10,44; 느헤 7,73-8,12

그러므로 에즈라 1서는 유배 이전의 마지막 상황과 유배의 시작, 유배에서 귀환, 즈루빠벨 이야기, 성전 재건, 그리고 에즈라 이야기를 묘사한다. 즈루빠벨 이야기(3,1-5,6)는 아람어에서 번역되었기 때문에 에즈라 1서에 나오는 자료는 모두 셈어 본문, 곧 대부분은 히브리어에서 번역되었고 적은 부분이 아람어에서 번역되었을 것이라는 주장이 설득력을 얻고 있다. 이 말은 에즈라 1서가 그리스어로 번역되던 때는 분명히 본래의 본문이 구성되던 때가 아니라는 것을 뜻한다. 에즈라 1서가 에즈라-느헤미야기와 병행을 이루는 많은 부분에서 에즈라 1서는 더 짧고 더 나은 본문을 가지고 있는데, 이는 본문비평의 관심거리이다. 그리고 요세푸스의 말처럼 1에즈 2,16-30=에즈 4,7-24의 대목이 캄비세스 임금 시기에 속한다면, 에즈라 1서는 에즈라서보다 더 나은 순서를 보존하고 있는 셈이다. 또한 에즈라-느헤미야기에서 에즈라에 관한 자료가 분리되어 있지만, 에즈라기에 나오는 부분(7-10장)과 느헤미야기에 있는 에즈라에 관한 부분(7,73-9,37)을 한곳에 모아야 뜻이 더 잘 통한다고 주장할 수도 있다. 그러나 이 마지막 주장은 에즈라 1서를 위해서는 약한 논증이다. 왜냐하면 오늘의 독자도 그렇겠지만, 당시의 편집자는 에즈라에 관한 대목이 분리되어 있으므로 이들을 하나로 묶어야 한다는 것을 이상하게 생각했을지도 모르기 때문이다. 에즈라 1서에 불리한 또 다른 점은, 이유야 어떠하든 느헤미야기에 나오는 에즈라 이야기의 첫 부분만이 에즈라 1서에 보존되어 있다는 사실이다.

그렇다면 에즈라 1서는 어떤 책이며 저술가/편집자/편찬자가 에즈라 1서를 저술하여 얻은 것이 무엇일까? 어떤 이들은 에즈라 1서가 역대기 상·하권, 에즈라기, 그리고 느헤미야기의 전부 또는 상당 부분을 포함하는 더 포괄적인 글의 일부라고 주장하지만, 이런 종류의 방대한 작품을 입증하는 본문의 증거는 없다. 우리에게 남아 있는 책은 축제(파스카 축제)로 시작하여 또 다른 축제(초막절)로 끝나며, 두 축제가 모두 성전에서 경축되고 사제들과 레위인들이 축제를 주도한다. 이 두 축제 사이에 다른 파스카 축제에 관한 언급이 있는데(7,10-15), 여기에서도 사제들과 레위인들이 주도적 역할을 한다. 그렇기 때문에 에즈라 1서 편찬자가 성취한 것은 성전이 파괴되기 전에 성전에서 있었던 기쁨에 넘치는 축제가 언급되는 마지막 시간부터 율법이 요구하는 대로 성전에서 축제가 다시 거행되는 시간까지 이야기하는 것이었다. 에즈라 1서는 분명히 고대 자료로 엮였다. 모든 자료는 셈어로 쓰인 본문들에서 번역한 것이다. 그러나 에즈라 1서는 한때 더 길었던 본문이 축약된 것이 아니라, 당시 있던 본문들을 합성한 편집자의 작품이라고 생각하는 것이 좋겠다.

② 마카베오기 상권(제2경전/외경)

마카베오기 상권은 기원전 100년경 히브리어로 쓰였다는 것이 정설이다. 그 책이 암시하는 마지막 사건이 기원전 104년에 있었던 일이기 때문이다. 마카베오기 상권이란 명칭은 유다 마카베오가 이 책의 주인공으로 등장하기 때문에 붙여졌다(유다는 2,4.66에서 '마카베오'라는 별칭으로 불린다. 이 이름은 군인의 용맹성을 칭찬하기 위하여 사용된 '망치'를 뜻한다고 여기는 때가 많다). 마카베오기 상권은 기원전 2세기 유다에서 있었던 사건들을 아는 데 몹시 중요한 역사적 원천이다.

저자는 알렉산드로스 대왕의 정복과 그의 죽음에 관해 간략히 언급한 뒤에(1,1-7) 그의 후계자들에게 방향을 돌리고, 특히 기원전 175년에 셀레우코스 왕국의 임금이 된 '죄의 뿌리인 안티오코스 에피파네스'를 언급한다(1,10). 이 헬레니즘 시기에 유다인 변절자 몇몇이 임금에게 나아가 "이민족들의 규정을 따라도 좋다"(1,13)는 허락을 받았다. 이는 예루살렘에 그리스의 교육 체제에서 핵심 기관인 체육관을 세우고 할례 받은 흔적을 없애며 계약을 저버렸다는 것을 뜻한다(14-15). 오만한 안티오코스는 이집트를 침공하여 접수하고 자기 나라로 돌아가면서 예루살렘을 방문하여 성전을 약탈하였다. 마카베오기 상권에서는 안티오코스의 행위가 이유 없는 행위였던 것으로 보인다. 왜냐하면 저자는 안티오코스의 1차 이집트 원정(기원전 170)만 언급하고, 로마의 요구로 철군한 2차 이집트 원정(기원전 169)을 언급하지 않기 때문이다. 로마인들에게 굴욕을 당한 뒤에 그는 예루살렘 성전에 분노를 폭발시켰다. 이태 뒤 이스라엘을 더욱 압박하려고 안티오코스가 파견한 조공 징수관은 성전을 약탈하고 온갖 폭력을 다 저질렀다. 그때(기원전 167) "그들은 튼튼한 성벽을 높이 쌓고 견고한 탑을 세워 다윗 성을 재건하고, 자기들의 성채로 삼았다"(1,33). 이 성채는 이어지는 25년 동안 예루살렘을 통제하는 셀레우코스 왕국의 중심지가 되었다. 더욱이 임금은 온 왕국에 칙령을 내려 "모두 한 백성이 되고 자기 민족만의 고유한 관습을 버리게 하였다"(1,41-42)고 한다. 이스라엘에서도 그의 제안을 받아들인 사람들이 있었다. 임금의 종교 정책에는 성전에서 희생 제사를 금지하고 안식일과 축제를 더럽히며 성소와 성직자들을 모독하고, 이교 제단과 신전을 만들고, 돼지와 부정한 짐승을 희생 제물로 바치며, 그들의 아들들을 할례 받지 못하게 하는 것이 포함되어 있었다. 이 모든 규정을 지키지 않는 자는 사형에 처하였다.

"백사십오년(=기원전 167) 키슬레우 달 열닷샛날, 안티오코스는 번제 제단 위에 황폐를 부르는 혐오스러운 것을 세웠다"(1,54ㄱ). '황폐를 부르는 혐오스러운 것'은 분명히 일종의 신상이다. 율법서는 발견되는 대로 불태워 버렸고 매달 스무닷샛날에는 번제 제단 위에 있는 단에서 희생 제물을 바쳤다. 그러나 "이스라엘에는 부정한 것을 먹지 않기로 굳게 결심한 이들도 많았다. 그들은 음식으로 더럽혀지거나 거룩한 계약을 모독하느니 차라리 죽기로 작정하였다. 그리고 그렇게 죽어 갔다"(1,62-63)고 저자는 지적한다. 마카베오기 상권의 나머지 이야기는 굳은 결심으로 미래 세대를 위해 나라를 변화시킨 한 가문의 이야기이다.

저항 세력을 이끈 가문의 첫 인물은 아버지 마타티아스였다(2,1-70). 요세푸스는 마타티아스의 조상들 가운데 한 사람의 이름이 '아사모네오스'(Asamonaios=Hashmon)였다고 하는데, 이 이름에서 가문의 이름 하스모네아가 유래한다(《유다 고대사》 12.265). 마타티아스는 이민족들의 제사를 강요받았으나 이를 거부한 사제였다. 그는 이민족들의 제단 위에서 희생 제물을 바치려고 한 어떤 유다 남자를 살해하였다. 그는 율법에 대한 열정이 뜨겁고 계약을 지지하는 모든 이에게 자기를 따라 나서라고 큰 소리로 외친 뒤에 다섯 아들과 함께 산으로 달아났다. 또 다른 유다인들의 저항 단체가 안식일에 공격을 받아 대항하지 못하고 살육당했기 때문에 마타티아스와 그의 아들들, 그리고 그의 벗들은 안식일에 공격해 오더라도 맞서 싸우기로 결의하였다. 마타티아스의 군대는 이민족들의 제단들을 헐어 버리고 다양한 방식으로 유다교를 실천하였다. 얼마 지나지 않아 마타티아스는 이스라엘의 과거 영웅들에 관해 유언한 뒤에 죽었다. 마타티아스의 뒤를 이어 그의 셋째 아들이며 마카베오기 상권의 주요 인물인 "마카베오라고 하는 유다"(2,4)가 군대 총사령관이 되었는데, 그는 3,1-9,22에서 주인공으로 등장한다. 그는 셀레우코스 군대와 싸워 여러 차례 승리하였다. 그는 지형에 대한 지식과 급습을 결정적 무기로 사용하였다. 이와 같은 노력으로 그는 예루살렘에 들어가 부하들의 엄호를 받으며 사제들을 뽑아 황폐해진 성소를 정화하고 성소의 일부를 재건하며 제단을 다시 쌓았다. 그들은 이민족들의 희생 제사가 있었던 날부터 정확히 3년 뒤에 새로 쌓은 제단에서 첫 희생 제사를 바쳤다. 그들은 성전을 다시 봉헌하고 성선 봉헌과 인관된 축일을 시냈다. 그나음 사기들이 한 대로 앞으로도 유다인들이 제단을 다시 봉헌한 것(기원전 164)을 기념하여 여드레 동안 (재)봉헌 축일(하누카)을 반드시 지내도록 결정하였다.

유다와 그의 부하들은 인접 지역들로 원정을 나가고 유다인들의 땅을 되찾았다. 그러나 당시에 안티오코스의 종교 칙령은 여전히 유효했다. 안티오코스는 첫 하누카를 지내던 무렵에 죽었다. 그러나 그의 후계자는 기원전 162년에 가서야 유다교를 금지하는 칙령을 철회하였다. 계속된 전투 외에 유다가 수행한 가장 중요한 행위는 로마인들과 우호 동맹을 맺기 위하여 로마에 밀사를 파견한 일이었다. 유다에 있는 유다인 공동체가 셀레우코스 왕국과 대항하는 가운데 로마와 동맹을 맺은 것은 매우 중요한 일이었다. 유다 자신은 셀레우코스 왕국의 군대와 싸우다가 죽었다.

그 뒤 마타티아스의 다섯째 아들이자 막내(2,5)인 유다의 동생 요나탄이 유다의 군대를 이끄는 지도자가 되었다(9,23-12,53). 요나탄 역시(마카베오의 군대를 이끌며) 여러 차례 전투를 벌였지만, 그의 생전에 있었던 가장 중요한 사건은 그가 대사제로 임명된 것이다. 마카베오기 상권은 요나탄 이전에 있었던 대사제로 단 한 사람만 언급하는데, 그가 바로 알키모스이다. 알키모스는 불경한 행위와 성소에 입힌 손상으로 인해 저주를 받아 고통 속에 죽어 갔다. 알키모스는 기원전 159년에 죽었고, 요나탄은 기원전 152년에 대사제가 되었다. 셀레우코스 왕국의 왕권을 두고 서로 경쟁하는 두 사람이 요나탄을 대사제로 임명하였는데, 실제로 권력을 잡은 경쟁자(알렉산드로스 발라스)의 제안을 받아들여 역설적이게도 항쟁을 주도하였던 가문의 한 사람인 요나탄이 셀레우코스 임금에 의해 유다의 대사제로 임명된 것이다. 하스모네아 가문은 기원전 37년(또는 35년)까지 대사제직에 몸담았다.

기원전 152년 요나탄은 셀레우코스 왕국의 군인들에게 살해되었다. 요나탄의 형 시몬(그는 2,3에서 마타티아스의 둘째 아들로 소개된다)이 그의 뒤를 이어 마카베오 군대의 총사령관이 되고 대사제로 활동하였다(13,1-16,24). 시몬이 지도자가 된 초기에 그의 군대는 예루살렘의 성채에서 셀레우코스의 군대를 몰아내는 데 성공하여,

셀레우코스 왕국의 권력이 영향을 미치던 핵을 제거하면서 유다인들에게 자유를 가져다 주었다. 백성이 다 모이는 큰 모임은 시몬(과 그의 집안)을 대사제요 국가를 이끄는 지도자로서 영원히 통치하게 하였다. 시몬은 기원전 134년에 사위에게 암살당하였다. 시몬의 뒤를 이어 그의 아들 요한 히르카노스가 유다의 지도자와 대사제가 되어 기원전 134년부터 기원전 104년까지 다스렸다.

마카베오기 상권은 원천들(가령 8,23-32; 10,18-20)에 기반을 둔 진지한 역사 편찬서이다. 저자는 기원전 312년 가을(또는 기원전 311년 봄)에 시작된 셀레우코스 시대에 따라 사건들이 일어난 연대를 정확히 기술하려고 애쓴다. 또한 유다교가 거의 사라질 뻔한 바로 그 시점에 하느님이 마타티아스 가문을 일으키셨기 때문에 비로소 구원되었다는 흥미진진한 이야기를 하면서, 입증된 많은 이름과 사건들을 언급한다. 마타티아스 가문은 거의 황폐하게 된 유다 백성에게 떳떳이 전통 종교를 실천할 수 있게 국가를 세워 주었다. 마타티아스 가문에 초점을 맞춘 점이 마카베오기 상권이 지닌 가장 명확한 특징이다. 하스모네아 가문에 속하지 않은 지도자들, 곧 "하느님을 대신하여 이스라엘을 구원한 사람들의 후손이 아니었"(5,62)던 요셉과 아자르야가 패배할 수밖에 없었다고 언급하는 데에서도 이 점을 확인할 수 있다. 앞부분에는 종교와 연관된 문제(헬레니즘화, 유다교 실천의 금지, 성전을 되찾음)에 더 많은 초점을 맞추지만, 5장 이후에는 유명한 형제 세 명의 전투 역사를 더 많이 다룬다. 저자는 요나탄과 시몬이 전통적 대사제 가문 출신이 아니었는데도 대사제가 되었다는 사실에 별다른 관심을 보이지 않는다. 마카베오기 상권(특히 첫 장)에 표현된 종교적 경건성은 계약의 법을 충실히 지키는 것이다. 종말론에 관해서는 전혀 언급하지 않는다. 요한 히르카노스의 최후에 관한 언급과 특히 그의 최후를 기록하는 말, 곧 "요한의 나머지 행적과, 그가 이끈 전쟁과… 그가 아버지의 뒤를 이어 대사제가 되었을 때부터 실록에 기록되어 있다"(16,23-24)는 말은, 저자가 기원전 104년 히르카노스의 통치가 끝난 뒤에 (열왕기 상·하권에서 비슷한 예를 볼 수 있다. 가령 2열왕 10,34을 보라) 이 책을 저술하였음을 시사한다. 히르카노스의 통치가 끝나고 얼마나 지난 뒤에 이 책이 저술되었는지는 알려져 있지 않으나, 로마를 찬성하는 태도는 로마가 예루살렘을 점령하였던 기원전 63년 이전에 이 책이 쓰였음을 뜻한다.

③ 마카베오기 하권(제2경전/외경)

마카베오의 이름이 붙은 마카베오기 하권은 마카베오기 상권의 계속이 아니다. 이 점은 열왕기 하권이 열왕기 상권의 후속편인 것과 다르다. 오히려 마카베오기 하권은 셀레우코스 왕조의 임금 셀레우코스 4세(기원전 187-175)와 대사제 오니아스 3세 때부터 기원전 161년 유다 마카베오가 셀레우코스의 장군 니카노르를 패퇴시킬 때까지 유다의 역사를 이야기하고 있다. 이 역사에 이집트 거주 유다인들에게 보내는 두 통의 편지를 소개한 두 장이 서문으로 덧붙여져 있다. 첫째 편지(1,1-9. 저자들은 7절에서 기원전 143년에 써 보낸 이전 편지를 언급한다)는 예루살렘과 유다에 있는 유다인들이 기원전 124년에 써서 발송한 것이다. 그들은 이 편지에서 자신들이 고난에서 구원받았음을 알리면서 이집트에 머무르는 유다인들에게 "키슬레우 달에 초막절", 곧 하누카 축일을 지내기를 권한다. 둘째 편지는 1,10-2,18에 나온다. 이 긴 문서는 예루살렘과 유다에 사는 사람들과 원로단과 유다(분명히 마카베오를 가리킨다)가 "프톨레마이오스 임금(기원전 145-116년에 다스린 프톨레마이오스 8세)의 스승이며 기름부음 받은 사제 가문 출신인" 아리스토불로스와 이집트에 사는 유다인들에게 보낸 편지이다.

둘째 편지 역시 그들에게 새 하누카 축일을 지내도록 촉구한다. 이 편지에서 그들은 느헤미야 시대에 있었던 놀라운 일들을 상기한다. 곧 제1성전의 제단에서 나온 불이 제2성전의 제단에 전달되었고, 예레미야가 감추어 둔 제1성전의 기물들이 제2성전에서 사용하도록 다시 발견되었다는 사실을 되새긴다. 이처럼 성전을 강조하고 성전 정화를 언급하는 것은 이 책에서 성소를 중심 논제로 설정하기 때문이다. 두 통의 편지를 쓴 이가 마카베오기 하권의 나머지 부분을 쓴 저자와 다른 인물이지만, 공유하는 주제들도 더러 있다. 그러나 "하느님께서… 우리를 하늘 아래 온 땅에서 거룩한 곳으로 모아들이시리라"(2,18)는 희망은 마카베오기 하권의 다른 곳에서 반향되지 않는다.

마카베오기 하권의 저자는 많은 고대 작품들보다 이 책 자체에 대해 더 많이 말한다. 차라리 발췌자라고 해야 할 저자는 역사에 머리말을 써서 자기 작품의 성격과 목적을 설명한다(2,19-32). 그는 키레네의 야손이라고 하는 사람이 유다 마카베오와 그의 형제들,

성전 정화, 안티오코스 4세와 그의 아들과 치른 전쟁, 율법의 폐기와 재건에 관해 다섯 권의 책을 썼고 "우리는 이것을 한 권의 책으로 요약하려고 한다"(2,23)고 말한다. 그러면서 그는 다음과 같이 설명한다. "어떤 사건으로 들어가서 그 일을 두루 살펴보고 각 부분을 자세히 다루는 것은 원역사가가 할 일이다. 그러나 이야기를 다시 편집하는 이에게는 간결한 표현을 쓰고 사건의 세밀한 내용은 생략하는 것이 허용되어야 한다"(2,30-31). 그는 책의 마지막 부분에서 다시 한 번 독자에게 다음과 같이 말한다. "이 글이 좋고 훌륭하게 되었으면 내가 바라던 것이고, 보잘것없이 변변치 않게 되었더라도 나로서는 최선을 다한 것이다"(15,38).

익명의 요약자가 말하는 이야기는 마카베오기 상권의 상세한 설화가 아니라 마카베오기 상권의 앞부분에 나오는 이야기로 시작된다. 마카베오기 하권은 기원전 180년대와 170년대에 예루살렘에서 있었던 중요한 사건 몇몇에 관한 정보를 제공하는 유일한 원천이다. 마카베오기 하권은 셀레우코스 4세 필로파토르 통치 때, 곧 기원전 187년과 175년 사이에 대사제로 봉직하던 오니아스 3세로 시작된다. 셀레우코스 왕국의 관료 헬리오도로스가 예루살렘 성전에서 돈을 몰수하려 했으나 실패하였다는 이야기를 전한 뒤에(이 이야기는 마카베오기 3권에서 성전을 방문한 프톨레마이오스 임금에 관한 이야기와 비교해야 한다. 아래를 보라), 저자는 대사제의 동생 야손이 새 임금 안티오코스 4세에게 돈을 주고 대사제직을 사는 데 성공하였다는 이야기를 전한다. 야손은 대사제직을 노린 경쟁에서 성공하였다. 그리하여 우리가 아는 한 처음으로 대사제직이 돈 때문에 한 사람(나중에 살해된 오니아스)에게서 다른 사람에게로 팔려갔다. 야손이 대사제로 있는 동안(기원전 175-172) 체육관을 포함한 헬레니즘 제도가 예루살렘에 공식적으로 자리 잡게 되었다. 잠시 후 또 다른 인물, 곧 메넬라오스가 최고위 관직을 노려 왕실 금고에 더 많은 돈을 바쳐 야손 대신 대사제가 되었다(기원전 172). 안티오코스가 2차 이집트 원정을 하였을 때 로마인들의 압력으로 철수해야 했고, 당시에 야손은 무력으로 예루살렘을 다시 손에 넣으려 하였는데, 안티오코스 임금이 예루살렘에 와서 성전을 약탈하고 결국 유다교를 억압하였다.

우리가 마카베오 형제들에 관해 처음 듣는 것은 바로 이런 맥락에서다. 마타티아스에 관해서는 아무 언급이 없다. 유다가 처음 언급되는 인물이고, 그에게는 마카베오라는 이름이 주어진다(5,27). 유다는 이야기의 마지막까지 주인공으로 남는다. 마카베오기 상권과 비교하여 두드러지게 나타나는 것은, 마카베오기 하권이 요나탄과 시몬을 거의 언급하지 않으며(8,22에서 유다는 요나탄과 시몬을 각 부대의 지휘관으로 임명한다), 그들의 이름을 들먹일 때에도 부정적으로 언급한다는 점이다.

유다 마카베오에 관해 언급한 뒤에, 곧바로 마카베오기 하권의 저자는 항쟁 이야기를 시작하지 않고 먼저 유다교를 실천하지 못하게 하여 순교한 여러 사람의 예를 길게 묘사한다. 한 가지 순교 이야기는 돼지고기를 먹도록 강요받은 연로한 율법 학자 엘아자르의 죽음이다. 그는 돼지고기를 먹는 체하고 실제로는 먹어도 괜찮은 고기를 먹으라는 권고를 받지만, 그 제안을 거부한다. 그런 행동을 하게 될 때 젊은이들에게 나쁜 영향을 미친다고 지적하면서, 그는 다음과 같이 선언한다. "내가 지금은 인간의 벌을 피할 수 있다 하더라도, 살아서나 죽어서나 전능하신 분의 손길은 피할 수 없을 것입니다"(6,26). 어떤 일곱 형제가 어머니와 함께 체포되어 법으로 금지된 돼지고기를 먹으라는 강요를 받았다. 이번에는 임금 앞에서 있었던 일이다. 결국 그들은 율법을 어기기보다 차라리 죽음을 택한다. 형제들이 차례로 엄청난 고문을 당하지만 임금의 뜻에 굴복하지 않았다. 혀를 내밀라는 말을 들은 셋째 아들은 "이 지체들을 하늘에서 받았지만, 그분의 법을 위해서라면 나는 이것들까지도 하찮게 여기오. 그러나 그분에게서 다시 받으리라고 희망하오"(7,11)하고 고백하였다. 그는 자기 신체가 부활하리라는 희망을 표현하였던 것이다. 넷째 아들은 이 희망을 간직할 뿐 아니라 임금에게는 부활이 없을 것이라고 선언하였다(7,14; 7,23.29에서 어머니; 7,36에서 일곱째 아들; 14,46에서 라지스 참조). 마지막 아들은 그들이 조상들의 법을 위하여 목숨을 내놓았고 하느님께서 자기 민족에게 자비를 베풀어 주시기를 청하였다. 하느님께서는 임금에게 당신만이 유일한 하느님이심을 고백하게 하실 것이며, 일곱 형제를 통해 자기 민족에게 정당하게 내렸던 전능하신 분의 분노가 끝나게 해 주실 것이라고 희망하였다(7,37-38). 마지막으로 어머니가 순교하였다.

이러한 순교 이야기를 막간으로 소개한 뒤에 저자는 유다 마카베오와 그의 동지들에게 돌아간다. 마카베오기 상권에서처럼 우리는 유다와 그의 군대가 거둔 여러 차례의 승리, 특히 나카노르와 싸워 이긴 이야기를 읽을 수 있다. 2마카 9장은 안티오코스 4세가 자기 왕국의 동부에서 신전들을 약탈하려는 불행한 시도를 하는 동안 죽음을 맞게 되었다고 서술한다. 저자는 늘 하던 식으로 안티오코스의 비참한 최후를 상세히 묘사하며, 안티오코스가 썩어 가는 자신의 몸에서 나는 매우 불쾌한 악취를 더 이상 견딜 수 없게 되자 병만 낫는다면 유다인이 되어 어디서든지 하느님의 권능을 선포하겠다고 맹세하였다고 덧붙인다. 이렇게 해서 일곱 형제가 순교한 목적이 하나 성취되었다. 임금이 죽은 뒤에 마카베오와 그의 군대는 예루살렘을 탈환하고 성전을 다시 봉헌하였다. 이렇게 해서 마카베오기 하권은 마카베오기 상권에 제시된 두 가지 사건의 순서를 뒤집는다(마카베오기 상권에서는 성전 봉헌이 있은 뒤에 안티오코스가 죽는다). 마카베오기 하권의 나머지 부분은 유다의 계속된 원정 이야기로 넘어가며 니카노르와 싸워 이긴 승리를 부각시킨다. 승리자들은 승리한 날, 곧 아다르 달(열두 번째 달) 열사흗날을 승리의 기념일로 영원히 지내기로 결의하였다.

마카베오기 하권의 머리말인 첫째 편지는 마카베오기 하권의 현재 형태가 기원전 124년 이전에는 완성되지 않았음을 가리킨다. 그 편지가 발송된 뒤에 발췌자가 정확히 언제 야손이 쓴 다섯 권의 책을 요약하였는지 말하기는 어렵다. 마카베오기 하권은 기원전 63년 로마인들이 유다를 통제하기 전에 집성되었다고 보아야 할 것이다. 왜냐하면 15,37에서 저자/발췌자는 니카노르가 패배한 뒤부터 "히브리인들이 이 도성을 장악하게 되었다"고 말하기 때문이다.

마카베오기 하권은 '감상적' 역사 서술, 곧 등장인물들과 독자들의 감정에 역점을 두고 사람과 사건을 생생하게, 때로는 애처로울

만큼 상세히 묘사하는 역사 서술의 본보기로 여겨진다. 저자는 하느님께서 거룩한 역사 안에서 일하시고 이 책에서 기술된 사건들 안에서도 활동하신다는 자기의 확신을 표현하는 수단으로 독특한 문체(마카베오기 상권과 아주 다른 문체)를 선택하였다. 그의 신학은 신명기계 신학이다. 곧 하느님께서는 백성이 불순종하면 징벌하시는데 그때 다른 민족들을 이용하실 수 있다. 그리고 백성이 계약에 충실하면 하느님께서는 그들을 강복하신다. 백성이 헬레니즘의 생활방식에 따라 율법과 계약을 저버리는 등 죄를 지으면 하느님께서는 안티오코스 4세 같은 억압적 외국 통치자를 도구로 삼아 백성을 응징하신다. 그러나 하느님께서는 당신의 주권과 활동 방식, 곧 신명기계 신학의 방식을 인정하는 유다와 일곱 형제 같은 등장인물들의 기도를 들어주시는 분이다.

성전은 분명히 마카베오기 하권의 중심이다. 성전은 서문으로 덧붙여진 편지들과 몸체 부분을 연결하는 주제이다. 두 편지 모두 제단과 성전을 다시 봉헌하는 축일인 하누카 축제를 지내도록 촉구하며, 둘째 편지는 둘째 성전을 감싸고 있는 기적 같은 사건들과 첫째 성전의 모습이 하느님의 도움으로 보존되어 둘째 성전의 일부가 되었음을 상기시킨다. 이야기의 내용을 보면, 성전 안으로 들어가려던 헬리오도로스의 시도는 하느님에 의해 저지되고, 더럽혀진 성전은 나중에 유다와 그의 군대에 의해 회복된다. 이 일이 있은 뒤에 유다는 계속해서 성전을 중심으로 활동하며, 이야기는 성전을 파괴하겠다고 위협하던 니카노르의 죽음으로 끝난다. 개요는 성전과 연관된 두 부분으로 요약된다. 첫째 부분은 성전 모독, 순교(엘아자르,

일곱 형제, 어머니)가 있은 뒤에 원수(안티오코스 4세)의 죽음, 하누카 축제를 포함한다. 둘째 부분은 니카노르가 성전을 위협한 일, 라지스의 순교가 있은 뒤에 니카노르의 죽음과 그의 기념일을 포함한다. 저자는 그리스어로 썼다. 마카베오기 하권은 번역서가 아니다. 요약자는 디아스포라의 어느 곳, 아마 이집트에서 자기 책을 썼을 것이라고 추정할 수 있겠다.

(2) 꾸민 이야기(tale)

제2성전 시기에 생성된 여러 편의 유다 설화는 소설 형식이다. 곧, 이 설화들은 진지하게 역사성을 주장하기보다 서술하는 이야기와 담론을 통해 지혜로운 가르침을 전하는 데 목표를 둔다. 그것들이 가르치는 지혜는 완전히 유다적인 것이다. 곧 경건한 행위를 권면하고 유일한 하느님에 대한 믿음을 가르치며, 하느님의 계시된 뜻에 순종하라고 강조한다. 이런 일들을 실천하면, 하느님께서는 당신이 정하신 때에 당신의 방식으로 그를 강복하실 것이다.

① 토빗기(제2경전/외경)

토빗기는 아람어로 쓰였다. 쿰란의 넷째 동굴(4Q 196-99)에서 발견된 단편 다섯 개 가운데, 사본 네 개는 아람어, 사본 한 개는 히브리어로 쓰여 있다(4Q 200). 따라서 토빗기는 이른 시기에 히브리어로 번역되었고 나중에 그리스어로 번역되어 그리스어 성경 사본에 포함되었다. 쿰란에서 발견된 사본들이 단편이기는 하지만, 단편들을 한데 묶으면 토빗기 각 장의 일부를 이루며 짧은 그리스어 본문보다 더 긴 그리스어 본문이 토빗기의 원본에 더 가깝다는 것을 보여 준다.

토빗기의 저작 시기에 대해서는 명백한 증거가 없지만, 기원전 3세기로 잡는 것은 적절하지 않은 것 같다. 쿰란 사본들 가운데 가장 오래된 것(4Q 199)이 기원전 100년경에 쓰였다. 토빗기가 얼마나 더 일찍 쓰였는가를 결정하기는 더욱 어렵다. 토빗 14,3-11에 기술된 미래의 전망은 예고된 마지막 사건으로 성전의 재건(기원전 520-515)을 가리킨다. 여기에서 저자는 그리스인들의 도착은 전혀 말하지 않으며 기원전 167년 셀레우코스 왕조의 군대가 성전을 모독한 일도 언급하지 않는다. 예고의 성격은, 적어도 저자가 성소의 모독을 알고 있었더라면 그것을 언급했을 것이라고 시사한다. 따라서 토빗기는 페르시아 시기에, 아마 그보다 조금 뒤에 쓰였을 것이다.

토빗기는 매우 고통스러운 시련 중에도 하느님께서 당신에게 충실한 사람들을 강복하시기 위하여 무대 뒤에서 활동하신다는 것을 보여 줄 목적으로 두 가족에 관한 이야기를 하나로 묶고 있다. 토빗기에서 추천하는 경건한 행위에는 자선을 행하는 것, 관대하게 자비를 베푸는 것, 기도하는 것, 인척끼리 혼인하는 것, 그리고 하느님의 선하심을 찬양하는 것이 포함된다.

이야기의 주인공은 토빗, 그의 아들 토비야, 그리고 사라라는 이름을 가진 먼 친척이다. 토빗은 아시리아 임금 살만에세르가 이스라엘인들을 포로로 잡아갔을 때 유배를 간 북이스라엘(납탈리 지파

출신)의 본보기 인물로 소개된다. 토빗은 임금에게 등용되어 관직에 올랐는데도 여전히 궁핍한 이스라엘인들을 돌보고 임금에게 사형당해 버려진 동족의 시체를 묻어 사랑을 실천하였다. 그와 같은 헌신 때문에 토빗은 결국 일자리를 잃고 재산을 몰수당하는 대가를 치러야 했다. 그러나 토빗은 앞날을 생각하여 멀리 떨어진 메디아에 사는 아는 사람에게 약간의 돈을 맡겨 둔 적이 있었다. 사형 선고를 받은 토빗은 나중에 친족 아키카르(아래에서 제시하는 엘레판틴 본문들에 관한 부분을 보라)의 중재로 복구되었으나 곤궁한 상태였다. 게다가 시력까지 잃게 되는 더 깊은 절망 상태에 빠져들게 되었다. 그는 나무 밑에 누워 있다가 뜨거운 참새 똥이 그의 눈에 떨어져 하얀 막이 생기더니 마침내 시력을 잃는 불운을 맞게 된 것이다. 그런 처지에서 차라리 죽게 해 달라고 기도할 수밖에 없었던 토빗을 이해할 수 있다.

이와 동시에 두 번째 비극적 이야기가 메디아의 엑바타나에서 진행된다. 토빗의 친척인 아름답고 젊은 사라도 차라리 죽게 해 달라고 기도하였다. 사라는 일곱 번 결혼하였으나 남편들이 신혼 첫날 밤마다 죽었다. 아스모대오스라는 악귀가 남편들을 죽인 것으로 드러났다. 그러나 사라의 여종들은 남편들을 죽인 여자라며 사라를 모욕하였다.

나머지 이야기는 이 의로운 이스라엘인들이 유배지에서 고난을 겪었으나 하느님께서 그들의 불운을 선으로 바꾸어 주셨다는 것을 보여 준다. 토빗은 메디아에 맡겨 둔 돈을 찾아오라고 아들 토비야를 급파한다. 하느님의 섭리로 천사 라파엘이 토비야의 동행자로

고용된다. 라파엘은 '하느님께서 치유하셨다'는 뜻이다. 라파엘은 토빗과 토비야에게 자신의 신분을 감추고 아자르야('하느님께서 도와주셨다'는 뜻)라는 이름으로 토비야와 동행한다. 두 사람이 여행을 하는 동안 물고기를 잡고 물고기의 배를 갈라 쓸개와 염통과 간을 빼내는데, 그것들은 놀랍게도 약의 효력을 지녔다. 염통과 간을 태운 연기는 악귀를 쫓아내고 쓸개는 눈에 생긴 하얀 막을 없애 준다. 그들은 사라의 집을 방문하고 가장 가까운 친족인 토비야가 사라와 결혼하였다. 지금까지 혼인했던 일곱 남자의 운명을 겪지 않기 위하여 토비야는 물고기의 염통과 간을 태웠다. 거기서 나온 특별한 연기가 아스모대오스를 쫓아냈다. 토비야와 천사(여전히 변장한)는, 토빗이 메디아에 맡겨 둔 돈을 찾아 사라와 함께 토빗의 집으로 돌아왔다. 집에 돌아온 그들이 토빗의 눈에 쓸개를 바르자 토빗의 시력이 회복되었다. 이 시점에서 라파엘은 비로소 자신의 정체를 밝힌다.

얼마 후 토빗은 임종하는 자리에서 니네베와 예루살렘이 파괴되고 유다인들이 유배에서 귀환하며 예루살렘에 성전이 재건되는 것을 미리 내다보았다. 사실 토빗의 환시는 하느님의 모든 백성이 예루살렘으로 귀환하는 것과 새 성전(예언자들이 예고했던)과 온 민족들의 회개에 머물지 않고, 세상에서 악은 완전히 사라지고 말 것이라는 더 먼 미래까지 내다보았다.

토빗기에서 제시하는 지혜는 끝까지 경건하게 살며 고통 중에도 하느님을 신뢰하고 찬양하는 의인의 삶이다. 의인의 삶은 토빗, 토비야, 그리고 사라가 실천한 덕행들, 곧 축일을 지내고 자선을 베풀며 선행(죽은 이를 땅에 묻어 주는 것 등)을 실천하고 율법에서 규정하는 음식을 먹으며 부모를 공경하고 같은 종족끼리 혼인하며 기도하고 하느님을 찬양하는 덕행으로 특징지어진다. 토빗기의 몇몇 대목에서 등장인물들은 그들의 가르침을 상세히 설명한다. 첫째 대목(4,3-19)에는 토빗이 아들 토비야를 메디아 땅으로 보내면서 그에게 일러 주는 가르침이 포함된다. 나중에는 라파엘 자신이 토빗과 토비야에게 자선을 베풀도록 가르친다(12,6-10). 끝 부분에서 토빗은 죽기 전에 토비야와 그의 아들들을 가르치며(14,8-11) 다시 한 번 자선을 베풀 것을 강조한다.

　토빗기는 예루살렘과 성전에 있는 모든 이를 위해 복받은 미래를 직시한다. 토빗기에서 제시하는 새로운 시대에는 세상의 파괴나 메시아 같은 지도자가 나타나지 않는다. 14장에서 묵시문학적 대목을 강조하는 세상의 제국 도식은 학자들의 흥미를 돋구었다. 이 도식은 아시리아 다음에 바빌론이 일어나고, 이어서 메디아가 득세하는 옛 도식을 반영하는 것으로 보인다(그리스인들은 언급되지 않는다). 이 도식은 토빗기가 페르시아 시대에 저술되었음을 입증하는 하나의 단서다.

② 유딧기(제2경전/외경)

문체를 보아서는 유딧기가 본디 히브리어로 작성되었다고 생각할 수 있지만, 히브리어 본문은 어디에도 존재하지 않는다. 가장 초기의 본문은 그리스어로 쓰여 그리스어 성경에 실려 있다.

유딧기는 매우 경건하고 능력 있는 부유한 여인이 지성과 미모, 그리고 하느님에 대한 신뢰로 네부카드네자르의 정복자 대장군 홀로페르네스를 죽이고 자기 성읍과 백성을 파멸에서 구하는 이야기이다. 유딧기는 뛰어난 예술적 언어를 구사하는 작품이다. 이런 특징은 11장의 유혹에 실패하는 장면에서 유딧이 명쾌하게 모호한 언어(특히 그가 '주인/주님'이라는 단어를 모호하게 사용하는 것)를 사용하고 홀로페르네스가 알게 모르게 그 언어를 사용하는 데에서 잘 드러난다.

학자들은 유딧기의 역사적 배경을 살필 때 서로 다른 두 가지 시대를 반영한다는 사실에 놀랐다. 첫째, 저자에 따르면 네부카드네자르가 아시리아의 임금으로 제시되기는 하지만, 유딧기의 많은 부분이 시사하듯이 이 책은 페르시아 시대의 산물일 수 있다(곧 기원전 330년 전의 산물). 페르시아 시대의 작품으로 보이는 면모로 다음과 같은 것이 있다. (1) 홀로페르네스와 바고아스 같은 이름들 (2) 복종의 상징으로 흙과 물을 요구함(2,7-8) (3) 유다인들이 최근에 유배지에서 조국으로 돌아오고 그들의 성전을 다시 지었음 (4) 지방의 지도자를 장수 또는 총독(그리스어 *stratēgoi* 가 이 단어를 번역한 것이라면)이라 일컬음(5,2). 그러나 이 면모와 상반되는 것으로 전문가들 눈에 마카베오 시대의 작품(곧 기원전 167년 이후의 작품)으로 비치는 면모들도 있다. 그것은 다음과 같다. (1) 네부카드네자르 임금을 신으로 섬기는 것은, 통치자 숭배가 더 이른 시기에도 있기는 했지만(이사 14장과 에제 28장을 보라) 특히 널리 퍼져 있었던 헬레니즘 시기에 실천되던 내용을 반영한다(가령 3,8을 보라). (2) 유다인들은 예루살렘 성전에 대한 모독을 두려워하는데, 이는 셀레우코스 왕조의 군대가 기원전 167-164년에 성전을 모독했던 사건을 상기시킨다(4,12; 9,8). (3) 이야기의 양상이 유다 마카베오와 셀레우코스 왕조의 장군 니카노르 사이의 전쟁과 병행을 이룬다. 니카노르는 성전을 위협하지만 나중에 머리가 잘렸다(1마카 7,33-50. 홀로페르네스의 군대처럼 니카노르가 전투에서 가장 먼저 쓰러지자 그의 군대가 우왕좌왕한다). 이와 같은 두 가지 증거에 비추어 어떤 학자들은 유딧기가 페르시아 시대에 생성되었으나, 마카베오 시대에 다시 쓰인 '꾸민 이야기'(tale)라는 절충안을 제안하였다. 또한 사건이 벌어지는 중심 무대가 사마리아 지역이기 때문에 유딧기는 사마리아에서 생성되었을 수 있다. 물론 유딧기가 사마리아에서 쓰였다면, 나중에 예루살렘이 중심 무대로 바뀌었을 것이다.

여러 가지 점에서 유딧기의 이야기는 성경에 나오는 이야기들을 떠올리게 한다. 유딧의 남편 므나쎄는 2열왕 4,18-20에 나오는 수넴 여자의 아들처럼 죽는다. 판관 시대처럼 유딧의 생애 내내 평화가 지속된다(16,25). 유딧의 찬양가(16,1-17)는 탈출 15장에 나오는 '모세의 노래'를 본뜬 것 같다.

아시리아와 바빌론, 그리고 페르시아의 역사에 친숙한 사람이라면 유딧기의 시작 부분을 읽고 당황하게 될 것이다. 네부카드네자르가 아시리아의 임금이며 니네베에서 다스린다고 하기 때문이다. 사건이 일어난 것으로 여겨지는 때에 유다인들은 이미 성전을 다시 지었다고 하므로, 그는 유배 귀환 이후에 니네베에서 다스린다. 그러나 혼란스런 상황에서 네부카드네자르는 신으로 행세하고 자기 왕국의 모든 이가 자신을 신으로 섬겨야 한다고 주장하는 것을 볼 수 있다(다니 3장을 보라). 그는 위대한 임금, 온 세상의 주인으로 불리며(2,5) 계획한 것을 자기 손으로 반드시 이루고야 만다고 주장한다(2,12). 유딧기를 역사적 작품으로 읽기보다, 당신의 방식으로 모든 원수를 물리치고 구원할 능력을 갖추신 유일하고 참된 하느님께 순종하고 그 하느님을 신뢰하도록 장려하는 소설로 생각하고 읽는 것이 좋다. 저자는 흥미진진한 설화를 이야기하면서 자신의 이야기와 예술적 기교로 독자를 즐겁게 하는 데 성공한다.

네부카드네자르는 메디아인 아르곽삿과 싸울 때 자기를 돕지 않은 나라들을 징벌하기 위하여 서쪽 지방 전역을 치러 진군할 계획을 세운다. 네부카드네자르는 왕국에서 자기 다음으로 가장 높은 홀로페르네스에게 보병 십이만과 활 쏘는 기병 만 이천 명을 거느리고 진군하여, 불복하는 자들은 가차없이 죽이고 다른 이들은 굴복시키라고 한다. 모든 이가 네부카드네자르를 섬겨야 한다. 그러나 이해하기 어려운 것은 산악 지방에 위치한 조그만 나라 이스라엘을 공격하기 전에 군대의 물자를 모으기 위하여 그 엄청난 군대가 한 달 동안 한곳에 머물렀다는 점이다. 그곳 산악 지방에는 테르모필레(그리스 동부의 산길)처럼 길목이 겨우 두 사람이 지날 정도로 좁은 결정적 고갯길이 있다는 것이 밝혀진다. 그 길목은 베툴리아 근처에 있었다. 공격자들이 일단 그 길목만 지나가면, 그들은 예루살렘을 포함한 전 지역을 공략할 수 있을 것이다. 대사제 여호야킴은 유다인들의 저항을 준비하며, 모든 이가 금식을 하고 자루옷을 걸치고 주님께 부르짖는다. 주님께서 그들의 소리를 귀여겨들어 주신다. 유다인들이 저항하고 있다는 소식을 들은 홀로페르네스는 화가 잔뜩 나서 인근 가나안의 백성에게 이 이스라엘 백성이 어떤 백성인지 보고하라고 한다. 암몬인 아키오르는 성경 역사를 아주 잘 간파하여 알려 준다. 아키오르는 이스라엘인들이 죄를 지었으면 패배할 것이지만, 그들의 하느님께 순종하면 아무도 그들을 이길 수 없다고 단언한다. 화가 난 홀로페르네스는 아키오르에게 자신이 이스라엘인들에게 보복할 때까지 더는 자기 얼굴을 보지 못할 것이라고 장담한다. 그런 다음 홀로페르네스는 아키오르를 유다인들에게 넘겨 주라고 명령한다. 유다인들은 아키오르를 데려다가 성읍의 수장들 앞에 세운다.

그런 다음 아무도 꺾을 수 없을 듯한 군대가 베툴리아를 둘러싸고 그 지역의 샘을 장악하며 성읍을 포위 공격한다. 닷새 안에 물이 완전히 바닥날 것이었으므로 베툴리아의 주민들이 곧 항복하리라 생각하고 있을 때, 유딧이 이야기에 처음으로 등장한다. 그는 아름답고 부유하며 경건한 과부이다. 그는 그때까지 자기 집에서 과부 생활을 하였다(사실상 매일 금식했다). 그러나 유딧은 이스라엘을 구하기 위해 계획을 세우며 하느님께서 닷새 안에 이스라엘 백성을 구원하시지 않으면 항복하겠다고 하느님을 시험한 원로들을 비난한다. 그의 생각은 저자의 신학을 반영한다. "주 우리 하느님의 뜻을 담보로 잡지 마십시오. 하느님께서는 사람과 달리 협박할 수 있는 대상이 아니시고, 인간과 달리 부추길 수 있는 대상이 아니십니다. 그러니 하느님에게서 구원이 오기를 고대하면서, 우리를 도와주십사고 그분께 간청합시다. 당신 마음에 드시면 우리의 목소리를 들어 주실 것입니다"(8,16-17). 유딧은 대담한 계획을 가지고 있다. 그는 그 계획의 실행을 허락받는다. 원로들은 유딧과 하녀가 성읍을 빠져나가 적진으로 가도록 허락한다. 그가 아시리아 군인들과 마주쳤을 때, 그의 미모 때문에 온 진영이 떠들썩한다. 그리고 그녀는 홀로페르네스에게 직접 인도되었다. 유딧은 홀로페르네스의 음식을 먹고 그의 포도주를 마시라는 제안을 받았으나, 자기가 가져온 음식과 음료를 먹고 마신다. 유딧은 규칙적으로 기도하기 위하여 매일 아침 아주 이른 시간에 진영 밖으로 나갈 수 있는 허락을 받아 낸다. 사흘이 지난 뒤 홀로페르네스는 그를 유혹하기로 마음먹고 그를 연회에 초대한다. 적당한 시간이 되자 홀로페르네스는 시종들을 모두 내보낸다. 그러나 홀로페르네스는 그날 밤 유례없이 만취하여 정신없이 쓰러지고 말았다. 이때 유딧은 홀로페르네스의 칼을 집어 들어 그의 머리를 잘라 낸 다음 음식 자루에 집어넣고 하녀와 함께 진영을 빠져 나오는데, 이는 여느 날과 똑같은 행동이었다. 그들은 베툴리아로 돌아왔고, 아키오르는 그 머리가 홀로페르네스의 머리라는 것을 확인한다(홀로페르네스의 얼굴을 다시 보지만 어쨌든 전혀 예기치 않던 상황이었다). 암몬 사람 아키오르는 할례를 받고 이스라엘 집안에 합류한다.

　유딧과 하녀가 베툴리아로 돌아오고, 베툴리아의 군대가 공격 준비를 하자 아시리아인들은 홀로페르네스를 부르러 달려간다. 그들은 홀로페르네스가 죽은 것을 발견하고 공포와 전율에 사로잡힌다. 그 상황은 유딧이 이미 예고한 대로였다. 베툴리아 주민들과 다른 이스라엘인들은 그날 크나큰 승리를 거둔다. 그들은 아시리아 진영을 약탈하고 유딧은 홀로페르네스의 개인 기물들을 받는다. 유딧은 온 백성의 칭송과 온 나라의 존경을 받으며 장수한다.

유딧기에는 강조해야 할 점이 많다. 유딧기는 민족주의 소설 또는 역사 소설이라 불려 왔다. 조그마한 한 나라가 신으로 자처하는 임금이 이끄는 세계적 제국에 어떻게 맞설 수 있었는가를 이야기한다는 점에서, 유딧기는 틀림없이 민족주의를 담고 있다. 저자가 이야기를 쓸 때 역사적 인물들을 들먹이면서도 역사적 사실을 정확히 따르지 않고 있다는 점은, 역사적 인물이나 장소에 관심이 없고 교훈되는 가르침을 제시하는 데 목적이 있음을 엿볼 수 있다.

베툴리아라는 이름의 성읍은 저자가 화제를 이끌어 가는 가상의 장소이다. 역사 기록에는 베툴리아라는 이름으로 전해지는 성읍이 없다. 그리고 유딧기에서 제시된 그 성읍의 위치는 예루살렘을 보호하는 성읍이라기보다 사마리아를 방어하는 지역으로 더 적합할 것이다. 베툴리아라는 이름은 얼마든지 상징일 수 있다. 곧 베툴리아는 '동정녀'를 뜻하는 히브리어(betulah)를 반영할 수 있다. 그러면 베툴리아는 이스라엘을 대표할 수 있다. 달리 말해 베툴리아는 홀로페르네스가 유딧('유다인 여자'를 뜻함)을 겁탈하려고 했던 것처럼 원수가 파멸시키려고 하는 동정녀 이스라엘을 대표한다. 하느님께서 유딧을 구하셨듯이, 베툴리아 곧 동정녀 이스라엘을 원수들의 손에서 구하셨다.

암몬 사람 아키오르의 역할은 유딧기에 나오는 또 하나의 흥밋거리이다. 그의 역할은 유딧의 역할과 대조되면서 병행을 이룬다. 두 사람은 많은 점에서 상반되며(남자/여자, 외국인/유다인, 군인/인가에서 멀리 떨어져 지내는 과부, 원수/잠정적 희생자, 아시리아 진영/베툴리아), 처음에는 반대 방향으로 나아간다(아키오르는 아시리아 진영에서 베툴리아로 가고, 유딧은 그 반대 방향으로 간다). 그러나 두 사람 모두 이스라엘의 역사를 일깨우고 당신께 순명하는 이를 구하시는 이스라엘의 하느님께서 지니신 능력을 강조한다는 점에서(곧 두 사람이 모두 신명기계 신학을 제시한다) 병행한다. 사실 아키오르는 항복하려고 했던 베툴리아 주민들보다 더 이스라엘의 하느님을 신뢰한다. 끝에 가서 유딧과 아키오르는 동일한 장소에 머무른다. 아키오르는 할례를 받아 이스라엘 집안에 합류한다. "암몬족과 모압족은 주님의 회중에 들 수 없다"(신명 23,4)는 율법에 따라 이스라엘 백성에서 제외되어야 했기 때문에, 아키오르가 유다교로 개종한 것 자체가 주목할 만한 일이다. 십 대손까지도 주님의 회중에 들 수 없는 사람(신명 23,4)으로 여겨지는 아키오르를 유다 원로들의 집안에 들게 하고 종교 공동체에 영입한 것은 에즈라와 느헤미야 같은 지도자들의 정책과 반대되는 것으로 보인다. 달리 말해, 유딧기는 반대 의견을 제시하는 것 같다.

  토빗처럼 유딧은 매우 심각한 고난을 겪지만, 그와 같은 상황에서도 여걸은 하느님의 본성을 잘 알고 하느님을 신뢰한다. 유딧은 자신의 신념과 타협하는 것을 일언지하에 거부한다. 그의 용기와 신뢰 덕분에 "여자의 손으로"(13,15) 하느님께서는 원수의 강한 힘에서 당신 백성을 구하신다.

③ 수산나 이야기(제2경전/외경)

〈수산나 이야기〉는 그리스어본 다니엘서에 실린 세 개의 첨가문 가운데 하나이다. 흥미진진한 이 이야기가 언제 쓰였는지에 대한 정확한 증거는 없다. 다만 이 이야기가 그리스어로 번역된 성경의 일부라는 점을 고려할 때, 기원전 마지막 세기 어느 시점에 쓰였다고 말할 수밖에 없다. 〈수산나 이야기〉는 매우 다른 두 개의 그리스어 역본으로 전해지기 때문에 이 이야기를 연구하는 데 어려움이 있다. 두 역본 가운데 우리에게 가장 친숙한 것은 모든 영어 번역본의 원문으로 사용된 테오도시온 역본이다. 다른 역본은 옛 그리스어 역본(칠십인역 그리스어 성경)인데, 이는 수사본 전승에서 테오도시온 역본으로 대체되었기 때문에 지금은 거의 사라지고 없다. 이 그리스어 역본들의 다니엘서에서 수산나 이야기는 더 오래된 고대의 셈어로 쓰인 원문(다니 1-12장)의 앞뒤에 배열되었다. 곧 옛 그리스어 역본에서는 〈수산나 이야기〉를 열세 번째 장(또 다른 그리스어 첨가문인 〈벨과 용 이야기〉 앞에)으로 배열하였으나, 테오도시온 역본에서는 이 이야기를 바빌론에서 펼쳐지는 다니엘의 놀라운 경력을 시작하는 내용으로 보고 다니엘서 첫머리에 배열하였다.

더 긴 테오도시온 역본은 젊은 다니엘의 경력으로 시작한다. 옛 그리스어 역본보다 에스테르나 유딧처럼 아름답고 부유하며 경건한 유다인 여자가 등장하는 지혜 이야기이다. 바빌론에서 유배 생활을 하는 유다 공동체에는 주님을 경외하는 아름다운 수산나와 결혼한 요아킴이라는 부자가 살고 있었다. 정원을 갖춘 그들의 동산은 그 지역 유다인들의 집회 장소였다. 언젠가 사악한 두 남자가 바빌론의 유다 백성을 위한 재판관이 되었다. 이 모티프는 예레미야가 지적한 아합과 치드키야에 관한 언급에서 생겨난 것으로 생각되었다. 아합과 치드키야는 바빌론에 있던 거짓 예언자로서 "이스라엘 안에서 추잡한 짓을 저질렀기 때문이다. 그들은 제 이웃의 아내와 간음하고, 내가 명령하지도 않은 거짓말을 내 이름으로 하였다. 이를 내가 알고 있다. 내가 증인이다. 주님의 말씀이다"(예레 29,23). 그 재판관들은 수산나에게 음욕을 품고 수산나가 정원을 거닐 때 수산나를 엿보곤 하였다. 어느 날 그들이 숨어서 수산나를 관찰하고 있을 때, 수산나는 하녀들을 보내 목욕용품을 가져 오게 하였다. 수산나가 홀로 있게 되자 그들은 정욕을 더는 억제하지 못하고 수산나에게 달려가 말하였다. "자, 정원 문들은 잠겼고 우리를 보는 이는 아무도 없소. 우리는 당신을 간절히 원하오. 그러니 우리 뜻을 받아들여 우리와 함께 잡시다. 그렇지 않으면, 어떤 젊은이가 당신과 함께 있었고, 바로 그 때문에 당신이 하녀들을 내보냈다고 증언하겠소"(다니 13,20-21). 수산나는 그들의 제안을 거절하였고 두 늙은이는 위협한 대로 행하였다. 그들은 수산나를 고발하여 거짓 증언을 하였고, 수산나는 간통죄로 사형을 선고받았다. 이제 그에게는 사형 집행만이 남았다.

그때 하느님께서 다니엘이라 불리는 젊은이의 영을 깨우셨다. 다니엘은 형 집행을 중단시키고, 재판관이며 원로인 그들이 위증을 하였다고 말했다. 그리하여 수산나의 재판이 다시 열렸다. 다니엘은 두 원로를 서로 멀리 떼어 놓고 심문하여 상반되는 증언을 하고 있음을 포착하였다. 한 사람은 수산나와 젊은이가 유향나무 아래에서 관계하는 것을 보았다고 주장하였고, 다른 사람은 떡갈나무 아래서 관계하였다고 증언하였다. 다니엘은 각자에게 판결을 내리는데, 그들에게 내려진 벌은 그들이 지목한 나무의 이름과 같은 발음이다. 곧, 유향나무(스키노스)라고 말한 노인은 둘로 베게 하고(스키조), 떡갈나무(프리노스) 아래에서 보았다고 말한 노인은 둘로 잘라 버리게 했다(카타프리오). 수산나는 불명예를 벗었고 거짓 증언을 한 두 원로는 수산나 대신 사형을 당했다(신명 19,18-19에서 명하는 대로). 남아 있는 모든 이가 행복해졌고 다니엘은 유명하게 되었다.

옛 그리스어 역본은 테오도시온 역본 5ㄴ절에서 시작된다. 그러므로 옛 그리스어 역본에는 수산나를 묘사하는 첫머리가 빠져 있다. 두 번역본에 작은 차이점이 많이 있지만, 끝나는 부분도 서로 달라 차이를 말해 준다.

끝 부분을 볼 때 옛 그리스어 역본은 유다 공동체의 지도자들을 부패시킬 수 있는 위험에 관한 이야기이다. 정의가 파괴될 상황에 처한 유다 공동체는 다니엘에 의해 구출되었다(하느님의 명에 따라 천사가 다니엘에게 통찰의 영을 불어넣었다. 다니 13,45). 이 역본의 이야기는 젊은이들을 올바로 훈육시킬 것을 호소하는 것으로 끝난다. 테오도시온 역본은 수산나와 수산나가 처한 상황을 더욱 자세히 묘사하는 소설 형태를 띤다. 이 역본은 이야기를 시작할 때처럼 가족의 이름, 수산나의 명예가 끝까지 지켜진 기쁨, 그리고 다니엘의 명성에 관한 정보를 제시하면서 끝난다(도표 참조).

고대부터 수산나 이야기가 본디 어떤 언어로 쓰였는가(그리스어인

옛 그리스어 역본	테오도시온 역본
이런 이유 때문에 젊은이들은 야곱의 사랑받는 자녀들이다. 우리는 젊은이들이 능력 있는 자녀가 되도록 돌보아야 한다. 그리하여 젊은이들은 경건한 신앙을 갖고 지식과 예지의 영은 영원히 그들에게 머물게 될 것이다.	힐키야와 그의 아내는 딸 수산나에 대해 하느님을 찬양하였으며, 그녀의 남편 요아킴과 모든 친족들도 그러하였다. 그녀가 부끄러운 행위를 하지 않은 순결한 인물로 드러났기 때문이다. 그날부터 다니엘은 사람들 사이에 큰 명예를 얻었다.

가, 아니면 히브리어/아람어인가)에 관해 논쟁이 있었다. 논쟁의 초점이 된 부분은 54-55절과 58-59절에 나오는 여러 동음이의어同音異義다. 이 구절들에는 나무 이름과 구체적으로 그 이름을 지적한 원로들에게 내리는 처벌이 나온다. 곧, 스키논(스키노스, 유향나무) - 스키세이(스키조, 베어 버리다)와 프리논(프리노스, 떡갈나무) - 프리사이(카타프리오, 잘라 버리다)란 단어가(옛 그리스어 역본에 나오는 말인데, 이 말은 사실상 테오도시온 역본과 같다) 나온다. 이 단어들은 단순히 같은 음일 뿐 아니라 두 나무의 이름이 같은 운으로 되어 있고 나무들과 연관된 동사들 역시 같은 운이다. 율리우스 아프리카누스(3세기)는 이와 같은 언어 유희를 그리스어에서 볼 수 있으며, 이 사실이 그리스어가 본래의 언어였음을 지적하는 것이라고 주장하였다. 그의 논제에 대해 그리스어 번역자가 동음이의의 언어 유희

를 사용했을 수 있고, 동시에 셈어에도 여러 가지 언어 유희가 존재했다는 반론이 제기되었다. 이런 반론이 가능하기는 하겠으나, 이와 유사한 동음이의의 언어 유희가 셈어에 있었던 것으로 보이지는 않는다.

④ 마카베오기 3권(제2경전도, 외경도 아니다. 이 책은 동방 교회에서 정경으로 인정되기 때문에 외경 번역본에 포함되는 경우가 많다)

마카베오기 3권은 마카베오 형제들과 아무 상관이 없기 때문에(마카베오 형제들이 전혀 언급되지 않는다) 마카베오라는 제목에 의구심이 생긴다. 마카베오기 3권이 마카베오기 상·하권과 공유하는 주요한 면은, 헬레니즘의 군주에 의해 유다 백성이 파멸될 위험에 있었던 상황을 이야기한다는 점이다. 다만 이번에는 그 대상이 이집트의 유다 백성인데, 특히 그들은 종교적 확신과 실천에 위협을 받았다. 마카베오기 3권은 그리스어로 쓰였으며 프톨레마이오스 4세 필로파토르(기원전 221-204) 시대에 있었던 위기를 이야기한다.

마카베오기 3권이 전하는 이야기에 따르면, 프톨레마이오스 임금은 라피아 전쟁(기원전 217)에서 안티오코스 3세(기원전 223-187)와 싸워 승리한 뒤에 시리아 지역(안티오코스가 프톨레마이오스에게서 빼앗으려 했던 지역)의 성읍들을 방문하여 그들의 사기를 진작하고 성전에 호의를 베푼다. 당연히 그는 예루살렘에 도착하게 되었다. 그는 예루살렘 성전을 보고 깊은 감명을 받아 성전뿐 아니라 그 안에 있는 지성소까지 들어가려고 하였다. 이는 율법을 어기는 것이므로 유다인들은 온 힘을 다해 그가 지성소에 들어가는 것을 막으려 하였다. 성읍에 큰 소동이 일어나고, 대사제 시몬은 하느님께서 과거에 위험에서 구해 주신 일들을 상기하고 고통 받을 때 성전에서 기도하면 그들의 기도를 들어 주시겠다는 하느님의 약속에 호소하며 기도한다(1열왕 8,33-34.48-50 참조). 주님께서 즉시 그의 기도를 들어 주시어 프톨레마이오스 임금을 쳐서 일시적으로 잠시 마비시킨다. 그리하여 프톨레마이오스 임금은 어쩔 수 없이 팔레스티나를 떠나 이집트로 돌아간다. 팔레스티나를 떠나면서 프톨레마이오스 임금은 저주를 퍼붓고 모욕당한 것을 반드시 복수하리라 다짐한다.

그의 보복 계획에는 알렉산드리아에 사는 유다인들이 포함된다. 임금은 유다인들에게 인두세를 걸고 그들을 노예 신분으로 전락시키려고 모두 등록하라는 칙서를 내린다. 이때 등록하는 자들은 디오니소스 신의 상징인 담쟁이덩굴의 잎새 모양으로 낙인을 찍어야 한다. 또 칙서에는 알렉산드리아 바깥에 사는 많은 유다인을 혹독하게 다룬 뒤에 쇠사슬로 묶어 도성으로 끌고 오라는 명령도 들어 있다. 유다인들을 당국에 넘겨 주는 자에게는 보상으로 돈을 주게 한다. 많은 유다인이 등록하는 동안 하느님께서 두 번째로 개입하신다. 곧 하느님께서는 서기관들이 사용하는 종이와 붓을 동나게 해 등록할 수 없게 하신다.

프톨레마이오스 임금은 기록할 용지가 다 떨어져 자신의 계획에 차질이 생기자 화가 나서 유향과 독한 포도주를 먹여 난폭해진 코끼리 오백 마리를 풀어, 결박당한 채 출구 없는 경기장에 갇힌 유다인들을 모조리 밟아 죽이게 하라고 명령한다. 임금의 계획을 실행하기로 되어 있던 날, 임금이 깊은 잠에 빠져들어 오후 늦게까지 잠에서 깨어나지 않는 바람에, 그의 계획은 다음 날로 연기된다. 그러나 다음 날 하느님께서 임금에게 건망증의 재앙을 내리시어 임금은 자신의 계획을 기억할 수 없었을 뿐더러, 오히려 사람이 완전히 바뀌어 유다인들을 충성을 다하는 사람들이라며 칭송한다. 그는 자기 부하들에게 술에 취한 코끼리들이 유다인들을 밟아 죽이지 않도록 코끼리들을 풀지 못하게 한 것은 자신의 관용 때문이라고 주장한다. 나중에 임금은 다시 생각을 바꾸어 다음 날 유다인들을 반드시 죽이겠다고 맹세하고 유다를 향해 진군하여 예루살렘 성전을 불태우겠다고 선언한다. 모든 것이 끝날 것으로 보이는 그때 연로한 유다인 사제 엘아자르가 하느님께 기도한다. 그는 대사제 시몬처럼 성경에서 말하는 대로 과거에 있었던 하느님의 구원을 인용하면서, 당신 백성을 이 절박한 상황에서 구원해 달라고 하느님께 청한다. 다시 한 번 하느님께서 그의 기도를 들어 주시어 천사 두 냥을(유다인들에게는 보이지 않는) 보내 코끼리들을 공포에 떨게 한다. 그리고 코끼리들이 자기들을 경기장으로 몰고 가던 군인들과 프톨레마이오스를 향해 나아가게 한다.

 놀랍게도 임금은 또 한 번 마음을 바꾸어 유다인들을 잘못 대하였다며 신하들을 꾸짖는다. 그는 투옥한 유다인들을 풀어 주고 그들에게 이레 동안 축제를 벌이는 데 필요한 물자를 공급해 준다. 그런 다음 유다인들을 고향으로 돌아가게 하고 이집트에 있는 관료들에게 편지를 보낸다. 그는 자기 벗들 가운데 사악한 자들 때문에 유다인들이 갖은 불운을 겪었다고 비난하며, 유다인들이 구원된 것은 자신이 사건의 진상을 잘 알고 처리했기 때문이라고 주장한다. 편지에 나오는 몇몇 문장은 마카베오기 3권의 주제이다. "우리는 하늘의 하느님께서 유다인들을 안전하게 보호하신다는 것과 아버지가 자기 아들을 위하듯이 하느님께서는 항상 그들의 편이시라는 것을 알기 때문에, 또 그들이 우리와 우리 조상들에게 확고한 호의를 가지고 있음을 확신하기 때문에 우리는 그들에게 일체의 짐을 면제한 것이다"(7,6ㄴ-7; 참조 9절). 유다인들은 임금이 내렸던 칙령에서 자신의 목숨을 부지하기 위하여 배교한 모든 유다인을 처형할 수 있는 허락을 임금에게 받아 낸다. 그들은 배교한 유다인들을 삼백 명 가량 처형하고 그날을 휴일로 지낸다. 그런 다음 시골에서 온 유다인들은 집으로 돌아가서 축제를 벌이고 모든 이가 몰수당한 재산을 되찾는다.

마카베오기 3권에서 여러 주제가 부각된다. 그것은 디아스포라에서 쓰인 유다 문학작품들에서 발견되는 모티프로 제시된다. 한 가지 주제는 유다인들을 도우시는 전능하신 하느님과 율법에 충실하여 당신을 충실히 섬기는 유다인들을 하느님께서 기꺼이 구원하신다는 것이다. 다른 주제는 통치자를 향한 유다인들의 충성이다. 좋은 뜻을 가진 백성이나 임금들이 올바른 마음을 가지고 있을 때에는 이 충성심을 인정한다. 이런 종류의 문학작품에서 자주 등장하는 모티프 중에 막강한 힘을 가졌지만 네부카드네자르나 크세르크세스처럼 어리석고 극단적인 임금과 유다인들의 독특한 종교 관습을 두고 유다인들을 불의하게 대하는 원수들이 있다.

마카베오기 3권은 감정을 자극하는 이야기 형태라는 점에서 마카베오기 하권을 닮았다. 저자는 유다인들이 처한 끔찍한 상황과, 유다인들의 원수들과 임금의 무서운 분노를 묘사하면서 장황하고 과장된 문체를 자주 사용한다. 그러나 저자의 글은 실제로 있었다고 여겨지는 사건들을 이야기하는 것처럼 제시된다. 마카베오기 3권에서 이야기하는 행위를 증명하는 외부 자료는 없다. 요세푸스가 비슷한 이야기를 전하기는 하지만, 그것은 기원전 146-117년에 통치하였던 프톨레마이오스 8세 에우에르게테스 2세(피스콘) 시대에 있었던 일이라고 한다(《아피온 논박》 2,49-55 참조). 요세푸스의 기사에서 임금은 알렉산드리아를 통제하기 위해 애쓰는 동안 "알렉산드리아에 있는 모든 유다인을 아내들과 자녀들과 함께 체포하여 발가벗겨 결박한 채 코끼리들에게 밟혀 죽게 할 생각이었고, 게다가 코끼리들은 실제로 술에 취해 난폭해져 있었다. 그러나 그 결과는 완전히 거꾸로 되었다. 코끼리들은 발 밑에 있는 유다인들은 건드리지 않고 피스콘의 벗들에게 달려가 그들을 많이 죽였다." 이 기사에는 임금이 애지중지하는 소첩이 임금의 본래 계획을 취소하도록 간청하는 등 뜻하지 않은 일이 일어난다. 이런 요소들은 마카베오기 3권에서도 나타난다. 요세푸스는 임금의 마음이 누그러졌고 이것이 기회가 되어 알렉산드리아의 유다인들이 그날을 경축하는 축제가 생겨났다고 한다. 요세푸스의 기사에는 마카베오기 3권의 애처로운 요소가 빠져 있다. 두 이야기는 실제 사건에 기반을 두기도 했겠으나 이집트에 사는 유다인들이 구원받은 것을 경축하는 특정 축제의 배경을 설명하는 전설적인 이야기일 것이다. 마카베오기 3권에 역사적 진실(프톨레마이오스 4세가 디오니소스 숭배를 장려한 것, 그의 잔인성, 건축에 대한 그의 관심 등)이 전혀 없지 않지만, 현 상태의 이야기가 확실히 프톨레마이오스 4세 재위 때 있었던 사건을 전하는 것 같지는 않다.

마카베오기 3권이 쓰인 연대는 알려져 있지 않다. 저작 연대를 말해 주는 한 가지 단서는 유다인들의 등록을 말할 때 사용된 단어 *laographia*(인구 등록, 3마카 2,28)일 수 있다. 로마 황제 아우구스투스는 이집트에서 인구 조사를 하여 인두세를 받게 하였다. 기원전 24년이나 23년에 있었던 이 등록을 통해, 그리스 도시들의 시민권자들과 다른 이들을 구분하여 다른 이들을 노예의 신분으로 전락시켰다. 아마 마카베오기 3권에 묘사된 인구 등록은 그 사건을 문학적으로 성찰한 것일 수 있다. 또 어떤 이들은 마카베오기 3권과 에스테르기의 첨가문들이 매우 유사하다는 데 주의를 기울인다. 두 작품의 연관성은 마카베오기 3권이 더 먼저 쓰였고, 따라서 첨가문들이 쓰인 가장 나중 연도인 기원전 77년 이전에 저작되었음을 말해 준다. 아마 마카베오기 3권은 기원전 1세기의 어느 시점에 쓰였을 성싶다.

⑤ 아리스테아스의 편지(아리스테아스가 필로크라테스에게 보낸 편지로 외경이다)

〈아리스테아스의 편지〉가 유명해진 까닭은 율법서가 어떻게 히브리어에서 그리스어로 옮겨졌는가를 설명하고 있기 때문이다. 사실상 그 편지에서 이 주제를 언급하는 대목은 얼마 되지 않지만, 그 주제가 언급되어 있다는 사실 때문에 고대부터 독자들이 관심을 가져왔다. 그리스어로 쓰인 이 작품은 보통 기원전 2세기의 어느 시점에 쓰였다고 생각하지만, 특정한 시기에 쓰였다고 할 만한 확고한 근거는 없다. 후대의 저술가가 〈아리스테아스의 편지〉를 처음 언급한 예는 요세푸스의 〈유다 고대사〉(90년대에 저술된)이다. 요세푸스가 이 편지의 상당 부분을 인용하고 요약하였으므로 필로도 이 편지를 알고 있었을 것이다.

아리스테아스는 자신을 프톨레마이오스 2세 필라델푸스(기원전 282-246. 이 임금의 이름이 명시되어 있지 않지만 그의 아버지를 언급한 데에서 추론할 수 있다)의 궁정에서 일하는 사람이라고 소개한다. 프톨레마이오스 2세는 토라의 번역과 연관하여 예루살렘에 있는 대사제 엘아자르에게 아리스테아스를 대사로 파견하였다. 〈아리스테아스의 편지〉는 이 사실과 다른 경험들(1-8항)에 관해 자기 형제 필로크라테스에게 보낸 보고서이다.

임금은 팔레론의 데메트리오스를 알렉산드리아에 새로 지은 왕실 도서관의 관장으로 임명하였다. 그는 "가능하다면 세상에 있는 모든 책을 수집할 계획을 세웠다"(9항). 그는 임금과 대화하는 중에 현재 보유하고 있는 책을 이십만 권에서 오십만 권으로 늘리고 싶다고 보고하면서, "유다인들의 율법서 번역은 전하의 왕실 도서관에 소장할 만한 가치 있는 일이라는 정보를 들었다"(10항)고 덧붙였다. 임금은 예루살렘에 있는 대사제에게 편지를 보내 번역 작업을 시작하라고 명령하였다(10항). 아리스테아스는 임금이 유다 백성에게 호감을 가지고 있는 때를 틈타서 데메트리오스가 임금에게 그의 부왕이 유다에서 포로로 잡아 온 십만 명 가량의 유다인을 노예에서 해방시켜 달라고 청하였다고 한다. 이 책의 정신과 일치하여 그는 프톨레마이오스에게 그리스인들과 유다인들은 동일한 신을 섬기는 것이고 단지 신의 이름만 다를 뿐이라고 하였다(16항). 관대한 군주는 엄청난 비용을 지출하며 그들(그리고 다른 이들)을 해방시키라고 명령하였다(12-27항).

그다음 단락에는 번역 작업을 계획하는 데 포함된 문서의 사본이 들어 있다. 유다인들의 율법서와 다른 작품들을 지적하는 큰 논쟁이 된 단락에서 데메트리오스가 다음과 같이 말한 것으로 소개된다. "그러나 전문가들의 보고에 따르면 그것들은 제대로 번역된 것이 아니라 다소 부주의하게 번역되었습니다. 그 이유는 왕실의 후원을 받지 못하였기 때문입니다. 이 책들은 정확한 번역본으로 전하의 도서관에 소장되어야 합니다. 그것이 신적 특성을 가졌다는 데에서 알 수 있듯이 이 법조문은 매우 철학적이고 순수한 것입니다. 그렇기 때문에 저술가들과 시인들과 모든 역사가가 앞에서 언급한 책들과 거기에 크게 관여한 과거(그리고 현재)의 사람들을 지적하기를 꺼립니다. 그것들을 고려하는 것은 거룩하고 신성하기 때문입니다"(30-31항). 그가 추천한 사항은 다음과 같았다. 곧 "대부분의 사람들이 동의하는 본문을 검토하고 정확한 번역본을 얻은 뒤에 내용과 임금의 목적에 모두 적합한 걸출한 번역본을 만들어 내기 위하여"(32항) 열두 지파에서 각기 여섯 명의 석학을 알렉산드리아로 불러 와야 한다는 것이다.

아리스테아스는 임금이 대사제 엘아자르에게 보낸 편지에서 노예 해방과 아낌없이 보내는 선물들을 언급하면서 이런 번역자들을 요청한 사실을 다시 반복한다(35-40항). 엘아자르의 응답은 41-46항에 나오고 일흔두 명의 번역자 이름은 47-50항에 열거되어 있다. 임금이 보낸 선물은 51-82항에 상세히 기술되어 있고(특히 성전에서 사용할 탁자) 83-120항은 예루살렘, 성전, 사제가 바치는 제사, 대사제복, 그리고 예루살렘의 성채를 묘사하고 있다.

열두 지파에서 각기 여섯 명씩 차출된 번역자 일흔두 명의 탁월한 지혜와 덕행은 저자가 지대한 관심을 보이는 부분이다. 아리스테아스는 대사제가 "고귀한 가문 출신으로 실력이 가장 뛰어나고 최고의 교육을 받은 이들을 선택하였다. 그들은 유다 문학에 정통할 뿐 아니라 그리스인들의 문학도 제대로 공부하였다. 그러므로 그들은 사절로서 능히 자질을 갖췄으며 기대하던 성과를 거두었다. 그들은 중용의 길을 걸으며 율법서에서 제기되는 문제들을 쉽게 다루는 데 놀라우리만큼 자연스러웠다"(121-122항; 121-127항은 번역자들에 관한 내용이다)고 말한다.

아리스테아스는 번역에 종사해야 할 사람들의 탁월한 자질을 묘사한 뒤에, 자신과 동료 안드레아가 율법에 관해 제기한 여러 물음에 대사제가 제시한 대답에 긴 단락을 할애하고 있다(128-171항). 특히 그들은 정결과 부정의 문제에 관한 율법의 관심이 어느 정도인지 물었다. 대사제의 대답 가운데 다음과 같은 주목할 만한 설명이 있다. "모세가 애들이나 교활한 자들 또는 그런 피조물들을 지나치게 걱정하였기 때문에 이 법을 제정하였다는 천박한 견해를 갖지 마시오. 사실은 모든 것이 공정을 염두에 두고 인생을 흠 없이 조사하고 바로잡도록 장엄하게 정리되어 있다는 것입니다"(144항). 율법의 상세한 사항들은 더 높은 원칙을 지적하고 실현하였다.

드디어 번역자들이 파견되었다. 프톨레마이오스 임금은 곧바로 그들을 영접하여 – 다른 임금들이 보낸 대사일지라도 그토록 빨리 영접하지는 않았을 것이다 – 그들을 파견한 대사제와 의견을 같이한다는 입장을 밝혔다(175항 참조). 임금은 그들을 연회에 초대하여 그들의 관습에 따라 음식을 들도록 하였다. 임금도 똑같은 음식을 먹었다(181항). 번역자들 가운데 가장 연로한 사제에게 부탁하여 임금과 임금의 가족, 그리고 뜻을 같이하는 모든 이를 위하여 하느님의 강복을 비는 기도를 바치게 하였다(195항).

이 작품의 삼분의 일을 차지하는 187-294항은 임금이 계속 벌인 일곱 번의 연회를 아주 길게(아리스테아스는 295항에서 너무 길게 묘사하는 것을 변명한다) 묘사하는 데 할애된다. 이 연회에서 임금은 번역자 일흔두 명에게 질문하였고 모든 번역자가 임금에게 슬기롭게 대답하였다. 각 연회에서 열 명씩, 그리고 마지막 두 연회에서는 열한 명씩 대답하였다. 질문과 특히 대답은 주로 왕권에 관한 주제에서 맴돌았다. 294항에서 임금이 이 점을 인정하고 있다. "여러분이 나에게 왕권에 관한 핵심 내용을 가르쳐 주어서 많은 도움이 되었다." 번역자들은 공평, 너그러움, 정의 등 임금이 갖추어야 할 덕목들을 강조하였다. 295-300항은 아리스테아스가 이스라엘에서 온 사람들의 명석함에 대해 느끼는 생각을 적고 있다.

지금까지의 내용을 들으면서 독자는 번역에 대해 잊어버렸을는지도 모른다. 그러나 그다음 단락(301-307항)에서 이 문제를 다룬다. 그렇지만 번역자들의 일보다 그들의 숙박이나 일상생활에 더 큰 관심을 기울인다. 번역 자체에 대해서는 한 문장으로 표현된다. "그들은 다양한 과제를 완성하였고 번역본들을 비교한 결과 모두가 동의하였다"(302항. 또한 번역본들을 읽고 각 사항을 설명하는 것을 언급하는 306항도 보라). "의도적인 계획에 따라 생겨난 결과이기라도 한 것처럼"(307항) 번역 작업은 칠십이 일이 걸렸다. 그 뒤에 데메트리오스는 번역본의 사본을 잘 만들어 그 지역에 사는 유다인들에게 제시하였다(308-311항). 그들은 "이 번역본은 옳고 경건하게, 그리고 모든 점에서 정확하게 만들어졌기 때문에 이 번역본이 정확히 이대로 남아야 하며 다른 개정판을 내서는 안 된다"(310항)고 동의하였다. 어떤 식으로든 이 번역본을 수정하는 자는 저주를 받아야 한다(311항). 번역본은 임금에게도 제출되어, 임금은 번역본을 모두 읽었다. 그는 법 제창자에게 경탄을 금하지 못하면서 번역한 책들을 조심스럽게 부관하도록 명령하였다. 마침내 번역자들은 집으로 돌아가도 된다는 허락을 받았다. 임금은 그들에게 선물을 주며 언제든지 돌아와도 좋다고 초대하였다(318-321항).

 편지는 유다교를 옹호하고, 특별한 법 제정자인 모세를 통해 하느님께서 주신 가장 위대한 지혜가 바로 율법이라고 강조한다. 율법은 그리스 문화에서도 가장 높은 자리를 차지할 뿐 아니라 모든 것을 능가할 수 있다. 제2성전 시기의 유다이즘에서 주요한 종교 지도자들 명단에 이름만으로 알려진 대사제 엘아자르는, 율법을 상세히 알았을 뿐 아니라 율법의 근저에 흐르는 큰 원칙들을 이해한 탁월한 지혜를 가진 인물이었다. 게다가 그는 프톨레마이오스 왕조의 가장 위대한 군주를 마음놓고 대했고, 그 군주는 다른 임금들의 사절을 대할 때와 달리 유다의 대사제가 파견한 사절을 더욱 정중하게 대하였다. 모든 지파에서 차출된 번역자들은 교양 있는 사람으로 모국어인 히브리어와 그리스어 문학에 모두 정통하였다. 임금은 유다의 율법과 율법으로 학식을 쌓은 사람들을 크게 칭찬하였고, 연회에 참석한 철학자들은 솔선하여 번역자들의 대답을 높이 평가하였다. 그때 임금이 다음과 같이 말했다. "나는 이 사람들이 덕행이 뛰어나고 완벽한 학식을 갖추고 있다고 생각한다. 갑작스럽게 어떤 종류의 질문을 던져도 그들은 적합한 대답을 내놓으면서 모든 이가 하느님을 자기네 논증의 근간으로 삼았기 때문이다"(200항). 에리트레아의 철학자 메네데모스는 이 말을 마음 깊이 수긍하였다(201항). 나중의 연회에서 한 차례 질의응답이 오고간 뒤에 임금은 다시금 그들을 칭찬하였고, 청중 "특히 철학자들이 그들에게 찬사를 보냈는데, 하느님에게서 출발하는 번역자들이 말과 품행에서 뛰어났기 때문이었다"(235항).

유다이즘과 그 학자들, 율법, 그리고 그 문화가 매우 호의적으로 제시되었을 뿐 아니라 그리스 문화에서 최고로 내세우는 것을 긍정하는 태도도 있다. 데메트리오스는 율법이 탁월하다는 것을 알았고, 교양 있고 막대한 재산을 가진 임금이 율법 번역을 계획하고 지원하였다. 임금은 자기 아버지가 실수하여 노예로 만든 유다인 십만 명에게 자유를 주었고, 연회가 벌어지는 동안 번역자들에게서 많은 찬사를 받았다. 저자는 이 두 당사자, 곧 헬레니즘 제국의 임금과 유다인들이 서로를 칭찬하며 조화롭게 살 수 있었다고 생각한다.

학자들은 율법을 그리스어로 번역한 사안에 관해 이 편지가 역사적으로 신빙성 있는 이야기를 전하고 있는가 하는 문제를 두고 오랫동안 논쟁을 벌여 왔다. 기원전 200년경부터 그리스어 번역본이 사용되었기 때문에 필라델푸스 치세 때 번역되었거나 적어도 시작되었을 가능성이 없지 않다. 전체에서 볼 때 편지가 주장하듯이 모든 것이 명백한 것 같지는 않다. 이 편지는 히브리어 율법만으로 충분하다는 주장에 직면하여 율법을 그리스어로 번역하는 것이 정당하다고 주장하기 위하여 쓰였을 성싶다. 나중의 그리스도교에서 편지에 나오는 번역 이야기를 다시 언급할 때 이야기를 확대하여 히브리어 성경 전체가 번역되었다고 말하게 되었다(순교자 유스티누스는 《트리폰과의 대화》 68,6-7에서 이렇게 말한다). 급기야 모든 번역자가 독립적으로 번역 작업을 수행하였으며, 마지막으로 번역한 것을 비교해 본 결과 참으로 놀랍게도 모든 번역이 정확히 일치하였다고까지 하기에 이르렀다(이레네우스의 〈이단 논박〉 3.21.2).

⑥ 그리스어 에스테르기(첨가문들은 제2경전/외경)

에스테르기의 그리스어 사본에는 히브리어 역본에 실린 아홉 장의 번역(약간의 차이가 있음)은 물론 그 밖의 절 107개가 더 들어 있다. 이 107개의 절은 에스테르기 여기저기에 흩어져 있는 여섯 개의 단락으로 나뉘는데, 전통적으로 알파벳 A-F로 표시된다. 다니엘서처럼 에스테르기의 첨가문 역시 독자의 관심을 끈다. 여섯 개의 첨가문 중 대부분(A, C, D, F)은 셈어(히브리어나 아람어)로 쓰였고, 아마 B와 E의 원어는 그리스어였을 것이다. 본래의 에스테르기 끝에 덧붙여진 첨가문 F는 적어도 첨가문을 덧붙이게 된 상황을 설명하는 간기刊記(붙임말)로 마감한다. "프톨레마이오스와 클레오파트라의 통치 제사년에, 스스로 사제이며 레위 집안 사람이라고 말하는 도시테오스와 그의 아들 프톨레마이오스가 푸림 축일에 관한 위의 서신을 가져왔다. 그들은 서신이 틀림없는 것이며 예루살렘 주민들 가운데 하나인 프톨레마이오스의 아들 리시마코스가 번역하였다고 말하였다." '푸림 축일에 관한 서신'은 에스테르기 전체나 적어도 첨가문 F(에스테르기를 마감하는 첨가문)를 가리키는 것 같다. 이집트에는 프톨레마이오스와 클레오파트라라는 이름을 가진 통치자들이 여럿 있었기 때문에 여기에서 언급하는 두 사람이 누구인지를 두고 이런저런 논쟁이 있다. 가장 신빙성 있는 인물은 프톨레마이오스 9세 소테르 2세(기원전 114)와 프톨레마이오스 12세(기원전 77)이다.

예로니모는 에스테르기를 라틴어로 번역하면서 첨가문 여섯 개를 본래의 에스테르기 맨 끝으로 옮겼다. 그 결과 첨가문들에도 장절을 표시하였으나, 이 장절 표시는 본래의 에스테르기에 나오는 참된 위치를 가리키는 것이·아니라 에스테르기의 맨 끝에 배열된 순서를 가리킨다(역자주: 우리말 《공동번역 성서-개정판》과 《성경》에는 에스테르기의 중간 중간에 끼어 있다). 본래의 히브리어 본문과 비교할 때 첨가문 여섯 개는 다음과 같이 놓여 있다.

첨가문 A(11,2-12,6)	에스테르기 1장 첫머리	모르도카이의 꿈
첨가문 B(13,1-7)	3,13과 3,14 사이	크세르크세스의 편지
첨가문 C(13,8-14,19)	4장 뒤	모르도카이와 에스테르의 기도
첨가문 D(15,4-19)	5,2과 5,3 사이	에스테르의 모험
첨가문 E(16,1-24)	8,12과 8,13 사이	크세르크세스의 둘째 편지
첨가문 F(10,4-11,1)	10,3 뒤(책의 끝)	모르도카이가 꾼 꿈의 해석

다시 말해, 그리스어 에스테르기는 새 서문과 새 결문을 덧붙이고 세 곳, 곧 3장과 8장에 다른 첨가문 한 개를 삽입하고, 4장과 5장 사이와 5장에 첨가문 두 개를 보강하여 이야기를 제시한다. 이 첨가문들을 조사하면 이것들이 본래의 에스테르기에 어떤 결과를 가져다 주는지 알게 될 것이다.

  첨가문 A: 이 첨가문은 모르도카이와 그의 상황에 관해 기본 정보를 제공하는 것으로 시작된다. 그러면서 그 과정에서 있을 법하지 않은 몇 가지 역사적 사실을 주장한다. 본문에 따르면 모르도카이는 네부카드네자르가 처음 예루살렘을 점령하고 여호야킨(여콘야) 임금을 바빌론으로 끌고갈 때(기원전 598) 포로가 되었지만, 그로부터 100년이 지난 뒤에도 여전히 크세르크세스 임금의 왕궁에서 일하고 있었다. 모르도카이는 꿈에 싸울 준비가 된 용 두 마리를 보았다. 그들이 으르렁거렸으므로 모든 민족이 "의로운 민족"을 치려고 전쟁을 준비하였다(11,7). 의로운 민족이 멸망할 위기에 처하자 하느님께 부르짖었다. "마치 작은 샘에서처럼, 그들의 부르짖음에서 물 많은 큰 강이 생겨났다. 빛과 해가 솟아오르고, 비천한 이들이 들어 높여져 존대받던 이들을 집어삼켜 버렸다"(11,10-11). 모르도카이는 그 꿈이 하느님께서 하실 일을 미리 알려 주는 것이라고 알지만, 이 시점에서 그 꿈이 무슨 뜻인지 이해하지 못하였다. 그는 또한 내시 두 명이 임금을 해치려고 음모를 꾸미는 말을 엿듣고 임금에게 그 사실을 보고하여 보상을 받았다(내시들은 처형당하였다). 어떤 이유에서인지 모든 것이 하만을 화나게 하였다. 하만은 "임금의 두 내시 일 때문에 모르도카이와 그의 민족에게 해를 입히려고 꾀하였다"(12,6). 전체 사화는 에스 2,21-23에 나오는 이야기와 매우 유사하다.

첨가문 B: 에스 3,12-13은 크세르크세스 임금이 하만의 뜻대로 유다인들을 말살하라고 명하는 칙령을 작성하도록 허락하였다고 한다. 그러나 서신의 본문을 소개하지는 않는다. 첨가문 B는 임금이 작성하도록 허락한 긴 서신의 본문이다. 임금은 이 서신에서 왕국의 평화를 복구하는 데 걸림돌이 되는 유다인들을 아다르 달(열두 번째 달) 열나흗날에 절멸시켜야 한다고 명한다.

첨가문 C: 에스테르가 위험을 무릅쓰고 임금의 부름을 받지 않은 상태에서 임금에게 나아가려고 준비하는 동안 모르도카이는 기도를 바친다. 그는 하느님을 만물의 주님이요 창조주로 고백한다. 그는 자신이 하만에게 무릎을 꿇고 절하지 않는 것은 교만해서가 아니라고 선언한다. 오히려 그는 주님밖에는 아무에게도 무릎 꿇고 절하지 않는다는 것을 보여 주려 하였다. 그는 아브라함의 하느님께 당신의 백성을 돌보아 주시어 그들이 살아 당신의 이름을 찬양하게 해 달라고 간청한다. 그다음 에스테르 왕비도 죽음의 공포에 사로잡혀 주님께 기도한다. 그녀는 기도하기 전에 화려한 왕비의 옷을 벗고 고뇌와 슬픔의 의복을 입는다. 그녀는 하느님을 "저의 주님, 저희의 임금님"이라 부른다. 그녀는 어려서부터 주님이 모든 민족들 가운데서 이스라엘을 영원한 재산으로 받아들이셨다고 들었다. 그러나 이제 이스라엘이 죄를 지었기 때문에 하느님께서 자기들을 원수들의 손에 넘기셨다고 말한다. 에스테르 왕비는 지금 원수들이 꾸미고 있는 흉계를 그들 자신에게 되씌워 주실 것과 적당한 말을 입에 담아 주시어 임금의 마음을 하만에게서 돌아서게 해달라고 하느님께 청한다. 하느님께 도움을 청하면서 그녀는 "제가 무법자들의 영광과 할례받지 않은 자들과 모든 이민족들의 잠자리를 경멸함을 알고 계십니다"(14,15) 하고 말한다. 그는 또한 머리에 쓰는 위엄의 상징을 경멸한다. 그의 말은 본래의 책에서 자신이 간택된 방식과 페르시아 임금과의 혼례에 관해 아무런 가책도 느끼지 않는 듯한 것 때문에 제기된 문제를 지적한다. 그는 "주 아브라함의 하느님! 만물 위에 권능을 떨치시는 하느님, 절망에 빠진 이들의 소리를 귀여겨들으시어 악인들의 손에서 저희를 구하소서. 또한 이 두려움에서 저를 구하소서"(14,19)라는 탄원으로 기도를 바친다.

첨가문 D: 첨가문 C에 곧바로 이어지는 첨가문 D는 크세르크세스 임금이 부르지 않은 상태에서 두려움에 조여드는 마음으로 에스테르가 위험을 무릅쓰고 임금 앞에 나아가는 장면을 묘사한다. 에스 5,1-2의 내용을 확대한 이야기이다. 이 첨가문은 에스테르의 지고한 아름다움과 엄청난 불안, 그리고 아주 무서운 임금의 모습을 극적으로 묘사하여 부각한다. 임금이 처음에는 지극히 노여워하며 에스테르의 얼굴을 쳐다보았지만, 하느님께서 임금의 영을 부드럽게 바꾸어 놓으시자 임금은 에스테르를 돕고 위로하려는 다정하고 점잖은 남편의 모습이 된다. 임금은 "우리의 법규는 평민들을 위한 것"이기 때문에 에스테르에게 적용되는 것이 아니므로 죽지 않을 것이라고 설명한다. 에스테르는 임금에게 "임금님이 하느님의 천사처럼 보였습니다" 하고 아첨하지만, 이렇게 말하다가 또다시 실신하여 왕궁에 걱정이 가득 찬다. 첨가문 D에 이어 에스 5,3이 계속된다.

첨가문 E: 에스 8,9-12은 크세르크세스 임금의 두 번째 서신을 묘사하는데, 이 서신은 그 전에 쓴 서신을 염두에 두고 있다. 이 서신에서 임금은 유다인들에게 자기네 율법에 따라 살고 열두째 달 열사흗날에 그들이 하고 싶은 대로 원수들에게 하라고 허락한다. 첨가문 B처럼 첨가문 E는 서신을 그대로 인용한다. 임금은 영광을 받았는데도 오히려 오만하고 악의에 찬 사람들에 대한 말로 시작하여 이제부터 자기 왕국을 더욱 평화롭게 다스리겠다고 덧붙인다. 그는 모르도카이와 에스테르 및 그들의 민족을 파멸시키도록 요구한 하만을 단죄한다. 서신에서 임금은 하만을 마케도니아 사람이라 부르며, 하만은 페르시아 왕국을 마케도니아인들에게 넘겨 주려고 생각하였다고 말한다. 크세르크세스는 유다인들과 그들의 율법, 그리고 그들의 하느님을 칭송한다. 그는 유다인들의 하느님이 자기 왕국을 항상 최선의 상태로 이끌어 주셨다고까지 말한다. 왕국의 제후들은 이전에 발송된 서신의 내용대로 실행하지 않아야 한다. 오히려 유다인들이 자기네 율법에 따라 살게 하고 아다르 달 열사흗날에 자기들의 원수들을 격퇴할 수 있게 해야 한다. 그는 또한 그 날을 유다인들과 페르시아 왕국의 사람들에게 기념일로 경축하라고 명령한다.

첨가문 F: 첨가문 B와 F(두 편의 서신), 첨가문 C와 D(나란히 배열되어 있으며 내용으로 연결되어 있는 서신)가 쌍을 이루듯이, 첨가문 A와 F 역시 한 쌍이다. 마지막 첨가문에서 모르도카이는 첨가문 A에 묘사된 꿈을 되새기며 이제 그 꿈이 실현되었음을 깨닫는다. 강이 된 그 조그만 샘은 에스테르였고, 두 마리 용은 하만과 모르도카이였다. 하느님께서는 당신 백성 이스라엘을 구원하셨고 커다란 표징들을 보여 주셨다. 에스테르기에 묘사된 사건을 기념하는 푸림(=주사위) 축일을 지적하면서, 모르도카이는 두 가지 운명 곧 이스라엘의 운명(=주사위)과 모든 이민족의 운명이 있다고 말한다. 그리하여 아다르 달 열나흗날과 열닷새날은 대대로 영원히 기쁨으로 경축하는 날이 될 것이다. 앞에서 지적한 간기로 첨가문 F가 끝난다.

에스테르기에서 이 첨가문들의 역할은 무엇인가? 첫째, 하느님에 관한 많은 언급, 하느님께 바치는 기도, 이스라엘의 구원 역사에 관한 지적, 그리고 주님을 버린 배신, 이 모든 것은 본래 형태의 에스테르기에 거의 빠져 있다시피 한 종교적 성격을 강력하게 부여한다. 그리스어 역본 역시 하느님을 언급하지 않는 히브리어 본문을 번역하면서 하느님을 언급한다. 둘째, 첨가문들은 히브리어 본문에 빠져 있는 것(예를 들어 서신들)을 보충하고, 하만이 마케도니아 사람이라는 등 흥미로운 세부 사항들을 덧붙인다. 셋째, 첨가문들은 극적 이야기를 더욱 극적으로 부각시키기도 한다. 특히 첨가문 D에서 이 점이 잘 드러난다. 넷째, 첫 부분에 언급된 꿈은 에스테르기에서 일어나는 모든 것은 사전에 하느님께서 아셨고 그분이 미리 정해 놓으셨음을 보여 준다.

2) 다시 쓰인 작품

설화체로 쓰인 책들은 역사적 이야기이든 허구적 이야기이든 다양한 종류의 이야기를 들려 준다. 다른 한편, 설화체의 형태를 취하면서도 히브리어 성경에서 어떤 영웅이나 빼어난 인물을 선택하여 그에 관한 성경 이야기를 확장하는 작품도 있다. 몇몇 경우에는 그와 같은 이야기가 다른 이야기에 영향을 준 예도 볼 수 있다. 사실 그 이야기들은 공통적이면서도 폭넓은 전통에 자리 잡고 있다.

(1) 에녹 1서(위경)

제2성전 시기에 쓰인 가장 오래된 고대의 본문들 가운데 하나가 오늘날 에녹 1서로 알려진 길고 복잡한 작품이다. 현재 보존되어 있는 에녹 1서는 다섯 권의 소책자로 구성되어 있으며, 각 권이 쓰인 시기는 서로 다르다. 모든 소책자가 에녹에게 전달된 계시이다. 창세 5장(21-24절 참조)의 족보에 따르면 에녹은 아담에서 시작하여 일곱째 성조이다. 이 자리에서는 에녹 1서에서 가장 오래된 고대의 두 부분, 곧 1-36장과 72-82장을 다루고, 다른 소책자들은 나중에 살펴보도록 하겠다. 83-90장과 37-71장은 묵시문학을 다루는 부분에서, 91-108장(93장과 91장에 나오는 '주간 묵시록'을 제외하고)은 지혜문학을 다루는 부분에서 살펴보겠다.

① 에녹의 천문학 책(1에녹 72-82장)

사해 문헌(4Q 208-11)에서 발견된 네 개의 사본을 통해 알 수 있듯이 이 천문학 책은 원래 아람어로 쓰였다. 이 책은 나중에 그리스어로 번역되었고(작은 단편들만 일부 남아 있음), 번역된 그리스어 본문이 다시 에티오피아어로 번역되었다. 필체로 미루어 볼 때 가장 고대의 아람어 사본(4Q 208)은 기원전 200년경에 생성된 것이다. 그러므로 이 소책자는 그 연대보다 나중에 나올 수 없고, 정확하게 추정할 수는 없지만 아마 그 연대보다 앞서 생성되었을 것이다. 남아 있는 아람어 역본들로 미루어 볼 때, 현재 유일하게 완전한 형태로 남아 있는 에티오피아어 역본은 〈천문학 책〉의 요약 형태이다. 에티오피아어 역본에는 두 아람어 역본의 시작 부분에 나오는 긴 대목이 빠져 있기 때문이다.

이 책은 '하느님은 나의 빛'이라는 뜻의 천사 우리엘이 에녹에게 전달하는 계시이다. 천사 우리엘은 에녹에게 단순히 책의 내용을 알려 줄 뿐 아니라 광활한 우주로 데리고 다니면서 해, 달, 별들, 그들이 거쳐 가는 천상의 문들, 그리고 지구의 주요한 지리 형태 등을 보여 주기도 한다. 책 자체는 에녹이 여행에서 돌아온 뒤에 자기 아들 므투셀라에게 이런 문제들을 1인칭으로 전해 주는 형태로 되어 있다. 천문학 책은 에녹을 천문 현상과 1년의 길이와 연결하는 가장 최초의 작품이다. 성경에서 하느님이 에녹을 '데려가신' 때에 에녹의 나이는 365살이었다(창세 5,23-24)고 말하는 데에서, 이미 에녹을 태양력의 날수와 연관짓고 있다. 에녹에게 전달된 계시에는 엄청난 양의 서술(부정확한 경우가 많지만) 자료가 들어 있는데, 여기에서 우리엘은 하느님을 대신해 천사들이 우주를 달리고 있다는 비과학적 주장을 내놓는다. 책에 서술된 법은 새 창조가 있을 때까지 유효할 것이라고 한다.

남아 있는 본문의 제1장은 364일로 이루어진 태양력을 묘사한다. 우리엘은 에녹에게 해가 동쪽에 있는 여섯 개의 문을 지나 떠오르고, 서쪽에 있는 여섯 개의 문을 지나 진다는 것을 보여 준다. 달과 별들 역시 그 문들을 통해 떠오르고 진다. 해가 하나의 문에서 다른 문으로 나아갈 때 햇빛이 증가하거나 감소한다. 태양력에서 하루 중 어둠과 빛의 비율은 이대 일이다. 한 해의 첫째 달과 둘째 달은 30일로 되어 있고, 셋째 달은 31일로 되어 있다. 이 형태는 1년의 4분기마다 반복된다. 저자는 사람들이 한 해를 계산할 때 여분의 4일을 포함시키지 않는 것은 잘못이라고 여러 번 지적한다.

에녹 1서 73,1-74,9(78장도 보라)의 본문은 해와의 관계에서 달이 어떻게 움직이는가에 대한 정보를 제공하고, 새 달이 시작된 뒤에 지구를 마주 보는 달의 표면이 점점 더 빛나게 된다는 것을 묘사하기 시작한다. 매일 밤 빛나는 달의 표면은 십사분의 일만큼 증가하다가 만월이 되며, 만월이 있은 뒤에는 매일 밤 똑같은 양으로 빛나는 부분이 감소하다가 마침내 지구에서 전혀 볼 수 없게 된다. 그러나 이러한 체계화된 정보 제시가 에티오피아어 역본에는 축약되어 있다. 이 소책자의 원어인 아람어 형태에서 저자는 하루도 빠짐없이 그런 문제들을 상세히 기술하여 길고 지루한 단락이 되었던 것 같다. 에티오피아어 역본에는 단 며칠의 자료만이 보존되어 있다. 각 달이 29일과 30일로 번갈아 진행되는 음력은 354일 계속된다고도 한다.

여러 장에서 해와 달을 다룬 뒤에 저자는 76-77장에서 지리 문제에 눈을 돌린다. 여기에서 그는 예외적으로 높은 산 일곱 개, 강 일곱 개, 그리고 큰 섬 일곱 개의 모습을 언급한다. 천문학 책에서 이런 주제를 다루는 것을 이상하게 생각할 수 있지만, 우리는 고대의 천문학이 지리학도 다루었음을 안다. 왜냐하면 특정한 표징이나 천체의 배치가 지구의 어떤 부분에서 일어날 일을 예고하는 것으로 믿었기 때문이다. 그러므로 천문학 책은 천문학적 관심의 두 가지 주제를 한데 연결한 것 같다.

80,2-82,3의 본문은 대부분 예기치 않은 주제를 다룬다. 그래서 죄인들의 미래에서 한 해는 점점 짧아질 것이고 수확은 늦어질 것이며 달은 형태를 달리할 것이고 사람들은 별들을 신으로 여길 것이라고 예고한다. 81장에서 에녹은 천상의 서판에 기록되어 있는 모든 사람의 행실을 읽는다. 이 장들은 자연의 법칙들이 종말까지 유효하다고 제시하는 이 책의 다른 부분들과 부딪치기 때문에, 이런 내용들이 왜 이 책에 들어 있는지 분명하지 않다.

천문학 책은 고대의 유다 저술가들이 에녹을 천문학 전문가로, 나무랄 데 없는 정보의 원천으로 생각했음을 분명히 보여 주고 있다. 아담에서 시작하여 일곱째 사람인 에녹은 수메르의 임금 목록에서 대홍수 전의 일곱째 임금이었던 엔메두란키와 비교되어 왔다. 엔메두란키는 태양 신의 성읍 시파르의 임금이었고 점쟁이들의 조상이었다. 신들은 그에게 비밀 정보를 알려 주었다. 천문학 책의 에녹은 신적 존재들과 연결되어 있으며 천체의 움직임을 완벽히 알고 있었던 유다인들의 영웅으로 그와 같은 몇몇 특성을 지녔던 것 같다.

천문학 책은 1년을 계산하는 체계화된 달력을 두 가지 제시한다. 그 책은 두 가지 달력을 평가하지 않으며 어느 한 가지를 선호하지도 않는다. 오히려 두 개의 달력이 모두 에녹에게 계시되었다고 한다. 그러나 달력들은 명확히 유다의 특성을 가지고 있지 않다. 364일로 된 태양력을 일곱으로 나눌 수 있다고 하지만(정확히 52주간으로 되어 있음) 안식일이 전혀 언급되어 있지 않으며, 성경에 나오는 다른 어떤 휴일도 언급되지 않는다. 사실 천문학 책에서 히브리어 성경(에녹을 영웅으로 선택한 것은 성경에 기반을 둔 것임)에 분명히 기반을 두고 있는 곳은 불과 몇 되지 않는다. 천문학 책은 〈희년서〉와 쿰란의 문학 저술가들에게 지대한 영향을 끼친 '학술적' 글이다.

② 파수꾼의 책(1에녹 1-36장)

에녹이라는 이름과 연결된 두 번째 고대 소책자도 아람어로 쓰였다. 이 소책자 역시 쿰란의 넷째 동굴(4Q 201-202, 204-206)에서 발견된 여러 개의 사본에서 확인되었는데, 가장 오래된 사본(4Q

201)은 기원전 200-150년에 작성되었다. 그러므로 그 사본은 기원전 3세기의 다른 본문일 수 있다. 〈파수꾼의 책〉은 여인들과 혼인하여 거인들을 낳아 죄를 지은 천사들에 관한 이상한 이야기(또는 이야기들)를 소개하는 책으로 가장 잘 알려져 있다. 다양한 형태로 전해지는 이 이야기는 에녹 전통뿐 아니라 놀랍게도 유다인들과 그리스도인들의 다른 많은 작품에서도 주요한 주제가 되었다.

〈파수꾼의 책〉은 합성된 작품으로 단락 다섯 개가 어색하게 연결되어 있다.

1-5장: 이 소책자의 서문 역할을 하며 신이 죄를 지은 인간을 심판한다는 주제를 설정한다. 에녹이 공정한 이들을 축복한 축복문이자 미래의 세대를 위하여 거룩한 천사들이 에녹에게 보여 준 환시가 바로 이 작품이라고 저자는 말한다. 1장의 대부분은 운문 형태로 쓴 하느님의 계시로 하느님께서 최후의 심판을 위해 시나이 산으로 내려오신다는 것을 묘사한다(유다 1,14-15에서 1장의 마지막 부분, 곧 1에녹 1,9을 인용하고 있음). 이어서 이 감동적인 시는 창조주가 정한 대로 법에 순종하는 자연과 하느님의 명령에 불순종하는 인간을 대비시킨다. 에녹은 죄인들에게 그들을 기다리는 저주에 관해 말하는데, 선택된 이들에게는 생명과 평화가 약속된다(2-5장).

6-11장: 여기에서는 에녹이 명확한 역할을 하지 않는다. 여인들과 혼인하여 자식을 낳음으로써 죄를 지은 천상의 천사들(파수꾼들)에 관한 이야기의 최초 형태를 제공한다. 이 이야기는 창세 6,1-4(이 구절에 나오는 단어들이 인용된다)에 근거하는데, 창세기에서 하느님의 아들들은 천사들이고 사람의 딸들은 당연히 여자들로 이해

된다. 에녹서의 이 단락은 적어도 두 가지 신화를 포함하고 있다. 첫째 신화에서 셰미하자(Shemihazah)는, 지상의 아름다운 여인들을 본 뒤에 그들을 원해 천상에서 내려온 천사 이백여 명의 우두머리이다. 천사들은 그 여인들과 혼인하여 그들에게 마술을 가르쳐 주었다. 여인들이 낳은 거인들은 곡식을 다 먹어 치웠고, 마침내 인간을 잡아먹었으며 서로 잡아먹었다. 둘째 신화에서는 아사엘(아자젤)이 우두머리 천사이다. 그는 사람들에게 무기 만드는 법을 가르쳐 주고 여자들에게 화장품 사용법을 일러 주며, 보석에 관한 정보를 알려 준 장본인이다. 이 모든 것은 사람들을 죄로 이끈 잘못된 정보 누출이다. 천사들이 세상에 침입하여 야기된 폭력과 악한 행위로 인해 인간은 도와 달라고 부르짖게 되었다. 그들의 부르짖음은 천상에 남아 있던 올바른 천사 네 명의 귀에까지 이르렀다. 천사들은 인간의 부르짖음을 하느님께 전하였고, 하느님께서는 입은 피해를 원상 복구하라는 과제를 각 천사에게 주셨다. 우리엘은 라멕의 아들(=노아)에게 홍수가 다가오고 있음을 경고하도록 급파되었다. 라파엘 천사는 아사엘을 묶어 어둠 속에 던져 심판의 날까지 그곳에 머물게 하니, 아사엘은 거기서 불이 될 것이다. 또 라파엘은 세상을 복구하기로 하였다. 가브리엘 천사는 불법적 결합에서 태어난 자식들이 서로를 파멸시키는 전쟁을 벌이게 하여 그들을 징벌하도록 파견되었다. 미카엘이 받은 과제는 셰미하자와 그의 천사들에게 그들의 아들들이 벌이는 전쟁을 목격하게 심판 날까지 묶여 있어야 하며, 불타는 감옥에 갇히게 될 것을 알려 주는 것이다. 이 단락은 세상에서 사악한 행위가 없어진 뒤에 있게 될 복받은 상황을 묘사하는 것으로 마무리된다.

천사 이야기가 여러 가지 목적에 소용되겠지만, 그 중 한 가지는 왜 하느님께서 홍수라는 극단적 방법을 쓰셨는가를 설명하는 것이었다. 창세기는 홍수의 원인이 인류가 지은 죄 때문이라고 개괄적으로만 말하는 데 반해, 에녹 1서는 홍수 전에 인류의 사악함이 극도에 달했기 때문에 하느님께서 유례없이 징벌하시게 되었다는 것을 아주 상세히 설명한다.

12-16장: 1에녹 12-16장은 죄를 지은 천사들에 관한 이야기를 전제하면서 에녹이 앞에서 하지 않은 행위를 하는 모습을 소개한다 (여기에 서술된 사건들을 6-11장에서 일어났던 것으로 이해하기도 한다). 여기서 더는 하느님 앞에 나아갈 수 없게 된 파수꾼들이 에녹에게 자신들을 대신해 하느님 앞에 나아가 달라고 부탁한다. 말하자면 역할의 반전이 있게 된다. 곧 천사들이 인간의 청원을 하느님께 알려 드려야 하는데(천사들이 10장에서 그랬던 것처럼), 이제는 특별한 인간이 천사들의 청원을 신에게 가져가야 한다는 것이다. 에녹은 특별한 환시를 통해 청원에 대해 답을 받는데, 이때 그는 얼음과 불로 만들어진 천상의 성전(궁정)을 본다. 아래에서 어좌에 앉아 계신 주님을 본 이사야와 같은 성경의 훌륭한 인물과 달리, 에녹은 주님을 뵐 뿐 아니라 천상으로 불려 올라가 하느님 앞에 서도록 소환된다. 주님께서는 파수꾼들의 청원을 거부하고 그들에게 영원한 벌을 내리며 그들 자식들의 파멸을 선언하신다. 하느님께서는 그들이 자신들의 본성을 거슬렀다고 하신다. 곧 자식을 낳는 것은 죽어야 할 운명의 인간을 위한 것이지 불멸하는 천사를 위한 것이 아닌데, 그

본성을 거슬렀다는 것이다. 이 단락은 불미스러운 존재인 악마와 나쁜 영들에 대한 새로운 모습을 소개한다. 거인들의 시체에서 생겨난 악마와 나쁜 영들이 세상에 악한 영향을 미친다고 하면서, 천사들과 거인들이 제거된 뒤에도 악이 존속되고 있는 까닭을 설명한다.

17-19장: 1에녹 17-19장이 본문에 배열된 위치를 보면, 에녹이 천상에서 하느님을 뵌 환시에 뒤이은 이야기를 요약하는 것이다. 이제 천사들은 - 주로 우리엘 - 저자가 상상하는 대로 세상의 은밀한 부분, 특히 세상의 끝으로 에녹을 인도한다. 천사들은 에녹을 먼저 서쪽으로 데려간 뒤에 남쪽으로 데려가는데, 에녹은 남쪽에서 여러 가지 현상 가운데 특히 큰 산(아마 세상의 북서쪽 끝에 위치한) 일곱 개를 본다. 그중 세 개는 동쪽으로 나란히 있고 세 개는 남쪽으로 나란히 있으며 산 하나만이 가운데 있으면서 하느님의 어좌처럼 천상에 닿았다. 에녹은 여행을 하면서 죄를 지은 천사들이 심판 때까지 갇혀 있는 무시무시한 장소를 본다. 이 단락은 다음과 같은 에녹의 말로 끝난다. "(그러므로) 나 에녹은 홀로 모든 것의 끝을 보았다. 사람들 가운데에는 아무도 내가 본 것을 보지 못할 것이다"(19,3).

20-36장: 1에녹 20장은 파수꾼으로 일하는 천사 여섯(또는 그리스어 역본에 따르면 일곱)의 이름을 나열하고 그들의 역할을 언급하는 간주곡 같은 부분이다. 본문은 천사들의 이름을 열거한 뒤에 계속해서 에녹의 다른 여행을 소개한다. 이 여행은 17-19장에 나오는 여행과 병행을 이룬다고도 할 수 있지만, 에덴 동산에 관한 창세기

의 이야기를 많이 암시하고 있다. 이 단락에서 가장 흥미로운 대목은 22장이다. 여기서 천사 라파엘은 에녹에게 여러 종류의 영혼이 모이는 네 개의 장소를 보여 준다. 한 장소는 의인들을 위해, 다른 한 장소는 세상에 살아 있는 동안 죄를 지었으나 아직 벌 받지 않은 자들을 위해, 또 한 장소는 순교한 의인들(22장에서 주도적 역할을 하는 아벨과 같은 의인)을 위해, 나머지 한 장소는 살아 있는 동안 이미 벌을 받은 불의한 영혼들을 위해 마련된 곳이다. 이렇게 에녹은 그런 장소들이 현존하는 우주의 구조에 속해 있음을 본다.

에녹이 관찰하는 다른 곳(아마 동쪽에서)에도 18장에 언급된 산처럼 나란히 있는 산이 일곱 개가 있다. 가운데 있는 산 주위에는 많은 나무가 있는데, 종말이 올 때까지 그중의 한 나무에는 어떤 피조물도 손을 대어서는 안 된다고 미카엘 천사가 설명한다. 그 나무의 열매는 에녹의 조상들의 경우처럼 의인을 장수하게 할 것이다. 그 나무는 주님의 집 옆에 있을 것이다. 여기서 말하는 나무는 분명히 에덴 동산에 나오는 생명의 나무를 가리킨다.

그다음 에녹은 지구의 중심(예루살렘 지역)을 지나 북동쪽으로 여행하여 향기로운 나무들로 덮인 산 일곱 개를 다시 본다. 에녹은 마침내 공정의 동산에 다다르는데, 거기에는 지혜의 나무가 있다. 라파엘은 아담과 하와가 그 열매를 따 먹고 지혜를 얻었으나 벌거벗은 모습을 알게 한 바로 그 나무라고 설명한다. 마지막으로 에녹은 지구의 극변으로 여행하는데, 거기서 별들과 바람이 통과하는 문들을 포함하여 훨씬 더 놀라운 정경을 본다. 33-36장에는 천문학 책과 연관되는 점이 많이 있다. 여행을 하는 동안 여러 지점에서 그러했듯이, 그 모든 것을 본 뒤에 에녹은 이 모든 놀라운 것을 만든 위대한 하느님께 감사하고 그분을 찬양한다.

1에녹 1-36장을 읽은 독자는 하느님과 하느님의 천사들이 에녹에게 계시한 해박한 지식에 깊은 감명을 받을 수밖에 없다. 파수꾼들의 가르침과 달리 에녹의 가르침은 적법하고 유익하다. 에녹은 천상의 존재들과 접촉하고 우주를 여행하는 동안 흥미로우면서도 때로는 진기한 세부 사항들을 배울 뿐 아니라, 하느님께서 의인들을 잊지 않으시고 천사들과 다른 죄인들의 악한 행위를 지나치지도 않으심을 알게 된다. 하느님께서는 다양한 종류의 영혼이 적합한 보상을 받게 될 장소들을 구분하여 이미 창조해 놓으셨다. 아마 그러한 가르침은 고통받는 사람들에게 하느님께서 모든 것을 통제하시며 그들을 구원해 주시지만, 그들을 억압하는 자들과 세상을 저항할 수 없는 폭력과 불행으로 가득 채운 자들을 징벌하신다는 것을 다시 확신시켜 주려는 것 같다.

(2) 아람어 레위기

〈아람어 레위기(Aramaic Levi)〉는 완전한 사본이 존재하지 않고 전통적 범주에도 포함되지 않다는 점에서 앞에서 검토한 본문들과 다르다. 〈아람어 레위기〉는 두 가지 언어로 된 단편 증언들과 기원전 2세기(4Q 213)부터 중세까지 이르는 다양한 시기에서 유래하는 단편들을 중심으로 현대 학자들이 재구성한 것이다. 그 결과 이 책의 순서, 특히 첫 부분은 전문가들 사이에 논쟁거리가 되고 있다. 아래에서 제시하는 순서가 가장 그럴듯하지만, 그렇다고 해서 그것이 유일한 순서는 아니다.

〈아람어 레위기〉를 이 자리에서 소개하는 것은, 이 책이 매우 오래된 고대의 본문이고 전통에서 다른 책들에 영향을 끼쳤기 때문이다. 가장 오래된 사본은 쿰란의 네 번째 동굴(4Q 213)에서 발견된 것으로 아마 기원전 2세기 중반에 작성되었을 것이다. 그러므로 이 작품은 그 연대보다 더 일찍 작성되었을 법하다. 또 이 책은 기원전 160-150년에 쓰인 〈희년서〉(아래를 보라)의 원천이었을 가능성이 크다. 이 책은 기원전 3세기의 작품일 수도 있다.

〈아람어 레위기〉는 다음과 같은 순서로 작성되었을 것으로 보는 것이 가장 합리적이다.

스켐 이야기(아주 단편적인 형태로만 남아 있음): 창세 34장에서 스켐 성읍의 족장의 아들 스켐은 야곱과 레아의 외동딸 디나를 원하여 겁탈하였다. 그런 다음 스켐은 자기 아버지를 통하여 디나를 자기 아내로 달라고 청하였다. 그 혼인은 스켐 주민과 야곱 가문의 혼종혼이 될 것이었다. 그러나 야곱의 아들들은 스켐의 남자들이 할례를 받지 않는 이상 절대로 혼인 계약을 맺을 수 없다고 반대하였다. 스켐은 성읍의 남자들을 설득하여 할례를 받게 하였다. 그러나 스켐의 남자들이 할례를 받은 지 사흘 뒤에 "그들이 아직 아파하고 있을 때, 야곱의 두 아들 곧 디나의 오빠인 시메온과 레위가 각자 칼을 들고, 거침없이 성읍으로 들어가 남자들을 모조리 죽였다. 하모르와 그의 아들 스켐도 칼로 쳐 죽이고, 스켐의 집에서 디나를 데리고 나왔다"(창세 34,25-26). 그러자 다른 형제들은 성읍을 약탈하였다. 창세 49,5-7에서 야곱은 이 두 아들의 난폭한 행위를 비난하였다. 그러나 여기에 제시된 후대의 전승에서 그들이 한 일은 매우 가치 있는 열정으로 칭송을 받았다. 이로써 레위는 사제직을 얻게 되어 성경에 따르면 사제들의 조상이 되었다.

레위의 기도(잘 보존되어 있음): 스켐 사화가 있고 나서 얼마 뒤에 레위는 공정하지 않은 영을 자신에게서 제거해 주시고 거룩한 영을 보여 주시며, 의견과 지혜와 힘을 주시기를 기도한다. 그는 또한 자기와 자기 아들들을 당신 가까이 불러 주시어 영원히 악한 행위를 거슬러 싸우는 당신의 종이 되게 해 달라고 하느님께 청한다.

레위의 환시(단편적으로 보존되어 있음): 레위는 하늘을 보고 하늘로 올라간다. 그는 하늘에서 종족 밖의 혼종혼을 하지 말라는 경고를 받는다(스켐 사화에서 쟁점이 된 문제). 거기에서 레위는 사제로 선포되기도 한다. 사제의 주권이 칼의 주권(곧 세속 정부)보다 더 높은 것으로 제시된다.

레위가 이사악과 야곱을 만남(짤막하지만 잘 보존되어 있음): 이사악은 자기 손자 레위를 축복한다. 그러고 나서 레위는 사제로 봉직하고, 야곱은 그에게 모든 것의 십분의 일을 준다. 이 일은 야곱이 모든 것의 십분의 일을 하느님께(=사제에게) 바치겠다고 맹세한 베텔에서 일어난다(창세 28,22). 이제 그는 그 맹세를 지키는 것이다. 야곱 역시 레위를 사제로 축성하고, 레위는 희생 제사를 봉헌하며 자기 아버지와 형제들을 축복한다. 그들은 모두 연로한 이사악 옆에 거주한다.

이사악이 희생 제사에 관해 레위에게 주는 지침(잘 보존되어 있음): 이 부분은 작품에서 가장 긴 대목이었던 것으로, 아마 전체 본문의 삼분의 일을 차지했던 것 같다. 창세기의 모든 위대한 성조처럼 사제직을 수행하는 이사악은 레위에게 사제직의 법에 관해 알려 준다. 그는 레위에게 부정과 간음(다시금 다른 민족과 혼인하지 말라고 경고하는 것)에서 자신을 순수하게 지켜야 한다고 강조한다. 희생 제사를 바칠 때에는 그 전후에 반드시 손과 발을 씻어야 하며 제물을 태우는 데 적합한 열두 종류의 나무만을 사용해야 하고, 피를 덮고 씻는 데 극도로 조심해야 한다. 매우 넓은 공간을 번제 제물에 동반하는 물건들(예를 들어, 포도주와 소금)에 할애해야 한다. 제사에 관한 이런 지침들은 아브라함의 가르침까지 거슬러 올라가는데, 피에 관한 노아의 책에서 가져온 것이다. 레위는 영원히 사제직을 맡도록 되어 있다.

   레위의 자서전(잘 보존되어 있음): 레위는 자기 생애에서 여러 가지 사건이 일어났을 때 자기 나이가 몇 살이었는지 말한다. 예를 들어, 스켐 사화는 열여덟 살 때 있었던 일이고, 열아홉 살에 사제가 되었다. 그는 자기 자식들을 언급하고 그들의 이름을 설명한다.

   레위가 자기 자식들에게 주는 유언(잘 보존되어 있음): 요셉이 죽고 레위가 118세였던 해(137세까지 살 것이다)에 레위가 자기 자식들과 그들의 후손들에게 말한다. 그는 그들에게 정의, 진리, 특히 지혜(읽기, 쓰기, 그리고 지혜의 가르침) 같은 다양한 덕목을 강조한다. 그는 또한 그들이 올바른 이들의 길에서 벗어나게 될 것이라고 예고하며, 보존 상태가 좋지 않은 본문에서 에녹이 살아 있을 때 비난했던 것을 언급한다.

이 작품은 성경에서 기묘한 인물인 레위를 들어 높이는 데 도움이 된다. 창세기에서 레위는 야곱의 아들들 명단 외에는 34장의 스켐 이야기와 49장에서 야곱이 그를 저주하는 데에서만 언급된다. 그렇지만 레위는 레위 지파의 성조로서 사제들의 조상이었다. 〈아람어 레위기〉는 금송아지를 숭배하는 자들을 모조리 죽인 레위인들의 열성을 기술하는 탈출 32장과 모압 여자와 음행을 저지른 이스라엘인을 열성을 다해 죽인 사제 피느하스에게 영원한 사제직의 계약을 주는 민수 25장에서 모티프를 끄집어 낸다. 말라 2,4-7에서는 레위를 강렬한 언어로 묘사하며 레위와 맺은 주님의 계약을 언급하는데, 레위는 하느님을 경외하고 하느님 앞에서 평화롭고 바르게 하느님과 함께 걸었다고 한다. 말라키서는 레위를 "주님의 사자"라고까지 부른다. 그러므로 이 책의 본문은 사제직이 성경 역사에서 매우 이른 시기까지 거슬러 올라간다고 하며 다소 문제가 있는 레위의 인물상을 복원한다. 이 책은 사제들의 의무에 대한 관점을 제시하며 종족 밖의 사람과 혼인하는 것을 분명하고 강하게 경고한다. 이와 같은 레위의 모습은 〈희년서〉와 〈열두 성조의 유언서〉에 영향을 미쳤다.

(3) 희년서(위경)

〈희년서〉는 이전에 쓰인 에녹의 소책자들(희년서가 언급하는)과 〈아람어 레위기〉에서 영향을 받은 작품이다. 이 책은 창조부터 시나이 산 장면에 이르기까지 성경 이야기를 되풀이하며 종종 창세기와 탈출기의 일부를 재현하지만 어떤 내용을 덧붙이거나 삭제하기도 한다. 〈희년서〉는 본디 거의 확실히 히브리어로 저술되었다. 쿰란에서 발견된 열너댓 개의 단편 사본들이 모두 히브리어로 되어 있기 때문이다. 이 사본들 가운데 가장 오래된 것(4Q 216)은 기원전 125-100년경의 것으로 추정할 수 있다. 따라서 〈희년서〉는 거의 확실히 이 연도 이전에 쓰였다. 저자가 기원전 160년대 말에 쓰인 에녹의 〈꿈의 책〉을 알고 있는 것 같기 때문에 〈희년서〉는 기원전 150년경에 쓰인 작품일 것 같다. 이 책의 히브리어 본문은 그리스어로 번역되었으며 아마 시리아어로도 번역된 것 같은데, 잃어버렸던 이 히브리어 본문은 나중에 사해 문헌에서 발견되었다. 그리스어 사본(역시 잃어버린)은 라틴어와 에티오피아어로 번역하는 데 기본 본문으로 사용되었다. 현재 유일하게 완전한 〈희년서〉의 본문은 에티오피아어로 되어 있는 것인데, 이 본문을 히브리어 단편들과 비교하면 신뢰할 만한 번역본임을 알 수 있다.

〈희년서〉는 시나이 산에서 계약을 체결하고 나서 바로 그날 모세에게 시나이 산으로 올라오라는 주님의 명령으로 시작된다(탈출 24장 참조). 주님께서는 모세와 말씀을 나누시면서 이스라엘이 방금 체결한 계약에서 벗어날 것이라고 예고하시고, 모세는 나라를 위해 중재하려 애쓰지만 헛수고만 한다. 그런 다음 하느님께서는 당신 '현존의 천사(an angel of the divine presence)'에게 명하시어 천상의 서판(모든 것이 이미 예정되어 있음을 시사하는 표상임)에서 역사의 과정을 받아 적어 모세에게 주라고 하신다. 〈희년서〉 2-50장에서 천사가 하느님의 명령을 수행하는데, 이는 창세 1장부터 탈출 19장에 나오는 자료의 다른 형태이다. 저자는 성경 이야기에 자신이 쓴 1장을 서문으로 실으면서 계약의 하느님과 올바른 관계를 유지하기 위하여 계약의 법에 순종하는 일이 매우 중요하다는 것을 강조한다.

〈희년서〉는 창세기의 이야기를 되풀이하고 탈출기의 앞부분(12장까지)을 더욱 간략히 되풀이하기 때문에 이 책의 내용을 자세히 이야기할 필요는 없다. 그러나 〈희년서〉와 그 바탕으로 사용된 성경의 내용을 구분하는 특성들은 많다.

계약: 계약은 창세기와 탈출기에서 굉장히 중요하지만, 〈희년서〉는 노아, 아브람/아브라함, 그리고 모세와의 협약을 다소 다른 각도에서 제시한다. 홍수 직후의 조항으로 시작되는 각 조항은 동일한 계약으로 여겨진다. 시간이 흐르면서 계약이 갱신되고 새롭게 되는 것이다. 또한 계약 의식은 각기 셋째 달에 있으며 모든 의식은 주간절 축제와 연결되어 있다(노아와의 계약 의식 외에는 모든 의식이 〈희년서〉에 나오는 축제의 달인 셋째 달 보름에 거행된다). 계약과 주간절 축제(그리스어로는 '오순절' 축제라 일컫는다)를 연계한 쿰란에서도 이 의식이 계속되었는데, 쿰란에서 연례 계약 갱신과 새 회원들의 승인이 이날 있었던 것 같다. 〈희년서〉에서 하느님과 선택된 계열 사이의 유일한 협약에는 갱신이 있을 때마다 첨가된 더 많은 법이 들어 있었다. 계약의 법들이 특정한 시기에 계시되었으므로 이 법을 충실히 지키는 것이 하느님과 올바른 관계를 유지하는 데 본질이 되는 사항이다.

선행 사항: 성경에서 모세의 시기에 비로소 도입되었다고 하는

많은 법과 규정이 창세기의 성조들에게 이미 계시되어 실천되었다고 〈희년서〉는 가르친다. 그러므로 예를 들어 레위 12장에서 아들이나 딸을 낳은 여인이 부정하게 되는 시기(이 기간은 여인이 얼마 동안 성소에서 떨어져 있어야 하며 거룩한 것에 몸이 닿지 말아야 한다는 것을 규정하는 시간이다)에 관한 규정들은 아담과 하와가 에덴 동산에 들어온 다음 몸을 숨긴 시기에 근거한다(3,8-14. 희년서에서 에덴은 성소로 제시된다). 또한 아브라함은 탈출 23장에 처음 언급된 순례 축제들을 모두 실천하였으며, 노아는 주간절 축제를 지낸 첫 번째 사람이었다고 한다(6,17-22). 그러므로 〈희년서〉에서 성조들은 법을 충실히 실천한 인물로 묘사된다.

이민족들에게서 분리: 〈희년서〉는 창세기에서 이미 하느님께서 야곱과 그의 후손들을 선택하셨다고 언급하며 야곱과 안식일 사이에서 몇몇 유사점을 이끌어 낸다. 〈희년서〉는 선택된 계열에 속하는 이들은 선택되지 않은 사람들을 배제해야 한다고 주장하며, 이민족들과 혼종혼(에사우가 그러했듯이)을 하지 않아야 한다고 특히 강조한다. 범례가 되는 이야기는 〈희년서〉 30장(창세 34장 참조)에 나오는데, 여기서 레위와 시메온은 스켐의 남자들을 죽임으로써 야곱 가문과 스켐인들 사이에 있을 대규모의 혼종혼을 막는다. 이 이야기를 되풀이하는 〈희년서〉에는 그런 결혼을 금하는 '현존의 천사'의 긴 권면이 들어 있고, 레위는 그의 열성에 대한 보상으로 사제직을 받는다. 그와 같이 혼인으로 야기되는 중대한 문제점은 그들이 정결한 것을 부정한 것과 혼합하고, 이민족 배우자가 야곱 가문에 우상 숭배를 끌어들이는 위험이 크게 증가한다는 것이었다.

연대와 달력: 〈희년서〉는 희년(49년의 기간)을 중심 단위로 하는 칠진법을 사용하여 많은 사건의 연대를 설정한다. 희년의 각 단위(여기서 '희년서'란 명칭이 유래함)는 일곱 주기(한 주기는 7년)로 되어 있고, 일년은 364일로 되어 있으며 전체 날은 정확히 일곱으로 나뉜다. 그러므로 〈희년서〉는 〈에녹의 천문학 책〉과 동일하게 태양력으로 계산하며, 열두 달의 각 달은 에녹의 본문처럼 똑같은 날로 되어 있다. 그러나 에녹서와 달리 〈희년서〉는 달이나 해를 계산할 때 음력을 쓰지 못하게 한다(6,23-38).

〈희년서〉는 다른 어떤 출발점이 아니라 창조 자체를 연대기 체계의 시작으로 삼는다. 그래서 이집트 탈출은 창조부터 2410년(49번의 희년, 한 주기 곧 7년, 그리고 2년) 되는 해에 있었다. 저자는 그로부터 40년이 지난 뒤, 곧 세상 창조 2450년(정확히 50번의 희년의 끝)에 가나안으로 들어가게 될 것이라고 지적한다. 그 결과 저자는 이 50번째의 희년 주기에 두 가지 중대한 사건, 곧 종살이를 하던 이스라엘인들이 이집트에서 해방되고(이집트 탈출) 그들이 조상들의 땅(가나안. 〈희년서〉에서 가나안은 노아의 아들 셈에게 주어졌으나 나중에 다른 아들인 가나안에게 탈취당한다. 8-10장을 보라)을 차지하게 된다는 내용을 배치한다. 이 사건들은 국가 차원에서 50번째 해 곧 희년에 이스라엘 개개인에게 일어나는 것과 병행한다. 곧 히브리인 종은 속박에서 풀려나고, 남의 손에 넘어갔던 조상들의 땅은 본래의 소유주에게 돌아간다(레위 25장 참조).

문제 해결: 저자는 성경 이야기를 되풀이하면서 성경 본문에서 제기되는 몇몇 어려운 문제를 푼다. 예를 들어 창세 2,17에서 주 하

느님께서 첫 인간에게 "선과 악을 알게 하는 나무에서는 따 먹으면 안 된다. 그 열매를 따 먹는 날, 너는 반드시 죽을 것이다"고 말씀하셨다. 그러나 인간이 그 나무 열매를 따 먹지만 그날 죽지 않고 930년을 살고 죽는다. 〈희년서〉는 그 '날'이라는 단어를 천 년도 "지나간 어제 같다"고 말하는 시편 90,4에 비추어 해석하여 어려움을 해결한다. 2베드 3,8의 저자가 나중에 지적하였듯이, 〈희년서〉의 저자도 이 말을 "주님께서는 하루가 천 년 같고 천 년이 하루 같습니다"는 뜻으로 이해하였다. 이런 의미로 읽으면 930년밖에 살지 못한 아담은 죄를 지은 그 '날'에 죽었던 것이다. 문제 해결의 예를 하나 더 든다면, 〈희년서〉는 하느님께서 아브라함에게 자기 아들 이사악을 희생 제물로 바치라고 명하시는 창세 22장의 이해하기 어려운 문제를 제거한다. 〈희년서〉의 저자는 사탄이 욥을 시험하도록 하느님에게 내기를 걸었듯이, 악의 세력을 이끄는 마스테마(Mastema)의 왕자가 아브라함을 이런 식으로 시험하도록 하느님을 자극하였다고 한다. 그러므로 이사악을 희생 제물로 바치라는 명령은 마스테마의 왕자에게 잘못을 넘기는 더 큰 맥락에서 이해되어야 한다.

쿰란 동굴에서 발견된 〈희년서〉의 많은 사본이 입증하듯이 이 책은 사해 문헌과 연관된 사람들에게 중요한 책이었던 것 같다. 거기에서는 〈희년서〉의 달력이 실제로 사용되었다. 주간절 축제일에 계약을 갱신하기도 하였던 쿰란 사람들은 이 책에서 언급하는 축제일들을 받아들였다.

(4) 열두 성조의 유언서(위경)

〈열두 성조의 유언서〉는 야곱의 열두 아들이 남긴 마지막 뜻과 유언으로 여겨지는 짤막한 글들을 모아 놓은 책을 가리키는데, 유언은 각 성조의 죽음에 관한 이야기로 마무리된다. 그리스어로 남아 있는 이 작품은, 죽음을 앞둔 야곱이 열두 아들을 불러 "뒷날 너희가 겪을 일을 내가 너희에게 일러 주리라"(창세 49,1)고 말하는 성경의 장면과 연관된다. 야곱은 맏아들부터 막내아들까지(2-28절) 불러 차례대로 말하며 자신의 장례를 어떻게 치러야 하는지 분부하고 침상 위에서 죽는다(29-33절). 〈열두 성조의 유언서〉의 편집자는 창세기에 나오는 야곱의 축복과 동일한 형태를 취하지만, 맏아들(르우벤)부터 막내아들(벤야민)까지 아들마다 한 단락씩 모두 열두 개의 단락을 할애한다. 각 성조는 죽음을 앞두고 아들들을 불러 모은다. 연로한 그는 자기 생애에 있었던 사건들('아세르의 유언'를 예외로 치면 창세기나 다른 원천에서 가져온 자료들이다)을 언급하며, 자신의 체험에 기반을 둔 도덕적 가르침을 주고 그들에게 무슨 일이 있을지 예고하며 다시 한 번 권면한 뒤에 죽어 아들들의 손으로 무덤에 묻힌다. 여덟 개의 유언은 비교적 짤막하지만, 레위, 유다, 요셉, 그리고 벤야민의 유언은 길다. 레위와 유다가 두드러진 것은 사제와 임금들의 선조이기 때문이며, 요셉과 벤야민은 창세기에서 중요한 역할을 하는 주요 인물이기 때문이다.

〈열두 성조의 유언서〉를 제2성전 시기의 책에 포함시켜야 하는가에 대해서는 논의의 여지가 있다. 현재 남아 있는 이 유언서는 명확히 그리스도교 작품이기 때문이다. 이 유언서의 대부분은 유다교에서 쓰였지만 일련의 단락은 그리스도교에서 기원하는 것으로 밝혀졌고 그중 어떤 것들은 분명히 그리스도교 작품이다(가장 분명한 예로 벤야민의 유언 9,3을 보라). 이 사실에서 우리는 〈열두 성조의 유언서〉가 어떻게 형성되었는가를 이해하는 데 중요한 두 가지 점을 알게 된다. 하나는 유다 작가가 야곱의 열두 아들과 연관된 유언들을 수집하여 엮었는데, 그리스도교 편집자 또는 필사가(어쩌면 여러 사람)가 여기서 예고하는 것을 예수 그리스도와 더욱 직접 연관시키기 위하여 예고하는 부분에 몇몇 문장을 첨가하였다는 것이다. 다른 하나는 한 그리스도인이 유다의 원천들을 사용하여 유언서들을 한 권의 책으로 엮었다는 것이다. 그리스도교적 구절로 입증할 수 있는 부분이 얼마 되지 않는 것으로 보아, 〈열두 성조의 유언서〉는 그리스도교적 첨가문이 붙은 유다교의 작품으로 보는 것이 더 적절할 것 같다. 게다가 쿰란에서 두 개의 유언서와 연관될 수 있는 본문들이 발견되었다. 곧 〈아람어 레위기〉의 본문(위에서 언급한)에는 '레위의 유언'에 나오는 자료가 많이 들어 있으며, 〈납탈리의 유언〉(4Q 215)에는 같은 이름의 그리스어 작품과 공유하는 요소들이 있다. '유언서들'이 어떻게 생겨났는지가 불확실하다는 점에 비추어 볼 때 생성 연대를 추정하기는 매우 어렵다. 기원전 2세기부터 기원후 2세기의 어느 시점에 생성되었을 것이다.

열두 개의 글이 들어 있기는 하지만, 공통된 주제가 많다는 사실은 여러 차례 편집했음을 시사한다.

1. 작품 전체에 걸쳐 레위와 유다의 우위성이 계속 언급된다. 다

른 성조들은 자기 자녀들에게 순명할 것을 권하고 레위와 유다의 두 지파에서 종말의 지도자들이 나올 것이라고 예고한다. 이는 '유언서들'이 〈아람어 레위기〉와 〈희년서〉와 동일한 전통에 속해 있다는 단서가 된다. 〈희년서〉에는 레위와 유다의 중요성을 강조하고 이사악이 그 둘을 축복하며 그들의 후손들에게 밝은 미래가 있을 것을 예고하는 장면이 들어 있다(〈희년서〉 31장). 그 작품이 에녹-레위-희년서의 전통에 속한다는 다른 표시들은 파수꾼 천사들과 그들의 죄, 에녹의 작품들(문제의 단락들이 에녹 1서에서는 발견되지 않지만)을 여러 차례 언급하며 악의 지도자를 벨리아르라 부른다는 것이다. 레위와 유다의 유언은 일목요연하다. 레위의 유언은 두 개의 환시 이야기를 포함하고 있으며 스켐에서 보인 고결한 행위(창세 34장)와 사제로 임명된 것을 길게 다룬다. 유다의 유언은 유다가 임금들의 조상이라는 사실을 부각시키지만, 유다가 더욱 참회한다는 점(가나안 여자와 결혼하고 며느리 타마르를 창녀로 잘못 알고 관계하여 자식들을 낳은 점. 창세 38장을 보라)에서 레위의 유언과 다르다. 유다 자신이 레위보다 우월하다고 생각한다. 그의 유언 역시 군인다운 용맹(〈희년서〉와 병행을 이루는 부분이 있다)과 과음하는 문제에 관한 여러 이야기를 포함하고 있다.

  2. 요셉은 유언서에서 두드러진 역할을 한다. 그의 형제들이 동생을 괴롭혔음을 고백하고 이집트에 있는 요셉을 찾아왔을 때, 요셉이 그들을 관대하게 대했음을 인정하기 때문이다. 요셉의 유언에서 요셉은 덕행의 귀감으로 나타나는데, 그것은 주로 주인의 아내인 이집트 여자의 끈질긴 성적 유혹을 이겨 냈기 때문이다(창세

39,6ㄴ-18 참조). 이런 면에서 요셉의 성공은 형제들 가운데 둘(유다와 르우벤. 르우벤이 야곱의 소실 빌하와 성관계를 가졌다고 하는 창세 35,22 참조)이 성 문제로 겪었던 어려움에 대조되는 강한 본보기로 여겨지고, 따라서 젊은 세대가 본받도록 하는 원천이자 본보기로 소개된다.

3. '유언서'는 다양한 부도덕을 경고하고 여러 가지 덕행을 권면하는 내용으로 가득 차 있다. 젊은 세대의 눈앞에 성적 부정의 위험이 자주 제시된다. 또한 시기, 거만, 탐욕, 거짓, 증오, 그리고 이중으로 된 마음을 단죄한다. 권장되는 덕행은 단순성, 자비, 선성, 정결, 그리고 순수한 마음이다.

4. 성조들은 후손들에게 일어날 일을 예고하듯이 죄의 시기, 그 죄 때문에 벌로 받는 유배, 그리고 유배에서 귀환하는 일을 규칙적으로 예고한다. 이런 단락에는 미래의 메시아에 관한 예고가 나오는데, 그 가운데 그리스도교에서 첨가한 것이 많이 나타난다. 유언들은 부활과 성조들의 후손은 물론 이민족들의 구원과 부활에 관해 말한다.

5. 성조들은 자기 아들들에게 율법에 순종하라고 자주 권면한다. 그리고 아세르의 유언 2,10은 오경에 나오는 특수한 법을 지적하기도 한다(레위 11,6; 신명 14,7 참조). 열두 성조의 유언서가 모세 이전에 살았던 성조들의 시대를 허구적으로 기술한 책이라는 점을 감안하면, 이는 이상하다. 그러나 〈희년서〉 역시 모세 법의 상당 부분을 창세기의 이야기에 소급하여 투사한다는 것을 기억해야 할 것이다. 유언서의 저자도 마찬가지였다고 보아야 할 것이다.

3) 묵시록

제2성전 시기에 집성된 본문들 가운데 가장 흥미로운 종류가 묵시록(apocalypses)이다. 이 작품들이 묵시록이라 불리는 까닭은 신약성경의 묵시록(그리스어 제목은 *apokalypsis*)과 닮았기 때문이다. 묵시록은 일반적으로 다음과 같은 포괄적 요소를 갖고 있다. ① 묵시록은 계시이며 ② 천사와 같은 초월적 존재에 의해 ③ 인간에게 주어진다. 묵시록은 천상 세계(곧 평범한 인간 지식을 넘어가는 것), 또는 미래에 관해 폭로할 수 있다. 유다의 묵시록들은 위경이다. 곧 그것들은 과거의 유명한 인물들(예를 들어 에녹)의 작품으로 제시된다. 이처럼 과거의 유명한 인물들을 저자로 소개하는 것은, 성경의 역사를 전하는 묵시록이 그 이야기를 예고 형태로 제시하기 때문이다. 대부분의 성경 역사는 에녹 시대 이후에 명확히 밝혀지고 있다. 이러한 과거의 '예고들'은 참된 저자에게 주어지는 실제 예고인 묵시록의 일부와 형태상 구분되지 않는다. 정확히 과거를 '예고'하는 저자는 독자에게 실제 미래에 관해서도 정확히 예고한다는 신뢰를 준다고 여겨진다. 묵시록은 유다인들 사이에서 아마도 기원전 3세기 말이나 정확히는 기원전 2세기에 생겨났고, 인간이 일반적으로 인지하는 것에 국한하지 않고 현재 상황의 참된 의미가 무엇인지 제시하여 독자들을 위로하기 위해 쓰였다. 〈에녹의 천문학 책〉에서 밝히는 실재가 대개는 관찰할 수 있는 것이기는 하지만, 이 책이 '묵시록'으로 불릴 때도 있다. 어떤 이들은 〈파수꾼의 책〉을 묵시록이라 부른다. 특히 14장에 나오는 에녹의 어좌 환시와 17-36장에 나오는 그의 여행을 감안하면, 〈파수꾼의 책〉을 묵시록이라 할 수 있을 것이다.

첫 번째 역사적 묵시록, 곧 역사와 미래를 탐구하는 묵시록은 기원전 2세기에 처음 나타난다. 다니 7-12장에 나오는 자료는 이 범주에 속하는데, 이 본문은 일반적으로 기원전 165년경에 쓰인 작품으로 여겨진다. 그러나 이 장들은 히브리어 성경에 들어 있기 때문에 여기에서 다루지는 않겠다. 첫 번째 역사적 묵시록은 에녹 1서의 네 번째와 다섯 번째 책이다.

(1) 주간 묵시록(1에녹 93,3-10; 91,11-17. 위경)

유다 문학에서 역사적 묵시록으로 남아 있는 것 가운데 가장 오래된 작품은 아마도 짤막한 〈주간 묵시록(The Apocalypse of Weeks)〉일 것이다. 이 작품이 기원전 167년에 있었던 안티오코스 4세의 유다인 박해와 유다교 금지령을 언급하지 않는다는 사실에서, 이것이 그 사건 이전에 곧 기원전 170년경에 쓰였다고 추정할 수 있다. 에녹 1서의 에티오피아어 역본에서 우연히 두 부분으로 나뉘었고 두 부분의 순서가 뒤바뀌었다. 쿰란에서 발견된 아람어 수사본은 묵시록의 많은 부분을 보존하고 있는데, 특히 두 부분의 올바른 순서를 담고 있다(4Q 212).

묵시록은 에녹이 자기가 본 환시에 관해 아들 므투셀라에게 알리는 형태를 취한다. 이 본문은 천사들의 말과 에녹에게 밝혀진 계시의 원천으로서 천상 서판의 내용을 언급한다. 에녹은 보고를 하면서 처음부터 끝까지 역사를 간략히 묘사하는데, 거의 대부분이 하나의 예고로 포장되어 있다. 역사와 다양한 단계의 심판이 '주간'이라 불리는 열 개의 단위로 나뉘어져 있다. 일곱 개의 부분으로 되어 있는 이 단위는 여러 가지 이유에서 시사하는 바가 크다. 곧 그 단위들은 묵시록에 나오는 '일곱'을 가리키고 암시하는 많은 사항 가운데 하나이다(예를 들어, 에녹은 일곱 번째 성조다). 열 '주간'은 모두 70개 단위가 되며, 예루살렘이 70년 동안 바빌론의 지배를 받을 것이라는 예레미야의 예언에 비추어 볼 때 그 자체가 대단히 의미심장한 숫자이다(예레 25,11-12; 29,10; 다니 9,2.24-27 참조). 그리고 결정적인 '주간', 곧 실제 저자가 살고 있으며 역사의 대전환점이 시작될 주간은 일곱 번째 주간이다. 7 곱하기 7은 49이기 때문에, 전체는 성경의 희년((희년서)의 저자와 다른 이들이 49년의 단위로 이해하는)과 연관시켜 생각할 수 있다.

열 '주간'의 각 주간에 관한 설명은 중요한 인물이나 사건, 때로는 그 집합을 중심으로 행해진다. 저자는 주간들을 내용별로 한데 모은다. 첫째 주간과 열째 주간은 양 주간 모두에 파수꾼들이 나타난다는 점에서 서로 병행하며, 첫째 창조와 둘째 창조의 시간이다. 둘째 주간과 아홉째 주간도 병행하는데, 그 까닭은 양 주간에 온 세상에 대한 심판 곧 둘째 주간에는 홍수가, 아홉째 주간에는 최후 심판의 국면이 나타나기 때문이다. 셋째 주간과 여덟째 주간은 각기 '주말'의 사건을 가리킨다는 점에서 비슷하다. 첫째 주간에서 에녹은 일곱째 인물로 언급되며, 둘째 주간에서는 노아와 홍수가 끝 부분에서 언급되고, 셋째 주간에서는 아브라함이, 넷째 주간에서는 율법 수여자, 그리고 다섯째 주간에서는 다윗 왕정이 결론 부분에 배치되어 있다. 그다음의 몇 주간에 관한 묘사는 더욱 복잡하다. 여섯째 주간에는 사악함의 시간, 엘리야의 승천, 다윗 왕정의 몰락, 그리고 유배가 묘사된다. 주축이 되는 일곱째 '주간'은 저자의 시간으로서 배교하는 세대가 일어나고 선택된 사람들에게 지혜의 선물이 일곱 가지 주어지며 죄인들의 파멸이 묘사된다. 여덟째 '주간'은 의로움과 죄인들에 대한 의로운 심판의 시간이며, 하느님을 위한 집이 건설된다. 아홉째 주간에서 올바른 심판이 온 세상에 밝혀지고 악이 사라지며, 열째 주간에 이르러 파수꾼들에게 심판이 내려지고 옛 하늘이 사라지며 새 하늘이 나타난다. 이 일이 있은 뒤 셀 수 없이 많은 주간이 영원히 계속될 것인데, 거기에는 죄가 들어설 자리가 없다고 에녹은 예고한다.

묵시록에서 눈에 띄는 특징은 역사를 주기적으로 구분하는 것인데, 이는 모든 것이 하늘에서 이미 결정되었으며 예고된 사건들이 일어나기 훨씬 전에 결정되었다는 것을 뜻한다. 또 저자는 심판 이전에 부활이 있을 것이라고는 전혀 언급하지 않지만, 악이 심판을 받으며, 미래의 삶이 악의 영향을 받을 것이라는 생각으로 독자들을 위로한다.

(2) 꿈의 책(1에녹 83-90장. 위경)

〈꿈의 책(The Book of Dreams)〉에서도 에녹은 아들 므투셀라에게 자기가 본 예언적 꿈의 환시들에 관해 이야기한다. 이 대목에서 에녹은 그러한 체험을 두 가지 보고한다. 더 짧은 첫째 보고에서 에녹은 하늘이 땅으로 떨어지고 땅이 사라지며 모든 것이 심연 속으로 가라앉는 것을 본다(83-84장). 그의 할아버지 마할랄렐은 그 환시가 땅의 사악함에 관한 것으로 땅의 파멸(홍수)이 다가오고 있음을 가리킨다고 그에게 설명한다. 그는 에녹에게 땅에 생존자들이 남도록 기도하라고 촉구한다. 그는 생존자를 위해 기도한다. 새 날에 태양이 솟는 것을 본 뒤에 그는 주님께 감사드리고 주님을 찬양한다.

더 긴 둘째 보고는 '동물 묵시록'이라 불린다(85-90장). 그 환시에 나타나는 마지막 역사적 암시, 특히 유다 마카베오로 등장하는 인물(90,9에서 뿔을 가진 숫양)에 대한 해석을 보고 학자들은 이 작품을 기원전 160년대 말의 작품으로 간주하였다. 이 책을 묵시록으로 부르게 된 것은 여기에서 성경의 인물들을 상징적으로 동물로 묘사하고 있다는 사실에서 기인한다. 동물들의 색깔과 형태는 인물에 대한 평가를 나타낸다. 본문에서 에녹은 성경 역사를 모두 개관하며 그 역사를 넘어 실제 저자의 시간과 종말에까지 나아간다. 상징과 언어가 보통 매우 분명하기 때문에 성경을 아는 독자는 역사의 과정을 따라갈 수 있다.

창세기의 시작 부분에서 성조들은 황소로 묘사된다. 선택된 계열에 있는 이들은 흰색 황소로, 다른 이들은 검정색 황소로 표현된다. 본문에는 죄를 지은 천사들에 관한 이야기가 광범위하게 나타난다. 별이라 불리는 이 천상 존재들은 사람이라 불리는 덕 있는 천사들과 구분된다. 하나의 별이 먼저 하늘에서 떨어져(명백히 아자젤이다) 황소들 가운데 도착하자, 성적 사악함 때문에 다양한 종류의 황소와 암소가 혼합된다. 다른 많은 별이 그를 따른다. 별들은 암소들과 결합하여 거인들 세 종족의 아버지가 된다. 에녹은 천사 일곱이 땅의 문제를 해결하기 위해 내려오는 것을 본다. 그들 가운데 하나가 에녹을 높은 탑에 데리고 올라가자 에녹은 거기서 땅 위에 무슨 일이 일어나고 있는지 관찰할 수 있게 된다. 그런 다음 악을 행하는 자들은 1에녹 6-11장에서 볼 수 있는 징벌을 받고, 노아와 그의 가족만이 홍수에서 살아 남는다. 홍수가 있은 뒤에 그의 세 아들(세 가지 다른 색깔의 황소들)이 다시 땅에 거주한다. 그들의 아들들은 다양한 종류의 맹수나 부정한 짐승들(예를 들어 돼지)과 새들(예를 들어 갈가마귀)로 묘사된다.

야곱에 이르러 황소의 표상이 양의 표상으로 바뀐다. 그의 후손들은 양 무리이며, 원수의 나라들은 양을 공격하는 맹수나 새로 대표된다. 예를 들어 이집트인들은 이리이다. 그와 같은 표상 아래 계속해서 요셉 이야기, 이집트의 종살이, 이집트 탈출, 그리고 바다에서의 구원을 포함한 성경 이야기의 흐름을 따라간다. 시나이 사화가 한 역할을 하기는 하지만 율법 수여에 관해 한 마디도 하지 않는 것이 의미심장하다(모세는 사람이라 불리는데, 이는 그가 천사였다는 것을 상징한다). 이야기가 왕정의 시작에 이르자 사울과 다윗을 양이라 부른다. 성전을 탑이라 하고 다윗 왕국을 집이라 한다. 이 이야기를 전하는 설화자는 에녹이라는 것을 알 수 있는데, 그것은 엘리야가 자기에게 불려 왔다고 말하기 때문이다.

다윗 왕조 동안 군중이 죄를 짓고 벌을 받는다고 하는 대목이 끝나면서 저자는 새로운 표상, 곧 목자 일흔 명을 소개하여 묵시록의

제3부를 시작한다(89,59부터). 하느님께서는 그들에게 양을 벌하는 과제를 주시지만, 당신이 허락하는 것 이상으로 그들이 멸망시킬 것을 알고 계시기 때문에 그들 각자가 명령에 순종하여 행하는 것과 명령 이상으로 행하는 것을 기록할 기록자를 임명하시기도 한다. 그러나 끝까지, 곧 완전한 보고가 하느님께 전달될 때까지 기록하고 있다는 것을 목자들에게 알리지 않는다. 목자 일흔 명(70이라는 숫자는 비非이스라엘 국가들을 가리키는 전통적 숫자에서 유래한다. 창세 10장을 보라)은 저마다 12, 23, 23, 그리고 12명의 목자로 구성된 연속적인 네 시기 동안 양을 괴롭힌다. 그들의 시간은 예루살렘과 성전의 파괴 직전에 시작하여(89,66에 지적되어 있듯이) 유배, 귀환과 성전 재건(89,73에서 제사를 바치는 예배를 부정한 것으로 단죄한다), 그리고 기원전 2세기 저자의 시대에 이르기까지 유배 이후 시기 전체와 예기되는 심판이 계속된다. 그러므로 그들이 지배한 햇수는 바빌로니아인들, 페르시아인들, 프톨레마이오스인들, 그리고 셀레우코스인들의 시기를 포함한다. 이 기간의 후기 시점(명백히 기원전 200년경)에서 흰 양에게서 태어난 작은 어린양으로 묘사된 새 집단이 일어나 다른 양들에게 올바른 길로 돌아오라고 하지만 성공하지 못한다.

    목자를 다루는 대목의 끝 부분에서 독자는 거대한 뿔을 가진 어린양/양을 만나는데, 그것은 명확히 유다 마카베오인 것 같다. 짐승들과 새들이 그를 공격하자 하느님께서 지팡이로 땅을 치시고, 공격자들은 땅을 칠 때 생긴 구멍에 빠진다. 이런 언급은 묵시록에 반영된 마지막 역사적 사건(기원전 164년경)을 반영하기 때문에 묵시록이 쓰인 시기에 관한 실마리를 제공한다. 아자젤과 다른 천사들, 그리고 목자 일흔 명이 불의 심연으로 내던져지면서 심판이 명백히 드러난다. 눈먼 양(배교한 이스라엘인들)이 비슷한 방식으로 취급된다. 새 예루살렘이 옛 예루살렘을 대체하자, 성전은 없지만 하느님께서 거기에 거처를 정하신다. 흩어진 이스라엘인들과 다른 여러 나라에서 온 사람들이 그 성읍으로 온다. 그러고 나서 흰 황소가 태어나는데, 그는 메시아인 것 같다(90,37). 그의 표상은 이야기를 시작한 성조들의 표상과 동일하다. 한 바퀴를 완전히 돌아 처음의 상황이 역전된 상황으로 바뀌었다. 흰 황소가 무대에 나타나자 모든 것이 흰 황소로 변한다. 여기서 이야기는 끝난다. 에녹은 깨어나고 울음을 참지 못한다.

동물 묵시록은 역사 전체를 포괄하는 〈주간 묵시록〉과 유사하지만, 저자는 주로 마지막 부분과 목자 일흔 명에게 주의를 집중한다. 그런 표상이나 다른 표상들 역시 바빌론에서 지낼 70년에 대해 예언하는 예레 25장에서 유래한다. 그러나 저자는 70년을 다니 9장에서 볼 수 있는 그런 식의 70년으로 이해한다. 다니엘서에서 70년은 '70주간'(70년을 뜻함)으로 설명되고, 예루살렘의 파멸부터 기원전 2세기 저자의 시기에 이르는 전체 기간을 포괄한다. 동물 묵시록처럼 예레 25장은 이스라엘을 과도하게 벌하며 결국 심판을 받는 목자들에 관해 말한다. 저자가 시나이 산에서의 율법 계시를 언급하지 않고 제2성전에 관해 부정적 태도를 보이는 것은 이 흥미진진한 묵시록에서 주목할 만한 점이다. 메시아가 지나치게 두드러진 역할을 하지는 않지만, 메시아의 현존도 눈에 띄는 특징이다.

(3) 시빌의 신탁서(위경)

그다음 묵시록들(차라리 묵시문학 형태의 작품들)은 〈시빌의 신탁서(Sibylline Oracles)〉라는 제목이 붙은 그리스어로 쓰인 긴 작품에서 발견될 수 있다. 연로한 여예언자(그리스나 다른 어떤 곳의)가 발설한 유명한 신탁을 모방하여 이 작품들을 쓴 저자들은 육보격六步格(hexameters)으로 말하는 시빌의 입을 통해 유다의 관심사에 대한 예언을 내놓는다. 〈시빌의 신탁서〉의 열두 책(역본들에서 1-8과 11-14처럼 짝이 맞지 않는 홀수로 되어 있음)은 그리스도교의 수집물로 이해된다. 서문을 쓴 저자는 이 신탁들이 삼위일체 같은 중요하면서도 유익한 주제들을 상술하고 있기 때문에 그것들을 모아 한 권의 책으로 만들었다고 밝힌다. 그는 또한 "그들은 다양한 방식으로 특정한 과거 역사를 이야기하고 동시에 사건들을 예고하는데, 읽는 사람들에게 반드시 적잖은 이득을 줄 수 있다"고 주석한다. 결과적으로 생겨난 작품은 서로 다른 시기와 장소에서 여러 가지 목적으로 형성된 유다교와 그리스도교의 자료들, 그리고 다른 자료들을 합성한 것이다.

여기에서는 이 광범위하고 구색을 갖춘 본문의 수집물에서 가장 오래된 유다의 자료, 곧 셋째 신탁을 논하는 것으로 충분할 것이다. 이 신탁을 공부하면 신탁이 무엇인지, 그리고 그 안에 표현된 유다교의 형태를 좀 알게 될 것이다. 유다의 작가가 이방인 세계에 잘 알려진 여예언자를 통하여 자기 생각을 표현하기로 선택했다는 단순한 사실에서 흥미거리를 기대해봄 직하고 또한 실망하지 않을 것이다. 여기에서 그리스와 유다의 요소들이 융합된 것은 참으로 놀랍다. 셋째 신탁은 다른 신탁들에서처럼 예고된 재앙의 유형이 있고 이어서 세상에 근본적인 변화가 따라온다.

셋째 신탁의 주요 부분은 다섯 개의 신탁으로 나뉠 수 있는데, 모든 신탁이 하나의 작품이며 대략 기원전 2세기 중반의 것이다.

1. 97-161행: 바벨 탑에 관한 이야기를 시적으로 표현한 다음 저자는 홍수 뒤에 크로노스, 티탄, 그리고 야페투스(셋째 이름은 노아의 셋째 아들 야벳과 매우 유사하다)의 통치와 분쟁에 한 대목을 할애한다. 이들은 명백히 그리스 신화에 등장하는 신적 인물이지만, 여기에서 그들은 "형성된 남자들의 첫째"(112행)라 불린다. 이 대목은 여덟 왕국의 명단으로 끝나고 다음 대목에서 중요한 임금들과 왕권의 주제를 소개한다.

2. 162-195행: 이 구절들은 왕국들이 줄지어 일어날 것을 예언하는데, 여기에는 마케도니아인들(알렉산드로스와 다른 이들)과 로마인들의 왕국이 포함된다. 여기에서 동성애 주제를 만나게 되는데, 신탁들은 동성애를 반복해서 단죄한다(185-186행). 예보하는 탐사가 절정에 이르는 것은 "일곱째 통치이다. 이 통치 때 그리스 출신의 이집트 임금이 다스릴 것이다. 그런 다음 위대한 하느님의 백성이 다시 강해져서 모든 인간의 삶을 안내할 것이다"(193-195행). 318행과 608행에서도 이 일곱째 임금에 대해 언급한다. 그 임금에 대해 묘사하는 것을 볼 때, 그는 프톨레마이오스 임금이며 아마 프톨레마이오스 6세 필로메토르(알렉산드로스부터 계산하여 일곱째 임금이며 기원전 180-145년에 통치하였다)이어야 한다. 필로메토르는 이

집트에 사는 유다인들과 우호 관계를 맺었고, 그의 군대는 두 사람의 유다인 장수, 곧 도시테오스와 사제 오니아스 4세(요세푸스, 〈아피온 논박〉 2,49.53-55)가 지휘하였다. 오니아스 4세는 그의 아버지 오니아스 3세가 해임되고 처형되었을 때 이집트로 피신한 사람으로 대사제직의 합법적 계승자였다. 필로메토르는 그에게 땅을 주었고 레온토폴리스에 유다인 성전을 짓도록 허락하였다. 여기에서 우리는 아마 셋째 신탁이 프톨레마이오스 6세 필로메토르 통치 때 저술되었다는 가장 좋은 단서를 보게 된다.

3. 196-294행: 셋째 대목은 이스라엘인들에게 향하기 전에 여러 나라에 재난을 예보하는 것으로 시작된다. 시빌은 칼데아의 우르에서 살면서 주변 지역에서 성행하던 점술占術을 거부하고 공정과 가난하고 약한 사람들을 보호하는 데 관심을 가진 아브람과 그의 후손들을 칭송한다. 또 모세의 등장과 이집트 탈출, 시나이 산에서 율법 수여를 예보하지만, 약속된 땅에서 지낸 국가의 역사를 건너뛰고 시나이에서 계시된 율법에 불순종하여 겪게 된 유배에 관해 말한다. 그러나 70년 뒤에는 변화가 있을 것이고 새 성전이 건설될 것이다.

4. 545-656행: 시빌은 우상 숭배에 관해 그리스인들에게 질문하며 위대한 하느님을 경배하도록 촉구한다. 그다음 유다인들에게 눈을 돌려 참된 하느님을 숭배하면서 올바른 제물을 바친다며 그들을 칭송한다. 하느님께서는 그들에게만 "현명한 조언과 믿음과 최상의 깨달음"(584-585행)을 주셨다. 시빌은 유다인들의 성적 도덕성에 대해서도 칭찬한다. 우상을 숭배하는 자들에 관한 대목에는 "그리

스인들의 왕조, 곧 놀랄 만한 사람들인 마케도니아인들이 창설하게 될 왕조부터 계산하여 이집트의 젊은 일곱째 임금이 자기 자신의 나라를 다스리게 될"(608-610행) 시간에 대한 언급이 들어 있다. 그다음에 한 임금이 침공할 것이라고 예보하는데, 그는 필로메토르의 시기에 이집트를 두 번 침공하였던 안티오코스 4세(또는 이집트와 싸웠던 아시아의 임금들 가운데 최후의 임금인 안티오코스)일 수 있다. 저자는 무시무시한 시기를 묘사한 뒤에 "하느님께서 태양으로부터 파견하신 한 임금이 하느님께 순종하여 온 세상에서 악한 전쟁을 멈추게 할 것"(652-656행)이라고 말한다. 태양에서 온 그 임금은 일곱째 임금으로 추정된다.

5. 657-808행: 시빌은 임금들이 성전을 파괴하려 하겠지만 하느님께서 그들을 절멸시키고 땅을 뒤흔들며 믿기 어려운 대량 학살을 일으키실 것이라고 예언한다. 그러나 하느님의 백성은 성전 주위에서 평화롭게 살 것이며 하느님에게 보호받고 강복받을 것이다. 그 결과 섬들과 섬유들의 주민들은 하느님의 성전에서 하느님을 섬기고 하느님의 법을 숙고하고자 할 것이다. 그리스인들에게는 하느님의 자비를 간청하고 그분의 백성을 공격하지 않도록 권한다. 그다음에는 사람들과 짐승들 사이에 충만함과 평화가 깃든 종말론적 기쁨이 묘사된다. 모든 이가 예물을 가져가게 될 단 하나의 성전만 있게 될 것이다.

결론 대목에서 시빌은 자신이 노아의 며느리라고 한다(827행).

지금까지 간단히 묘사한 시빌의 셋째 신탁이 기원전 2세기 중반 이집트에 살던 유다인들의 작품이라고 한다면, 오니아스처럼 필로메토르의 지원을 받은 유다인이 이 작품과 어떤 관련을 맺고 있으리라 생각하는 것은 매우 합리적이다. 고대 세계에서 시빌의 신탁은 중대한 정치적 취지를 갖고 있었는데, 이 신탁 역시 마찬가지일 것이다. 프톨레마이오스 왕조의 한 임금이 거의 메시아적 용어로 칭송받는 것이 이상하게 보일 수 있다. 그러나 시빌의 셋째 신탁은 적어도 몇몇 유다인이 이해한 메시아적 지도자의 모습을 알려 주는 좋은 예이다. 그들은 저자 당시의 위험하고 무서운 시대에 하느님의 뜻을 실현할 인간적 임금을 메시아로 이해한 것이다. 종말에 대한 묘사가 성경의 가르침을 크게 벗어나지 않기 때문에, 셋째 신탁을 묵시록으로 분류해야 할지 다소 모호하다. 하지만 그것은 마지막 시기를 다루며 하느님께 충실한 백성에게 구원과 그분의 성전 곁에서 사는 평화로운 삶을 약속하는 계시임은 분명하다.

(4) 에녹의 은유집 또는 비유집(1에녹 37-71장. 위경)

에녹 1서의 가장 오래된 두 부분 사이에 끼어 있는 것은 〈에녹의 은유집 또는 비유집(The Similitudes or Parables of Enoch)〉이라 불리는 묵시록이다. 여기에서 에녹은 '비유'라 불리는 일련의 계시를 받는다. 첫째 계시는 38-44장이고, 둘째 계시는 45-57장이며, 셋째 계시는 58-69장이다. 저자/편집자는 이 세 단락의 앞과 뒤에 서론과 결론을 썼다(38장과 70-71장). 〈에녹의 비유집〉에서는 마지막 때에 죄인들을 징벌하고 의인들을 강복하는 데 초점이 모아진다. 여기에는 강한 반전反轉의 기미도 포함되어 있다. 유린된 의인들은 자기들의 구원이 이미 준비되어 있다는 사실을 깨닫지 못하고, 현재 억압하는 죄인들이 자기들을 기다리고 있는 것을 이해하지 못한다. 본문 마지막에 가서 의인들이 기쁨을 누리지만 강한 힘을 갖고 있는 죄인들은 벌을 받아 파멸할 것이라고 폭로한다. 이 작품에서 에녹은 '사람의 아들'이라 불린다. 그는 악한 자들의 최후 심판과 의인들의 보상에 깊이 관여한다.

〈에녹의 비유집〉은 에녹의 다른 책들과 달리 여러 차례 변천을 겪은 것으로 보인다. 이 책에서 강조하는 것은 더 이전의 작품들과 다소 다르며, 긴 〈에녹의 비유집〉은 쿰란 동굴에서 발견된 수천 개의 단편에는 없는 에녹 1서의 유일한 부분이다. 이것을 단순한 우연이라 할 수 없다면, 본문은 쿰란에서 발견된 것(들)과 다른 에녹의 글들에서 쓰여 전승되었을 수 있다. 또한 이 작품은 에녹 1서의 다른 어떤 부분보다 더 나중에 작성되었다. 셈어로 쓰인 것으로 여겨지지만, 오늘날에는 에티오피아어로 쓰인 것만 남아 있다. 추측컨대 먼저 그리스어로 번역되었고, 이어서 그리스어에서 에티오피아어로 번역되었다. 이 책에서 암시하는 것을 항상 판독해 낼 수는 없지만, 저자는 헤로데 임금 시대(기원전 37-4)의 상황을 가리킬 수 있다. 56,5-8은 기원전 40년에 있었던 파르티아인들의 침공을 암시할 법도 하고, 67,4-13에서 말하는 것은 헤로데와 다른 이들이 사용한 온천을 가리킬 수 있다. 더 나중의 사건들에 관한 명확한 지적은 없다. 그러므로 〈에녹의 비유집〉은 기원전 1세기 말이나 기원후 1세기 초에 쓰였을 것이다. 대략 이 시기에 쓰인 한 유다 작품이 심판하러 올 종말론적인 '사람의 아들'에 관해 길게 말한다는 사실 때문에, 신약성경 학자들은 이 책을 많이 연구하였다. 그들은 〈에녹의 비유집〉에 나오는 사람의 아들 에녹을 복음서들, 특히 마태오 복음서에서 제시된 사람의 아들 예수와 비교하였다.

1에녹 37,1에서 이 책을 에녹이 본 '둘째 환시'라 부르는데, 이는 어쩌면 이 책을 〈파수꾼의 책〉(1에녹 1-36장. 1,2을 보라)과 구분하기 위해서였을 것이다. 이미 이 장에서 본문이 세 개의 비유로 되어 있다고 언급된다(37,5). 에녹은 홍수 이전의 시점에서 온 인류에게 말한다. 그는 "영들의 주님"에게서 계시를 받는데, 이 하느님의 칭호는 성경에 나오는 "만군의 주님"을 수정한 명칭인 것 같다(39,12을 보라). 그러나 천사가 계속해서 그를 동행한다. 에녹은 의인들을 위해 준비된 장소를 보는데 거기서 의인들은 천사들과 함께 머물게 될 것이다. 그리고 에녹은 그들을 기다리는 강복을 본다. 에녹은 자신이 거기에 살도록 되어 있다는 것도 본다. 이전에 쓰인 에녹의 책들에서처럼 그의 환시에는 심판과 자연 현상에 대한 일별도 포함된다(41장과 43장을 보라). 짤막한 첫째 비유에는 사람들 가운데에서 살 장소를 찾지 못해 천상으로 돌아가는 지혜에 관한 짧은 장(42장)도 들어 있는데, 이는 시라(=집회서)와 지혜서에서 볼 수 있는 더욱 긍정적인 관점과 대비된다.

둘째 비유(45-57장)는 계속해서 최후의 심판에 초점을 맞춘다. 여러 지점에서(46-48장. 또한 55,1과 셋째 비유에서 암시하는 60,2을 보라) 이 비유는 마지막 때 벌어지게 될 일들을 묘사하기 위하여 "연로하신 분"(하느님을 암시한다)과 "사람의 아들과 같은 이" 등 다니 7장의 내용과 인물을 사용한다. 독자는 사람의 아들이 창조 이

전에 영들의 주님 앞에서 불린 이름이며(48,2-3.6), 민족들의 빛이며(이사 42,6; 49,6을 보라) 슬퍼하는 이들의 희망이기도 한 이분에게 의인들이 의지할 것임을 알게 된다. 세상의 임금들과 막강한 힘을 가진 백성이 주님과 주님의 기름부음받은이를 거부하였기 때문에 심판을 받게 될 때 엄청난 괴로움을 겪을 것이다(46,8-10; 참조 시편 2,2). 선택된 이는 자기 왕좌에 앉을 것이며 자신의 지혜와 깨달음의 영으로 세상의 강한 백성을 심판할 것이다(49,3-4; 51,3; 55,4). 이 단락에서 우리는 에녹의 이전 주제인 아자젤과 그의 추종자들이 언급되는 것도 볼 수 있다(54,5-6 그리고 64장도 보라).

셋째 비유는 악인들에게는 심판과 파멸, 의인들에게는 보상과 생명이 주어진다는 비슷한 주제도 발전시킨다. 우리는 또한 막강한 억압자들이, 처음부터 숨겨져 있었으나 하느님에 의해 선택된 이들에게만 계시된, 선택된 이를 인정하도록 불린다는 사실을 알게 된다. 그들은 선택된 이에게 자비를 구하겠으나 소용이 없다. 오히려 그들은 하느님의 자녀, 곧 하느님의 선택된 이들에게 행한 바에 대해 정당한 대가를 받게 될 것이다. 의인들은 사람의 아들과 주님과 함께 영원히 살 것이며 악한 자들을 다시는 보지 않을 것이다(62-63장). 셋째 비유에는 노아의 책(들)에 속하는 것으로 여겨지는 여러 장이 포함되어 있다. 그 가운데 하나가 60장인데, 여기에 나오는 영웅의 삶에서 500년째 되는 해는 에녹의 햇수가 아니라 노아의 햇수를 가리킨다. 사실 에녹은 노아의 증조부라 불린다(60,8). 그리고 65-69장도 마찬가지인데, 여기서 홍수가 하느님의 심판의 징표로 길게 다루어지고 있으며 에녹은 비밀들을 기록한 책을 노아에게 준다. 이 단락의 마지막 장(69장)에는 천사들의 이름이 적힌 긴 명단이 나오는데, 그 가운데 많은 천사가 1에녹 6-11장에 등장하며 죄를 지은 천사들에 관한 이야기를 상기시킨다. 마지막 장은 서약을 묘사하고 있는데, 이 서약을 통해 창조가 이루어지고 이 서약에 의해 창조가 질서 있게 작동한다. 마지막 부분(69,26-29)에서 사람의 아들이 왕좌에서 심판을 선고하는 것으로 묘사되고 죄인들은 멸망한다.

지금까지 간추린 내용이 보여 주듯이 〈에녹의 비유집〉은 독자의 눈앞에 의인들의 비범한 지도자를 제시한다. 오랫동안 숨어 있었으나 항상 하느님의 궁극적 통제 아래 있는 그는, 선택된 이들의 희망으로서 마지막에 그들을 구원할 것이다. 그리고 그는 선택받은 이들을 가혹하게 다룬 악을 일삼는 막강한 자들을 단죄할 것이다. 저자는 이 지도자 한 사람에게 네 가지 칭호를 부여한다. 곧 몇몇 경우에는 의인 또는 기름부음받은이(메시아)라 부르고, 대부분의 예에서는 사람의 아들 또는 선택된 이라 부른다. 위에서 지적한 것처럼 그 칭호들은 다니 7장, 제2이사야서, 그리고 시편 2와 같은 성경 구절에서 이끌어온 것이다. 그의 칭호들이 보여 주듯이 그는 고통받는 의인들과 선택받은 이들과 밀접히 동일시되며 마지막 심판에서 그들을 승리로 이끌 것이다. 창조 이전에 선택되어 감추어 있던 이 놀라운 인물은 누구인가? 〈에녹의 비유집〉 마지막 부분은 그가 곧 에녹이라고 하는데(71,14), 70-71장에서 그의 승천이 여러 단계로 묘사된다. 이 장들에는 본문상의 몇 가지 문제가 있으며, 에녹을 창조 이전부터 존재하던 사람의 아들이라고 하는 것은 어떤 학자들에게는 믿기 어려운 일이겠지만, 〈에녹의 비유집〉은 에녹을 그렇게 제시한다. 에녹은 심판하는 사람의 아들이고(다니 7장) 민족들의 빛인 주님께서 선택된 이이며(이사 40-55장) 스스로 고통받지는 않으나 이 세상에서 고통받는 이들을 구원하는 주님의 종이다. 선택된 이들은 사람의 아들 안에서 희망하고 그와 함께 영원한 생명을 누리며 결국 박해자들에게서 해방된다. 그런 가르침이 의미하는 바는 저자의 공동체에게 미래에는 상황이 바뀔 것이며 결국 구원될 것을 믿도록 용기를 북돋우는 데 있는 것 같다. 〈에녹의 비유집〉에서 에녹 자신의 고양된 상태가 크게 강조되고, 더 이전에 쓰인 에녹의 본문들에서보다 훨씬 더 폭넓게 관심의 대상이 된다.

(5) 모세의 유언서(위경)

〈모세의 유언서(The Testament of Moses)〉라는 명칭이 가리키듯이 이 책은 모세가 여호수아에게 한 마지막 말을 담고 있다. 여기서 전제하는 상황은 신명기의 마지막 장에서 발견되는 상황이다. 모세의 유언서는 이 마지막 장에서 다른 모티프도 이끌어 낸다. 모세는 다소 부정적인 말로 성경 역사의 과정을 "예고하며" 헤로데 대왕의 통치와 그 후의 시대를 포함하여 그다음에 이어지는 시기의 이야기를 계속해 나간다. 모세의 유언서는 라틴어 사본 하나만 남아 있고, 그것도 처음과 끝은 물론 본문의 여러 곳에 조금씩 유실된 부분이 있기 때문에(라틴어 사본은 그리스어 본문을 번역한 것이고, 그리스어 본문은 셈어 원본에 근거할 것이다) 모세의 유언서를 읽으면 적잖게 실망하게 된다.

〈모세의 유언서〉는 창조 제2500년에 있었던 일로 제시된다(〈희년서〉에 따른 시간보다 50년 더 긴 연대이다). 저자는 우리에게 "이것은 모세가 신명기에서 한 예언이다"(1,5)고 알려 준다. 여호수아는 모세에게서 책들을 받아 토기 그릇에 담아 심판의 시간까지 보존할 것이다. 모세 이후의 초기 성경 시기는 몇몇 연대기적 지표로 묘사된다. 곧 통일 국가의 시기는 18년간 지속되고(명확히 판관마다 1년씩, 그리고 사울, 다윗, 그리고 솔로몬에게도 각 1년씩), 다윗 왕실은 19년(이스라엘의 임금들을 위해)과 20년(성전의 시기와 유다의 임금들을 위해)을 받는다. 동쪽에서 온 임금이 도성과 성전을 파괴할 것이며 도성 주위의 두 지파를 포로로 끌고 갈 것이다. 유배지에서 그들은 더 이른 시기에 그들의 땅에서 제거된 열 지파와 대화할 것이다. 모든 이가 함께 애도할 것이며 성조들과 맺은 계약을 기억해 달라고 하느님께 청할 것이다. 그들은 이스라엘에게 그런 운명이 있을 것이라고 모세가 예언하였다는 것을 고통 중에 상기하기도 할 것이다. 두 지파의 유배살이는 77년 가량 지속될 것이라고 저자는 말한다.

이 지점에서 이름이 알려지지 않은 지도자가 백성을 위하여 기도하고 하느님께서는 그들을 기억하시어 불쌍히 여기시고 그들을 조국으로 귀환시키신다. 그 결과 두 지파는 안전한 장소에 살게 될 것이지만 희생 제물을 바칠 수는 없다. 이 역시 제2성전에서 바치는 예배를 부정적으로 평가하는 또 하나의 예다(위에서 지적한 동물 묵시록을 보라). 백성에게 충실히 머물도록 하기보다 조국으로 귀환한 것이 더 많은 죄와 벌을 받도록 이끈다. 그러면 사제-임금들(마카베오 형제들)이 일어날 것이다. 그들은 "지성소에서 커다란 불경"(6,2)을 저지를 것이다. 그들을 따르는 "무엄한 임금"은 분명히 헤로데 대왕이다. 그가 34년간 통치했다고 말하기 때문이다(6,6. 그는 기원전 37-4에 통치하였다). 6,7-9에서 헤로데의 죽음과 그의 후계자들이 다스리던 시대를 언급한다. 또한 헤로데가 죽은 뒤 곧바로 성전의 일부가 파괴된 것도 언급한다.

7장에서 무시무시한 마지막 시간으로 보이는 상황에 대해 묘사하는 것을 볼 때 이 장은 종말론 관점을 갖고 있다. 7,1에 따르면 "곧 종말의 시간이 올 것이다"고 말하지만, 7장은 계속해서 부유하고 부패한 개인들을 묘사하며 그들의 악으로 인해 유례없는 징벌과 신의 분노가 있게 될 것이다. 그런 다음 한 임금이 일어나는데, 그는 안티오코스 4세의 몇몇 특성을 갖고 있다. 사실 우리는 8장 전체를 안티오코스가 유다교를 억압한 배경을 반대하는 것으로 읽을 수 있다. 그렇지만 그 사건은 헤로데기 왕좌에 오르기 125년 전에 있었던 일이다. 이 이상한 순서로 인해 어떤 학자들은 6-7장이 나중에 본문에 삽입된 것이라 이해하였다. 우리는 9장에서 현재의 사악한 상황에서 사흘 동안 단식을 하고 나흘째 되는 날 동굴로 들어가야 한다고 자기 아들 일곱에게 말하는 레위인 탁소(Taxo)와 만난다. "우리 성조들의 하느님이신 주님의 계명을 어기기보다 차라리 거기서 죽자. 우리가 이렇게 하여 죽는다면 우리의 피가 주님 앞에 앙갚음을 받을 것이다"(9,6ㄴ-7). 그들이 순교자로 죽었는지 알 수 없지만, 본문에서는 순교를 가리키는 것으로 여겨진다. 그다음 장에는 악마의 파멸과, 민족들과 그들의 신들을 심판하기 위하여 하느님께서 땅으로 내려오실 때 여지없이 드러날 격변의 사건들을 예고하는 한 편의 시가 나온다(신명 33,2과 1에녹 1장의 신현을 보라). 아마 탁소와 그의 아들들의 죽음은 신을 개입시킨 결정적 기폭제였던 것 같다. 그때 하느님께서 "너희를 높은 곳으로 들어 올리시고 너희를 별들의 하늘에 확고히 세우실 것"(10,7)이다. 이스라엘은 높은 곳에서 원수들을 보며 기뻐할 것이다.

모세는 여호수아에게 지적한 해(2500년)를 내비치면서 자신이 무덤에 묻히는 것과 하느님의 도래 사이에 250번의 시간이 있을 것이라고 예언한다(10,12). 11장과 12장은 죽음에 임박한 모세를 두고 여호수아가 느끼는 절망감과 자신들의 변호자로 봉사한 모세 없이 나라를 어떻게 이끌지 걱정하는 모습을 다룬다. 그러나 모세는 하느님께서 모든 것을 통제하시며 처음부터 끝까지 모든 것을 보고 계심을 그에게 다시 한 번 확신시킨다.

여기에서 모세의 유언서 역본은 끝난다. 이 책이 이렇게 끝난다고 아는 것이 매우 유익할 것이다. 다른 고대 원천들 중에 모세의 시체를 놓고 미카엘과 악마가 다투었다는 사실을 지적하는 본문이 있기 때문이다(예를 들어 유다 1,9을 보라). 이런 종류의 이야기가 한때 모세의 유언서 끝에 들어 있었다고도 하는데, 분명하지 않다.

〈모세의 유언서〉가 기원후 1세기의 사건들까지 예언으로 다룬다는 사실은 우리에게 남아 있는 이 책이 그 전에 저작되지 않았음을 뜻한다. 그러나 마카베오 시대 초기에 쓰인 책을 최근의 정황에 맞게끔 나중에 6-7장을 삽입하였다는 가설도 있다. 이 주장을 뒷받침하는 가장 강력한 논거는 이 두 장이 사건의 연속성을 단절시키는 것 같다는 점이다. 그러나 그 책을 현재의 순서대로 읽되 7-9장은 마지막에 있을 커다란 악을 입체적으로 묘사하는 내용이라고 이해할 수도 있다. 이 서술은 마카베오 시대의 위기에서 가져온 주제이지만, 그렇다고 해서 그때의 위기를 묘사하는 것은 아니다. 만약 그렇다면, 천사가 계시하였다고 주장하지 않는(현재 남아 있는 형태의 본문에서) 이 책 전체가 기원전 1세기에 유래한 묵시록으로 읽힐 수 있다. 이 책은 헤로데 시대와 그 직후에 있었던 사건에서 영향을 받아 저술되었다. 그 목적은 독자들에게 하느님께서는 일어나는 모든 것을 미리 알고 계셨으며 계약에 충실히 머무르시고 당신 백성을 사랑하신다는 사실을 확신시키려는 것이었다. 이는 모세가 그 메시지 뒤에 서 있는 것과 같은 권위를 갖는다.

4) 지혜문학

히브리어 성경에서 잠언, 욥기, 코헬렛(전도서) 같은 책과 몇몇 시편(가령 37편), 그 밖의 다른 많은 본문을 보통 지혜문학이라 부른다. 이 작품들은 계약이나 이스라엘의 거룩한 역사를 언급하지 않고, 오히려 더욱 보편된 방식으로 인생의 의미, 삶의 혼란, 그리고 어떻게 하면 인생을 올바로 살 수 있는가 하는 문제를 해결하려고 고심한다. 일반적으로 현인들은 신적 정보나 권위에 의존하지 않은 채 자신들의 목표를 완성한다. 그런 문학은 위에서 나열한 지혜문학 작품들이 작성된 후에도 계속해서 쓰였다. 그들 가운데 두 가지 작품이 제2경전/외경 책들에서 발견된다. 그것이 벤 시라의 지혜서 곧 시라(집회서)와 솔로몬의 지혜서이다.

(1) 벤 시라의 지혜서(시라 또는 집회서라고도 불림. 제2경전/외경)

벤 시라의 지혜서는 유다 문학에서 실제 저자의 이름을 밝히고 있는 첫 번째 책이다. 이 책 끝에서 저자는 다음과 같이 말한다. "나는 지성과 지식에 대한 가르침을 이 책에 기록해 놓았다. 예루살렘 출신 엘아자르의 아들, 시라의 아들인 나 예수는 마음으로부터 지혜를 이 책에 쏟아 부었다"(50,27). 그는 분명히 학교를 운영하였다 (그는 그 학교를 '배움의 집'이라 부른다. 51,23). 38,24-39,11에서 율법 학자의 일을 그토록 높이 칭송하고 있기 때문에 그는 흔히 율법 학자로 여겨진다. 기원전 200-170년의 어느 시점에 이 책을 저술한 그는, 잠언과 같은 책을 상기시키면서도 옛 책들과 현저히 다른 작품을 작성하였다. 벤 시라(또는 그리스어 형태의 그의 이름을 따라 '시라')는 히브리어로 이 책을 저술하였으나, 히브리어 본문은 여러 세기 동안 대다수 유다 공동체에서 보존되지 않았던 것이 분명하다. 그러나 다행히 그의 책을 그리스어로 번역할 능력을 갖춘 손자가 있었다. 번역자(자기 이름을 밝히지 않는다)는 자기 번역을 소개하면서 짤막한 머리글(모든 현대 번역본에서 책 서두에 싣고 있다)을 썼는데, 거기서 "나의 할아버지 예수께서는 율법과 예언서와 다른 선조들의 글을 읽는 일에 오랫동안 전념하셨습니다. 그리고 이에 관한 충분한 소양을 갖추시고, 교훈과 지혜에 대한 글을 몸소 쓰기로 결심하셨습니다"고 말한다. 손자는 자신이 에우에르게테스 임금 통치 삼십팔년에 이집트에 왔다고 한다. 이 임금은 프톨레마이오스 8세 에우에르게테스 2세(기원전 170-164년과 146-117년)를 가리킨다. 그러므로 손자가 이집트에 도착한 해는 기원전 132년이었고, 할아버지의 책을 번역한 것은 그보다 조금 뒤였다. 그는 머리글에서 "저는 그동안 이 책을 완성하여 내놓기까지 잠도 제대로 못 자며 온갖 지식을 다 기울였습니다. 저는 이국 땅에 살면서 배우기를 즐기고, 율법에 맞는 생활 습관을 익히고자 하는 이들을 위하여 이 책을 펴냅니다"고 말한다. 할아버지가 이 작품을 쓴 연대는 대부분 손자의 활동 연대에서 추정된 것이다. 머리글을 갖춘 이 책의 그리스어 형태는 그리스어 성경 사본들에서 발견된다. 그래서 가톨릭 교회의 성경에 들어가게 되었다. 이 책은 라삐 문학에서 매우 자주 언급되지만 유다교(와 개신교)에서 정경의 지위를 획득하지 못하였다.

집회서의 히브리어 사본 가운데 절반 이상이 지난 세기부터 다시 발견되었다. 중세의 사본으로 여겨지는 여섯 개의 단편 사본이 카이로의 게니자에서 발견되었으며, 본문의 작은 단편 두 개가 쿰란의 둘째 동굴(2Q 18)에서 발굴되었다. 마사다에서는 기원전 1세기로 추정되는 책의 수사본 단편 스물여섯 개가 발견되었는데, 본문이 적혀 있는 일곱 개의 난에 39,27-44,17의 핵심 부분이 보존되어 있다. 쿰란의 열한째 동굴에서 나온 첫 시편 두루마리(11QPsa col. 21.11-17; 22,1)에서 51,13-20ㄴ.30ㄴ이 발견되었다. 이 시는 이합체 시로 이 책의 첨가문으로 여겨져 왔으나, 이제 다른 문맥에서 나타날 수 있는 시 단편이었음이 분명해졌다.

벤 시라는 기원전 167년 안티오코스 4세의 악명 높은 칙령들이 나오기 전에 이 책을 썼을 가능성이 매우 높다. 벤 시라가 그 칙령들을 언급하지 않기 때문이다. 벤 시라 당시에 그리스인들의 생활양식과 지혜는 얼마 동안 근동 세계 전체에 영향을 끼쳤다. 벤 시라의 저술 목적은 참된 지혜를 그리스인들의 책이나 가르침에서 찾지 말고 유다 전통의 작품들과 교훈에서 찾아야 한다는 사실을 아마 유다인이었을 독자들에게 설득시키는 데 있었던 것 같다. 벤 시라의 책이 그전에 쓰인 이스라엘의 지혜(특히 잠언)와 공유하는 점이 아무리 많다 하더라도, 그의 책은 다른 책들과 비교했을 때 적어도 두 가지 점에서 분명히 다르다. 곧 벤 시라가 지혜를 모세의 율법과 동일시하고, 지혜를 이스라엘의 거룩한 역사와 연결한다는 사실이 독특하다.

집회서의 전체 구조를 확인하기는 쉽지 않지만, 주요한 두 부분의 도입부가 지혜를 묘사하고 찬양하는 시로 시작한다. 이 시는 1-2장과 24장에서 발견된다. 문맥에서 명확히 두드러지는 또 다른 단락은 이스라엘의 옛 영웅들을 찬양하는 44-50장이다. 바로 앞에는 세상에서 이루어지는 하느님의 업적들을 기리는 찬가가 있다(42,15-43,33). 그러므로 우리는 42,15-50,23에서 창조 안에서 나타나는 하느님의 영광을 본 다음 역사에 나타나는 그분의 권능을 본다(시편 104-105에 표현된 동일한 순서와 비교하라).

이 책의 절반에 도입된 지혜시들은 벤 시라의 주요한 가르침을 몇 가지 제시한다. 첫째 지혜시(1-2장)에서 벤 시라는 지혜가 주님에게서 유래하며 모든 것에 앞서 창조되었으나(잠언 8장을 보라), 주님께서 지혜를 모든 것, 특히 당신을 사랑하는 사람들에게 쏟아 부으셨다고 선언한다. 그는 "주님을 경외함"을 강조하는데, 주님 경외는 지혜의 근본이요 충만이며, 왕관이요 뿌리라고 한다. 그는 다음과 같은 말로 이와 같은 전통적 사고를 따른다. "지혜를 원한다면 계명을 지켜라. 주님께서 너에게 지혜를 베푸시리라. 정녕 주님을 경외함은 지혜요 교훈이며 믿음과 온유야말로 주님께서 기뻐하시는 것이다"(1,26-27). 그러므로 현인은 내적으로 주님을 경외하고 외적으로 하느님의 계명을 지킨다. 나중에 그는 다음과 같이 쓴다. "모든 지혜는 하느님을 경외함이니 모든 지혜 안에 율법의 실천과 … 지식이 들어 있다"(19,20). 그는 청중("나의 아들")에게, 시련에 대비해야 하지만 하느님을 경외하는 사람은 어떤 상황에서도 그분을 신뢰해야 한다고 경고한다.

이 책에는 다른 지혜시들도 있지만(가령 6,18-37; 14,20-15,10; 16,24-17,24), 24장의 지혜시는 특히 주목할 만하다. 저자는 여기서 지혜가 자기 자신을 칭송한다고 말하는데, 지혜가 1인칭으로 말하는 3-22절에서 더욱 명확하다. 3-7절에서 지혜는 잠언 8장의 숙녀 지혜를 상기시키는 언어로 자신을 소개한다. 비록 지혜는 "지극히 높으신 분의 입에서 나와 안개처럼 땅을 덮었"(3절)으나 거처를 찾아 나섰다. "그때 만물의 창조주께서 내게 명령을 내리시고 나를 창조하신 분께서 내 천막을 칠 자리를 마련해 주셨다. 그분께서 말씀하셨다. '야곱 안에 거처를 정하고 이스라엘 안에서 상속을 받아라'"(8절). 거기에서 지혜는 자라고 꽃을 피웠다. 그런 다음 위풍당

당한 숙녀 지혜는 모든 이를 자기에게 오라고 초대한다. "나를 먹는 이들은 더욱 배고프고, 나를 마시는 이들은 더욱 목마르리라. 나에게 순종하는 이는 수치를 당하지 않고, 나와 함께 일하는 이들은 죄를 짓지 않으리라"(21-22절). 그리고 나서 저자는 자기의 주석을 덧붙인다. "이 모든 것은 지극히 높으신 하느님의 계약의 글이고 야곱의 회중의 상속 재산으로 모세가 우리에게 제정해 준 율법이다"(23절). 그는 지혜가 큰 강처럼 흘러넘친다고 묘사한다. 지혜의 충만함을 완전히 이해한 사람은 아무도 없다. 30-34절에서 벤 시라는 세세대대로 지혜를 찾는 모든 이를 지혜로 이끌기 위하여 물을 대는 운하와 같은 것이 바로 자신의 교육적 일이라고 하면서 이 단락의 결론을 맺는다(자기 자신의 지혜 추구를 묘사하는 51,13-30을 보라).

이 책에서 지혜가 열렬히 칭송받지만, 벤 시라와 지혜 자체는 지혜를 창조하신 하느님이 훨씬 더 위대하시다는 것을 조금도 의심하지 않는다. 벤 시라는 42,15-43,33에서 당신의 말씀으로 이룩한 (42,15) 하느님의 창조 업적을 기린다. 게다가 "만물은 창조되기 전에 이미 그분께 알려졌고 창조가 끝난 후에도 그러하다"(23,20; 참조 39,19-20). 하느님께서는 모든 것을 헤아리시고 하느님 앞에서 감추어진 것은 아무것도 없다(42,18-20). 창조에 관한 시 끝 부분에서 "우리가 아무리 많은 말로 이야기해도 미치지 못하니 '그분은 전부이시다.' 할 수밖에 없다"(43,27)고 한다. 사람들이 하느님을 이해할 수 없고 충분히 칭송할 수 없다 할지라도 그분의 위대하심을 보고 그분을 찬양하게 된다. 하느님께서는 자비와 분노가 모두 있으며(16,11) 민족들이 당신을 알도록 그들에게 당신을 드러내신다

(36,1-5). 벤 시라는 하느님께서 모든 것을 결정해 놓았다고 가르치지만, 15,11-12과 같은 구절에서 그는 인간의 죄에 대한 책임이 하느님에게 있다는 생각을 부정하며 15,14에서는 하느님께서 사람들에게 자유 의지를 주셨다고 주장하기도 한다(15,15-20도 보라).

전능하고 전지하신 창조의 하느님께서는 이스라엘의 거룩한 역사에서 당신의 영광을 드러내시기도 한다. 시는 역사를 언급하는(44-50장) 첫 부분에서 독자에게 부탁하며 "이제는 훌륭한 사람들과 역대 선조들을 칭송하자. 주님께서는 수많은 영광을 마련하시고 처음부터 그분의 위업을 이루셨다"(44,1-2)고 말한다. 조상들을 칭송하는 이 자리에서 가장 먼저 언급되는 영웅은 에녹인데(몇몇 수사본에서 44,16), 에녹의 이름은 히브리어 성경의 인물들을 지적하는 부분에서 다시 거명된다(49,14). 44-49장에 나오는 많은 주제(가령 사제직과 예배에 대한 강조)를 계속 언급하는 50장은 시몬이라는 이름의 대사제를 들먹거리는데, 그는 아마 기원전 300년경에 살았던 시몬 1세일 것이다.

전체 단락은 두 부분으로 나뉘며, 각 부분은 사제 또는 사제들(아론/피느하스와 시몬)에 관한 긴 대목 뒤에 언급된 유사한 영광송에서 그 절정에 이른다(45,25-26; 50,22-23). 모든 위대한 인물이 포함되어 있다. 곧 에녹, 노아, 아브라함, 이사악, 야곱과 열두 아들, 모세, 아론(45,6-22의 비교적 긴 단락), 피느하스, 여호수아, 칼렙, 판관(특히 사무엘), 나탄, 다윗(전례에 공헌했음을 강조함), 솔로몬, 북쪽 왕국과 엘리야와 엘리사, 남쪽 왕국, 먼저 히즈키야, 이사야, 요시야, 예레미야, 에제키엘(벤 시라는 에제키엘이 욥을 언급하였음을 상기시킨다), 열두 소예언자, 즈루빠벨, 예수아, 느헤미야(에즈라는 언급되지 않는다)이다. 히브리어 성경과 연관된 단락은 에녹, 요셉, 셈, 셋, 아담을 언급하는 것으로 끝난다(49,14-16). 이 긴 명단에서 과거 영웅들에 대한 정보를 얻는 원천으로 벤 시라가 알고 있었던 성경의 책들을 추정할 수 있다. 곧 그가 알고 있었던 성경의 책들은 오경, 여호수아기, 판관기, 사무엘기, 열왕기(역대기에서 가져온 몇몇 정보와 더불어), 이사야서, 예레미야서, 에제키엘서, 열두 소예언서, 에즈라기, 느헤미야기, 시편, 잠언, 욥기이다. 대사제 시몬에 대해서는 어떤 원천을 사용하였는지 알려져 있지 않다. 벤 시라가 우리에게 제공하는 정보는, 나중에 유다교에서 성경이라 불리게 될 책들이 어떻게 성장하였는지 볼 수 있게 해 주는 몇 안 되는 초기의 창구 가운데 하나이다. 번역자인 손자가 머리글에서 율법서, 예언서, 그리고 나머지 글들을 세 번 언급하는 것도 흥미로운 일인데, 이 세 범주는 마지막 형태의 히브리어 성경의 세 가지 구분(율법서, 예언서, 성문서)을 암시한다.

벤 시라는 부모에게 순종할 것(3,1-16), 가난한 이들에 대한 자선과 다른 의무들(3,30-4,6), 우정(6,5-17), 그리고 다른 많은 주제 등 실천적 문제에 대한 충고를 제시한다. 여자와 어린이에 대한 그의 가르침은 때때로 현대인의 감수성에 어울리지 않는다. 그는 여인의 사악함과 분노가 얼마나 무서운 것인지 말한다(25,13-15). 그는 나쁜 아내와 그녀가 남편에게 가져다 주는 수치스러운 결과에 관해 쓰며, 아내가 순종하지 않으면 아내를 버리라고 권한다(25,16-26). 좋은 아내를 가진 행복은 남편의 관점에서 본 것이다(26,1-4.13-

18; 참조 36,26-31). 딸 역시 남자에게 지대한 관심의 대상으로 제시된다(26,10-12; 42,9-14). 그는 자신의 관점을 강하게 표현한다. "선을 행하는 여자보다 남자의 악이 더 낫다. 부끄러움과 수치를 가져오는 것은 여자다"(42,14). 벤 시라는 제 자식을 사랑하는 아버지가 그에게 종종 매를 대며, 자기 아들을 제멋대로 내버려 두는 아버지는 나중에 그것 때문에 고통 받게 될 것이라고 가르치기도 한다(30,1-13). 그러한 충고를 따름으로써 사회 구조는 남성들에 의해 지배되고 남자의 영예가 보존된다.

(2) 에녹의 편지(1에녹 91-107[108]장. 위경)

에녹 1서의 다섯 번째 책이자 마지막 책은 〈에녹의 편지(The Epistle of Enoch)〉라 불린다. 〈에녹의 편지〉는 〈주간 묵시록〉(93,1-10; 91,11-17. 앞에서 다른 묵시록들을 다룰 때 설명했다)과 다른 여러 형태의 문학체로 구성되어 있다. 이러한 다양성 때문에 91-107장을 어떤 하나의 항목 아래 분류하기는 어렵다. 이 장들은 지혜 전통과 공유하는 면이 많기 때문에 이 자리에서 공부할 수 있겠다. 〈에녹의 편지〉는 대략 〈주간 묵시록〉과 동일한 시기, 곧 기원전 170년에서 멀지 않은 때에 쓰였다고 할 수 있다. 적어도 〈에녹의 편지〉를 더 후대의 작품으로 생각할 만한 설득력 있는 이유는 없다. 에녹 1서에 나오는 대부분의 다른 책들처럼 이 편지의 일부도 쿰란의 넷째 동굴에서 발견된 아람어 단편들에 보존되어 있다.

적어도 본문의 첫 부분은, 에녹이 아들들에게 이야기하는 방식으로 되어 있다. 에녹은 영에 이끌려 그들에게 영구히 일어나게 될 모든 일을 말한다. 에녹은 그들에게 공정을 추구하고 죄의 길을 피하도록 권면한 뒤에 큰 악이 일어나고 그에 대해 하느님의 심판이 있을 것이라고 예언한다. 92,1에 따르면 에녹의 말에 포함된 지혜는 그의 후손뿐 아니라 그다음 세대에 살게 될 의인들을 위한 것이다. 에녹의 책들을 읽어 온 독자라면, 이때까지 에녹이 과거와 현재와 미래에 관해서든 자연이나 우주의 활동에 관해서든, 지혜와 지식의 무한한 원천임을 알고 있다. 다방면에 두루 통달한 그의 학식에 비추어 볼 때, 〈주간 묵시록〉(93,11-14)에 바로 이어지는 단락에서 하늘의 길이와 별의 수를 누가 이해할 수 있는지 수사 의문문으로 묻는 것이 의아하다. 다른 곳에서는 에녹을 그런 자질을 가진 사람으로 제시하기도 하지만, 여기서는 그럴 수 있는 사람이 아무도 없다는 대답이 기대된다.

편지의 상당 부분은 의인과 죄인, 특히 의인이 현재 겪는 곤경과 악인의 외적 승리 사이의 분리, 그리고 앞으로 일어나게 될 완전한 반전을 다룬다. 1에녹 94-105장에서는 죄인들에게 선언된 여러 종류의 재난에 많은 지면을 할애한다(94,6-10; 95,4-7; 96,4-8; 97,7-10; 98,8-99,2; 99,11-15; 100,7-9; 103,5). 이 단락 가운데 어떤 단락들은 의롭고 가난한 이를 억압하는 부자와 힘 있는 자를 재난의 대상으로 지적한다. 하느님께서는 그들에게 내릴 심판을 계획하고 계신다. 실제로 억압받는 의인이 지금 그들을 잘못 대하는 자들에게 심판을 실행할 것이다(95,3). 그들의 구원은 하느님에게서 오지만(96,1-3), 죄인들은 수치를 당할 것이다(97,1).

1에녹 102,4-104,8에서는 심판이 있을 것인가 하는 문제에 초점을 맞춰 의인과 죄인의 운명에 관해 논의한다. 솔로몬의 지혜서에서 볼 수 있듯이(아래 소개될 솔로몬의 지혜서 1-5장 참조), 죄인들은 자기네 죄가 눈에 띄지 않으며 죽음 앞에서는 자기네 운명이나 의인들의 운명이 마찬가지라고 주장한다(102,6-8). 하지만 에녹은 완전히 신뢰할 만한 원천에 기대어, 천사들이 악인들의 잘못된 행위들을 기록한 것에 근거하여 그들을 처벌할 심판이 반드시 있을 것이라고 독자에게 알려 준다(104,7-8). 그러나 의인은 죽는다 할지라도 기뻐할 것이다. 편지는 육체의 부활을 가르치는 것이 아니라 기쁨 중에 영혼이 살아남는다는 것을 가르친다. 의인들은 천사들처럼 영원히 행복할 것이며 천상 존재의 동료가 될 것이다(103,3-4; 104,6). 그러므로 에녹의 가르침은 지혜의 원천으로 쓰이고, 고통받는 그의 청중에게 위로를 줄 것이다. 그들은 도움을 청하는 자기네 부르짖음이 들리지 않는다고 생각하였지만, 에녹은 모든 것이 기록되었고 하느님께서는 그들을 위해 행동하실 것을 약속하셨다고 말한다. 이런 식으로 에녹은 종말론의 맥락에서 심오한 지혜를 제공한다.

1에녹 106-107장은 편지의 앞부분과 매우 다르다. 사실 쿰란에서 발견된 한 수사본에서 1에녹 105장의 끝 부분과 이 단락은 검은 선으로 분리되어 있다. 여기서 에녹은 비범한 노아의 탄생에 얽힌 이야기와 노아의 아버지 라멕의 관심이 그 아들에게 쏠렸다는 이야기를 1인칭으로 말한다. 라멕은 그런 아이가 자신의 아들이라고 도저히 믿기지 않는다고 생각하며, 파수꾼 중 하나와 자기 아내가 이 비범한 아이의 부모일 것이라고 의심한다. 그는 부권 문제와 이 어린이의 출생이 어떤 의미를 갖는지 알기 위하여 자기 아버지 므투셀라에게 할아버지 에녹이 살고 있는(그가 천사들과 함께 머무르는 동안) 먼 곳에 다녀오라고 청한다. 물론 에녹은 두 가지 질문에 대한 답을 알고 있었다. 곧 라멕이 노아의 아버지이며 어린이의 비범한 특성은 놀라운 일들이 일어나게 될 표징이었다. 그는 홍수를 예고하며 노아와 그의 가족이 살아남는다는 것, 홍수 뒤에 악이 사라지고 의로운 세대가 생겨난다는 것을 예언한다. 이 이야기는 쿰란의 첫째 동굴에서 발견된 〈외경 창세기(Genesis Apocryphon)〉와 밀접히 병행한다.

   108장은 편지의 첨가문일 수 있다. 쿰란에서 발견된 어떤 단편에서도 입증되지 않는다. 이 장은 스스로 에녹의 또 다른 책이라고 말하며, 에녹 1서의 주된 논제인 죄인과 의인의 운명에 관해 본 것을 자기 아들 므투셀라에게 알려 주는 내용으로 되어 있다.

(3) 바룩(또는 바룩 1서, 제2경전/외경)

바룩서는 다양한 문학 형태로 메시지(들)를 표현하고 있기 때문에 분류하기가 어렵다. 그렇지만 이 책의 중간 부분에서 지혜를 다루고 있기 때문에 이 자리에서 다루는 것이 적절하다. 바룩서는 네 부분으로 명확히 구분되는데, 유배와 유배가 하느님의 백성에게 남긴 것이라는 두 주제에 의해 하나로 묶여 있다. 바룩서를 분류하기도 어렵지만, 언제 저술되었는지 말하기도 쉽지 않다. 유일한 단서는 저자가 히브리어 성경의 책들을 자주 지적한다는 사실이다. 그러므로 구약성경의 이 책들은 바룩서보다 먼저 쓰였어야 한다. 바룩서가 가장 크게 영향을 받은 것은 기원전 160년에 최종 형태를 갖춘 다니 9장이다. 만약 바룩서의 저자가 완성된 형태의 다니 9장을 참조하였다면, 그가 다니엘서와 공통된 원천을 사용하고 있지 않은 이상 바룩서를 다니 9장보다 더 나중에 썼다고 보아야 한다. 남아 있는 본문들 가운데 가장 오래된 것은 그리스어로 쓰여 있지만, 본래의 본문 특히 1,1-3,8은 히브리어로 쓰였을 법하다.

바룩서라는 명칭은 책의 첫머리에서 예레미야 예언자의 서기관인 바룩이라고 언급되는 등장인물의 이름에서 유래한다(예레 32,12; 36,4; 43,3; 45,1). 후대의 문학 작품에서 바룩은 예레미야처럼 유배 중의 유명한 인물로 알려져 있으며, 여러 책이 그를 영웅으로 여긴다(바룩 2-3장). 바룩서에서 그는 서문 부분에만 언급되는데, 거기에서 "이 책에 기록된 말씀은 바룩이 바빌론에서 쓴 것이다. 바룩은 힐키야의 현손이며 하사드야의 증손이고 마흐세야의 손자이며 네리야의 아들이다. 바룩은 칼데아인들이 예루살렘을 점령하여 불태운 지 오년째 되던 해, 그달 초이렛날에 이 책을 썼다"(1,1-2)는 사실을 알 수 있다. 저자는 역사적 정보를 제시하면서 혼동하고 있다. 저자는 바빌론인들이 다섯째 달(본문은 여기에서 정확한 달을 언급하지 않는다. 우리는 단지 8절을 통해 그 달이 시완 달, 곧 셋째 달이었음을 알게 될 따름이다)에 예루살렘을 점령하였다는, 열왕기 하권과 예레미야서에서 발견되는 정보를 실으려다 실패한 것으로 여겨진다. 저자가 제시하는 정보야 어떠하든, 그의 역사적 서문은 예루살렘이 멸망하고 유배자들이 도성에서 끌려간 뒤에 이 책이 저술되었다고 한다. 그 사건들은 바룩서의 주제를 설명한다.

바룩서의 네 부분은 다음과 같다. 곧 역사적 서문인 1,1-14, 예루살렘에 남은 백성과 유배자들이 죄를 고백하는 1,15-3,8, 유배 같은 재난을 피하기 위하여 지혜를 찾아야 할 중요성을 언급하는 3,9-4,4, 그리고 예루살렘이 잃어버린 자기 자녀들을 두고 몹시 슬퍼하며 그들이 귀환하리라는 소식에 위로를 받는다고 하는 4,5-5,9이다.

우리가 살펴본 것처럼 바룩 1,1-14은 이 책이 예루살렘 파괴 후에 쓰였다고 한다. 우리는 바룩이 바빌론에 있었다는 것을 안다(히브리어 성경에는 언급되지 않는 내용이다). 바룩은 이 책에 나오는 말씀을 유배 중인 유다 임금 여호야킨(여콘야)과 바빌론에 있던 다른 유다인들에게 들려주었다고 한다. 이 책의 효과는 매우 커서 유배자들은 돈을 모아 예루살렘의 대사제에게 보냈고, 바룩은 성전에서 빼앗긴 주님의 집 기물들을 돌려받아 유다 땅으로 보냈다고 한다. 전체 장면은 예루살렘에서 예배가 계속되고 있었음을 전제한다. 그러므로 바룩서에 기술된 역사적 사실에 혼동이 있음을 알 수 있다(예루살렘에 성전이 서 있음을 전제하기 때문이다). 유배자들은 모금한 돈으로 제물을 사서 네부카드네자르와 그의 '아들' 벨사차르, 그리고 유배자들을 위해서 기도해 달라고 예루살렘 주민들에게 촉구한다. 유배자들은 그들에게 "우리가 여러분에게 보내는 이 책을 축일과 정해진 날에 주님의 집에서 봉독하고, 그 내용대로 고백하"라(1,14)고 당부한다. 셋째 달의 그날이 주간절 축일과 아주 가깝다는 것이 흥미롭다. 아마 두루마리는 그때 읽혔을 것이다.

두루마리에는 예루살렘에 있는 백성이 해야 할 고백을 담고 있는데, 그것은 바빌론의 유다인들이 쓴 것이다(1,15-2,5). 이 단락에는 다니 9장과 특히 일정한 병행문이 들어 있다. 그들은 하느님에게 의로움이 있고 백성은 계약을 어겼다고 고백하면서, 신명 28장에서 모세가 쓴 것처럼, 받아야 할 벌을 마땅히 받는 것이라고 인정한다. 예루살렘 백성의 고백이 끝나고 유배자들의 고백이 시작되는 지점이 어디인지 분명치 않지만, 2,13-14에서 유배자들이 말한다. 아마 예루살렘 백성의 고백이 시작되는 구절인 1,15과 병행하는 2,6에서 유배자들의 말이 시작되는 것 같다. 유배자들은 다음과 같은 사실을 인정한다. "주 저희 하느님, 저희는 당신의 모든 규정을 어겨 죄를 짓고, 경건하지도 의롭지도 못하게 살았습니다. 당신의 분노를 저희에게서 거두어 주소서. 당신께서 저희를 민족들 사이로 흩으시어 저희가 적은 수만 살아남았기 때문입니다. 주님, 저희 기도와 간구를 들어 주소서. 당신을 위하여 저희를 구원하시고, 저희를 유배시킨 자들 앞에서 저희에게 은총을 내려 주소서. 그리하여 온 세상이, 당신께서 주 저희 하느님이시라는 것과, 이스라엘과 그 민족이 당신 이름으로 불린다는 것을 알게 하소서"(2,12-15). 분명히 참회가 요구되고, 유배자들이 하느님께 말씀드리는 것은, 죽은 이들이 아니라 슬퍼하는 이들이 하느님을 찬양한다는 사실이다. 유배자들은 죄를 짓지만 유배 중에 참회할 것이라고 예언하는 신명 28장(바룩 2,28-29과 신명 28,58.62을 비교하라)에 호소하기도 한다. 그런 다음 주님은 조상들에게 맹세하신 대로 그들을 조국으로 돌려보내시고 그들과 영원한 관계를 맺으시게 될 것이라고 약속한다. 3,1-8에서 유배자들은 참회하여 부르짖으며 조상들이 행한 불의한 행실 때문에 고통받는다는 사실을 크게 강조한다. 그들은 하느님께 그 죄들을 기억하지 마시고 당신의 권능과 이름을 기억하시라고 청한다.

이 지점에는 지혜에 관한 짤막한 단락(3,9-4,4)이 배열되어 있다. 이 대목은 유배의 주제와 밀접히 연결된다. 이스라엘은 처음부터 생명을 주는 계명에 귀를 기울이고 지혜를 배우도록 초대받았다. 그들은 유배살이를 하는 이유를 이해하여야 한다. "네가 지혜의 샘을 저버린 탓이다. 네가 하느님의 길을 걸었더라면 너는 영원히 평화롭게 살았으리라. 예지가 어디에 있고 힘이 어디에 있으며 지식이 어디에 있는지를 배워라. 그러면 장수와 생명이 어디에 있고 눈을 밝혀 주는 빛과 평화가 어디에 있는지를 함께 깨달으리라" (3,12-14). 이 단락의 많은 부분이 지혜를 찾는 데 성공하지 못한 사람들을 열거하는 데 할애된다. 사실 지혜에 이르는 길을 아는 사람은 아무도 없다. 그러나 하느님께서는 지혜를 찾아내셨다. "그분께서 슬기의 길을 모두 찾아내시어 당신 종 야곱과 당신께 사랑받는 이스라엘에게 주셨다"(3,37). 집회서처럼 바룩서는 모세의 율법을 지혜와 동일시한다(4,1). 지혜를 꼭 붙드는 사람은 살 것이다. 지혜를 버리는 자는 죽을 것이다. 이 가르침은 현재의 위기에도 열쇠를 제공한다. 따라서 이스라엘에게 "슬기를 붙잡고 그 슬기의 불빛을 향하여 나아가라"(4,2)고 권면한다.

마지막 단락(4,5-5,9)은 예루살렘 주위를 맴돈다. 이스라엘은 나쁜 행실로 하느님과 예루살렘을 슬프게 하였다. 4,9-16에서 예루살렘은 자기 자녀들이 유배를 떠났기 때문에 슬픔에 잠겨 있다고 이웃들에게 말한다. 그들이 죄를 지었기 때문에 하느님께서는 그들을 쳐부수기 위하여 멀리 떨어져 있는 나라로 보내셨다. 4,17-29에서 예루살렘은 유배간 자녀들에게 말하며 용기를 내어(21.27.30절) 현재의 상황을 참아 내며(25절) 구원해 줄 하느님께 부르짖으라고 권한다. 끝으로 4,30-5,9에서 예루살렘은 스스로에게 예루살렘의 자녀들을 억압한 자들이 고통받을 것이며 예루살렘의 자녀들이 돌아올 것이라고 약속하며 용기를 북돋운다. 바룩서는 유배자들이 어머니 예루살렘으로 돌아올 길을 묘사하기 위하여 이사 40장의 잘 다듬어진 언어에 주의를 집중하는 대목으로 끝난다.

바룩서에서 명확히 드러나는 한 가지 점은, 제2성전 시기의 유다인들은 대부분 에즈 1장에 묘사된 첫 번째 귀환 때 유배가 끝났다고 생각하지 않았다는 것이다. 유배는 계속되었다. 각자에게 유배가 어떤 의미를 갖든 유배 상황은 참회를 설교하는 이들, 곧 백성에게 계약의 법을 지켜 하느님과 그분 백성 사이의 옛 관계를 회복하도록 권하는 이들에게 표어가 되었다.

(4) 솔로몬의 지혜서(제2경전/외경)

솔로몬은 이스라엘의 과거에서 위대한 현인이었다. 그는 히브리어 성경에서 여러 권의 책을 저술한 인물로 여겨진다(잠언, 아가, 코헬렛). 솔로몬은 초기 유다교 시기까지도 지혜와 연결되어 있었는데,

이는 아마 위대한 임금 솔로몬이 죽은 지 9세기가 지난 뒤에 저술된 〈솔로몬의 지혜서(The Wisdom of Solomon)〉를 통해 알 수 있다. 이 책은 틀림없이 그리스어로 저술되었는데, 저자는 이사야서 같은 책을 인용할 때 그리스어 번역본을 사용한다(2,12. 칠십인역 이사 3,10 참조). 따라서 저자는 중요한 책들의 그리스어 번역본이 만들어지기 전에 지혜서를 쓸 수 없었다. 지혜서에 사용되었으나 기원후 1세기까지 솔로몬의 지혜서 밖에서 입증되지 않은 몇몇 어휘는 지혜서가 그때까지 저술되지 않았음을 시사한다. 저자가 활동했던 장소로 이집트를 생각할 수 있겠으나, 어디까지나 추정일 뿐이다.

지혜서는 지혜의 길을 추구하도록 독자를 권면하는 저자의 담론이다. 지혜서는 세 개의 주요 부분으로 구성되어 있다. 제1부(1,1-6,21)에서 저자는 지혜가 통치자들에게 주는 선물인 불멸성에 관해 말한다. 저자는 통치자들에게 불멸을 가져다 주는 정의를 사랑하라고 권한다(1,1-15). 악인의 삶은 죽음으로 이끈다는 것이다. 저자는 자신의 관점을 설명하면서 죽음과 계약을 맺은 사람들을 묘사하고, 인생은 짧고 내세가 없기 때문에 하고 싶은 것은 무엇이든 해도 된다고 주장하는 악인들의 말을 인용한다(1,16-2,24). 그러나 그들의 생각은 틀렸다. 하느님께서는 인간을 불멸하는 존재로 창조하셨기 때문이다. 악인들은 자기들을 반대하며 자기들을 성가시게 하는 이들이라고 생각하는 궁핍하고 의로운 사람들을 억압한다(2,10-20). 그러므로 저자는 한 대목을 할애하여 의인의 고통은 단순히 시련일 뿐이라고 설명한다. 실재와 겉으로 나타나는 것 사이에는 명백한 차이가 있다. 의인들은 "불사의 희망으로 가득 차 있"(3,4)기 때문이다. 의인들이 죽으면, 그들은 밝게 빛날 것이며 민족들을 심판하고 진리를 이해하며 사랑 안에 하느님과 함께 남을 것이다. 그러나 악인들은 저주를 받을 것이다.

저자는 짤막한 단락(3,13-4,6)을 할애하여 자식 없는 의인이 결국 자식을 볼 것이라고 주장한다. 곧 하느님께서 영혼들을 찾아오실 때에(내시도 언급된다) 자식을 낳지 못하는 여자가 자손을 볼 것이다. 그러나 간음에서 얻은 자식들은 결코 영예롭지 못하며 아무 것도 아닌 것으로 취급될 것이다. 따라서 자식이 없어도 덕이 있는 것은 자손이 많은 악인보다 훨씬 낫다. 이 사실에서 영의 세계가 육신의 세계보다 월등하다는 결론이 나오는 것 같다. 외적으로 부질없는 것처럼 여겨질 수 있는 또 다른 예는 의인이 요절하는 것이다(4,7-20). 지혜에 따르면 영예로운 나이는 장수로 결정되지 않고 예지로 결정된다. 여기서 지적하는 의인이 구체적으로 어떤 인물인지 밝히지 않지만(지혜서는 사람의 이름을 거명하지 않는다), 그가 든 예는 에녹을 가리킨다. 에녹은 당시 사람들에 비해 훨씬 더 이른 나이에 세상을 떠났다. 그러나 그가 세상을 떠난 것은 하느님의 사랑을 받지 못해서가 아니라 짧은 생애로도 완성에 다다랐기 때문이다. 그러므로 장수가 아니라 삶의 질이 중대한 요인이다.

지혜 5,1-23에서 의인은 마지막에 보상을 받는다. 의인들을 억압한 자들은 결국 자신들의 잘못을 깨닫는다. 그들이 억압한 의인들에 대해서나 종말에 참으로 심판이 있다는 사실에 대해서도 잘못 생각하였음을 안다. 〈에녹의 비유집〉에서 그런 것처럼, 마지막 심판 때에 의인들과 악인들 사이에 완전한 반전이 일어난다.

지혜서 제1부의 마지막 단락은 통치자들에게 쉽게 발견될 수 있고 불멸성(악인들의 덧없는 존재와 달리)으로 이끄는 지혜를 찾도록 권면한다. 통치자들은 하느님에게서 통치권을 받는데, 하느님께서는 그들이 하는 일을 점검하신다. 그들은 올바르게 다스리지 않았기 때문에 하느님의 심판을 받는다. 그러므로 통치자는 지혜를 염원하고 지혜의 법을 지켜 지혜를 사랑한다는 것을 보여 주면서 나라를 다스리도록 해야 한다.

지혜서의 제2부(6,22-10,21)는 지혜의 정체, 지혜가 지닌 힘의 본성, 그리고 지혜를 추구한 솔로몬(물론 이름이 거명되지 않는다)을 설명한다. 청중은 다시 한 번 통치자들이다. 1인칭으로 말하는 솔로몬은 자신도 죽어야 할 인간이며 다른 무엇보다 지혜를 더 좋아하였다고 설명한다. 지혜를 올바로 평가할 능력을 주는 분은 하느님이시다. 하느님께서는 달력을 포함하여 만물의 다양한 모습에 관해 정확한 지식을 주신다. 여기에서 우리는 하느님께서 창조하신 것은 그분의 존재를 드러낸다는 논제를 보게 된다. 이 단락에서 가장 유명한 구절은 7,22-23인데, 여기서 저자는 지혜의 속성을 스물한 가지 열거한다. 그는 7,24-8,1에서 계속 지혜의 속성을 설명한다.

> 지혜는 어떠한 움직임보다 재빠르고
> 그 순수함으로 모든 것을 통달하고 통찰한다.
> 지혜는 하느님 권능의 숨결이고
> 전능하신 분의 영광의 순전한 발산이어서

어떠한 오점도 그 안으로 기어들지 못한다.
지혜는 영원한 빛의 광채이고
하느님께서 하시는 활동의 티 없는 거울이며
하느님 선하심의 모상이다.
지혜는 혼자이면서도 모든 것을 할 수 있고
자신 안에 머무르면서 모든 것을 새롭게 하며
대대로 거룩한 영혼들 안으로 들어가
그들을 하느님의 벗과 예언자로 만든다.
그래서 하느님께서는 지혜와 함께 사는 사람만 사랑하신다.
지혜는 해보다 아름답고
어떠한 별자리보다 빼어나며
빛과 견주어 보아도 그보다 더 밝음을 알 수 있다.
밤은 빛을 밀어 내지만
악은 지혜를 이겨 내지 못한다.
지혜는 세상 끝에서 끝까지 힘차게 퍼져 가며
만물을 훌륭히 통솔한다(7,24-8,1).

그런 다음 본문은 솔로몬이 지혜를 아내로 맞이하고 싶어 애쓰는 모습을 주제로 삼는다. 지혜는 여기에서 존재하는 만물을 지어낸 장인이라 불린다(8,6). 게다가 지혜는 오래 전에 있었던 일과 앞으로 있을 일을 알고 있다(8,8). 지혜 없이는 아무도 성공할 수 없기 때문에 이름이 밝혀지지 않은 솔로몬은 지혜를 청하는 기도를 바친다(9,1-18. 1열왕 3,4-15에서 언급하는 기브온 체험을 보라). 그는 기도를 마치면서 "지혜로 구원을 받았던"(9,18) 사람들을 언급하는데, 이 주제는 11-19장에서 발전된다. 아담, 노아, 그리고 아브라함 같은 예를 사용하여 역사에 있었던 지혜의 구원 활동을 탐구하는 10,1-21도 이 주제를 다룬다. 지혜서 제2부의 마지막 부분(10,15-21)은 모세와 이집트 탈출을 다루는데, 이는 제3부(11-19장)의 중심 주제이다.

11-19장은 이집트 탈출과 광야 이야기에서 많은 예를 끄집어 낸다. 여기서 이스라엘에게는 득이 되었으나 이집트에게는 징벌의 도구가 된 자연 현상으로 이집트인들에게 적절한 벌이 내렸다는 주제를 설명한다(11,5 참조). 예를 들어 11,1-14에서 시인은 나일 강의 물이 피로 변한 재앙을 다룬다. 그러나 이스라엘은 광야의 바위에서 나온 물을 받았다(반전反轉의 개념에 대해서는 11,14을 보라). 또한 17,1-18,4에서 이집트인들은 암흑으로 공포에 떨었으나, 이스라엘인들은 타오르는 불기둥에서 나오는 빛을 즐겼다. 그러므로 2-5장에서 개인들의 반전을 전개하는 것처럼 여기에서는 두 나라가 연루된 반전을 전개한다.

앞에서 다룬 두 가지 예 사이에 삽입된 단락 두 개에서 서로 다르면서도 관련된 주제들이 검토된다. 첫째 단락(11,15-12,22)은 하느님의 자비에 집중한다. 하느님께서는 당신의 막강한 힘을 발휘하실 수 있는데도 모든 것을 사랑하신다. 그분은 사람들을 조금씩 교정하여 당신을 신뢰하는 법을 배우게 하신다. 하느님께서는 가장 나쁜 가나안인들도 소중히 여기셨기 때문에 자신의 백성에게 자비로우신 분이라고 생각할 수 있다. 그러므로 그분의 백성 역시 관대해야 한다고 한다. 둘째 단락(13-15장)은 우상 숭배를 다루는데, 우상 숭배는 앞 단락에서 제기된 주제이다. 저자는 우상 숭배를 세 가지 종류로 구분한다. 첫째 종류의 우상 숭배는 자연 숭배자들(아마 스토아 철학자들을 언급하는 것일 수 있다)이 실천하는 것이다. 그들은 하느님의 피조물을 통해 진지하게 하느님을 찾기 때문에 저자는 그들에게 어느 정도 존경심을 보인다. 둘째 종류의 우상 숭배는 우상들을 만드는 자들이 실천하는 형태이다. 이사야(44,9-20)와 예레미야(10,1-16) 같은 예언자들처럼 저자는 그들을 조롱한다. 마지막 종류의 우상 숭배가 가장 나쁜 이집트의 동물 숭배자들이 실천하는 것이다. 그들은 동물을 숭배할 뿐 아니라 가장 가증스러운 동물들을 선택한다. 저자는 우상 숭배의 기원을 설명하면서 여러 가지 가능성을 제시한다. 예를 들어 때 일찍 자식을 잃은 문제를 해결하기 위해서나, 군주들의 형상을 공경하는 것 등에서 우상 숭배가 기원했다는 것이다. 그는 유일신을 믿는 이스라엘이 해서는 안 되는 우상 숭배가 모든 악의 시작이요 원인이라고 생각한다.

 솔로몬의 지혜서는 지혜가 모든 것을 침투해 들어가는 영이며, 모든 것을 만들고, 이스라엘의 역사에서 활동하고 있다는 놀랄 만한 모습을 제시한다. 그러면서 다른 모든 것에 앞서 매우 열심히 지혜를 추구해야 한다고 강조한다. 지혜를 소유하는 것이 불멸로 나아가는 길이기 때문이다. 지혜를 찾는 이들은 일이 되어 가는 길을 알며 너무 늦게 지혜를 배운 악인들의 엄청난 실수를 범하지 않는다. 솔로몬의 지혜서 저자는 지혜 전승에서 내세에 대한 믿음을 주장한 사람이다.

5) 시 작품

이미 제시한 작품들 가운데 어떤 것들은 '시詩 작품'(Poetic Works, 가령 집회서와 지혜서)이란 항목에 포함될 수 있었지만, 지혜 범주에 속하지 않으며 위에서 조사한 다른 어떤 범주에도 분명히 속하지 않는 제2성전 시기의 시 문학작품들이 있다. 그 작품들은 편의상 그 자체로 분류하여 이 자리에서 다룬다.

(1) 솔로몬의 시편(위경)

성경에 따르면 솔로몬 임금은 지혜뿐 아니라 다른 종류의 문학과도 연계되었다. 곧 "그의 노래는 천다섯 편이나 되었다"(1열왕 5,12ㄴ). '솔로몬'이라는 표제가 붙은 시편 72는 솔로몬이 죽고 나서 한참 뒤에 작성된 〈솔로몬의 시편(The Psalms of Solomon)〉의 원천 또는 모형으로 사용되었을 것이다. 시편 72는 청원으로 시작한다. "하느님, 당신의 공정을 임금에게, 당신의 정의를 왕자에게 베푸소서. 그가 당신의 백성을 정의로, 당신의 가련한 이들을 공정으로 통치하게 하소서. 산들은 백성에게 평화를, 언덕들은 정의를 가져오게 하소서. 그가 백성 가운데 가련한 이들의 권리를 보살피고 불쌍한 이들에게 도움을 베풀며 폭행하는 자를 쳐부수게 하소서"(시편 72,1-4). 이런 내용이 〈솔로몬의 시편〉에서 다룬 주제들이다. 사실 〈솔로몬의 시편〉 저자는 공정으로 통치하며 모든 민족을 다스리게 될 메시아다운 임금을 기대한다. 솔로몬의 이름으로 전해지는 열여덟 편의 시편은 적어도 기원전 63년 폼페이우스 장군이 예루살렘을 점령한 것과 그 시대의 사건에 대한 응답이다. 〈솔로몬의 시편〉 17은 다윗의 후손으로 오게 될 메시아를 길게 묘사하고 있기 때문에 주목을 받았다. 현재 남아 있는 이 시편의 본문 가운데 가장 오래된 형태는 그리스어로 쓰여 있고 칠십인역 성경의 수사본들에서 발견되는데, 그 시편들이 본래 히브리어로 작성되지는 않았을 것이다.

〈솔로몬의 시편〉이 언제 작성되었는지 정확히 말할 수는 없다. 시편의 요한 2, 8, 그리고 17편에서 그 주요한 단서들이 유래한다. 이 세 시편은 적어도 그것들이 작성된 역사적 배경을 약간 제시한다. 여기에서 시인은 합법적인 통치자가 아닌 자국의 지도자들과 대대적인 부패와 악이 만연했던 그들의 시기에 대해 말한다. 그들은 성전과 예배를 위협한 인물들로 여겨진다. 그들은 하스모네아 왕가의 사람들인 것 같다. 하느님께서는 그들을 거슬러 이민족 정복자를 끌어들이시는데, 어떤 이들은 정복자가 예루살렘에 입성하는 것을 환영하였으나 정복자는 여전히 무력으로 도성을 차지해야 했다. 그는 성전에 들어갔지만, 나중에 이집트에서 죽어 그의 시체는 땅에 묻히지 못한 채 해변에 버려졌다(2,26-27 참조). 이 같은 묘사는 폼페이우스가 예루살렘에서 행한 행위와 기원전 48년 그의 종말에 있었던 일과 맞아떨어진다. 그렇다면 시편 2(8과 17과 더불어)는 이 사건이 있은 뒤에 쓰였을 것이다. 다른 시편들도 마찬가지이겠지만, 저술 연대가 분명하지는 않다. 성전 파괴에 관해서는 전혀 언급하지 않으므로 〈솔로몬의 시편〉이 기원후 70년 이전에 쓰였다고 말할 수 있다. 바룩서의 저자가 〈솔로몬의 시편〉에서 영향을 받았다는 주장도 있다. 〈솔로몬의 시편〉 11,2-5과 바룩 5,5-8이 밀접한 병행문일 뿐 아니라, 이 시편에 표현된 내용이 더욱 빈틈없이 잘 배열되어 있기 때문이다. 게다가 어떤 학자들은 바룩 5,5-8을 〈솔로몬의 시편〉에 덧붙여진 첨가문으로 생각하기도 한다. 그러나 영향을 받은 방향이 거의 확실하지 않다. 두 작품이 공통된 전통에 속해 있었다고 보는 것이 좋겠다.

여러 시편이 저자와 저자가 속한 무리가 받는 억압의 감정을 표현한다. 그들은 주님이 당신 백성을 벌하는 것은 옳은 일이라고 인정하면서 주님께 구원해 주실 것을 부르짖는다. 그렇지만 그들은 아버지가 아들을 훈육하듯이 주님께서 당신 자녀들을 훈육하시는 것이라고 고백한다. 따라서 그들은 참아내야 하고 의인들에게 확실히 영원한 생명을 주고 악인들을 영원히 파멸시키시는 주님을 계속 신뢰해야 한다. 현재의 상황에도 하느님과 이스라엘 사이에는 확고한 유대 관계가 있다.

각 시편을 간단히 살펴보면 그 내용을 짐작할 수 있을 것이다.

시편 1: 말하는 이는 자기 자녀들의 악행을 몹시 슬퍼하는 예루살렘일 법하다. 저자는 한 집단에 대해 다음과 같이 말한다. "법을 무시한 그들의 행위는 이민족들을 능가합니다. 그들은 주님의 성소를 완전히 더럽혔습니다"(1,8).

시편 2: 가장 명확히 역사적 사실을 언급하는 세 편의 시편 가운데 하나인 이 시편은, 하느님 두려운 줄 모르고 벽들을 허문 죄인들에 관해 말한다. "이민족들이 희생 제사를 바치는 곳에 올라와 오만하게도 그곳을 신발로 짓밟았습니다"(2,2). 이런 일은 성소를 더럽히고 갖가지 혐오스런 일(가령 매춘)을 저지른 몇몇 예루살렘 주민들이 지은 죄에 대한 징벌로 있게 된 것이다. 시인은 하느님의 심판은 옳다고 고백하면서, 지나치게 열광하는 이민족들에게 보복하는 것을 늦추지 말아 달라고 기도한다. 위에서 지적한 것처럼 2,26-27은 폼페이우스의 죽음을 암시하는 것일 수 있다. 그는 자신이 단지 인간일 뿐이고 하느님이 주님이라는 사실을 이해하지 못하였다. 시인은 통치자와 다른 이들에게 하느님을 알아보도록 촉구한다. 하느님께서는 끊임없이 당신을 부르는 의인들에게 자비를 베푸시고 죄인들에게는 그들이 행한 행실에 따라 되갚으시는 분이다.

시편 3: 시인은 의인들의 길과 죄인들의 길을 대비시킨다. 의인들은 영원한 생명을 즐기겠지만, 죄인들은 영원한 파멸을 겪게 될 것이다.

시편 4: 시인은 속임수를 쓰고 관능적이며 위선적인 사람들을 욕한다. 그런 자들은 거짓으로 남의 환심을 사려 한다. 그는 그런 자들은 벌을 받아 마땅하니 그들이 죽으면 그들의 시체가 묻히지 못한 채 버려지게 해 달라고 기도한다. 죄 없이 하느님을 경외하는 이들은 복을 받을 것이며 주님은 속임수를 쓰는 사람들에게서 그들을 구원하실 것이다.

시편 5: 자주 볼 수 있는 일이듯이, 여기에서 시인은 가련하고 억압받는 이들을 돌보시는 주 하느님을 찬양한다. "우리가 박해를 받으면 우리는 당신께 도움을 청하고 당신은 우리 기도에 등을 돌리지 않으십니다. 당신은 우리 하느님이시기 때문입니다"(5,5). 그는 또한 의인은 적당한 재산으로 충분하다고 선언하기도 한다(5,17).

시편 6: 하느님을 부를 마음의 준비가 되어 있는 사람은 행복하다. "그가 주님의 이름을 기억하면 주님은 구원해 주실 것입니다"(6,1). 시편은 이런 부류의 사람들이 선택한 삶의 길을 묘사한다.

시편 7: 시인은 하느님께서 이스라엘을 보호하고 파멸하지 않으실 것이라는 신뢰를 표현한다. "당신이 원하시는 대로 저희를 훈육하소서. 그러나 저희를 이민족들에게 넘기지는 마소서"(7,3).

시편 8: 예루살렘에 있는 이들의 폭동 소리와 죄에 관해 말하는 역사적 암시가 담겨 있다. 이 시편에도 역사적 암시가 담겨 있다. 시인은, 간음하고 근친상간하며 성전을 약탈하고 희생 제물을 모독한 그들을 하느님께서 공정하게 심판하신다고 다시 한 번 선언한다. "그들이 행하지 않은 죄가 없으니, 이민족들보다 나을 것이 없습니다"(8,13). 그런 악한 행실 때문에 하느님께서는 땅 끝에서 공격자를 데려오셨다. 지도자들이 예루살렘의 성문을 열어 도성에 들어오게 하였으나, 그는 예루살렘에서 많은 이를 살육하였다. 시편은 올바르게 심판하는 하느님을 찬양하고 당신 백성에게 다시 자비를 베풀어 달라고 청한다.

시편 9: 유배는 하느님의 공정함을 보여 주었다. 하느님께서는 악을 일삼는 자들을 낱낱이 알고 계신다. 시인에 따르면, 백성은 자신들이 걸어야 할 길을 선택할 수 있다. 하느님께서는 자기의 죄를 고백하는 사람들을 깨끗하게 해 주신다. 시인은 다시 한 번 당신 백성에게 영원한 자비를 베풀어 달라고 하느님께 청한다.

시편 10: 하느님께서 심판하시는 것은 의로운 이들을 벌하기 위해서가 아니라 훈육하기 위해서이다. "하느님은 훈육을 참아내는 이들에게 좋으십니다"(10,2). 하느님께서는 심판에 공정하시고 이스라엘의 가련한 이들에게 자비로우실 것이다.

시편 11: 시인은 하느님의 자비가 이스라엘 위에 영원히 머물기를 기도한다. 예루살렘은 자기 자녀들이 사방에서 모여드는 것을 본다. 산들은 평평해지고 언덕들은 낮아진다(바룩 5,5-8의 병행문 참조). "하느님은 영구히 이스라엘의 행복을 말씀하셨으므로"(11,7) 예루살렘은 영광의 옷을 입는다고 한다.

시편 12: 이 시편에는 악한 자들에게서 구원해 달라는 청원과 그들을 벌하라는 요구가 들어 있다. 평온한 사람들을 보호하고 이스라엘을 영원히 구원해 주실 것도 하느님께 청한다.

시편 13: 시인은 주님이 자신과 다른 이들을 보호해 주셨다고 고백한다. 아버지가 사랑하는 아들에게 하듯이 하느님께서는 의로운 이들을 훈육하신다. 그분의 자비는 경건한 이들, 당신을 경외하는 자들에게 머무른다. 그러나 죄인들은 파멸할 것이다.

시편 14: 주님은 당신을 사랑하는 이들과 당신의 훈육을 참아 내는 이들에게 충실하시다. 그들은 영원히 살 것이다. 시편은 그들의 길과 운명을 죄인들의 그것들과 대비시킨다.

시편 15: 하느님께서는 박해받는 시인을 구원하셨다. 실제로 그분은 가련한 이들의 희망이며 피신처이시다. 심판하시는 하느님의 불꽃은 의인들을 다치게 하지 않을 것이다. 기근과 칼과 죽음은 의인들에게 멀리 떨어져 있지만, 악인들을 뒤쫓는다. 하느님의 표시가 의인들에게는 구원을, 죄인들에게는 파멸을 가리킨다.

시편 16: 시인은 자신이 주님에게서 멀리 떨어져 있던 경험을 말하며 그것을 잠에 비교한다. 그러나 주님은 그를 도우러 오셨고 구해 주셨다. 그래서 그는 주님께 감사드리며 죄를 짓지 않도록 지켜 주시기를 청한다.

시편 17: 역사적 사건들을 명확히 암시하는 마지막 시편은 주님이 이스라엘의 영원한 임금이심을 경배하는 것으로 시작하여 그것으로 끝맺는다. 시인은 하느님께서 다윗에게 하신 약속을 기억하지만, 이스라엘이 지은 죄를 인정한다. 그 결과 죄인들은 이스라엘에 저항하였고 이스라엘을 밖으로 내몰았다. 나중에 하느님께서는 그들을 내던지셨다. 그러나 "우리 민족에 속하지 않은 한 사람"(17,7)이 이스라엘을 거슬러 일어나 이스라엘을 잔인하게 대하였고 이스라엘 땅을 훼손시켰다. 경건한 이들은 광야로 달아나야 했다. 그 상황이 얼마나 무서웠는가를 묘사한 뒤에 시인은 하느님께 청한다. "보소서 주님, 그들에게 다윗의 아들을 임금으로 일으키시어 당신께 알려진 때에 당신의 종 이스라엘을 통치하게 하소서, 오 주님"(17,21). 이 임금은 죄인들을 예루살렘에서 힘차게 몰아내고 공정하게 다스릴 거룩한 백성을 모을 것이다. 그는 백성에게 그들의 지파에 따라 땅을 분배하고 이민족들을 그의 굴레에 예속시킬 것이다. 이스라엘을 해치지 않는 민족들은 선물을 가지고 예루살렘으로 와 주님의 영광을 보게 될 것이다. 이 임금은 "주님이신 메시아"(17,32)라 불린다. 그 메시아는 강렬한 용어들(공정하고 힘이 있으며 자비롭고 현명하며 죄가 없는)로 묘사되지만, 주님은 항상 그의 임금, 그를 일으킨 분이시다.

시편 18: 주님은 가련한 이들을 포함한 모든 이를 지켜 보시며 당신의 백성을 맏아들처럼 훈육하신다. "하느님, 자비의 날, 당신의 메시아가 통치할 정해진 날에 이스라엘을 깨끗이 하시어 강복하소서"(18,5). 시편 17에서처럼 그는 메시아의 날에 태어나는 이들은 복을 받을 것이라고 한다. 그는 하느님을 위대하신 분으로, 불변하는 진로에 발광체들을 세워 놓으신 분으로 찬양하며 끝낸다.

(2) 므나쎄의 기도(정교회의 제2경전 목록에 포함되어 있음)

〈므나쎄의 기도(The Prayer of Manasseh)〉는 그리스어 성경의 몇몇 사본에서 송시頌詩(Odes) 가운데 포함되어 있다. 송시는 성경과 다른 원천에서 가져온 여러 시를 수집해 놓은 것이다. 송시는 시편에 덧붙여져 있다. 기도는 짧으며, 성경에서 암시하지만 정확히 묘사하지 않는 어떤 사건을 한 장으로 전개한 작품이다. 이 작품의 제목에 나오는 므나쎄(이 작품에서는 절대 언급되지 않는 이름)는 다윗 왕실의 임금들 가운데 가장 큰 죄인이었던 므나쎄 임금을 밀한다. 2열왕 21,1-18에 따르면, 므나쎄 임금은 예루살렘에서 전례 없는 악한 행위를 저질러 유다와 예루살렘을 파멸로 몰고 간 장본인이었다. 2역대 33장은 이 임금의 자세한 인적 사항을 덧붙인다. 여기에서 참으로 사악한 인물 므나쎄는 아시리아인들에게 포로가 되어 바빌론으로 끌려 갔다. "이렇게 곤경에 빠진 므나쎄는 주 자기 하느님께 자비를 간청하였다. 자기 조상들의 하느님 앞에서 자신을 한껏 낮추고, 그분께 기도를 드리니… 그가 다시 예루살렘으로 돌아와 나라를 다스리게 하셨다. 그제서야 므나쎄는 주님께서 하느님이심을 알게 되었다"(2역대 33,12-13). 그가 하느님께 드린 기도는 "환시가들의 기록"에 쓰여 있다고 전한다(2역대 33,19).

〈므나쎄의 기도〉의 열다섯 절은 후대의 작가가 므나쎄의 기도를 재연하기 위해 상상하여 지은 것이다(또한 쿰란의 본문인 4Q 381, 단편 33,8-10을 보라. 이 본문에서 "아시리아 임금이 유다 임금 므나쎄를 감옥에 가두었을 때 므나쎄가 지은 기도"라고 한다). 〈므나쎄의 기도〉는 고통 중에 하느님의 자비를 청하면서 죄를 고백하고 참회하는 말을 기록한 유다인들의 다른 작품들에 속한다(가령 에즈 9장, 느헤 9장, 아자르야의 기도를 보라). 탄원자는 조상들의 하느님이시고 창조주이시며 전능하신 주님께 호소하는 것으로 시작하는데, 죄인은 그분의 진노 앞에 감히 설 수 없지만, 그분의 자비는 "무한하고 헤아릴 수 없다"(6절). 그는 하느님께 "당신은 당신을 거슬러 죄를 지은 이들에게 참회와 용서를 약속하셨습니다. 당신의 무수한 자비로 죄인들을 위하여 참회를 정해 놓으시어 그들이 구원받을 수 있게 하셨습니다"(7절). 그런 다음 그는 자신을 돌아보며 자신과 같은 엄청난 죄인에게는 참회가 필요하다고 한다. 그의 죄는 무시무시하게 그를 짓누른다(9-10절). 그는 하느님의 용서를 간청하고 하느님께서 당신의 크신 자비에 따라 자기를 곤경에서 구해 주시고 자기를 통해 당신의 선함을 보여 주신다면 온 생애를 바쳐 하느님을 찬양하겠다고 선언한다.

(3) 아자르야의 기도와 세 젊은이의 노래(제2경전/외경)

그리스어 번역본 다니엘서에 첨가된 세 개의 첨가문 가운데 하나가 아자르야의 기도(The Prayer of Azariah)와 세 젊은이의 노래(The Song of the Three Young Men)이다(이들은 몇몇 그리스어 사본에서 시편에 부록으로 붙어 있는 송시에서 각각 7번과 8번으로 되어 있다). 문제의 세 젊은이는 다니엘의 친구들인 하난야, 아자르야 그리고 미사엘이다(본문은 그들의 히브리어 이름을 사용한다). 아자르야의 기도와 세 젊은이의 노래는 다니 3,23과 3,24(아람어 본문에서는 무엇인가 빠진 것처럼 두 구절이 단절된 것 같다) 사이에 삽입되어 있다. 이 첨가문은 산문체로 쓰인 두 구절(1-2절)짜리 도입문 뒤에 스무 절(3-22절)로 된 아자르야의 기도가 이어진다. 그런 다음 또 다른 산문체 부분(23-28절)이 세 젊은이의 노래(29-68절)를 도입한다. 이 예순일곱 절은 가톨릭의 성경 번역본에서 다니 3,24-90로 장과 절 표시가 되어 있다(즉 1절이 가톨릭 성경 3,24이니―역자 주).

아자르야의 기도는 위기에서 구원을 요청하는 탄원이다(세 사람은 네부카드네자르의 불가마 속에 있다). 물론 그가 직시하는 위기는 세 사람의 운명보다 훨씬 더 광대하다. 그는 찬송받아 마땅한 조상들의 하느님, 율법을 어기고 죄를 지은 데 대해 예루살렘과 세 젊은이를 공정하게 심판하시는 하느님을 찬미한다. 이 사실에도 아자르야는 이렇게 기도한다. "당신의 이름을 생각하시어 저희를 끝까지 저버리지 마시고 당신의 계약을 폐기하지 마소서"(11절). 또 그는 하느님의 약속을 받은 아브라함과 이사악과 이스라엘에게 근거해서 호소한다. 백성의 비천한 현재 처지 때문에 그는 하느님께 탄원한다. "저희의 부서진 영혼과 겸손해진 정신을 보시어 저희를 숫양과 황소의 번제물로, 수만 마리의 살진 양으로 받아 주소서"(16-17절). 그는 그들이 하느님을 추구하고 경외한다는 것을 인정하고 "당신의 놀라운 업적"에 따라 그들을 구원해 달라고 기도한다(20절). 그러면 그들의 원수들은 그분이 온 세상의 주님이심을 알게 될 것이다.

두 번째 산문체 도입문(23-28절)에서는 네부카드네자르의 종들이 불가마를 몹시 뜨겁게 계속 달구지만, 주님의 천사가 그들 곁으로 내려와서 불길을 가마 밖으로 내몰고 "가마 복판을 이슬 머금은 바람이 부는 것처럼 만들었다"(27절). 기적과 같이 구원된 세 젊은이는 "한 목소리로 하느님을 찬송하고 영광을 드리며 찬미하였다"(28절).

세 젊은이의 노래는 형태상 명확히 구분되는 두 부분으로 되어 있다. 29-34절에서 각 절은 "하느님은 찬미받으소서"("당신의 영광스럽고 거룩하신 이름은 찬미받으소서"로 되어 있는 30절은 예외)로 시작하며, 둘째 소절은 하느님을 찬송하고 드높은 영광을 드리는 내용을 진술한다. 하느님은 가장 높은 곳에 위치한 왕좌에 계신 분으로 묘사된다. 이와 같이 직접 찬송하는 데 이어 다른 찬송이 계속되는데(35-66ㄱ절), 창조의 다양한 부분들에게 주님을 찬송하도록 초대한다. 35-51절은 하늘과, 하늘과 연관된 실재에게 주님을 찬송하라고 한다(천사, 하늘 위 물, 주님의 군대, 해, 달, 별, 비, 이슬, 바람 등). 이 부분의 둘째 부분은 그들에게 "영원히 그분을 찬송하고 드높이 찬양하여라" 하며 촉구한다. 그런 다음 52-59절에서 땅과, 땅에 연관된 모든 것에게 우주의 찬송에 동참하라고 명령한다(산, 언덕, 땅에서 싹트는 것, 샘, 바다, 강, 용과 물에서 움직이는 모든 것, 새, 들짐승, 집짐승 등). 이 구절에서도 "영원히 그분을 찬송하고 드높이 찬양하여라"는 후렴을 반복한다. 창조의 다양한 부분에게 주님을 찬양하도록 초대한 뒤에 이스라엘, 주님의 사제, 주님의 종, 의인들의 정신과 영혼, 거룩한 이와 마음이 겸손한 이 등 모든 백성을 향하여 주님을 찬미하라고 한다(60-66ㄱ절). 끝으로 세 젊은이는 자신들에게도 주님을 찬미하라고 한다. 이 구절은 각기 앞의 두 부분에 나오는 후렴을 반복한다. 마지막 절은 주님을 찬송하고 찬양하는 이유를 제시한다. "그분께서 우리를 저승에서 구해 주시고 죽음의 손아귀에서 구원하셨으며 불길이 타오르는 가마에서 건져 내시고 불 속에서 건져 내셨다"(66ㄴ절). 영원한 자비를 가지고 계신 분께 감사하라는 초대로 세 젊은이의 노래가 끝난다. 이 지점에서 다니 3,24로 돌아가는데, 이때 네부카드네자르는 가마 속에서 네 사람이 데인 곳 하나 없이 불 속을 거닐고 있는 것을 보고 삼싹 놀란다. 첨가문은 넷째 사람이 누구인지 설명한다. 그는 세 젊은이를 구하도록 파견된 천사이다(다니 3,28에서 네부카드네자르는 하느님께서 당신의 천사를 보내시어 그들을 구해 내셨다고 한다).

6) 우상들을 비웃음(Mockery of Idols)

히브리어 성경에는 이민족들이 숭배하는 우상들의 약함을 비웃듯

상술하며, 그들의 무능을 이스라엘의 하느님의 전능과 대비시키는 단락이 여럿 포함되어 있다(가령 이사 44,9-20). 이제부터 언급할 두 가지 예가 보여 주듯이, 이런 유형의 저작은 제2성전 시기에도 계속되었다.

(1) 예레미야의 편지(제2경전/외경)

예레미야서에서 예언자는 바빌론으로 끌려가게 된 포로들에게 편지를 써서 그들이 있는 곳에 정착하며 새로운 성읍의 안녕을 위하여 기도하라고 촉구한다(사실상 예언자의 두 통의 편지를 담고 있는 예레 29장을 보라). 제2성전 시기 초에 알려지지 않은 어느 시점에 어떤 사람이 예레미야의 이름으로 또 하나의 편지를 썼다. 이 편지는 "하느님께서 자기에게 명령하신 대로, 바빌론인들의 임금이 바빌론으로 끌고 간 포로들에게 전하려고 보낸 편지"(1절)였다. 이 편지가 히브리어로 쓰였다고 보는 것이 이치에 맞겠으나, 현재 우리에게 남아 있는 가장 오래된 본문은 그리스어로 쓰여 있다. 이 편지의 작은 그리스어 단편이 쿰란의 일곱째 동굴에서 발견되었는데(7Q 2. 이 단편에서 우리는 43-44절부터 몇몇 단어와 편지를 읽을 수 있다), 이는 기원전 100년경의 것이다.

이 짤막한 〈예레미야의 편지(The Letter of Jeremiah)〉는 칠십인역에 보존되어 있는데 때로는 개별 책으로 때로는 바룩 6장으로 되어 있다. 이런 이유 때문에 새 개역 표준 성경(NRSV)은 예레미야의 편지를 독립 작품으로 보면서도 바룩서 바로 뒤에 배열하여 이를 바룩서 6장으로 삼았다(역자 주: 우리말《성경》에서도 바룩서 6장으로 되어 있음). 2마카 2,2에서 예언자가 백성에게 "금과 은으로 만든 우상들과 그 장식물을 보면서 생각만으로라도 현혹되지 말라고 지시하였다"고 말할 때, 예레미야의 편지를 가리킬 수 있다. 그러나 2마카 2장의 저자는 예레미야의 다른 전승들도 알고 있었기 때문에, 그가 사용한 원천이 예레미야의 편지였는지 확신할 수는 없다.

한 장으로 되어 있는 편지의 대부분은 우상들과 우상들을 숭배하는 자들, 그리고 우상들 앞에서 봉사하는 사제들을 사정없이 비판한다. 저자는 이 편지를 쓰면서 히브리어 성경에서 잘 확립되어 있는 반反우상 전통(가령 이사 44,9-20을 보라), 예레미야서에서도 잘 입증된 그 전통(우상들을 주님과 대비시키는 예레 10,9.11.14-15을 보라)을 따라간다. 인간이 나무로 만들어 금이나 은으로 입혔으며 자신을 위해 아무것도 할 수 없을 뿐더러 하물며 다른 이들을 구원할 수 없는 우상들이 얼마나 쓸모없는 것인가를 저자는 반복해서 밝힌다. 또 그는 사제들의 부정부패도 강조한다. 8-73절에서 반 우상 논쟁은 반복되는 문장 사용을 통해 여러 부분으로 나뉜다(16. 23. 29. 40. 44. [49]. 52. 56. 65. 69절을 보라).

이런 종류의 작품은 성전과 종교 행렬에서 성상들을 대하는 공통된 견해에 대하여 유다인들에게 하나의 관점을 제공하려는 것이다. 저자는 그런 우상들의 사용을 풍자한다. 그러나 그런 표상들을 이용하여 숭배하는 것이 유익하다고 여긴 사람들이 우상에 대해 저자와 같은 생각을 가졌다고 보아서는 안 된다.

(2) 벨과 용(제2경전/외경)

그리스어 역본 다니 14장에 들어 있는 〈벨과 용(Bel and the Dragon)〉은 우상을 반대하는 이야기로서 주제 면에서 예레미야의 편지와 유사하다. 벨과 용은 다니엘이 바빌론인들과 영웅적으로 투쟁하여 확실히 성공하는 사화를 더 많이 이야기하기 때문에, 위에서 다룬 '꾸민 이야기(Tales)' 항목에 포함될 수 있다. 벨과 용 이야기의 일부는 다니엘과 바빌론인들이 싸우는 이야기고(다니 1. 2. 4. 5장처럼), 또 다른 일부는 살아 계신 하느님을 믿기 때문에 다니엘의 목숨이 위태롭게 되는 종교 박해의 이야기다(다니 3장과 6장처럼).

첫째 사화는 페르시아 임금 키루스 때 있었던 일이다. 다니엘은 임금의 "어떤 친구보다도 존경을 받았다"(2절). 이야기는 우상으로 섬기는 벨(창조 신 마르둑을 가리킨다. 벨은 가나안 종교에 친숙한 단어로 '주님'을 뜻하는 바알을 바빌론식으로 발음한 것이다)에 집중한다. 바빌론인들은 벨을 숭배하였고 매일 엄청난 양의 음식을 벨에게 제공하였는데 매일 밤 그 음식이 소모되었다. 임금은 매일 그 우상을 숭배하였으나, 다니엘은 자기 하느님을 숭배하였다. 왜 하느님을 숭배하느냐는 질문을 받자, 하느님이야말로 우주를 창조하시고 모든 것을 다스리시는 살아 계신 분이기 때문이라며 자신은 인간이 만든 우상을 숭배할 수 없다고 설명하였다. 임금은 벨이 진정 살아 있는 신이라고 생각하였다. 벨이 제물을 모두 먹어치웠기 때문인데, 이는 다니엘을 웃게 만든 이야기였다. 벨이 살아 있는 신인지 아닌지에 대해 경기가 벌어졌다. 경기에 진 자(들)(벨의 사제들 또는 다니엘)은 죽어야 한다. 임금은 벨에게 음식을 갖다 놓고 우상의 방으로 통하는 문을 자기 옥새로 봉인하여 아무도 밤에 거기에 들어가 음식을 먹는 일이 없도록 하였다. 사제들과 그들의 가족들은 비밀 문을 통해 밤에 그 방에 들어가 벨에게 봉헌된 음식을 먹어치웠다. 물론 성전 문은 잠겨 있었다. 임금이 문을 잠그고 봉인하기 전에 다니엘은 신전 바닥에 재를 뿌리는 신중한 조처를 해두었다. 다니엘이 재 뿌리는 것을 본 사람은 임금뿐이었다. 그날 밤 사제들의 가족은 여느 때처럼 신전으로 들어와 제물을 먹어치웠다. 다음 날 아침 임금과 다니엘이 지켜 보는 가운데 봉인된 문이 열리자, 임금은 벨에 대한 자기의 믿음이 입증되었다고 생각하였다. 임금은 "벨이시여, 당신께서는 위대하십니다. 그리고 당신께는 거짓이 하나도 없습니다"(18절)고 고백하였다. 그러나 재 위에 난 발자국들을 자세히 살펴본 결과 참으로 무슨 일이 있었는지 알게 되었다. 사제들이 자신들의 사기를 고백하자, 임금은 그들과 그들의 가족을 사형에 처하였다. 임금은 벨을 다니엘에게 넘겨주었고, 다니엘은 "벨과 그 신전"(22절)을 부수어 버렸다. 그리하여 유배자 다니엘이 정복자의 신을 정복하였다.

바빌론의 신들을 비웃는 둘째 사화(23-42절)는 두 부분, 곧 용(또는 큰 뱀)에 관한 경기(23-27절)와 다니엘이 사자굴에 던져졌다가 구원되는 내용(28-42절)으로 되어 있다. 용에 관한 경기는 "바빌론인들이 숭배하던 큰 용"(23절)과 관련된다. 여기에서도 임금은 용이 살아 있는 신(벨과 달리 용은 살아 있는 것을 직접 볼 수 있다)이라고 주장하며 다니엘에게 용을 경배하라고 하였다. 이를 거부한 다니엘은 임금에게 청하여 칼을 쓰지 않고 용을 죽여도 좋다는 허락을 받아냈다. "다니엘은 역청과 굳기름과 머리털을 가져다가 한데 끓여 여러 덩어리로 만들고 나서, 그것들을 뱀의 입 쪽으로 던졌다. 뱀은 그것들을 먹더니 터져 죽었다. 그러자 다니엘이 말하였다. '보십시오, 여러분이 숭배하던 것을!'"(27절) 이 두 가지 사화에서 저자는 우상을 반대할 뿐 아니라 우상의 파괴를 묘사한다.

바빌론인들은 이 사건에서 논리적 결론을 이끌어 내기보다 임금이 유다인이 되어 버렸기 때문에 벨을 부수고 용을 죽이고 사제들을 살해한 것이라며 임금을 비난하였다. 그들이 임금을 죽이겠다고 위협하자 그는 다니엘을 그들에게 넘겨주었다. 그의 눈부신 경력 중에 두 번째로 다니엘은 사자 굴에 던져졌고 거기서 엿새 동안 지냈다. 그때에는 사자들이 다니엘을 잡아 먹게 하려고 먹이도 주지 않았으나 사자들은 다니엘을 잡아 먹지 않았을 뿐더러 그에게 해도 입히지 않았다. 하바쿡(테오도시온 역본에서는 예언자 하바쿡이라고 한다. 우상을 반대하는 글이 있는 하바 2,18-19을 보라)이 이제 무대에 등장한다. 한 천사가 그에게 준비한 음식을 사자 굴 속에 있는 다니엘에게 갖다 주라고 한다(이 첨가문에는 음식을 가리키는 용어가 많다). 하바쿡이 사자 굴을 모른다고 하자, 천사는 그의 머리채를 잡아 그를 유다에서 바빌론으로 데려다 놓았다. 하바쿡은 음식을 다니엘에게 날라 주었고, 천사는 곧바로 하바쿡을 그의 고장 유다로 데려다 놓았다. 다니 6장의 다리우스 임금처럼 네부카드네자르는 정해진 시간이 끝난 뒤에 사자 굴에 와서 굴 안을 들여다 보니, 다니엘이 아무런 해도 입지 않은 채 거기에 앉아 있는 것을 발견하였다. 그는 다리우스처럼 다니엘의 하느님이 유일하신 하느님임을 인정하였다 (41절). 그러고 나서 다니엘을 모함한 자들을 굶주린 사자들에게 던져 넣으니 사자들은 그들로 배를 채웠다.

7) 필로와 요세푸스

제2성전 시기의 유다인 가운데 두 사람이 특출한데, 그것은 그들의 작품이 많이 보존되어 있기 때문이다. 두 사람 가운데 연장자인 필로(Philo of Alexandria)는 알렉산드리아에 살면서 그리스어로 저술 활동을 하였고 오경에 관해 많은 글을 남겼다. 필로보다 젊은 요세푸스(Josephus)는 예루살렘과 로마에 살면서 아람어(명백히)와 그리스어로 저술 활동을 하였고 자기 백성의 긴 역사를 기술하였다. 실제로 제2성전 시기의 긴 역사에서 요세푸스는 일차적이며 유일한 정보의 원천이다. 필로와 요세푸스에 관한 간단한 말로 그들의 중요성을 다 표현할 수는 없지만, 그들의 경력과 작품으로 공헌한 바를 요약해 보겠다.

(1) 알렉산드리아의 필로

필로의 작품이 많이 남아 있지만, 그의 생애는 거의 알려져 있지 않다. 우리는 그가 언제 태어나 언제 죽었는지 모른다. 그의 생애에 관한 몇 안 되는 정보는 필로의 저작들에서 가끔 내비치는 암시와

몇 안 되는 외부의 언급(가령 요세푸스가 필로를 언급한다)에서 유래한다. 그의 형 알렉산드로스는 세금 징수를 감독하는 고위 관리였고, 아그리파스 1세 임금이 그에게 자주 돈을 빌려 쓸 정도로 부유하였다. 이는 필로가 분명히 알렉산드리아의 대규모 유다 공동체에서 매우 걸출한 가문에 속했음을 뜻한다. 필로의 조카이며 알렉산드로스의 아들인 티베리우스 율리우스 알렉산드로스는 조상들의 종교를 버렸고, 46-48년 유다에서 로마의 행정관으로 있었다. 그는 제1차 유다 독립항쟁(66-70년)을 진압할 때 로마인들에게 중요한 역할을 하였다. 이는 필로의 가문에 속하는 사람들이 누렸던 신분을 가리키는 또 다른 표시이다. 요세푸스는 필로를 모든 면에서 탁월하고 철학에 정통한 인물로 여겼다.

필로의 생애에서 잘 입증된 한 가지 사화는 알렉산드리아의 유다 공동체가 39-40년 로마 황제 가이우스(칼리굴라)에게 보낸 사절단의 일원이었다는 것이다. 사절단의 임무는 실패했다. 나중에 필로는 〈가이우스에게 파견된 사절단(Embassy to Gaius)〉이라는 작품을 썼는데, 여기서 그는 다른 논제들과 더불어 사절단을 보내게 된 상황을 다루었고, 요세푸스 역시 필로가 그 사절단에 참여하였다고 언급한다(《유다 고대사》 18.257-60). 사절단은 지방 총독 플라쿠스의 지원을 받아 유다인들을 반대하여 발생한 유다인 학살에 관한 문제를 상소하도록 위임받았다. 요세푸스는 그 사절단에게 어떤 일이 있었는지 지적한 뒤에 다음과 같이 말한다. "유다인 사절단 단장이요 명망이 높은 이로서 최고 행정관 알렉산드로스와 형제지간이며 철학에 능통한 필로는 이런 비난(아피온 측의 비난)에 대해 변호하려고 하였다. 그러나 가이우스는 그의 말을 자르고 그에게 당장 나가라고 소리쳤다. 가이우스가 어찌나 화를 냈던지 당장이라도 그들에게 큰 해를 입힐 것만 같은 기세였다. 필로는 이처럼 모욕을 당한 뒤 밖으로 나와서 주위의 동료 유다인들을 이렇게 격려하였다. "가이우스가 우리에게 화를 내고 있는 것은 확실하나 그는 지금 하느님을 자기 적으로 삼은 것이니 아무 걱정도 할 것 없소. 그러니 우리 다 같이 용기를 내도록 합시다"(《유다 고대사》 18.259-60). 마지막 언급이 흥미로운 것은, 필로가 자신의 두 작품에서 이 주제에 관해 비슷한 평가를 하고 있기 때문이다. 가이우스에게 급파되었을 당시 사절단 단장이었던 필로는 자신이 연로한 사람이라고 말한다(《사절단》 1.1,28〔182〕). 이는 그가 언제 대략 태어났는지 그 연도를 알려 주는 유일한 단서이다. 이 진술에 근거하여 그가 기원전 20-10년경에 태어났다고 주장하는 것이 보통이다. 아마 필로는 이 사절단에 참여한 뒤에 그리 오래 살지 못했던 것 같다(47년에 있었던 경기를 지적하기는 하지만). 필로는 어느 시점에 예루살렘으로 순례를 갔었다고 한다(《선한 사람은 모두 자유롭다》. 2.64).

  필로는 현재 남아 있는 것보다 더 많은 작품을 저술하였다. 그러나 그리스어 원본이든 번역본(가령 아람어 번역본)이든 전체 작품은 열두 권에 이른다. 그리스도교 학자들이 그의 작품들을 보존하는 구실을 하였고, 그 가운데 카이사리아의 오리게네스가 많은 작품을 수집하였다. 교회 역사가 에우세비우스는 《교회사》 2.18에서 그의 책들을 요약하고 있다.

  필로의 문학 작품들을 나눌 때 오경을 해설한 주석서들과 그렇지 않은 저작들로 분류하는 것이 보통이다. 전자의 범주에서 모세의 책에 관한 많은 저작은 세 개의 큰 작품으로 구분된다. 첫째 작품인 '질의(Questions)'는 본문을 해석하는 질문과 응답으로 되어 있다. 창세기와 탈출기에 관한 '질의'의 일부만이 남아 있다. 더 큰 둘째 범주는 '우의적 법(Allegorical Laws)'이라 불린다. 여기서 필로는 창세기 구절들을 우의적으로 해석한다. 본문의 등장인물들이 영혼의 상태를 대표하는 것으로 이해하여, 필로는 여기에서 도덕적 교훈을 이끌어 낸다. 모세의 책에 대한 셋째 작품은 '해설(Expositions)'이라 불린다. 이에 속한 작품들에서 필로는 법 조문들을 더욱 체계적으로 연구하며 먼저 십계명이라는 표제 아래 오경의 법들을 편성한다. 그는 또한 개별 제목 아래 특수한 법들을 연구한다.

그의 저작들의 둘째 범주에는 '모세의 생애'에 관한 중요한 작품과 〈선한 사람은 모두 자유롭다(That Every Good Man Is Free)〉(여기서 그는 에세네 사람들의 실체를 묘사한다)와 〈관상 생활(On the Contemplative Life)〉(테라페우테 종파Therapeutae에 관해 길게 말한다)이라는 제목의 논문들이 포함된다. 그의 다른 작품들 가운데에는 유다인들을 잘못 대하여 황제에게 상소하는 사절단을 파견하게 만든 이집트 총독 플라쿠스에 관한 두 개의 저작(한 작품의 일부일 것이다)과 〈가이우스에게 보낸 사절단〉이 있다. 이 마지막 두 작품에서 그는 역사적 사건들을 다룰 뿐 아니라, 제국의 모범 시민이었던 유다인들에게 예를 들어 회당에 황제의 동상을 세우도록 명령함으로써 그들의 종교를 억지로 부정하게 만들어 로마인들이 비싼 대가를 치르게 되었다고 알린다.

필로는 자신의 사고를 결코 체계적으로 제시하지 않는데, 그의 사고는 다양한 그리스 철학 체계와 성경에서 발견되는 가르침을 접목한 것이다. 학자들은 그를 헬라화된 유다인이라고 해야 할지, 유다화된 헬라인이라고 해야 할지를 두고 오랫동안 토론해 왔다. 그러나 그는 사고하고 저술할 때 두 가지 면을 폭넓게 활용하고 있다. 게다가 그는 두 전통에 모두 빚을 지고 있기 때문에 고전 원천들(구체적 이름을 들며)과 성경에서 자주 인용한다. 또한 필로가 말한 많은 것은 오경의 주석에서 제기된 것이며, 그 내용은 그의 마음속에 간직하고 있던 체계적 개요가 아니라 바로 그 원천에서 받은 것임을 기억해야 한다. 알렉산드리아의 시민인 그가 사용한 성경은 자연히 칠십인역이다. 필로가 히브리어를 얼마나 알고 있었는가에 대해서도 찬반이 엇갈린다. 필로는 모세의 율법을 올바로 읽는 이에게 그의 율법은 절대 권위를 가지며 모든 지혜의 보고가 된다고 생각하였다. 사실 그리스인들은 모세에게서 지혜를 이끌어 냈다. 그에게 성경을 올바로 읽는 방법은 우의적 해석이었지만, 필로는 이 점에 대해 두 가지 관점을 가지고 있었다. 그가 쓴 일련의 질문과 응답에서 볼 수 있는 것처럼, 몇몇 동시대 사람들과 달리 필로는 자구적 해석과 자구적 해석에서 따라오는 의미를 포기하지 않았다(축제를 지냄, 안식일 준수, 할례 받음 같은). 그렇지만 영혼이 육체보다 훨씬 더 고상하듯이, 동일한 본문을 우의적으로 읽는 것은 더 높은 차원의 사고와 추리를 하게 만든다고 보았다.

필로는 인간이 하느님을 이해할 수 없고, '하느님은 ~이 아니다'는 말로만 하느님을 정의할 수 있다고 본다. 그러나 존재하는 유일한 분이신 하느님은 그분의 창조와 세상을 보살핌 같은 그분의 힘을 통해 알려질 수 있었다. 필로의 관심을 끈 개념은 하느님의 로고스(*Logos*)인데, 로고스는 다른 모든 것을 요약하는 힘이다. 한 가지 의미에서 로고스는 하느님께서 지성 세계(창세 1장)와 감각 세계의 두 부분으로 나뉘는 세계를 창조할 계획을 세울 때 지니셨던 생각이다. 지성 세계는 플라톤의 이데아 세계 또는 순수 형태를 닮았고, 감각 세계는 감각에 인지되는 세계이다. 로고스와 같은 하느님의 힘은 지성 세계에 속하지만, 감각 세계에도 영향을 미친다. 로고스의 영향은 특히 모세와 아론을 통해서 왔다. 필로는 하느님 자신과 분리된 신적 존재, 하느님의 맏아들(숙녀 지혜처럼), 그리고 '한처음'과 같은 다른 의미로 로고스에 대해 말하였다. 로고스는 하느님이 우주를 창조할 때 가지고 있었던 정신적 힘이기 때문에, 로고스는 우주의 작동을 주관하는 자연법으로서 우주 안에 남아 있다.

로고스는 성경에 나오는 성조들에게도 자신을 계시하였고 성조 시대의 여인들에게 지혜 또는 덕행이 되었다. 곧 모세에게 법이 계시되기 전에 그들을 통해 중립적이고 기록되지 않은 법이 표현되었다. 그는 〈아브라함〉('해설'의 일부) 서두에서 다음과 같이 설명한다.

그러나 규칙적인 순서에 따라 법을 검토할 필요가 있으므로 특정한 법들, 말하자면 사본들은 나중으로 미루고 더욱 일반적이며 사본들의 원본이라 할 수 있는 법들을 먼저 검토하기로 하자. 이 법들은 착하고 흠 없는 삶을 살았던 사람들이다. 그들을 칭찬할 뿐 아니라 독자를 가르치고 독자 역시 동일한 것을 열망하게 하려고 그들의 덕행이 지극히 거룩한 성경에 항구히 기록되어 있다. 이 사람들 안에는 생명과 이성을 지닌 법들이 담겨 있다. 모세는 두 가지 이유로 그들을 극찬하였다. 첫째, 법제화된 법령들이 자연과 모순되지 않는다는 것을 보여 주고 싶었고, 둘째, 법에 따라 살고 싶어 하는 이들에게 이것은 어려운 과제가 아님을 보여 주고 싶었다. 특정한 어떤 법규들이 존재하기 전에 첫 세대가 법을 문서화하였다. 그러므로 법제화된 법은 나중 세대에게 실제적 말과 행위들을 보존해 준 고대인들의 삶의 기억이라고 생각해도 좋다. 그들은 학자나 다른 이들의 학생이 아니었고, 어떻게 말하고 행동하는 것이 옳은지 스승에게서 배운 것도 아니기 때문이다. 곧 그들은 어떤 목소리를 들은 것도, 가르침을 받은 것도 아니다. 그들은 자신의 소리를 들었던 것이다. 그래서 그들은 자연과 기꺼이 일치하였다. 자연 자체가 - 사실 그러하듯이 - 가장 존경할 만한 법규이며, 따라서 그들의 삶 전체가 법에 기꺼이 순종한 것이었다고 생각하면서 말이다(1.3-6).

필로가 생각한 성조들의 유형은 세 사람으로 짝을 이룬 두 집단, 곧 에노스와 에녹과 노아, 그리고 아브라함과 이사악과 야곱이었다.

필로의 체계에서 모세는 특별한 지위를 누렸다. 그는 최상의 법제정자이며 이상적 임금이고, 예언자이며 사제이다. 그를 통해 신법神法이 구현되었다. 모세는 세상의 여정을 마친 뒤에 자신의 몸을 벗고 비물질적 영역으로 돌아가서 발광체들과 더불어 찬양하며 신적 존재의 기쁨을 누리고 있다.

앞에서 살펴본 것처럼 필로가 이해한 창조는 지성 세계와 감각 세계로 나누어진 이원적인 것이다. 그의 인간관도 이와 유사하다. 곧 인간은 영혼(더 높은 차원의 불멸하는 존재)과 육체(더 낮은 차원의 죽어야 할 존재)로 구성되어 있다. 이 체계에서 악은 물질에서 유래한다. 이스라엘이 모세의 율법에 순종하고 감각적 쾌락을 멀리할 때에는 영혼과 같고, 이민족들은 육체와 같다. 모든 것의 목표는 감각적인 것을 부정하고 하느님에 대한 복된 직관을 얻는 데 있다.

(2) 요세푸스

앞에서 역사를 탐구할 때 요세푸스가 자주 등장하였는데, 그것은 요세푸스의 저작물이 제2성전 시기의 유다인들의 삶과 역사에 관한 정보를 얻는 데 귀중한 원천이기 때문이다. 그는 여러 면에서 비범하였다. 그가 장편의 〈유다 고대사〉에 부록으로 자서전(《생애》라 불린다)을 쓴 것도 그중 하나다. 그는 자신의 여러 저작에서 자기 생애에 관해 상세히 언급한다. 그 결과 우리는 그에 대해 많은 것을 알고 있다. 그는 예루살렘의 저명한 사제 가문에서 로마 황제 가이우스(37-41년) 통치 제1년에 태어났다. 그는 모계 쪽으로 하스모네아 왕가의 후손이다(《생애》 2). 그는 자신의 생애 초기를 이야기하면서 독자에게 자신이 천재였다는 인상을 풍긴다. 곧 "아직 소년이었을 때, 곧 열네 살가량 되었을 때 나는 모든 이에게서 문학에 대한 열정을 칭찬받았다. 그것이 어느 정도였던가 하면, 대사제들과 도성의 지도자들이 언제나 나를 찾아와서 법령들에서 특정한 어떤 문제에 관해 정확한 정보를 물어오곤 하였다"(《생애》 9; 참조 루카 2,46-47). 그는 열여섯 살 때 유다인들의 주요 세 분파, 곧 바리사이파, 사두가이파, 그리고 에세네파(《유다 전쟁사》 2.119-66에서 에세네파에 관해 길게 묘사한다) 사람들과 각각 생활해 보았고, 그 뒤 바누스라 불리는 수행자와 3년을 함께 보냈다고 주장한다. 이런 경험을 한 뒤에 그는 예루살렘으로 돌아와 바리사이의 길을 따르기로 결정하였다. 그는 펠릭스 총독(행정관)이 죄수로 로마에 보낸 몇몇 사제를 석방시키기 위하여 로마에 파견된 사절단의 일원이었다. 그때 그의 나이는 스물여섯 살이었다. 그러므로 요세푸스는 이른 나이에 위대한 도시 로마를 보고 로마의 영광과 권력을 직접 알게 되었다. 그는 로마에 머무는 동안 자기 문제로 네로의 아내 포페아의 도움을 받을 수 있었다(《생애》 16). 예루살렘에 돌아온 직후에 그는 "항쟁의 움직임이 이미 시작되었고 로마 항쟁에 대해 의기양양해 있었음"(《생애》 17)을 보았다.

로마에 대항한 독립항쟁은 요세푸스의 생애에 깊은 영향을 미쳤다. 항쟁 초기에 요세푸스는 갈릴래아에서 중요한 임무를 맡았다. 요세푸스는 그 임무에 대해 두 가지 관점을 제시하고 있기 때문에 그 임무가 정확히 무엇이었는지 단언하기는 어렵다. 사실 요세푸스는 항쟁의 첫 6개월 동안 그의 활동에 관해 두 가지 관점을 제시한다. 그것은 그의 초기 책인 〈유다 전쟁사〉와 〈생애〉(이 두 책에 대해서는 아래 참조)에 쓰여 있다. 그는 초기 작품에서 처음부터 자신을 갈릴래아에서 지휘관으로 임명받은 사람이라고 묘사하지만(《유다 전쟁사》 2.568), 〈생애〉에서는 항쟁에 가담하기를 꺼렸고 처음에는 극단주의자들에게 무기를 버리도록 설득하기 위하여 갈릴래아로 파견된 위원회의 일원이었다고 주장한다(《생애》 29). 이처럼 요세푸스가 자신에 대해 두 가지 상반되는 이야기를 하고 있는 것을 볼 때, 그의 서술에 문제가 있음을 충분히 짐작할 수 있다. 아래에서 보게 되겠지만, 그는 그의 갈릴래아 행적을 고발하는 데 대해 〈생애〉에서 자신을 변호한다.

갈릴래아인들을 무장시키고 전투 채비를 갖춘 뒤에 요세푸스는 베스파시아누스의 지휘 아래 진군해 오는 로마 군대와 맞서 북쪽에서 싸움을 이끌었다. 로마인들은 요세푸스의 군대를 쓰러뜨렸다. 요세푸스도 결국 그들의 포로가 되었다. 요세푸스는 베스파시아누스 앞으로 인도되었고, 거기서 요세푸스는 베스파시아누스가 황제가 될 것이라고 예언하였다. 베스파시아누스는 69년 이집트에서 자기 군대에 의해 정말로 황제로 선언될 때까지 요세푸스를 가둬 두었다. 베스파시아누스는 황제가 되자 예언을 한 요세푸스를 석방하였고, 미래의 역사가는 베스파시아누스의 아들 티투스와 함께 유다로 돌아왔다. 티투스는 이제 항쟁을 진압할 임무를 맡았다. 티투스의 부탁을 받은 요세푸스는 예루살렘에서 항거하는 이들에게 항복하라고 설득하였으나 실패하였다. 요세푸스는 그 과정에서 부상하였다(《유다 전쟁사》 5.363-419).

항쟁이 끝난 뒤 요세푸스는 티투스에게 땅을 받았고 티투스를 따라 로마로 갔다. 거기에서 베스파시아누스는 그에게 예전 주거지에서 살도록 허락하였고, 로마 시민권과 집을 주었다(《생애》 422). 로마에 살면서 황제 가문의 지원을 받은 그는 〈유다 전쟁사〉를 썼는데, 66-70(-73)년에 있었던 독립항쟁을 묘사하는 데 대부분의 시간을 할애하였다. 그가 그 책을 저술하게 된 배경을 볼 때 그의 보고 내용이 객관적인지 의심스럽다. 요세푸스는 계속해서 플라비우스 황실의 둘째와 셋째 황제인 티투스(79-81년 재위)와 도미티아누스(81-96년 재위)의 총애를 받았다. 그러나 그의 후대 작품들은 황제의 지원을 받은 것이 아니라 에파프로디투스라 불리는 어떤 사람의 지원을 받았다. 우리는 요세푸스가 언제 죽었는지 모르지만, 100년경으로 보면 좋을 것이다.

요세푸스의 매혹적인 문학 작품은 〈유다 전쟁사〉, 〈유다 고대사〉와 부록으로 첨가된 〈생애〉, 그리고 〈아피온 논박〉, 이렇게 넷이다.

1. 〈유다 전쟁사〉(일곱 권): 요세푸스가 로마인들과 싸운 유다의 전쟁 이야기를 정확히 언제 끝냈는지 확실하지 않다. 이 책은 마사다 이야기와 북아프리카에서 있었던 유다인들의 항쟁 이야기로 끝을 맺으므로 73년 이전에 쓸 수 없다. 또한 요세푸스는 이 작품을 베스파시아누스 황제와 티투스 황제에게 제출하였다고 한다(〈생애〉 361; 〈아피온 논박〉 50). 베스파시아누스가 79년에 죽었으므로 요세푸스가 〈유다 고대사〉의 초기 형태를 나중에 개정하지 않은 이상 79년 이후에는 불가능하다.

요세푸스는 메소포타미아의 유다인들을 위하여 처음에 모국어(아람어?)로 이 작품을 썼으나 나중에 그것을 그리스어로 번역하였다고 한다(그에게는 번역을 도울 협력자들이 있었다. 〈유다 전쟁사〉 1.3 참조). 〈유다 전쟁사〉를 쓰기 위하여 그는 여러 원천, 곧 자신의 경험(투쟁하는 양측에 대해), 그의 설명, 그가 면담한 사람들의 보고, 베스파시아누스와 티투스의 해석에 의존하였다. 이 책의 시작 부분은 마카베오 항쟁 시기부터 로마에게 항쟁을 일으키기 전까지 유다 역사를 포괄한다. 그러나 2권의 끝부터 7권의 거의 끝에 이르기까지 대부분은 유다 항쟁을 매우 차분하고 상세하게 제시한다. 그는 이 역사에 여러 가지 여담(가령 2.119-66에서 세 개의 유다 철학, 곧 바리사이파, 사두가이파, 에세네파에 관해 언급한다)을 덧붙이고, 항쟁을 포기하도록 유다인들을 설득하려고 시도한 아그리파스 2세 임금(2.345-407)과 예루살렘 점령 때 요세푸스 자신(5.363-419), 그리고 티투스(3.472-84; 6.34-53, 328-50)와 같은 지도자들의 연설을 정리하였다.

로마의 후원으로 쓰인 요세푸스의 역사는 항쟁을 열혈당원들(Zealots)과 자객 집단(Sicarii), 포악한 지도자들, 그리고 도적들과 같은 근본주의자들에 의해 일어난 일로 묘사한다. 로마인들 특히 티투스는 훌륭하게 사태를 처리하였지만, 결국 유다의 광신자들이 유도했던 바로 그 일을 하고 말았다는 것이다. 곧 그들은 도성과 성전, 그리고 백성의 상당 부분을 파멸시켰던 것이다. 궁극적으로 하느님의 계획으로 항쟁의 비극이 온 것이라고 요세푸스가 지적하는 구절들도 있다.

2. 〈유다 고대사〉(스무 권): 요세푸스는 도미티아누스 제13년이며 자기 나이 쉰여섯 살 때 - 93년 또는 94년(〈유다 고대사〉 20.267)에 - 유다 백성의 긴 역사를 마쳤다고 한다. 〈유다 고대사〉에서 그는 처음부터(창세 1장으로 시작하여) 로마인들과 대항한 첫 항쟁 직전에 이르기까지 자기 백성의 역사를 다룬다. 첫 열 권에서 그는 성경 이

야기를 풀어 설명하는데, 에즈라 1서와 더 긴 그리스어 형태의 에스테르기를 사용하는 데에서 분명히 드러나듯이, 이때 그는 성경의 그리스어 본문을 사용한다. 제11권과 제12권의 제1부에서 다루는 페르시아 시기와 초기 그리스 시기에 대해 요세푸스는 거의 정보를 가지지 않았지만, 다른 어떤 원천에서도 언급하지 않는 몇몇 이야기(가령 알렉산드로스 대왕이 대사제 야뚜아를 만났다는 이야기와 〈토비야의 소설〉)와 〈아리스테아스의 편지〉 같은 다른 자료를 포함하고 있다. 제12권의 나머지 부분에서 제14권에 이르기까지 요세푸스는 하스모네아 왕가의 출현부터 안티파테르와 그의 아들 헤로데에 이르는 역사를 언급한다. 제15-17권은 헤로데와 그의 아들 아르켈라오스의 통치 때까지 긴 이야기를 전하고, 제18-20권은 항쟁 이전에 유다에서 다스리던 마지막 로마 통치자들까지 역사를 다룬다. 제18권에는 예수에 관한 대목이 있는데(18.63-64), 유명한 이 대목은 토론의 대상이 되곤 했다. 이 구절에서 요세푸스는 예수를 메시아로 인정하는 것처럼 말하지만, 후대에 그리스도교 서기관들이 예수에 관하여 더 짧고 더욱 애매한 말을 수정하였다는 것이 비교적 확실하게 밝혀지고 있다.

〈유다 고대사〉는 엄청난 정력을 쏟은 작품이며 요세푸스가 이 작품을 쓰는 데 오랜 시간이 걸렸다. 그는 자신이 인용하는 많은 원천을 조사하고 그것들을 모아 일관된 이야기로 만들기 위하여 연구할 필요가 있었다. 그가 〈유다 전쟁사〉와 〈유다 고대사〉에서 제공하는 엄청난 양의 정보가 없었더라면, 유다 역사와 유다 사고에 대한 우리의 지식은 단편에 그칠 수밖에 없었을 것이다. 그가 이 과제를 위하여 그토록 많은 일을 한 한 가지 이유는, 자기 백성의 위대성과 화려하게 빛나는 오래된 과거로 유다인이든 이민족이든 독자에게 깊은 감명을 주려는 것이었다. 그렇기 때문에 그는 이민족 통치자들이 유다인들에게 보인 존경심을 길게 기록하기도 한다. 그는 자신의 이야기가 주는 교훈은 다음과 같다고 단언한다. "하느님의 뜻에 따라 살며 전해진 법들을 어기려 하지 않는 사람은 믿음을 넘어 모든 일에 성공할 것이며, 하느님이 그 보상으로 행복을 선사하실 것이다. 이에 반하여 이 법들을 엄격히 준수하지 않는 한 실천 가능한 일이 불가능한 일이 되고, 그들이 마음속으로 아무리 좋은 일을 하려고 애쓴다 하더라도 그것은 돌이킬 수 없는 재난이 되고 만다"(《유다 고대사》1.14).

3. 〈생애〉: 위에서 지적했듯이 〈생애〉는 요세푸스 작품의 거의 모든 수사본에서 〈유다 고대사〉에 부록으로 덧붙여져 있다. 이 작품은 일단 여섯 달에 국한하여 그가 독립항쟁 초기에 갈릴래아에서 무엇을 했는지 설명하기 위하여 쓰였다. 그는 이 이야기의 앞뒤에 그의 생애에 관해 썼다. 티베리아의 유스투스가 독립항쟁에 관한 책을 쓰면서 요세푸스와 갈릴래아인들이 그 항쟁을 일으켰다고 주장하였기 때문에 자신의 행위에 대해 변호할 필요를 느꼈던 것이다. 요세푸스는 그 비난을 유스투스에게 돌리면서 자신은 로마인들의 친구였다고 주장한다.

요세푸스가 〈생애〉에서 보도하는 그의 활동은 〈유다 전쟁사〉에서 같은 기간을 언급하는 내용과 잘 일치하지 않는다. 〈유다 전쟁사〉에서 그는 자신을 처음부터 갈릴래아의 군사 지도자로 묘사하지만

(《유다 전쟁사》 2.568), 〈생애〉에서는 갈릴래아의 근본주의자들에게 무기를 버리도록 설득하기 위하여 다른 두 사제들과 함께 갈릴래아로 파견되었다고 한다(〈생애〉 29). 이는 서로 모순되는 여러 사실 가운데 하나의 예일 뿐이며, 요세푸스의 저작이 과거에 초점을 맞추기는 했지만 현재 처지에서 영향을 받기도 했음을 보여 주는 단서가 된다.

4. 〈아피온 논박〉(두 권. 어떤 원천들에서는 '유다인들의 고대사에 관하여'로 불리기도 한다): 현존하는 요세푸스의 마지막 작품(《유다 고대사》를 여러 차례 언급한다)은 유다인들과 유다인들의 역사, 그리고 그들의 신정을 옹호하는 내용이다. 그는 이 작품에서 유다인들을 비난하는 다양한 목소리에 대답한다. 예를 들어, 어떤 이들은 초기 그리스 원천들에서 유다인들이 언급되지 않으므로 유다인들이 고대의 백성이 아니라고 주장하였다. 요세푸스는 그것에 대해 대답하면서 그리스의 역사가 부정확하다는 것을 밝히고, 그리스인들이 정확성보다는 문체에 더 큰 관심을 기울인다는 사실을, 성경 시대에 예언자들의 승계로 정확성이 보장된 유다인들의 역사 서술 전승과 대비시킨다. 그는 여기에 덧붙여 실제로 유다인들을 언급하는 고대의 많은 자료를 지적한다. 요세푸스는 또한 이집트에서 탈출한 이야기를 부정적으로 기술한 여러 저술가를 반박하기도 한다. 그들 가운데 한 사람이 이집트 저술가 마네토이다. 마네토는 모세가 파라오 아멘오피스에게 추방당하기 전에 힉소스족 후손들의 도움을 받아 이집트를 약탈한 나병 환자 무리를 이끌었다고 주장하였다 (1.228-87).

이 작품이 〈아피온 논박〉이라 불리게 된 것은, 요세푸스가 알렉산드리아의 그리스인들이 로마 황제 가이우스에게 파견한 아피온과 논쟁을 벌였기 때문인데, 그때 유다인들 편에서는 필로가 사절단을 이끌고 황제에게 갔다. 아피온은 이집트 탈출, 성전 예배, 그리고 다른 유다인들의 문제에 관해 매우 비판적으로 저술하였다. 요세푸스는 그의 인간성에 의문을 제기하고 그의 부정확성을 부각시키는 등 여러 가지 방식으로 그의 주장을 부정하였다.

그는 〈아피온 논박〉에서 모세 법을 묘사하면서 이 신정 체제가 실제 효과를 내는 사랑을 중심으로 한다고 서술하였다. 그는 이 법이 그리스인들이 고안한 어떤 것보다 훨씬 더 우월하며 인간 사회에 가장 유익한 결과를 가져다 주었다고 주장한다.

필로의 작품들처럼 요세푸스의 작품들 역시 유다인들이 아닌 그리스도인들에 의해 보존되었다. 그 이유를 밝히기는 어렵지 않다. 유다인들 가운데 요세푸스에게 의문을 제기한 이는 티베리아의 유스투스만이 아니었다. 실제로 유스투스는 많은 이에게 자신의 백성을 배반하고 그 반역으로 큰 이득을 본 사람으로 비친 요세푸스를 반대하는 다른 많은 이야기를 언급한다.

8) 놀라운 고고학 발굴

지난 세기 이래 성지 안팎에서 유다인들의 본문들이 새로 발견된 것은 획기적인 일이었다. 이 새로운 발굴품으로 제2성전 시기를 연구하는 데 이용했던 기존의 방대한 문학 작품이 더욱 풍부해졌다. 아래에서는 이렇게 발굴된 본문들 가운데 세 가지를 기술하겠다.

(1) 엘레판틴 파피루스

히브리어 성경 밖의 가장 이른 유다 본문은 의외의 원천, 곧 이집트의 나일 강의 첫 분류에 위치한 엘레판틴(Elephantine) 섬에서 유래한다. 그 섬은 고대 내륙 도시 시에네(오늘날의 아스완)의 맞은편에 위치하는데, 오늘날 그 옆에는 거대한 댐이 건설되었다. 그 섬에 위치한 유다인들의 군사 기지는 누비아 경계 지역에 인접한 성채에서 페르시아 정부를 수호하였다. 그 집단이 언제 처음으로 이곳에 이주했는지 모르지만, 한 본문은 페르시아 임금 캄비세스(기원전 530-522)가 이집트에 오기 전에 그들의 성전이 있었다고 밝힌다. 이 주장이 사실이라면, 후기 파라오 시대, 아마 제26왕조 때부터 성전이 있었다는 뜻이다. 우리는 기원전 587/86년 예루살렘이 멸망한 직후 이집트에 유다인들이 살고 있었다고 알고 있다. 이집트로 가야만 했던 예언자 예레미야가 이 사실을 말하고 있고 유다인들이 살던 장소를 언급하고 있기 때문이다. 예레미야는 엘레판틴에 대해 언급하지 않지만, 적어도 기원전 580년대 후반에는 이집트에 유다인들이 살고 있었다. 엘레판틴에서 나온 본문들은 기원전 5세기와 기원전 4세기 초에 기록되었다.

유다인들의 군사 기지에서 발견된 파피루스들(군인들과 그들의 가족이 작성한)은 페르시아 제국의 국제 언어였던 아람어로 쓰였다. 그 지역에서 나온 몇몇 파피루스는 오래 전에 빛을 보았지만, 주요 발견물은 20세기 초에 작은 언덕의 서쪽에서 작업한 독일 고고학 탐사팀(1906-1908년에 세 차례 탐사)과 동쪽에서 일한 프랑스 탐사팀(1906-1911년에 네 차례 탐사)에 의해 발굴되었다. 섬과 그 지역에 다른 많은 민족과 더불어 유다인들이 살았음을 보여 주는 본문은 네 그룹, 곧 예다니아 고문서, 밉타히아 고문서, 하나니아 고문서, 그리고 다양한 계약서로 나눌 수 있다.

이 그룹 가운데 첫째인 예다니아 고문서(열 통의 편지와 한 개의 목록으로 되어 있다)는 그 집단과 역사에 관해 가장 흥미로운 자료를 제공한다(위에서 언급한 역사적 단락을 보라). 예다니아는 유다인 기지의 지도자였다. 이른바 파스카 파피루스(Cowley 21)에서 하나니아라는 이름을 가진 한 유다인이 예다니아와 군인들에게 편지를 써서 보고하기를, 다리우스 임금 제5년(기원전 423-404년 페르시아 제국을 통치하였던 다리우스 2세)에 임금은 이집트 총독 아르사메스에게 유다인들이 무교절 축제를 지내게 하라고 명령했다는 것이다. 이 축일의 완전한 명칭이 보존되어 있지는 않지만, 거행일인 니산 달 15-21일이 기록되어 있으며 누룩이 언급되어 있다. 핵심이 되는 부분의 본문이 파손되어 있기는 하나, 아마 파스카도 다룬 것 같다. 정확히 어떤 상황 때문에 임금의 이런 명령이 있게 되었는지 우리는 알지 못한다. 그러나 축일 거행이 유다인들에게 금지되어 있다가 임금이 이제 기념하도록 허락한 것일 수 있다. 우리는 다른 문서(Cowley 38)에서 "하나니아가 이집트에 있을 때부터 지금까지 크눔〔그 지역의 이집트 신〕이 우리를 반대하였다"(7행)라는 것을 안다. 하나니아가 와서 숫양자리 신 크눔의 사제들과 논쟁을 벌였음을 본문이 시사하는 것일 수 있다. 그런 나쁜 감정은 심각한 결과를 야기했다. 몇몇 파피루스는 크눔의 사제들이 뒷날 섬에 있는 유다인들의 성전을 파괴하였다고 한다.

동일한 문서를 베낀 사본 두 개가 그 사건을 보고하고 있는데(Cowley 30, 31), 그 사본들은 그때 무슨 일이 있었는지 보여 주며 유다의 지도층에서 성전을 재건하려고 했다고 상세히 전한다. 그것은 엘레판틴(본문에서는 '옙')에 있는 예다니아와 사제들이 유다의 지방관이었던 빅바이(또는 바고히)에게 보낸 편지인데, 기원전 407년에 쓰였다(21행과 30행을 보라). 예다니아와 그의 동료들은 바고히에게, 다리우스 제14년(기원전 410) 아르사메스가 떠나 임금을 찾아갔을 때 옙의 성채에 있는 크눕(크눔) 신의 사제들이 이곳의 지방관이었던 와이드랑(Waidrang)과 결탁하여 다음과 같이 말하였다고 한다. "옙의 성채에 있는 야우(Ya'u) 하느님의 성전이 그들을 거기서 제거하게 하였다"(4-6행). 시에네에 주둔해 있던 군대가 성소를 파괴하고 성소의 귀중한 보물들을 약탈하였다(6-13행. 또한 Cowley 27도 보라). 이 지점에서 저자들은 자기네 성전이 오래되었고 존중받아 왔음을 지적한다. "이집트의 임금들 시대에 이미 우리 조상들이 옙의 성채에 그 성전을 지었고, 이집트에 온(기원전 525) 캄비세스는 그 성전이 세워져 있고 그들이 이집트 신들의 모든 신전을 무너뜨렸으나 아무도 그 성전에 해를 입히지 않았음을 확인하였다"(13-14행).

그들은 자기네 원수 와이드랑과 그 동료들이 처형되었다고 지적하며 유력한 사람들의 지원을 얻기 위하여 애썼기 때문에 성소를 재건할 허락을 받을 수 있었다고 언급하기도 한다. "(…) 우리에게 이런 나쁜 일이 있었을 때, 우리는 각하와 예루살렘에 있는 대사제 요하난과 그의 동료 사제들, 그리고 하나니('Anani)의 형제 오스타네스와 유다의 귀족들에게 편지를 보냈다. 그들은 우리에게 아무 편지도 보내지 않았다"(17-19행). 그들은 이집트에서 알고 지내는 사람들에게 그 계획을 지원하게끔 편지를 쓰도록 장려하고 자기들은 그들을 도울 준비가 되어 있다고 시사하였다(28-29행). 끝으로, 저자들은 "우리는 사마리아의 총독 산발랏의 아들들인 델라이아와 슬레미아에게 우리 이름으로 보낸 편지에서 말한"(29행) 어떤 것에 관해 보도한다.

"빅바이와 델라이아의 메모"(Cowley 32,1)는 예루살렘과 사마리아의 이 두 지도자가 이전 편지에 답한 내용의 요약인 것 같다. "이집트에 있는 당신이 제단을 갖춘 하늘의 하느님의 집에 관하여 아르사메스에게 말하기 바랍니다. 캄비세스가 오기 전에 옙의 성채에 건설되었고, 와이드랑이 다리우스 임금 제14년에 파괴하였던 그 집을 본래의 자리에 다시 짓고 전에 그랬던 것처럼 그 제단 위에서 음식 제물을 봉헌하고 분향을 올리도록 하시오"(2-11행). 재건된 제단 위에서는 전처럼 동물의 희생 제사가 아니라 동물이 아닌 희생 제사만을 바쳐야 한다고 시사한다(Cowley 30, 25-26행을 보라). 동물의 희생 제사가 이집트인들을 모욕하는 것으로 여겨졌거나 이집트에서 그런 희생 제사를 바치는 것이 타당한가를 두고 의문이 있었는지도 모른다. 한 문서(Cowley 33)에는 동물의 희생 제사를 바치지 말아야 한다는 조건으로 전처럼 성전을 재건하도록 임명된 예다니아와 다른 네 사람이 제기한 청원이 들어 있는 듯하다. 그들 역시 자기네 청원이 받아들여진다면 일정한 액수를 지불하겠다고 약속한다. 하나니아 고문서에 있는 어떤 문서(Kraeling 12,18-19행)에서 집을 처분하는 사람이 그 집의 서쪽에 야후 성전이 있다고 말하는데, 이 말은 성전이 재건되었다는 뜻일 수 있다. 본문은 기원전 402년에 쓰였다.

이 관점에서 보면 다른 고문서에 있는 파피루스들은 별로 흥미롭지 않지만, 대부분이 계약 문서이기 때문에 공동체의 삶에 대해 많이 전해 준다. 밉타히아 고문서에 들어 있는 문서 열한 개 한 유복한 가정의 삼대(기원전 471-410)에 걸친 삶에 얽힌 여러 이야기를 보여 준다. 밉타히아는 분명히 예다니아의 고모였는데, 여러 번 결혼한 내용과 재산 관리가 여러 계약서에 기록되어 있다. 하나니아 고문서에 속한 문서 열세 개는 기원전 456-402년에 작성되었으며 법적 성격을 띠고 있다. '나양한 세악서들'을 나눈 포텐(B. Porten)의 범주에 들어 있는 여섯 개 문서의 작성 시기는 기원전 5세기 전체에 흩어져 있다.

학자들이 전통적으로 위경의 범주에 넣던 '아키카르'라 불리는 작품의 부분적인 사본도 엘레판틴에서 발견되었다. 아키카르 이야기는 다양한 고대 번역본들에 알려져 있었지만, 엘레판틴에서 발견된 아람어 본문이 현재 남아 있는 것으로는 가장 오래되었다. 물론 아키카르의 이야기가 메소포타미아에서 기원한다는 주장도 있었다 (아키카르의 이름은 아카드어 문서에서 왕실 조언자로 밝혀졌다). 후대의 판본들에서 알려진 본문은 아시리아 임금 산헤립과 에사르 하똔의 조언자였던 현인의 삶에 집중한다. 그의 양자 나딘은 그를 배신하여 임금에게 아키카르를 처형하도록 설득하였다. 현인은 속임수(자기 대신 종을 데려다 놓음으로써)를 써서 죽음을 모면하였다. 나중에 임금의 조언자가 된 그의 조카가 당면한 위기를 해결할 수 없게 되었을 때, 임금은 아키카르가 살아 있으면 얼마나 좋을까 하는 뜻을 표현한다. 아키카르가 정식으로 불려와 문제를 해결하였다. 그리고 자기 조카가 처형당하는 것을 보았다. 지혜 경구들은 주로 이야기의 두 지점, 곧 아키카르가 나딘을 가르치는 부분과 그의 징벌을 다루는 마지막 부분에 배치되어 있다. 이 이야기의 아람어 형태에는 설화가 있는데, 단편적인 본문은 끊겨 있다. 잠언 같은 경구들도 일부 있다. 아마 이것이 엘레판틴에서 나온 아람어 아키카르 이야기의 구조였을 것이다. 이야기에 유다와 연관된 것은 전혀 없지만 나중에 유다인들이 이를 받아들였고, 성경의 토빗기에서 아키카르는 토빗의 조카로 나온다(토비 1,21-22).

(2) 사해 두루마리

사해 두루마리(The Dead Sea Scrolls)는 20세기에서 가장 위대한 고고학 발견이라 불리는데, 이는 성경의 세계를 위한 정확한 진술이다. 1946년 또는 1947년 한 베두인 목동이 우연히 제1동굴을 발견하였다. 이렇게 해서 마침내 열한 개의 동굴에서 문서 자료들을 발견하게 되었는데, 모든 동굴이 키르벳 쿰란의 매우 인상적인 유적지에서 가까이 있다. 그 동굴들은 예리코에서 12킬로미터 남쪽에 위치한 사해 북쪽 해변가에 있다. 약 580개의 수사본 단편이 발견된 제4동굴을 포함하여, 쿰란의 몇몇 동굴은 키르벳 쿰란의 유적지에서 돌을 던지면 닿을 만큼 아주 가까운 곳에 있다. 고고학자들은 여러 동굴에서 발견된 두루마리와 단편 들이 쿰란의 건물과 어떤 식으로든 연관되어 있다는 결론을 곧바로 내렸다. 동일한 종류의 진기한 오지 그릇들이 두 곳에서 모두 발견되었기 때문이다. 우리는 먼저 수사본들을 검토하고, 이어서 쿰란 지역에서 나온 고고학 자료들을 조사하며, 끝으로 본문의 저자 문제와 관련하여 집단의 역사에 관한 이론을 살펴보겠다.

① 수사본과 단편

열한 개 동굴에서 발견된 단편(Fragments) 가운데 모두 850개 이상의 수사본(Manuscripts)이 식별되었다. 문서 자료가 가장 많이 발견된 동굴은 첫째, 넷째 그리고 열한째 동굴인데, 첫째 동굴(수사본 70개 이상)과 열한 째 동굴(본문 31개)에는 어느 정도 완전하거나 매우 완전한 수사본들이 있었다. 넷째 동굴에 본문이 가장 많았지만 거의 모든 본문이 손상된 상태였다. 다른 동굴들에는 본문이 적었는데, 아홉째 동굴에는 아주 작은 파피루스 단편만 있었고 열째 동굴에는 문자 두 개가 새겨진 항아리 파편 하나뿐이었다.

동굴에서 발견된 수사본들을 몇 가지 큰 범주로 분류하는 것이 편리하다. 앞에서 제2성전 시기의 유다 문학을 조사하면서 살펴보았던 것처럼, 쿰란의 많은 본문은 후대의 번역을 통해서만 알려진 작품들의 사본이다. 그러나 다수 학자들에게 쿰란 본문들은 완전히 새로왔다.

성경 본문: 어떤 의미에서 쿰란에서 발견된 모든 본문은 성경과 연관되어 있다. 그 본문들은 성경 책의 사본이거나 다른 방식으로 성경과 연관되어 있다. 쿰란의 문학 작품에는 성경이 흠뻑 스며 있다. 저자들은 이스라엘의 고대 작품들을 알고 있었고 자기 작품에서 고대 작품들의 내용과 문체, 그리고 교훈을 반영하였다. 쿰란 사람들에게는 아직 고정된 정경이 없었기 때문에 '성경적'이라는 말은 시대착오적인 표현임을 알아야 한다. 쿰란에 여러 성경 두루마리들과 성경과 연관된 작품들이 있다는 말은, 나중에 히브리어 성경에 포함된 책들의 사본과 그 책들의 영향을 받은 다른 작품들이 있다는 뜻이다. '성경적'이라는 말 아래 여러 범주가 구별되어야 한다.

첫째, 거의 대부분이 극히 단편적이지만 200개가 넘는 수사본들은 '성경적인 책(곧 나중에 히브리어 성경의 일부가 된 책)의 사본들'로 밝혀졌다. 이 가운데 가장 유명한 사본이 첫째 동굴에서 발견된 이사야 두루마리로, 성경 책 가운데 유일하게 완전한 수사본이다. 이 두루마리는 기원전 100-75년경에 쓰였다.

성경 수사본에 관한 통계는 지적할 가치가 있다. 가장 자주 입증된 책은 시편이고(사본 36개), 그다음이 신명기(사본 29개)와 이사야서(사본 21개)이다. 그 밖에 10개 이상의 사본이 발견된 책으로는 탈출기(사본 17개), 창세기(사본 15개), 그리고 레위기(사본 13개)뿐이다. 별로 발견되지 않은 성경 책도 많은데, 그 책들은 1-2사무엘기, 욥기, 솔로몬의 아가, 룻기, 그리고 애가(각각 사본 4개), 판관기, 1-2열왕기, 그리고 코헬렛(각각 사본 3개), 여호수아기와 잠언(각각 사본 2개), 에즈라기와 1-2역대기(각각 사본 1개), 그리고 느헤미야기와 에스테르기(없음)이다. 이 통계에서 볼 수 있듯이, 시편과 오경의 경우 사본이 많이 발견되었으나 역사서와 지혜서 등은 그렇지 않다. 이와 같은 수치는 성경의 어느 책이 다양한 본문으로 존재했으며 폭넓게 사용되었는가를 지적한다.

이 모든 수사본에서 얻을 수 있는 가장 큰 이점은, 이것들이 히브리어 성경에서 가장 오래된 성경 책의 사본을 제공한다는 것이다. 그 사본들이 발견되기 전에 우리가 가지고 있던 성경 사본은 그것들보다 천여 년 이상 늦은 것이다. 성경 책의 전승사에서 1천 년을 거슬러 올라갈 수 있다는 것, 특히 모든 것을 손으로 필사하던 시대로 거슬러 올라갈 수 있다는 것은 대단한 가치를 갖는다. 새 개역 표준 성경(NRSV) 같은 히브리어 성경의 최근 번역본에서 확인할 수 있는 것처럼, 쿰란에서 발견된 성경 두루마리들은 성경 본문의 어법 연구에 이미 두드러지게 공헌을 하였다. 많은 경우 두루마리들은 전에 알려져 있던 것과 정확히 동일한 히브리어 본문을 보존하고 있다. 그러므로 그 두루마리들은 유다의 서기관들이 여러 세기를 거쳐 오면서 성경 본문을 얼마나 주의 깊게 필사해 왔는가를 보여 준다.

그러나 그 결과가 다른 경우도 더러 있다. 한 가지 예로 히브리어 본문(마소라 본문)의 전통 사본과 그리스어 번역본 사이에 차이가 날 때, 그리스어 판본의 이문異文은 번역자가 다른 히브리어 본문을 가지고 있었기 때문임을 이 두루마리들이 드러낼 때도 있다. 여기에는 한 단어나 문장뿐 아니라 책 전체가 해당하는 경우도 있다. 작은 예이지만, 마소라 본문의 탈출 1,5은 일흔 명의 후손이 야곱과 함께 이집트로 내려갔다고 한다. 그러나 그리스어 본문에서는 일흔다섯 명(사도 7,14에서처럼)으로 나온다. 쿰란의 넷째 동굴에서 발견된 탈출기의 첫 수사본에도 일흔다섯 명으로 되어 있다. 책 전체와 관련해서는 예레미야서가 좋은 예다. 예레미야서의 그리스어 번역본은 전통적인 히브리어 본문보다 팔분의 일 가량 더 짧다. 쿰란에서 더 긴 판본과 더 짧은 판본의 히브리어 사본들이 발견되었다. 또한 적어도 한 가지 예에서 한 두루마리에 나오는 독법이 다른 어떤 성경 수사본에서도 발견되지 않을 때, 그 독법이 본래의 독법이었을 가능성은 매우 크다. 쿰란의 넷째 동굴에서 발견된 사무엘기 상권의 수사본에는 1사무 10-11장에 한 대목이 더 나온다. 많은 이가 본래의 본문이라고 여기는 그 대목은 노예로 전락시킨 사람들의 오른쪽 눈알을 모두 파낸 (암몬인들의) 임금 나하스의 정책에 관해 더 상세히 기술한다. 이 대목 전후의 히브리어 본문에 꼭 닮은 구절들이 있어서 서기관이 우연히 이 대목을 건너뛰어 본문 전승에서는 이 대목이 빠졌으나, 쿰란에서만 보존된 것일 수 있다(이 대목은 NRSV의 1사무 10장 끝에서 볼 수 있다. 역자 주: 우리말 《성경》에는 빠졌다. 《구약성서 새 번역 10 사무엘 상·하》에서는 10장 끝 구절 곧 27절의 각주에서 이 대목을 읽을 수 있다).

둘째 범주에는 '성경 책의 발췌문과 번역들'이 포함된다. 이 본문들은 성경과 밀접히 연관되거나 선별된 성경 구절들의 사본이다. 성구함(tefillin)과 호부護符(mezuzot)는 탈출기와 신명기에서 따온 몇 구절의 인용문을 쓴 양피지를 담고 있는 작은 상자이다. 성구함은 머리나 왼쪽 팔에 묶었고, 호부는 집의 문설주에 매달았다. 쿰란에서 적어도 성구함 스물여덟 개와 호부 여덟 개가 발견되었다. 작은 글씨로 필사된 성경 발췌문 역시 전통적인 히브리어 본문과 다른 이문을 입증한다.

타르굼은 히브리어 성경의 책들을 아람어로 옮긴 번역본을 가리키는 용어이다. 쿰란에서 타르굼도 약간 발견되었다. 넷째 동굴에서 레위기와 욥기의 작은 예들이 발견되었고, 열한째 동굴에서는 아람어로 쓰인 욥기의 두루마리가 잘 보존되어 있었다. 이 밖에도 넷째 동굴에는 성경 책들의 그리스어 번역 사본들, 곧 레위기 사본이 두 개, 민수기 사본이 한 개, 그리고 신명기 사본이 한 개 있었다. 일곱째 동굴에서는 그리스어 탈출기 수사본의 작은 단편들도 발견되었다.

가장 흥미로운 발견물 가운데 하나는 각 구절을 해설한 '성경 책들의 주석서'로 모두 열일곱 개이다. 이 주석서들은 먼저 성경 구절을 인용하고 이어서 그 구절에 대한 주석을 제공하고 있기 때문에, 이 주석서들 역시 성경 본문의 어법을 증거한다. 이 주석서들은 또한 성경의 예언(몇몇 시편을 포함하여)을 해석하는 흥미로운 방식을 보여 주기도 한다. 곧 주석가는 고대 예언들을 그들 자신의 때(종말의 때라고 믿은)를 가리키는 것으로 해석한다. 주석가들이 예언을 그들의 공동체와 상황에 연관시키기 때문에, 주석서들은 한 집단의 역사에 관해 매우 값진 참조점을 제공한다.

지속적으로 이루어진 이런 주석서들과 분명히 구분되는 것이 주제별로 주석한 것, 곧 특정한 주제나 논제에 중요한 성경 구절들을 많이 인용하는 작품이다. 한 가지 예가 열한째 동굴에서 발견된 멜키체덱 본문인데, 이 본문은 희년과 안식년에 관한 성경 구절들, 그리고 저자가 멜키체덱(종말 때 천사 판관으로 묘사된)과 연관된다고 생각하는 시편들을 모아 놓고 있다. 다른 작품으로 4QTestimonia를 들 수 있는데, 주제에 관한 일련의 본문들을 수집해 놓았지만 거의 주석하지 않는다. 곧 저자는 예언자, 임금, 그리고 사제에 관한 성경 구절들을 인용하면서 다른 작품에서 예리코에 관한 예언 — 아마 '여호수아의 시편'(4Q 378-79?) — 을 첨가한다. 마지막 단락은 여호 6,26에 대한 간략한 주석을 포함하고 있다.

이와 다른 형태의 주석서가 적어도 한 가지 있는 것 같다. 어떤 본문들은 (성경 책) 한 권에 나오는 구절들을 다루지만 본문 전체를 다루지 않고 선별된 구절들만 다룬다. 이에 대한 좋은 예를 창세기에서 볼 수 있다(예를 들어 4Q 252=창세기 A에 대한 주석).

넷째 범주는 '성경 책들을 쉽게 바꿔 쓰거나 인용하는 것'으로 되어 있다. 넷째 동굴에서 발견된 사본 다섯 개에 보존된 긴 작품은 '다시 작업한 오경'이라 불린다. 대부분의 경우 성경 본문을 계속해서 그대로 반복하지만 몇몇 경우에는 덧붙인 설명이나 보완 자료를 제공한다. 예를 들어 탈출기 15장에 미르얌의 노래를 소개한다.

마지막 범주는 제2경전/외경과 위경의 사본들이다. 우리는 정확히 어떤 책들이 쿰란에서 권위 있는 책으로 여겨졌는지, 또 어떤 의미에서 그 책들이 그렇게 여겨졌는지 알지 못한다. 특히 이 두 가지 범주에 있는 몇몇 책의 자격은 분명하지 않다. 그 책들 가운데 어떤 것은 쿰란에서 높이 평가받은 것 같다. 다른 책의 경우 증거가 없다. 쿰란에서 나온 제2경전/외경의 책들 가운데 예수 벤 시라의 지혜서(집회서. 둘째 동굴에서 나온 작은 단편 두 개와 열한째 동굴의 시편 두루마리에 적혀 있는 집회 51장의 이합체 시의 핵심 부분), 토빗기(사본 다섯 개에 들어 있다. 네 개는 아람어, 한 개는 히브리어로 되어 있다), 그리고 '예레미야의 편지'(그리스어)가 있다. 우리는 열한째 동굴에서 나온 두툼한 시편 두루마리에 적힌 많은 시편 가운데 포함되어 있는 시편 151도 이 명단에 첨가해야 한다. 외경 가운데에는 에녹 1서(소책자 다섯 개 가운데 네 개가 수사본 열한 개에 기록되어 있다), 〈희년서〉(사본 열네 개 내지 열다섯 개)가 있다. '거인의 책'이라 불리는 작품은 에녹 1서에 나오는 내용으로 천사들과 여자들의 혼인으로 생겨난 거인 후손에 관한 이야기를 빌진시키는데, 이는 에녹 계열의 작품일 수 있다. 그 밖의 몇몇 본문은 〈열두 성조의 유언서〉라 불리는 위경과 여러 가지 방식으로 연관되어 있는 것 같다. 곧 넷째 동굴에서 나온 〈아람어 레위기〉와 '납탈리의 유언'이 이 작품의 일부에 원천으로 쓰였을 것이다. 쿰란에서 에녹의 작품들과 〈희년서〉가 권위 있는 책으로 여겨졌다고 생각할 만한 아주 확실한 이유가 있다. 이것이 사실이었다면, 이 책들은 위의 범주에서 '성경적인 책의 사본들'에 속했을 것이다.

성경 밖의 본문들: 이 본문들은 성경 본문에서 영향을 받기는 했지만, 지금까지 언급한 책들에 비해 성경에 덜 밀접히 연관되는 작품을 가리킨다. 이 부류에 속하는 본문의 유형이 많은데, 어떤 본문들은 분명히 작은 쿰란 공동체에 필요하거나 이 공동체가 소속된 더 큰 집단(에세네파)의 필요에 의해 쓰였다. 다른 본문들의 경우 쿰란과 특별히 연관되지 않으며 그 집단이 유다 백성의 더 큰 일부와 공유한 작품인 것 같다. 이 자리에서는 일반적인 몇 가지 범주를 기술하고 지엽적인 것으로 보이는 작품들을 지적하겠다.

첫째 범주는 '법적 본문'이다. 쿰란에서 나온 일련의 저작은 모세의 율법에 집중하면서 율법 해석을 내놓거나 율법을 집단의 상황에 적용하였고, 아니면 두 경우를 한꺼번에 다룬다. 그 집단은 자기네가 이해한 대로 모세의 율법을 지속적으로 연구하고 율법에 순종할 의무를 지녔다. 율법에 대한 그들의 관점이 그들을 당시의 다른 유다인들과 구별하는 가장 중요한 요소였던 것으로 보인다.

〈성전 두루마리〉(사본 서너 개)는 쿰란에서 발견된 모든 본문 가운데 가장 길며 탈출 25-40장, 레위기, 민수기, 신명기의 일부를 담고 있다. 이 본문은 탈출기에서 지시한 장막 건설 장소에 거대하고 장엄한 성전을 지으라고 지시한다. 또 성전에 관해 상세히 묘사하면서 성전의 각 공간을 어떻게 써야 하는지 알린다. 상당히 긴 대목이 성전에서 거행되는 축제들에 할애되며, 마지막 부분은 신명기의 일부를 쉽게 풀어 쓴 것이다. 본문들은 성경에서 처음 언급된 바로 그 지점에서 논제를 철저히 다루는 경향이 있으며, 이때 오경의 다른 곳에서 따온 관련 구절들을 인용한다. 이 작품은 하느님께서 모세에게 1인칭으로 계시하신 것이라고 하는데, 종파적인 것일 수 있다.

　다른 저작물인 4QMMT('법을 다루는 글'이며 사본 여섯 개가 있다)는 정확한 달력(에녹 1서와 〈희년서〉에서처럼 1년을 364일로 계산하는 태양력임에 거의 틀림없다)에 관한 부분으로 시작한다. 이어서 저자들이 이 글의 수신자들과 동의하지 않는 법 스물두 개를 나열하는 부분이 나오며, 과거의 임금들을 본받고 4QMMT에서 지적하는 가르침을 받아들일 것을 우정어린 말로 권면하면서 끝난다. 본문은 저자들과 그 반대자들 사이에 분열이 생겼던 초기, 곧 의견과 입장이 아직 완강해지기 전에 쓰인 것으로 보인다.

　여기에서 다른 많은 법적 본문을 언급할 수 있겠지만, 특히 공동체 삶에 근본이 되는 두 가지 범주를 지적해야 할 것이다. 첫째 유형은 '규칙'이라 불리는 일련의 본문이다. 〈공동체의 규칙서〉는 쿰란 공동체의 헌장이라 할 수 있다. 이 규칙서는 새 회원이 계약을 맺을 때 거행하는 연례 의식을 기술하고 그들의 이원론적 신학을 설명하며, 공동체 생활을 정하는 규칙(가령 여러 해에 걸친 입회 과정, 모임, 회의 조직, 위반 행위에 대한 형벌 등)을 밝히고 집단의 목적과 광야로 나온 목적(이사 40,3에 순명하여)을 설명하며, 지도자에 관한 부분과 그가 지은 긴 시로 끝마친다. 넷째 동굴에서 열 개, 첫째 동굴에서 한 개(거의 완벽하게 보존되었다), 그리고 다섯째 동굴에서 한 개가 나왔다. 이에 관한 사본이나 넷째 동굴에서 발견된 어떤 사본들은 시간이 흐르면서 본문이 수정되었음을 보여 준다.

　이 규칙서의 다른 본문은 〈다마스쿠스 문헌〉이라 불린다. 쿰란에서 이 문헌이 발견되기 전에 이 문헌의 더 긴 수사본과 훨씬 더 짧은 사본이 이미 알려져 있었다. 곧 이 수사본과 사본들은 1896년 카이로에 있는 회당의 창고(게니자)에서 발견되었다. 이들과 같은 사본 여덟 개가 쿰란의 넷째 동굴에서, 하나는 다섯째 동굴에서, 또 하나는 여섯째 동굴에서 발견되었다. 〈다마스쿠스 문헌〉은 두 부분으로 되어 있다. 한 부분은 '내 아들'에게 순종할 것을 촉구하며 불순종의 예를 인용하는 권면 또는 권고이며, 다른 부분은 규정들(가령 안식일 규정과 공동체와 공동체 생활에 관한 규정들)을 다룬다. 〈다마스쿠스 문헌〉은 쿰란 공동체보다 더 큰 집단을 염두에 두고 쓰인 것 같다. 예를 들어 쿰란 공동체의 일원이 되는 사람들은 모든 재산을 공동체의 금고에 넣었으며, 이 문헌에서 염두에 둔 공동체 회원들은 한 달 임금의 이틀 분만 기부하도록 되어 있었다.

그 밖의 법적 본문들은 성격상 달력이다. 이 본문들은 오늘날의 달력처럼 한 해의 모든 날을 다 기록하지 않고 특정한 날(특히 안식일과 축일들)과 기간을 강조하였다. 쿰란 공동체는 364일로 된 태양력을 받아들여 이에 따라 축일을 계산하였다. 그들은 354일로 된 음력도 받아들여 이를 태양력의 달력과 동시에 표시하였다. 이 점에서 쿰란 공동체에서 받아들인 달력은 〈에녹의 천문학 책〉과 일치하지만, 음력을 배척한 〈희년서〉와 일치하지는 않는다. 태양력과 음력의 날짜 외에 이 본문들은 성경에서 스물네 개 조로 나눈 사제단 조직을 통합하기도 하였다(1역대 24,7-18 참조). 곧 그들은 주간을 식별하는 방식으로 사제단 명단을 사용하였다. 우리는 사제단 조직이 성전에서 봉직하는 차례를 가리키기 위한 것으로서, 한 집단이 한 주간 봉직하면 명단에 나오는 다음 순서의 집단이 그다음 한 주간을 봉직하는 것으로 알고 있다. 그러므로 어느 사제단에서 봉직하든 봉직하는 그 주간의 날짜는 하루, 이틀, 사흘 등으로 표현될 수 있었다. 그런데 스물네 개의 구분만 있었기 때문에 각 조는 364일(52주)로 하는 태양력에서 적어도 두 번 봉직해야 했으며, 그들 가운데 네 조는 세 번 봉직했어야 한다. 이렇게 하면 6년 뒤에는 첫 봉직을 한 조에 다시 순번이 돌아간다. 그래서 첫 조가 한 해의 첫 주간에 봉직하게 된다. 이 6년 단위는 더 큰 시간 단위를 표시하는 범주가 되었다. 그런 명단이 지켜졌다는 사실은 이 공동체가 성전에서 떨어져 나왔지만 성전 생활에 계속 관심을 갖고 있었음을 보여 준다. 쿰란의 본문에서 볼 수 있는 몇 가지 증거는 그 집단이 태양력을 사용하였기 때문에 다른 유다인들과 마찰을 빚게 되었고, 결국 그것이 그들 곁을 떠나겠다고 결심하게 된 요인이었음을 시사한다.

둘째 범주는 '새 위경'이라 부를 만한 많은 수의 본문인데, 이들을 분류하기가 어렵지만, 성경의 인물 중심으로 전통을 발전시킨다는 점에서 이 본문들은 위경과 유사하다. 〈외경 창세기(Genesis Apocryphon)〉는 아람어로 쓰인 긴 작품이며 노아와 아브라함에 관한 성경 이야기를 되풀이하면서 다른 원천들을 많이 보충한다. 노아 대목에 나오는 많은 첨가문은 〈희년서〉에서 병행문을 찾아볼 수 있다(가령 노아의 후손들이 세상을 구분하면서 많은 특수한 지리를 상세히 기술하는 것). 다른 본문들은 사제들의 조상인 레위, 모세, 여호수아, 요셉, 예레미야, 에제키엘, 다니엘, 그리고 모세의 할아버지와 아버지인 크핫과 아므람 같은 다른 이들에 관한 자료를 포함하고 있다. 〈외경 창세기〉는 쿰란 공동체가 만들어 낸 것이겠지만, 이 범주에 속하는 책들이 종파적인지 아닌지를 결정하기는 쉽지 않다.

셋째 범주는 '시 작품'으로 구성된다. 쿰란에서 처음으로 발견된 본문 가운데 하나가 첫째 동굴에서 나온 〈감사 시편 두루마리〉(히브리어로 하다요트)이다. 이 감사 시편은 쿰란 사람들이 자기 집단을 위하여 성경의 시편을 닮은 작품들을 썼다는 명백한 증거를 제공한다. 넷째 동굴에서 이 수집물의 사본이 여섯 개 더 발견되었다. 학자들은 이 시들을 두 범주로 나누었다. 첫째 범주는 '정의의 스승'으로 보이는 한 강력한 지도자의 시다. 둘째 범주는 개인의 시지만 첫째 범주에 나타나는 것처럼 지도자의 소명을 받았다는 강한 느낌을 표현하지 않는 시로 공동체의 시다. 창조 때 드러난 전능한 능력에 대해 하느님을 마음으로부터 찬양하며, 시편 시인을 선택하시어 악을 일삼는 자들에게서 오는 위험과 두려움, 그리고 사악한 길에서 구해 주신 하느님을 찬양한다. 감사 시편 수집물에 속하지 않은 시들도 있지만, 어쨌든 감사 시편을 닮은 것은 사실이다. 이른바 '정경 시편에 속하지 않는(Non-Canonical Psalms)' 다른 시들도 더러 발견되었다(4Q 380-81).

아주 많은 본문이 넷째 범주인 '전례 작품(liturgical works)'에 해당한다. 이 본문들은 어떤 식으로든 예배와 연관된다. 쿰란 공동체는 성전에서 거행되는 희생 제사에 참여하지 않았고, 스스로 고유한 형태의 예배를 드렸다. 일련의 본문이 축일 기도와 매일 기도를 제시하며 특수한 경우에 바치는 고정된 기도들이 발전하는 초기 단계를 반영한다. 이 맥락에서 〈안식일 희생 제사의 노래(Songs of the Sabbath Sacrifice)〉, 넷째 동굴에서 사본 여덟 개, 열한째 동굴에서 사본 한 개, 그리고 마사다에서 사본 한 개)를 언급할 수 있겠는데, 이 본문은 1년의 사분의 일에 해당하는 열세 번의 안식일에 부르는 노래 본문을 담고 있다. 본문은 천사들이 천상에서 하느님을 숭배하는 것에 관해 상세히 말하며, 세상에서 하느님을 숭배하는 이들과 천상에서 하느님을 숭배하는 이들 사이의 통교에 대해 쿰란 사람들이 지녔던 개념을 표현한다. 이 본문은 천상 성소에서 예배드리는 것에 집중하는 유다교의 헤칼로트 전통(hekhalot tradition)의 선구자인 것 같다.

쿰란 동굴에서 나온 일련의 본문은 '지혜 본문(wisdom texts)'으로 분류된다. 이 본문들이 잠언, 욥기, 또는 코헬렛을 닮았기 때문이다. 성경에 나오는 이전의 본문들처럼 이것들도 슬기로운 삶, 가난이나 재물을 다루는 일, 유혹하는 여자를 물리치는 일에 관한 가르침을 포함하고 있다. 그러나 쿰란의 어떤 본문들은 청중에게 "있는 것/있게 될 것의 신비"(번역은 불확실하다)를 고려하도록 권면하기도 한다. 이 문장은 실재의 구조, 하느님께서 창조하신 대로 존재하는 사물을 가리키지만, 하느님의 계획에 따라 있게 될 것도 가리키는 것으로 생각된다. 이 신비는 지혜문학에서 창조의 중요성을 강조하며 어떻게 지혜 전통이 종말에 대한 관심, 곧 하느님께서 악인들을 심판하시고 의인들을 보상하시게 될 때에 대한 관심으로 발전되었는가를 가리킨다.

마지막이자 다섯째 범주는 '종말론적 본문(eschatological texts)'으로 구성된다. 이미 언급한 많은 본문이 종말론적 가르침을 지니고 있지만(예를 들어 주석서들), 어떤 본문들은 다른 본문들에 비해 종말에 더 많은 지면을 할애한다. 예를 들어, 〈전쟁 두루마리(War Scroll)〉(첫째 동굴에서 사본 한 개, 넷째 동굴에서 사본 여섯 개)는 마지막 전쟁을 다루며 여러 장면을 제시한다. 이 두루마리는 빛의 자녀들이 이스라엘의 전통적 원수들과 40년 동안 싸운다고 예고하지만, 빛의 자녀들이 천사들과 힘을 합쳐 이스라엘의 원수들과 그들을 돕는 천사들을 세 번 패배시키고 세 번 패배할 것이며, 하느님께서 자신들을 위해 개입하실 일곱 번째이자 결정적 싸움에서 승리할 것이라고 예고한다. 미래의 예루살렘을 상세히 안내하는 새 예루살렘을 다룬 본문의 사본들도 있다.

쿰란의 여러 본문이 메시아의 모습을 언급한다. 때로는 메시아 한 명만 지적하지만(가령 4Q 521), 메시아 두 명을(아론과 이스라엘의 메시아라 불린다) 지적하는 본문(가령 〈공동체의 규칙서〉)도 있다. 메시아들이 할 일에 관해서는 말을 많이 하지 않지만, 평신도 메시아(다윗의 후손 또는 이스라엘의 메시아)가 원수(키팀)와 싸워 그들의 지도자들을 죽일 것이라고 한다(4Q 285). 미래에 죽은 자를 다시 살린다는 개념을 적어도 한 본문에서 지적하고 있지만(4Q 521), 이것이 부활에 대한 믿음을 뜻하는지, 아니면 다른 어떤 형태의 미래의 존재를 뜻하는지는 논쟁거리이다. 쿰란 사람들은 가까운 미래에 심판이 도래한다고 생각했고 광야에 머물면서 그 심판을 준비했던 것이 분명하다.

② 고고학 증거

쿰란의 동굴들과 건물 유적지에서 발견된 토기들이 동일하다고 확인된 이상, 그 건물들과 연관된 사람들이 그 동굴들을 사용했다고 말할 수 있다. 예루살렘 성서 대학의 학장이며 도미니코회 신부였던 롤랑 드 보는 5년에 걸쳐 쿰란을 발굴하면서 유적지 거주 역사에 관한 이론을 내놓았다. 기원전 7세기에 쿰란에 사람이 거주했다는 증거가 있기는 하지만(여호 15,62에 언급된 '소금 성읍'으로 여겨진 때가 많다), 종파에 속한 사람들이 살던 단계는 훨씬 더 나중의 일이었다. 드 보는 쿰란 공동체가 이 유적지를 차지하고 있을 때를 두 단계로 나눈다.

- **첫째 단계 1**: 몇 안 되는 사람들이 살던 짧은 기간이며 여기에 해당하는 지역에서 토기나 동전이 발견되지 않았다. 드 보는 첫째 단계 1이 요한 히르카노스(기원전 134-104) 또는 어쩌면 시몬(기원전 142-134)이 통치할 때 시작되었으나 곧 새로운 단계로 넘어갔다고 본다.
- **첫째 단계 2**: 건물이 많아졌고 유적지에 물을 공급하기 위한 관개 시설이 완비되었다. 새 건축으로 오늘날 관광객들이 쿰란을 방문하여 볼 수 있는 규모의 유적지가 되었다. 탐사가들은 방의 모양을 보고 그 건물이 주거용이 아니었다고 믿게 되었다. 드 보는 그 건물이 공공 센터로 단체가 식사를 할 때나 다른 목적으로 만났던 장소라고 생각하였다. 공동체 회원들은

근처의 다양한 은신처에 살았고 건물 안에서 살지 않았던 것 같다. 이 단계는 히르카노스가 통치하던 어느 시점부터 기원전 31년까지 지속되었다. 폐허 가운데에는 화재와 지진으로 피해를 입은 증거가 있다. 기원전 31년 그 지역에 지진이 있었다고 요세푸스가 지적하듯이, 드 보는 이 사건으로 첫째 단계 2가 끝나게 되었다고 결론지었다. 드 보는 결정적인 증거를 찾아내지는 못했으나 지진과 화재가 동시에 발생하였다고 주장하기도 하였다.

- 둘째 단계: 드 보는 기원전 31년부터 헤로데 대왕의 통치(기원전 37-4)가 끝난 뒤에 유적지가 폐허로 버려졌다고 생각하였다. 그 시점에 분명히 동일한 집단에 속한 회원들이 유적지로 돌아와 예전의 크기와 거의 같은 규모로 재건축하였다. 이 단계는 로마인들이 제1차 유다 독립항쟁을 진압할 때, 아마 기원후 68년에 예리코에 주둔했을 로마 군대가 파괴할 때까지 지속되었다. 이 연대를 뒷받침하는 또 하나의 단서는 쿰란에서 독립항쟁 제2년에 찍은 동전 여든세 개가 발견되었고, 제3년에 찍은 동전은 다섯 개만 발견되었다는 사실이다. 이 단계에서도 화재의 증거가 있고 로마인들이 사용한 화살촉이 유적지에서 발견되었다.

키르벳 쿰란에는 공동묘지가 여러 개 있다. 가장 큰 규모의 공동묘지에는 무덤 1100여 개가 빽빽히 들어서 있다. 무덤 몇 개를 발굴했을 때 남자의 골격이 머리를 남쪽으로 둔 채 남북으로 정렬되어 있었다. 소유물은 시신과 함께 매장되지 않았다. 큰 공동묘지에서 정리되지 않은 곳에 있던 무덤에는 여자의 골격이 있었고, 더 작은 다른 공동묘지의 몇몇 무덤에도 여자와 어린이 들의 뼈가 있었다. 공동묘지에서 나온 이 발견물들은 쿰란 지역 주민들이 모두 남자였는지, 아니면 여자도 있었는지 하는 문제를 야기하여 오랜 논쟁거리가 되었다(아래를 보라).

고고학적 증거들을 해석하는 드 보의 관점은 일반적으로 수용되지만, 최근에 와서 약간 수정되었다. 그 가운데 하나가 빈약한 첫째 단계 1을 의심하는 사람들이 있다는 것이다. 그들은 이 단계가 한 번도 존재하지 않았다고 주장한다. 만일 그렇다면, 쿰란의 정착지는 기원전 100년경 이전에 건설될 수 없었다. 그러나 첫째 단계 1이 없었다고 단정하기에는 너무 이르다. 요한 히르카노스 통치 때의 동전들이 발견되었고, 어떤 구조물은 첫째 단계 2보다 앞설 수 있기 때문이다. 드 보의 이론 가운데 공격 받는 둘째 부분은, 드 보가 헤로데 통치 때라고 추정하는 약 30년 동안, 곧 지진과 화재로 건물들이 파괴된 뒤에 유적지가 폐허로 버려졌다고 하는 그 공백이다. 건물들이 파괴된 직후에 유적지가 재건되었을 수 있다. 적어도 동전들의 증거는 유적지가 버려졌다는 공백을 시사하지 않는다.

③ 쿰란 공동체와 그 역사

사해 두루마리와 연결된 모든 문제가 사실상 한 번 이상 논쟁에 휘말렸다. 그 논쟁 가운데 하나가 두루마리를 만든 집단의 정체이다.

곧 그 집단이 두루마리들을 썼는가, 아니면 단순히 필사하고 관리하였는가 하는 문제를 두고 상반된 의견이 있다. 동굴에서 나온 두루마리들과 연관되어 지역 공동체가 존재했다는 주장에 동의하지 않는 학자들도 있다. 사해 두루마리를 연구한 학자들 중에는 쿰란 유적을 성채로 여겨 주둔한 군인들 외에 어떤 집단도 산 적이 없었다고 주장한 이들이 더러 있었다. 로마와 싸운 제1차 독립항쟁 동안 예루살렘(그리고 아마 다른 곳)에서 온 사람들이 안전을 위하여 두루마리들을 동굴에 두었다는 것이다. 그러나 유적지의 폐허를 면밀히 검토한 고고학자치고 잘 발달된 쿰란 단지를 성채로 생각하는 학자는 아무도 없다. 유적지의 외형과 면모가 지금까지 알려진 군사 주둔지의 외형이나 면모와 맞아떨어지지 않기 때문이다. 게다가 외부 벽이 너무 얇아서 성채의 벽이라 할 수 없고, 이른바 성채의 관개 시설은 외부에 그대로 노출되어 있다. 그러므로 동굴들에서 나온 두루마리와 관련된 사람들이 건물과 연관되었다는 것이 대다수 학자가 내린 결론이다. 같은 종류의 토기들이 폐허와 동굴 모두에서 발견되었다는 사실도 기억해야 한다.

두루마리들을 연구한 첫 날부터 쿰란 사람들은 요세푸스와 다른 고대 원천들에서 언급하고 묘사하는 유다의 세 집단(바리사이파와 사두가이파를 포함하여) 가운데 하나인 에세네파의 한 분파로 여겨진 것이 보통이다. 이 가설을 뒷받침하기 위하여 두 가지 논제가 제시되었다. 첫째는 79년에 죽은 로마의 지리학자 대大 플리니우스(Pliny the Elder)가 제시한 증거이다. 그는 자신의 책 《박물지(Natural History)》에서 사해 지역을 묘사할 때 예리코와 유다의 여러 장소에 관해 말한 뒤에 요르단 강과 사해를 다룬다.

> (사해의) 서쪽에 에세네 사람들이 자신들과 건강에 해로운 해변 사이에 일정한 거리를 두었다. 그들은 독특하며 온 세상에서 다른 어떤 이보다 훌륭하다. 그들은 여자 없이 살았고 사랑을 완전히 포기하였으며 돈도 없었고 가진 것이라곤 야자나무뿐이었다. 새로 밀려드는 사람이 많았기 때문에 이 사람들은 매일 동일한 숫자로 거듭 났다. 사실 종잡을 수 없는 운명에 지쳐 그들의 관습을 받아들인 사람들이 큰 무리를 이루었다. 그러므로 이 사실이 믿어지지 않겠지만, 수천 세기 동안 존속한 영원한 그 혈통에서 태어난 이는 아무도 없었다. 그들이 거둔 가장 큰 결실은 다른 이들이 자신들의 과거 삶에 대해 느끼는 참회이다. 에세네 사람들 아래에는 엔 가다(엔 게디) 성읍이 있었다(G. Vermes and M. D. Goodman, eds., *The Essenes According to the Classical Sources* [Sheffield: Sheffield Academic Press, 1989], 33).

플리니우스는 엔 게디를 지적한 뒤에 마사다를 언급하는 등 사해의 서쪽 지역을 따라 북쪽에서 남쪽으로 내려가며 묘사한다. 그는 에세네파 무리가 엔 게디 북쪽에 자리 잡았다고 하는데, 그 지역에 쿰란 외의 다른 유적지가 있었다는 고고학적 증거는 없다. 따라서 로마의 지리학자는 아마 쿰란 공동체를 묘사하면서 그들을 에세네 사람들이라 불렀던 것 같다.

둘째 논쟁은 요세푸스, 알렉산드리아의 필로, 그리고 다른 이들의 저작에서 발견된 에세네 사람들에 대한 고대의 묘사에서 비롯한다. 에세네 사람들의 실천적 삶과 신념이라고 그들이 보고하는 것과 쿰란에서 나온 종파적 본문들에서 우리가 발견하는 것 사이에는 아주 많은 병행문이 있다. 병행문 전체에 대한 연구가 충분히 진행되어 이 자리에서 그것을 반복할 필요는 없을 것이니, 몇 가지 예만 들어도 문제의 핵심을 충분히 파악할 수 있을 것이다. 첫째, 요세푸스는 에세네파 사람들이 운명에 관한 자기만의 생각을 가지고 있었다고 한다. 곧 사두가이파 사람들이 어떤 인간 행위도 운명(문맥에서 '신의 결정론'을 뜻하는 것 같다)으로 돌리지 않고, 바리사이파 사람들이 특정한 인간 행위들을 운명으로 돌리되 다른 사람들의 탓으로 돌리지 않는 데 반해, 에세네파 사람들은 모든 인간 행위를 운명으로 돌렸다(《유다 고대사》 13.171-73). 종파적인 쿰란의 본문들은 하느님께서 인간의 역사 이전에 정확히 무슨 일이 일어날 것인지 결정해 놓았다는 저자들의 신념을 분명히 증거하고 있다. 사실 그런 본문들에서 볼 수 있는 것은 근본 신념이다(예를 들어 1QS 3,15-16.21-23; 감사 시편 1,7-8을 보라). 둘째, 요세푸스는 에세네파에 들어오는 새 회원이 자기 재산을 공동체의 재산에 합체시켰다고 한다. 그들은 이런 실천으로 각 회원의 욕구를 충족시켰고, 이로써 그들 사회에서 벌어진 부자와 가난한 자 사이의 분열을 극복하기도 하였다(《유다 전쟁사》 2.122). 쿰란에서 집단에 들어오는 과정을 묘사한 공동체 규칙서에서 이런 삶을 요구하였다(1QS 6,18-23). 이와 연관된 현상이 다마스쿠스 문헌에서 입증되기도 한다(CD 14,12-16). 에세네파 사람들이 그룹 모임 때 욕설을 금지했다는 등 전혀 중요하지 않은 것을 기록하고(《유다 전쟁사》 2.147), 이와 동일한 법이 공동체 규칙서(7,13)에도 언급된다는 것은 확실히 주목할 만한 일이다.

종파의 두루마리에서 나온 자료와 에세네파에 대한 고대 기술에서 나온 자료가 정확히 일치한다는 주장이 맞지는 않을 것이다. 예를 들어 요세푸스는 에세네파 사람들이 364일로 된 고유한 태양력을 가지고 있었다고 한 번도 언급하지 않지만, 쿰란에서 발견된 전체 본문에서 태양력이 입증되었다. 그러나 중복되는 것이 많다는 사실은 중요한 증거이며 두루마리에서 묘사하는 상황은 다른 집단의 상황과 일치하지 않는다. 쿰란 본문들이 미쉬나에 소개된 사두가이파 사람들의 입장과 일치한다는 사실이 드러나기도 했지만, 그렇다고 해서 그들이 사두가이파 사람들은 아니다. 에세네파 사람들과 사두가이파 사람들은 모두(상대적으로 말할 때 바리사이파 사람들과 달리) 모세의 율법을 매우 엄격하게 해석하였기 때문에 여러 가지 점에서 의견이 일치한다. 그러나 두 집단의 신념(예를 들어 그들의 운명관)을 검토하면, 두루마리의 가르침들은 사두가이파 사람들의 교의와 정반대되는 입장을 취하고 있다. 따라서 사두가이파에 관한 모든 원천이 실제로 사두가이파 사람들만을 묘사하고 있다면, 두루마리의 가르침은 쿰란에 있던 집단이 사두가이파 사람들일 수 없다는 것을 보여 준다.

이와 관련된 점을 강조할 가치가 있다. 우리가 앞에서 살펴본 것처럼, 쿰란에서 나온 종파적 작품들은 에세네파 사람들에 관한 고대의 묘사와 어느 정도 일치하는 일관된 모습을 제공한다. 그런 증거를 가지고 두루마리들이 당시의 유다 사회 전반을 대표한다고 보기는 어렵다. 예루살렘 주민들이 두루마리들을 거기에 감추어 두었다면 유다 사회의 광범위한 관점을 대표했겠지만 말이다. 예를 들어 두루마리에는 분명코 바리사이파다운 것이 하나도 없다. 요세푸스가 주장하듯이 바리사이파 사람들이 사회에서 저명한 사람들이었다는 점을 생각할 때, 이는 매우 놀라운 사실이다.

우리가 가지고 있는 제한된 증거 자료에 비추어, 쿰란 사람들이 더 큰 에세네파 운동의 지파였을 가능성이 매우 크다는 사실을 감안할 때, 우리는 이제 그들이 왜 사해의 북서쪽에 정착하였으며 그 지역에서 사는 동안 무슨 일이 있었는가 하는 물음에 눈을 돌려야 한다. 많은 증거에 입각해서 쿰란 사람들이 에세네파 사람들이라고 할 수 있지만, 그 집단의 역사는 거의 분명하지 않다. 이제부터 우리가 알고 있는 증거를 설명하겠지만 이는 다분히 가설이다.

〈다마스쿠스 문헌〉의 첫 단은, 하느님께서 백성과 성전을 네부카드네자르의 손에 넘기시고 나서 390년 가량 지난 뒤에 한 집단이 일어날 것이라고 말한다. 이 숫자는 분명히 에제 4,5에서 유래하며 〈다마스쿠스 문헌〉에서 상징적 의미를 갖고 있을 것이다. 그러나 그 숫자가 자구적 의미일 가능성을 완전히 배제해서도 안 된다. 새 집단 또는 운동은 자신들의 죄를 깨닫고 진지하게 하느님을 추구하는 사람들로 구성되었다. 그들이 불확실한 20년을 더 보낸 뒤에 하느님께서는 그들을 올바른 길로 인도할 '의로운 스승'을 일으키셨다. '정의의 스승'(같은 인물로 추정된다)은 쿰란의 주석서들에서 그 집단의 지도자로 언급되기도 한다. 그는 사제라 불린다. 하느님께서는 옛 예언자들이 발설한 신비로운 말의 뜻을 그에게 드러내셨다고 한다. 곧, 정의의 스승은 예언자들에게 계시된 것을 해석하도록 영감을 받았으며 하느님의 명령에 따라 공동체를 세울 책임도 맡았다. 〈다마스쿠스 문헌〉에 언급된 햇수가 정확하다면, 그 스승은 기원전 170년경에 나타났을 것이다.

여러 두루마리에 정의의 스승과 맞서는 '사악한 사제'라 불리는 반대자가 나온다. 사악한 사제의 이름은 전혀 제시되지 않지만, '사악한 사제(hakkohen harash')'란 칭호는 대사제를 가리키는 칭호인 '핫코헨 하로쉬(hakkohen haro'sh)'와 언어 유희를 이루고, 따라서 사악한 사제는 당시의 대사제를 가리켰을 법하다. 만약 그렇다면, 사악한 사제가 정의의 스승을 대하는 데 곤란을 겪었다는 사실은 그 스승이 어떤 신분이었음을 시사한다. 하바쿡 주석서에 따르면, 사악한 사제는 유배 장소(지명이 언급되지는 않았다)까지 그 스승을 쫓아가 그들의 '속죄일'에 그 스승과 추종자들을 "없애버리려" 하였다(1QpHab 11,4-8). 이 구절이 학자들에게 먼저 시사한 것은, 사악한 사제와 정의의 스승이 휴일을 계산할 때 서로 다른 달력을 사용하였다는 점이다. 대사제는 장엄한 성전 예식에 참석해야 하고 속죄일에는 여행할 수 없으므로, 대사제가 신성한 속죄일에 의견을 달리하는 자를 추격할 수 없었기 때문이다. 이 이야기는 사악한 사제가 스승과 그의 추종자들이 어떤 위험한 일을 한 것으로 생각하였고 그들이 사용하는 다른 달력을 알고 있었음을 시사한다. 한 시편 주석서는 그 스승이 사악한 사제에게 '법'을 보냈다고 하는데, 그것은 〈토라의 몇몇 작품(Some of the Works of the Torah)〉으로 알려졌다. 우리가 살펴보았듯이 그 작품은 양측 사이에 논쟁이 된 법적 문제 스물두 개를 고찰하는데, 현재 보존되어 있는 대목의 첫 부분에서는 364일의 달력에 관해 진술하고 있다.

사악한 사제가 누구인지 알려져 있지 않지만, 그가 마카베오 가문의 첫 대사제인 요나탄(기원전 152-142), 또는 그의 형이자 후계자인 시몬(기원전 142-134. 이 두 사람과 다른 사람들을 포함한 사악한 사제들이 있었다고 주장하는 학자들도 있다)이었을 것으로 믿는 사람이 많다. 그가 요나탄이나 시몬이었다면, 스승과 사악한 사제의 논쟁은 기원전 2세기 후반에 있었을 것이다. 그러나 쿰란의 구조물들은 그 뒤의 어느 시기, 아마 기원전 100년까지 건축되지 않았을 것이다. 스승과 그의 추종자들은 쿰란으로 오기 전에 다른 장소로 물러났을 것이다. 우리는 그 장소가 어디였는지 알지 못하지만, 한 가지 가능성은 다마스쿠스이다. 〈다마스쿠스 문헌〉은 다마스쿠스 땅에서 있을 새 계약을 여러 차례 언급한다.

쿰란을 공동체의 본거지로 선택하게 된 것은 광야에 관한 성경의 예언에 부응해서였던 것 같다. 공동체의 규칙서는 공동체가 불경한 자들과 떨어져 광야에 살아야 한다고 지적하면서 그 보증으로 이사 40,3을 인용한다.

그리고 이 사람들이 이 모든 규칙에 따라 이스라엘에서 공동체의 회원이 될 때 그들은 부정한 자들이 사는 곳에서 분리되어 광야로 나가 거기서 그분의 길을 준비해야 한다. "광야에 길을 닦아라. 우리 하느님을 위하여 사막에 큰길을 내어라"(1QS 8,12-14).

공동체는 자구적 의미 그대로 광야로 이주하였을 뿐 아니라, 조심스럽게 특정한 광야를 선택하였다. 그들은 재건된 미래의 이스라엘에는 성전에서 사해로 흐르는 물이 있을 것이라고 예언한 에제 47장의 영향을 받아 쿰란의 유적지를 선택하였던 것 같다. 그 물은 흘러가면서 더욱 넓은 강물이 되고 강가에는 다달이 새 과일을 내놓는 과일나무가 자랄 것이다. 더욱이 이 강의 물은 사해의 물을 되살릴 것이다. 에제키엘의 물은 쿰란의 남쪽 가까운 곳에 위치한 엔 게디에서 멀지 않은 사해에 이르도록 되어 있었다. 그러므로 쿰란에 있던 에세네파 사람들은 에제키엘의 기적의 물이 그들의 광야 특성을 바꾸게·될(곧 그렇게 될 것이라고 그들은 믿었다) 장소에 살았다(이사 35장 참조).

우리는 쿰란 사람들이 정확히 무엇 때문에 동료 유다인들에게서 떨어져 나왔는지 알지 못한다. 그러나 정의의 스승이 제기한 강력한 주장이 받아들여지지 않은 것이 아마 한몫 했을 것이다. 이른바 그리스 문화를 끌어들인 대사제들이 통치하던 시기(기원전 175-159)가 지나고, 마카베오 가문에서 대사제직을 맡은 초기에 성경의 법 해석에 관한 논쟁이 크게 부각되었다는 사실도 생각해 볼 수 있다. 스승과 그의 추종자들은 마카베오 형제들의 점증하는 세력을 알아차렸지만, 군대를 이끄는 새 대사제들과 대항하면 승산이 없을 뿐더러 반항하는 것이 결국 쓸데없는 일임을 깨달았을 것이다. 그들에게서 멀리 있는 것이 최후의 수단이었던 것 같다.

고고학적 증거에 따르면 쿰란 집단은 – 아마 헤로데의 통치 말에 잠시 폐허로 남아 있었던 것과 더불어 – 170년 가량, 어쩌면 그 이상 동안 그 유적지 주위에서 계속 살았다. 그들이 거기에 남았고 다시 사회에 통합되지 않았다는 사실은 여전히 당시의 상황에 반대하였음을 뜻한다. 그들은 하스모네아 왕가의 통치자들에 대해 부정적 관점을 가지고 있었던 것 같다. 물론 4Q 448이 요나탄 임금(어쩌면 알렉산드로스 얀네오스)에 대해 긍정적으로 말하고 있기 때문에 그들의 반대가 얼마나 일관된 것이었는지는 분명하지 않다. 그 본문을 어떻게 이해하든 쿰란의 정착지는 헤로데 통치 때 우연히 파괴될 때까지 계속 유지되었고, 나중에는 전처럼 재건되었다. 건물들이 파괴되기 전후가 유사하다는 것은 동일한 집단이 그 유적지를 차지하였음을 뜻한다. 이 전통주의자들이 볼 때 헤로데가 통치한 후에도 예루살렘의 상황은 달라지지 않았다. 따라서 그들은 새날을 기다리며 쿰란에 머물러 있었다.

쿰란은 아마도 로마와 싸운 제1차 독립항쟁 때 폐허가 되었을 것이다. 항쟁 첫 해에 주조된 동전들은 발견되었는데, 항쟁 제3년에 만든 동전은 몇 개만 발견되었고 그후에 나온 동전은 발견되지 않았다. 또한 요세푸스는 로마 군대가 68년(항쟁 제3년)에 예리코 지역에서 활동하였다고 보도하고 있으며, 로마인들이 사용한 화살촉 몇 개가 쿰란에서 발견되었다. 건물들은 불에 탔고 아마 공동체의 많은 회원이 유적지를 방어하다가 죽었을 것이다. 계약 이행자들은 독립항쟁에서 이 세상을 마감하면서 새 시대를 여는 빛의 자녀들과 어둠의 자녀들의 싸움이 시작되었다고 생각하였을지 모른다. 실제로 새 시대가 열렸으나 결국 쿰란 공동체는 새 시대의 일부가 되지 못했다.

작은 공동체(100-200명도 안 되는)가 동시대 사람들에게 다소 영향을 끼쳤을 수 있다. 우리가 살펴본 것처럼 라삐 문학에는 쿰란 공동체에서 논쟁이 되었던 논제들을 반영하는 구절이 있고, 마찬가지로 초기 그리스도교에서도 두루마리들에서 발견되는 자료와 병행문 등을 더러 보여 주고 있다. 예를 들어 쿰란 사람들이 그러했던 것처럼 사도행전은 예루살렘의 첫 그리스도인들이 모든 것을 공동으로 소유하였다고 한다(사도 2,44; 4,32). 그러나 그들이 후대에 남겨 준 가장 큰 선물은, 추측건대 로마인들이 접근하자 그들이 여러 동굴에 숨겼으며 20세기까지 다시는 발견되지 않은 그들의 책들이었다.

(3) 마사다

사해 두루마리들이 20세기의 가장 유명한 고고학 발견물이라고 한다면, 마사다는 그것이 긍지이든 공포이든 더욱 강력한 감정을 불러일으켰다. 어떤 이들은 마사다가 마지막 순간까지 저항하다 노예가 되어 욕을 보느니 차라리 죽음을 선택한다는 유다인들의 결의를 상징한다고 생각한다. 다른 이들은 잘못된 엄청난 비극이라고 생각한다. 마사다 이야기는 고대의 이야기이지만 오늘날 논쟁의 대상이 되고 있다. 먼저 역사적 탐구에서 제시하는 것보다 더욱 상세하게 마사다 이야기를 살펴볼 것이다. 그런 다음 마사다에서 발견된 문헌들과 유물들을 검토할 것이다.

① 역사

마사다에서 오래 전에 있었던 일을 알아보려면 요세푸스가 〈유다 전쟁사〉에서 다소 길게 쓴 이야기에 의존할 수밖에 없다. 마사다(히브리어로 성채, 요새를 뜻함)는 사해 서쪽 해안가에 있으며 엔 게디에서 남쪽으로 24킬로미터쯤 떨어져 있다. 마사다는 평지와 같은 사막에 우뚝 솟아 있어 유적지를 관광하는 사람들에게는 매우 인상적인 바윗덩어리처럼 보인다. 마사다의 서쪽은 주위 땅보다 190미터 이상 높이 솟아 있고, 동쪽은 사막보다 250미터 이상 더 높다. 요세푸스는 장엄한 암벽을 요새로 처음 만든 이가 요나탄 대사제라고 썼다(〈유다 전쟁사〉 7.285). 그는 아마 마카베오 가문에서 두 번째 지도자가 된 요나탄이거나 알렉산드로스 얀네오스(요나탄은 히브리어 이름이다)였을 것이다. 그것의 이름을 마사다라 정한 것은 분명히 요나탄이나, 유적지의 최고 건설자는 헤로데 대왕이었다. 그는 마사다 정상과 주위를 본격적인 요새로 만들었다. 헤로데는 활동 초기(기원전 42)에 마사다 요새를 점령하였고 나중에(기원전 40) 로마로 가면서 그곳에 가족을 숨겨 놓았다. 헤로데는 로마의 원로원에서 유다의 임금으로 임명되었다. 로마에서 돌아온 헤로데는 자기 가족이 하스모네아 왕가의 마지막 임금인 안티고노스에게 포위된 것을 알았다. 헤로데는 포위망을 뚫고 자기 가족을 구하였다.

헤로데 임금은 이집트의 클레오파트라와 자기 부하들의 공격 위협에 대비하기 위해(국가와 개인의 안전을 위해) 마사다가 천혜의 요새임을 알았다(〈유다 전쟁사〉 7.300). 요세푸스는 헤로데가 정상(약

93000㎡)을 성곽형 성벽으로 둘러쌌는데, 거기에 각각 50큐빗(약 25미터) 높이로 탑 37개를 세웠고, 성벽 안쪽에는 방과 건물들을 만들었다고 보도한다. 마사다의 땅은 아주 비옥해서 농사를 지을 수 있었으므로 요새에 감금당하는 비상시에도 주민들에게 양식을 대줄 수 있었다. 요세푸스에 따르면 헤로데는 마사다의 서쪽 부분에 왕궁을 지었고, 마사다 요새보다 낮은 곳에 거대한 둑을 건설하여 겨울철 우기에 내리는 많은 빗물을 모은 뒤에 그 물을 요새로 끌어 올렸다(7.286-93). 또한 헤로데는 요새에 식량과 무기를 저장하기도 하였다(7.295-99). 헤로데가 죽고 그의 아들 아르켈라오스가 제거된 뒤에 로마인들은 실제로 마사다를 통제하였다(6-66년).

유다인들에게 마사다를 잊지 못할 사건이 수십 년 뒤에 일어났다. 66년 여름, 요세푸스가 시종일관 자객 집단(Sicarii. 라틴어로 sicae라 불리는 단도를 지니고 다니던 독립항쟁자들)이라고 부르는 사람들이 로마와 싸운 항쟁 초기에 마사다 요새를 손에 넣었다. 요세푸스는 이들에게 혐오감만 느꼈다. "그런데 불타는 적개심을 가진 사람들이 단결하여 마사다라 불리는 요새를 무력으로 점령하였다. 그들은 계략으로 마사다를 장악한 뒤에 로마의 파수꾼들을 죽이고 그들이 차지하고 있던 자리에 자신들의 수비대를 배치하였다"(《유다 전쟁사》 2.408). 요세푸스는 1세기 초에 로마인들의 통치를 격렬하게 반대하던 갈릴래아 출신인 유다의 아들 므나헴이 동료들과 함께 마사다로 가서 헤로데의 무기 창고를 열어 동료들과 그 무기로 무장한 뒤에 예루살렘에서 독립항쟁을 이끄는 지도자가 되었다는 사실도 소개한다(2.433-34). 므나헴은 곧 살해되었지만, 야이르의 아들 엘아자르라 불리는 친척을 포함한 그의 추종자들은 마사다로 피신하였다(2.446-48). 그러나 또 다른 항쟁 지도자 시몬 바르 기오라(Simon bar Giora)도 이두매아에서 특공대로 활동하기 위한 거점으로 마사다를 사용하였다(2.652-54를 보라).

요세푸스는 마사다의 항쟁군이 로마에 대항하여 싸우는 동안에 있었던 일을 지적한다. 그는 그들이 엔 게디를 기습 공격한 이야기를 생생하게 묘사한다. 그는 마사다의 자객 집단이 군량을 확보하기 위하여 그 지역을 습격하는 것이 보통이었지만, 로마 군대의 진영이 잠잠하고 많은 유다 주민이 예루살렘으로 순례를 가는(예루살렘 순례는 여전히 가능했다) 초막절 축제 때 그들이 엔 게디를 공격하였다고 한다. "주민들 가운데 저항할 능력이 있는 사람들은 무기를 잡고 소집도 되기 전에 흩어져 성읍에서 쫓겨났다. 도망갈 능력이 없던 여자와 어린이 칠백여 명은 몰살당하였다. 그런 뒤에 그들은 집들을 강탈하고 잘 여문 곡식을 빼앗고 약탈품을 마사다로 가져갔다"(4.403-4). 그들은 동족인 유다인들에게 이런 일을 하였던 것이다. 요세푸스는 예루살렘에서 쫓겨난 뒤에 마사다로 간 요한 바르 기오라를 언급한다. 마사다의 항쟁군은 마침내 그에게 자기네와 함께 "주변 지역을 약탈하도록" 허락하였다(4.506; 참조 508. 516).

〈유다 전쟁사〉 7.252에서 역사가는 마사다를 악명 높게 만든 이야기를 하기 시작하는데, 그것은 로마와 싸운 항쟁의 마지막 순간에 마사다에서 있었던 비극적 사건이다. 그것은 예루살렘이 함락된 뒤 여러 해가 지나서 일어난 사건이다. 일반적으로 그때가 73년이었다고 하는데, 74년이라고 주장하는 사람들도 더러 있다. 73년 플라비우스 실바(Flavius Silva)가 유다의 행정관이 되었고, 당시 마사다만이 로마 군대에 끝까지 저항하였다. 그래서 실바는 자기 군대를 이끌고 마사다로 진군하였다. 요세푸스는 엘아자르가 이끄는 마사다의 자객 집단이 이민족뿐 아니라 자기네 입장에 근본적으로 동조하지 않는 유다인들에게까지 폭력을 행사하였음을 다시금 상기시킨다(7.252-58). 사실 요세푸스는 이야기를 멈추고 극단주의자로 간주한 그들과 다른 이들에 의해 자행된 잔학 행위를 요약한다. 요세푸스는 그들이 "덕행에 대한 뜨거운 열정"의 탈을 쓰고 야만성을 감추고 있던 사람들이라고 한다(7.270; 참조 254-74).

  역사가 요세푸스는 자신의 이야기로 돌아와 마사다 주변 지역을 확실히 지키기 위해 실행한 실바의 군사 작전을 묘사한다. 곧 실바는 요지마다 수비대를 주둔시키고 도망자들을 막기 위하여 마사다 주위에 벽을 쌓았다. 그는 마사다를 점령하기에 가장 좋은 지점, 곧 "요새의 암벽이 인접한 산에 맞닿은 곳"(7.277)에 자신의 막사를 지었는데, 그곳은 산의 돌출부에 연결되어 요새의 측면까지 이르는 서쪽 지역이었다. 물자를 공급하는 데는 유다인 죄수들이 이용되었다. 요세푸스는 이런 준비를 말한 뒤에 이야기를 잠시 중단하고 마사다를 기술하기 시작한다(7.280-303). 포위 공격에는 산의 돌출부에 둑을 쌓는 일도 포함되어 있었다. 로마인들은 그곳에 공성포를 설치할 수 있는 돌판을 만들었다. 그들은 그곳에 27미터 높이로 탑을 쌓아 거기서 마사다에서 방어하는 사람들보다 더 높은 곳에서 공성포를 쏠 수 있게 하였다. 공성 망치를 산의 돌출부로 끌고 올라가 마사다 정상 주변의 성곽형 벽을 두드리기 시작하였다. 그들이

벽을 파괴하는 데 성공하였지만, 자객 집단은 처음 벽 안쪽에 다른 벽을 쌓으면서 나무로 된 들보 사이를 흙으로 채웠다. 그런 구조물은 공성 망치의 충격을 훨씬 더 잘 흡수하였다. 실바는 자신의 주요 무기가 효과를 내지 못하자 군인들에게 나무로 만들어진 일부 벽에 횃불을 던지라고 명령하였다. 전술은 성공했지만, 바람이 불길을 로마인들 쪽으로 틀어 로마인들의 무기를 위협하였다. 그러다 갑자기 납득하기 어렵게 바람이 반대 방향으로 불기 시작하였다. 요세푸스는 그것이 신의 섭리 같았다고 한다(7.318). 벽은 소실되었지만, 로마인들은 이상하게도 마사다로 진격해 들어가는 일을 다음 날 아침으로 미루었다.

마사다 진격이 하룻밤 연기되자, 자객 집단의 지도자인 엘아자르는 마사다를 방어하는 사람들에게 집단 자결을 촉구하는 유명한 연설을 두 차례 할 기회를 가졌다. 그들은 선택의 기로에 놓였다. 로마인들의 손에 넘겨져 혹사와 노예, 또는 죽음(또는 이 모든 것)을 당할 것이냐, 아니면 스스로 죽음을 택하느냐는 갈림길에 놓인 것이다. 엘아자르는 가장 용맹한 사람들을 모아 연설하였다. 그는 첫 번째 연설(7.323.36)에서 그들에게 고귀한 죽음의 전망을 제시하였지만(7.326) 독립항쟁을 통해 자기들이 지은 죄와 최근 수년 동안 일어난 사건에서 하느님의 목적을 깨닫지 못한 잘못도 인정하였다. 사실 그는 자신들에게서 모든 희망을 앗아가신 분이 하느님이었다고 고백하였다(그는 그날 바람의 방향이 바뀐 것을 즉시 마음에 떠올렸다). "이 모든 것은 우리가 동족에게 미친듯이 고통을 안겨 준 우리의 잘못에 대한 (하느님의) 진노입니다. 우리 스스로 목숨을 끊어 이

죗값을 우리의 가장 몹쓸 원수인 로마인들에게 치를 것이 아니라 하느님께 치르도록 합시다. 그 편이 훨씬 덜 가혹할 것이기 때문이오"(7.332-33). 역사가 요세푸스는 이를 언급함으로써, 엘아자르가 독립항쟁으로 죄를 지은 것은 자신과 동료들이었다고 인정했음을 제시한다. 이런 상황에서 그들은 이제 "노예가 되느니 죽음을 택하기로" 한 것이었다(7.336).

그날 엘아자르의 첫번째 연설을 듣고 자결한 이들은 없었다. 엘아자르는 몇 사람을 설득시켰지만 그들만으로 만족할 수 없어 두 번째 연설을 하기 시작하였는데, 이번에는 영혼의 불멸성에 관해 말하였다(7.341-88). 그는 죽음이 영혼을 해방시켜 아무런 고통도 없는 영원한 집으로 갈 수 있다고 주장하였다(7.344). 그는 비유를 들어 육체를 떠나고자 하는 인도 철학자들의 예를 들며, 신이 자기들을 죽을 수밖에 없도록 사건의 종말을 만들었다고 주장하였다. 또한 그는 이민족 이웃들이 유다인들을 살육하였으며 로마군의 손에 삽혀 간 사람들이 끔찍한 운명을 겪은 수많은 예를 인용하기도 하였다. 그들의 아내와 아이와 그들 자신을 기다리는 것이 무엇인지 남자들에게 다시 한 번 상기시킨 뒤에 다음과 같은 의견을 내놓았다. "그러나 아직 우리의 손은 묶여 있지 않으며 우리는 칼까지 들고 있소. 그러므로 이제 우리의 영광스러운 계획을 우리 손으로 실행에 옮기도록 합시다. 적의 손에 포로가 되기 전에 우리 모두 죽도록 합시다. 이는 율법이 우리에게 명하는 바요 우리의 처자식들이 강렬하게 소망하는 것이며, 하느님께서 그렇게 작정하셨기 때문에 피할 수 없는 필연입니다. 사실상 로마인들은 우리가 이러기를 조금도 바라지 않고 있을 것이오. 우리를 모두 생포하기를 바라고 있을 것이란 말이오. 그러므로 늦지 않도록 서두릅시다. 우리를 수중에 넣고 기뻐할 로마군을 생각하고 로마군에게 털끝만큼의 기쁨도 남겨 놓지 맙시다. 오히려 로마군이 우리의 굳은 결의에 경탄을 금치 못하고 우리의 죽음에 놀라 입을 다물지 못하도록 만듭시다"(7.385-88).

물론 엘아자르의 연설을 작성한 요세푸스는 이 두 번째 연설에서 엘아자르가 청중을 설득시켰다고 한다. 그들은 눈물을 흘리며 식구들과 이별한 뒤 소름끼치는 일을 하기 시작하였다. 각자 자기 처자식을 죽였다. 그다음 제비에 뽑힌 열 명이 남자들을 죽였고, 마지막 남은 열 명도 제비를 뽑아 한 명이 나머지 아홉 명을 죽였다. 그는 스스로 목숨을 끊어 자살극은 모두 끝났다(7.389-401). 지하 동굴 속에 몸을 숨겼던 여인 두 명과 어린이 다섯 명만이 대량 학살에서 살아 남았고, 모두 960명이 죽었다(7.401). 두 여인 가운데 한 여인이 다음 날 마사다에 무슨 일이 있었는지 로마인들에게 알려 주었다(7.404). 왕궁으로 들어간 로마 군대는 유다인들이 보여 준 굳은 결의와 죽음을 우습게 여기는 불굴의 용기에 그저 경탄할 따름이었다고 요세푸스는 말한다(7.406). 로마인들은 마사다 요새를 방비할 수비대를 주둔시키고 나머지는 마사다를 떠났다(7.407).

② 고고학 증거

구조물: 19세기와 20세기에 많은 사람이 마사다를 방문하였고

1950년대에는 연구가 더욱 심화되었지만, 본격적인 마사다 발굴은 1963-65년 이갈 야딘의 주도 아래 두 차례 이루어졌다. 야딘은 이스라엘 장군이며 고고학자로 유명하다. 그는 사해 두루마리에 관한 주요한 연구서를 저술하였고 나할 헤베르에서 중요한 발견을 하였으며 하초르 북쪽 유적지를 대규모로 탐사하였다. 마사다를 발굴하는 가운데 물 저장 시설, 로마 진영, 서쪽 지역의 경사로를 포함한 마사다의 정상 부분과 주변 지역에 대한 연구가 진행되었다.

마사다 정상에서 이루어진 발굴로 하스모네아 왕가 시대, 헤로데 시대, 그리고 로마와 싸운 제1차 독립항쟁 시기에 사람이 주거한 흔적이 확인되었다. 요세푸스에 따르면, 그 유적지가 이미 요새로 만들어졌기 때문에 하스모네아 왕가 시대의 구조물을 식별하기 어렵다는 것이 밝혀졌지만, 약간의 구조물은 있는 것 같다. 정상의 중앙에 있는 작은 왕궁은 하스모네아 왕가 시대의 구조물이고 서쪽 왕궁의 일부도 그 시대의 것인데, 나중에 헤로데 시대에 확장되었다. 다른 몇 개의 구조물도 하스모네아 왕기 시대의 것으로 밝혀졌다. 그러나 마사다를 본격적으로 건설한 인물은 헤로데였다. 헤로데의 통치 때 마사다의 북쪽 절벽의 끝자락에 계단식으로 3층짜리 왕궁이 세워졌다. 왕궁 지역에는 온탕, 냉탕, 사우나실을 포함한 목욕탕도 있었고, 그 옆에는 대형 창고들이 있었다. 헤로데는 서쪽 왕궁을 확장하기도 하였고 정상 주위에 성곽형 벽을 쌓게 하였다. 여기에는 탑과 방이 많이 있었고 동쪽과 서쪽으로 문이 나 있었다. 물을 받아 저장하는 거대한 저수조를 건설한 사람도 헤로데였다. 마사다의 북서쪽에는 이런 거대한 저수조들이 열두 개나 있었다. 더 큰 저수조 네 개는 북쪽 절벽 부분에 있었는데 비가 오는 우기에 물을 받았고, 더 높은 위치에 건설한 작은 저수조 여덟 개는 남쪽 와디에서 흘러 들어오는 물을 받았다. 그러므로 이 유적지에 대한 요세푸스의 묘사는 대부분 고고학자들에 의해 입증되었다.

마사다는 매우 짧은 기간(고작 7년 내지 8년)에 자객 집단에 의해 점령되었다. 따라서 이 단계가 고고학적 기록에는 일반적으로 인지되지 않는다. 그러나 헤로데의 구조물들이 수정되었다는 증거가 있다. 예를 들어 성곽형 벽과 궁전에 있는 방들은 주거지로 사용되었으며, 의식을 위한 목욕탕(miqva'ot)이 만들어졌고, 성곽형 벽의 북쪽 부분에 있는 가축 우리를 회당으로 꾸몄다. 발견된 많은 도기 파편은 자객 집단의 것일 가능성이 매우 높다(아래를 보라).

비잔틴 시기에는 마사다에 성당이 세워졌다.

동전: 마사다에서 많은 동전이 발견되었다. 어떤 동전들은 프톨레마이오스 시대와 셀레우코스 시대의 것이고, 또 어떤 동전들은 하스모네아 왕가의 대사제-임금 시대의 것이다. 자연히 헤로데 시대의 동전들, 로마의 행정관 시기의 동전들, 유다의 임금인 아그리파스 1세와 2세가 주조한 동전들도 있었다. 그러나 가장 중요한 동전은 로마와 싸운 독립항쟁 시대의 것들이다. 독립항쟁 제1년부터 제4년에 이르는 동전이 다양하게 많이 있었고, 드물기는 하지만 예루살렘의 마지막 해인 제5년의 동전도 더러 있었다. 게다가 로마의 동전들, 비유다 성읍들의 동전들, 더 나아가 비잔틴 시대의 동전까지 발견되었다.

기록된 자료: 고고학자들은 기록된 자료들도 마사다에서 많이 발견하였는데, 대부분 비문학적 자료이고, 문학적 본문은 적었다.

문학적 본문은 모두 단편이지만, 몇몇 본문은 매우 중요하다. 본문 중 첫 여섯 개(Mas 1-1f)는 히브리어 성경에 나오는 책의 사본 조각이다. 곧, 레위기 본문 두 개, 신명기와 에제키엘서 본문이 각각 한 개, 그리고 시편 본문이 두 개 발견되었다. 어떤 성경 본문들은 회당에서 발견되었다. 다른 단편인 Mas 1h(Mas 1g는 삭제되었다)는 시라(집회서)의 히브리어 본문을 상당 부분(39,27-44,17) 포함하고 있는데, 그 두루마리는 기원전 1세기 것으로 추정된다. 다른 본문은 〈희년서〉에서 왔다고 밝혀진 단편이지만, 사실상 〈희년서〉의 작은 부분과 조금 비슷할 뿐이다(Mas 1j). 발견물 가운데 더욱 중요한 본문으로 꼽히는 것 중 하나는 〈안식일 희생 제사의 노래(Songs of the Sabbath Sacrifice: Mas 1k〉 사본인데, 이 본문은 쿰란에서 발견된 사본 아홉 개에서 증명되었다(4Q 400-407; 11Q 17). 이 사본에 근거하여 적어도 쿰란 주민 한 사람이 쿰라이 파괴될 때쯤 마사다로 도망하였다고 생각하는 학자들도 있다. 〈안식일 희생 제사의 노래〉가 아마 364일로 된 달력을 전제로 하는 종파적 본문이라는 사실이 이런 제안에 힘을 실어 준다. 나머지 단편들은 외경 여호수아, 외경 창세기, 쿰란 형태의 단편, 고대 히브리어로 쓰인 조각 두 개, 그리고 식별되지 않은 아람어 단편이다.

기록된 비문학적 자료는 모두 951개이다. 이 자료들은 - 절대적이지는 않지만 - 열세 개의 범주로 나뉜다. 1-301은 문자가 새겨진 명패, 곧 한두 개의 문자가 새겨진 도편이다. 명패의 목적은 아마 세속적 용도로 사용된 용기들의 내용물을 지적하려는 데 있었을 것이다. 302-380은 특수한 이름(특히 예호하난)을 담고 있는 명패인데, 이들(그리고 301)은 자객 집단의 식량 배급 제도에 사용된 표였을 것이다. 다른 그룹의 명패들에는 각기 하나의 이름이 새겨져 있는데(381-419), 이 명패들은 아마 사제가 수행할 과제를 알려 주는 제비였을 것이다. 이름이 기록된 명단(420-428)은 넷째 범주에 속한다. 그 이름들 뒤에는 숫자가 적혀 있는데, 어떤 경우에는 돈의 액수를 가리켰던 것으로 보인다. 야딘이 '제비들'이라고 부른 다섯째 범주는 작은 도편으로 이루어져 있는데, 모든 도편은 한 서기관의 필적으로 기록되었으며 저마다 한 이름(또는 별명)이 새겨져 있다. 야딘은 이것들이 다른 사람들을 죽여야 할 열 명을 선택하는 데 사용된 제비라고 생각하였다. 그러나 이런 종류의 도편은 열 개가 넘으며 그 가운데 하나에는 벤 야이르(지도자인 엘아자르 벤 야이르)의 이름이 적혀 있다. 요세푸스는 엘아자르가 제비로 뽑힌 열 명 가운데 하나였다고 말하지 않는다. 몇 개의 명문은 제의에서 수행하는 역할을 가리키며(441-61) "사제의 십일조"나 "거룩한 것들을 위하여", 또는 "거룩한 것들의 정결에 맞는"과 같은 문장이 쓰여 있다. 한 항아리에는 대사제의 이름이 적혀 있다. 462-515는 돌항아리에 새겨진 소유주들의 이름이며, 516-553은 용기의 내용물을 가리킨다. 세 개의 문자가 적힌 파편들은(554-556), 분명히 돈 문제를 다룬다. 557-584는 빵 공급에 관한 지침을 전한다. 여기에는 날과 달이 언급되고, 이 명패를 가진 사람에게 일정량의 빵을 주라는 명령이 들어 있다. 빵의 숫자가 많은 것을 볼 때(가령 1,020) 관련된 사람들은 단체였던 것 같다. 585-605에는 항아리들과 전체 동전의 양이나 수용량이 기록되어 있다. 나머지 두 가지 범주는 쓰기 연습과 잡문들(606-641. 알파벳과 이름들을 쓰면서 쓰기를 배우는 사람들), 그리고 판독이 명확하지 않은 여러 가지 것(642-701. 그리고 702-720도 동일한 범주에 속한다)이다.

  나머지 유물들은 다소 다르다. 721-738은 라틴어(베르길리우스의 시 아에네이드 4.9의 일부를 포함하여)가 적혀 있는 파피루스들이다. 739-747은 그리스어 본문이 적혀 있는 파피루스들이며, 748-749는 두 가지 언어로 쓰여 있다. 750-771은 라틴어로, 772-794는 그리스어로 쓰인 도기 파편들이다. 항아리에 쓰인 것도 많이 있는데(795-927), 어떤 것은 라틴어로, 어떤 것은 그리스어로, 또 어떤 것은 두 가지 언어로, 그리고 나머지는 알 수 없는 언어로 쓰여 있다. 끝으로 928-945는 낙서이고 946-951는 항아리에 라틴어로 새겨진 것이다.

제3장
종합: 지도자, 단체, 그리고 제도

제3장의 목적은 제2성전 시기의 지도자와 단체, 그리고 제도에 대해 남아 있는 증거를 요약하는 데 있다. 우리가 여기에서 다루는 문제들을 앞에서 간간이 언급하였으나 각 장의 성격상 더욱 체계 있게 다룰 수는 없었다. 증거 자료를 통합할 때 제기되는 근본 문제는 우리가 가지고 있는 원천 문헌들의 성격과 관련된다. 문학 작품을 연구하면서 살펴본 문헌들 외에 제2성전 시기를 주로 다루는 미쉬나(200년경 편찬됨)와 탈무드(팔레스티나 탈무드는 아마 5세기 작품이며 더 방대한 바빌로니아 탈무드는 어쩌면 6세기 작품이다) 같은 방대한 양의 라삐 원천들도 있다. 그러므로 예를 들어 미쉬나 전체가 최고 의회와 연관되고, 다른 책들은 다양한 축일을 언급한다. 어떤 학자들은 제2성전 시기를 다룰 때 이 후대의 증거를 함께 고려한다. 이 후대의 원천들에도 고대 자료가 확실히 들어 있으나, 더 먼저 것과 더 나중 것을 구분하여 결정하려면 문제가 생긴다. 이제부터 살펴보게 될 내용은 제2성전 시기에서 유래하는 원천들에만 한정된다. 단지 간헐적으로만 라삐들의 본문을 지적할 것이다.

1. 통치자와 지도자

제2성전 시기 전체에 걸쳐 유다 백성은 팔레스티나에 살았든 디아스포라에 살았든 다른 나라의 통제를 받았다. 처음에는 페르시아인들의 지배를 받았고, 다음에는 그리스인들(프톨레마이오스 왕조와 셀레우코스 왕조), 이어서 로마인들의 통제를 받았다. 어떤 기간에 대해서는 증거 자료가 아주 많이 확보되어 있다. 그러나 유다 백성이 최고 주권자에게서 허락받은 문제를 다룬 문헌들에서 아무런 자료도 캐낼 수 없는 기간도 있다. 제국 시대에 유다 백성은 다양한 행정 수단을 통해 관리되었다. 그럼에도 유다인들은 자신들을 통치할 사제들, 특히 대사제와 그의 측근들의 강력한 위치를 항상 그대로 보존하였다.

1) 사제

성경에 따르면 사제들은 아론의 후손이며, 그들만이 성전의 제단에서 봉사하도록 허락되었다(예를 들어 탈출 28-29장; 민수 18,1-20). 성전과 관련된 다른 사람들(레위인과 음악가와 성전 문지기 같은 전문화된 레위인들의 하위 집단)은 아론의 후손에게 예속되었다(민수 16장; 18,21-32). 사제들이 일한 대가로 받는 보상은 여러 가지 형태의 희생 제물에서 약정된 부분, 기부금, 레위인들에게 주는 십일조의 십분의 일 등이었다. 사제들 사이에는 권위에 따라 여러 직위로 나뉘었고 전체 직위에서 맨 위에 있는 사람이 대사제였다.

(1) 대사제

우리가 가진 원천들에 근거하여 제2성전이 서 있을 때 봉직하였던 대사제들의 명단을 완벽하게 구성할 수 있다. 첫 여섯 명의 대사제는 느헤미야기 12장에 나오는데, 그들은 에즈라와 하까이와 즈카르야의 예언에서 언급된 예수아로 시작하여 요세푸스의 말마따나 알렉산드로스 대왕을 만났다고 하는 야뚜아까지 계속된다. 요세푸스는 이 이름을 반복하면서 로마인들이 성전을 파괴하던 70년까지 대사제로 봉직하였던 인물을 비롯한 모든 대사제를 덧붙인다. 제2성전 시기에 예루살렘에서 최고의 관리는 대사제였던 것 같다. 사회의 통치자가 대사제 옆에 항상 함께 있었는지는 분명하지 않다.

성경에 따르면 대사제직은 다윗 시대에 주도권을 잡았던 사제 차독의 계열에서 전해진 상속 직위였다. 유배 이후의 첫 대사제(예수아)는 여호차닥의 아들이었고, 여호차닥은 제1성전 시대의 마지막 대사제(스라야)의 아들이었다(1역대 5,40-41; 2열왕 25,18). 우리가 아는 한 대사제직은 300년 이상에 걸쳐 아버지에게서 아들에게로 상속되었다. 단 한 번의 예외는 기원전 3세기에 있었다. 그때는 상속자(오니아스 2세)가 너무 어려서 대사제직을 수행할 수 없었기 때문에 그가 대사제가 될 때까지 가족 중에 그보다 나이가 더 많은 남자 아이 두 명이 상속자보다 먼저 대사제가 되었다. 이와 같은 대사제직의 상속은 셀레우코스 왕국의 임금 안티오코스 4세가 기원전

175년 오니아스 3세의 동생인 야손을 형 대신 대사제로 임명할 때까지 계속되었다.

남아 있는 원천들 가운데 제2성전 시기의 첫 몇 세기 동안 대사제들이 실제로 무슨 일을 하였는지 알려 주는 문헌은 거의 없다. 그러나 이 고위 성직자들이 외교 역할을 수행하였다고 밝히는 원천은 일부 있다. 예를 들어 엘레판틴 파피루스 가운데 하나는, 엡의 주민들이 그들의 성전을 재건하는 데 도움을 받으려고 대사제 요하난(요나탄)에게 편지를 썼다고 지적한다. 요세푸스는 야뚜아가 알렉산드로스 대왕을 만나 대화한 사람이라고 하며, 〈아리스테아스의 편지〉는 대사제 엘아자르를 프톨레마이오스 2세와 통신한 사람으로 묘사한다. 이 원천들 가운데 엘레판틴 파피루스만이 역사적 신빙성이 크다. 그렇지만 〈토비야의 소설〉 역시 프톨레마이오스 왕조의 금고에 소정의 기금을 기부할 책임을 진 사람은 대사제(오니아스 2세)였다고 한다.

원천들에 따르면 대사제의 명단은 다음과 같다.

페르시아 시기
    예수아(유배에서 돌아온 첫 귀환자들 가운데 하나)
    요야킴
    엘야십(느헤미야와 동시대 사람)
    요야다
    요하난/요나탄(기원전 408년에 쓰인 엘레판틴 파피루스
        가운데 하나에서 언급된 사람)

야뚜아(알렉산드로스 대왕과 동시대 사람)

헬레니즘 시기
    오니아스 1세
    시몬 1세(아마도 집회서 50장에서 언급하는 대사제 시몬)
    므나쎄(시몬의 아들 오니아스가 너무 어렸을 때 봉직하였다)
    엘르아잘(그 역시 오니아스가 너무 어렸을 때 봉직하였다.
        〈아리스테아스의 편지〉를 보라)
    오니아스 2세(〈토비야의 소설〉에 나오는 인물)
    시몬 2세(셀레우코스 왕조가 유다를 차지하였을 때)
    오니아스 3세(안티오코스 4세에 의해 직위 해제됨)
    야손(기원전 175년 안티오코스 4세가 임명함)
    메넬라오스(안티오코스 4세의 칙령이 반포되었을 때)
    알키모스

마카베오 형제들이 대사제가 되면서 그 뒤로 일단 대사제가 되면 정치적 힘뿐 아니라 군사적 힘도 쥐게 되었다. 요나탄과 시몬이 군대의 장군이었기 때문이다. 시몬의 승계와 더불어 세습된 하스모네아 왕가의 대사제직은, 요나탄이 대사제직을 맡은 때(기원전 152)부터 헤로데가 그들의 마지막 인물인 아리스토불로스 3세를 살해한 기원전 35년까지 계속되었다. 7년 동안(기원전 159-152) 대사제가 없었던 때도 있었음을 기억해야 한다. 어떤 문헌에서도 그 당시에 대사제가 있었다고 하지 않는다. 그때가 대사제직이 공석이었던 유일한 시기였던 것 같다.

마카베오/하스모네아 왕가의 대사제

요나탄(기원전 152-142)

시몬(기원전 142-134)

요한 히르카노스(기원전 134-104)

아리스토불로스 1세(기원전 104-103. 처음으로 자신을 임금이라 불렀음)

알렉산드로스 얀네오스(기원전 103-67)

히르카노스 2세(기원전 76-67. 63-40)와 그의 동생 아리스토불로스 2세(기원전 67-63)

안티고노스(기원전 40-37. 아리스토불로스 2세의 아들)

아리스토불로스 3세(기원전 35. 히르카노스 2세의 손자)

마지막으로 거명된 대사제는 헤로데 임금이 임명하였다. 헤로데는 기원전 35년 하스모네아 왕가의 마지막 대사제를 제거한 뒤에 대사제직을 상속한다는 원칙을 없애고 새로운 대사제를 자주 임명하였다. 요세푸스에 따르면 헤로데가 임명한 대사제는 저명한 가문 출신이 아니었으며(《유다 고대사》 20.10) 70년 성전이 파괴될 때까지 헤로데와 아들 아르켈라오스, 그리고 그 뒤를 이은 로마의 관리들이 약 스물여덟 번이나 대사제를 갈아치웠다고 한다. 나머지 대사제들은 다음과 같다.

헤로데 치세

하나넬(바빌론에서 온 사람으로 아리스토불로스 3세 이전에 임명
되었다. 그는 아마 대사제로 두 번 봉직했던 것 같다)

피아비의 아들 예수

보에토스의 아들 시몬(헤로데의 장인. 알렉산드로스 가문 출신)

테오필로스의 아들 마타티아스

엘렘의 아들 요셉

보에토스의 아들 요에제르

아르켈라오스 치세

보에토스의 아들 엘아자르

세에의 아들 예수

로마에서 임명

셋의 아들 한나스(또는 아나누스: 기원전 6-15. 루카 3,2;
요한 18,13-24; 사도 4,6 참조)

피아비의 아들 이스마엘

한나스(아나누스)의 아들 엘아자르

카미토스의 아들 시몬

요셉 카야파(18-36년. 예수를 재판할 당시의 대사제. 〈유다 고대
사〉 18.35; 마태 26,3.57; 루카 3,2; 요한 11,49;
18,13-14.24.28; 사도 4,6 참조. 그는 한나스의 사위
이다)

한나스(아나누스)의 아들 요나탄
한나스(아나누스)의 아들 테오필로스

유다 임금 아그리파스 1세(41-44년)가 임명
보에토스의 아들 시몬 칸데라스
한나스(아나누스)의 아들 마타티아스
칸데라스의 아들 엘리오네오

헤로데 칼키스(44-48년, 아그리파스 임금의 형)가 임명
카메이의 아들 요셉
네데베오스의 아들 하나니아스

유다 임금 아그리파스 2세(50-66년)가 임명
피아비의 아들 이스마엘
시몬의 아들 요셉 카비
한나스(아나누스)의 아들 아나누스
담네오스의 아들 예수
가말리엘(가믈라)의 아들 예수
테오필로스의 아들 마타티아스

제1차 독립항쟁 때 백성이 임명
사무엘의 아들 피느하스

이 명단을 보면 반복되는 이름이 있음을 알 수 있다. 곧 피아비 가문이 셋, 보에토스 가문이 넷, 한나스(아나누스) 가문이 일곱, 칸데라스 가문이 둘, 그리고 시몬 가문이 두 명의 대사제를 배출하였다. 그러므로 대사제 스물일곱 명 가운데 열여덟 명이 단 다섯 가문에서 배출되었다.

대사제의 기능으로 밝혀진 것 가운데 하나는, 대사제가 지성소에 들어가 규정된 희생 제사를 바치는 속죄일 예배 때 중요한 역할을 하였다는 것이다(레위 16장). 성전 앞에 있는 대제단에서 희생 제사를 바칠 때에는 언제든지 대사제가 참석할 수 있었다. 그러나 요세푸스는 그런 기회가 있을 때마다 매번 사제들과 함께했던 것은 아니었고 "안식일과 초하룻날과 국경일 또는 매년 모든 백성이 모이는 때에만 함께하였다"(《유다 전쟁사》 5.230)고 말한다. 대사제의 또 다른 역할은 최고 의회(산헤드린)의 의장직이었다. 최고 의회의 활동에 관한 기록이 많이 남아 있지 않지만, 요세푸스는 젊은 헤로데가 재판 없이 몇 사람을 처형하자 헤로데를 재판히기 위한 회의가 열렸다고 한다. 헤로데는 무력 시위로 기소를 막아 낼 수 있었다(《유다 고대사》 14.165-79). 아마 가장 유명한 최고 의회는 예수를 재판하기 위하여 소집된 회의일 것이다(마르 14.53-65과 병행문 참조). 한편 사도행전은 예수의 첫 추종자들 문제로 소집된 최고 의회의 활동을 언급하기도 한다(예를 들어 5.17.21; 22.30; 23.5). 이처럼 최고 의회가 소집될 때 대사제가 의장직을 맡았다.

원천이 되는 고대 문헌들은 대사제의 모습을 묘사하면서 축제 기간에 대사제가 입는 휘황찬란한 의복을 지적한다. 탈출 28장에는 대사제의 옷이 길게 묘사되어 있다. 대사제가 입는 옷은 에폿(두 개의 멜빵으로 가슴에 고정시킨 것이며 여기에는 이스라엘의 열두 아들 이름을 새긴 두 개의 보석을 박았다), 가슴받이(에폿에 매달며 여기에도 열두 개의 보석을 네 줄씩 박는다. 이스라엘 아들들의 이름을 새긴다), 겉옷 자락 둘레에 금방울들을 단 겉옷, 그리고 "주님께 성별된 이"라고 새겨 쓰개에 단 성직패로 구성된다. 즈카 3장에서도 이 의복들을 고려하는 것으로 보이며, 집회 45,6-13과 50장에서 대사제 시몬이 "영광의 제복을 입고 호화로운 복장을 다 갖추어"(50,11) 성소 안을 영화롭게 하였다고 벤 시라가 칭송한 것이 바로 이 의복들이었다. 요세푸스도 대사제복을 묘사하며(《유다 전쟁사》 5.231-36을 보라), 필로는 그 의복에서 우주의 상징을 보았다(《모세의 생애》 2.109-26).

로마인들이 유다를 통제한 시기에 총독이 이 상징적 의복을 관리하였고 대사제는 축일에만 입도록 허락하였다. 요세푸스가 설명하듯이 희생 제사를 바칠 때 대사제가 입는 의복은 평소에는 성전 경내의 북서쪽에 위치한 안토니아 성채 안에 보관하였다. 헤로데 자신이 의복을 지켰고 헤로데 다음에는 로마의 통치자들이 티베리우스 통치 때(14-37년)까지 자체적으로 의복을 통제하였다. 그 당시 시리아 총독 비텔리우스는 백성에게 호의를 베풀어 그들이 의복을 보관하도록 하였다. 유다인들은 44년 아그리파스 1세가 죽을 때까지 계속해서 의복을 보관하였다. 로마의 관료들이 대사제복을 고치려고 하자 유다 백성은 황제에게 특사를 보내 자기네 뜻을 성취하였다. 요세푸스는 바로 이 이야기를 하면서 전에는 대사제복을 어떻게 다루었는지 상세히 설명(또한 성전 관리들에 관해서도 언급)한다.

전에는 대사제복을 대사제와 (성전의) 창고 책임자들이 봉인하였다. 축일 하루 전날 창고 책임자들이 로마 군대의 사령관에게 가서 자기네가 봉인한 것을 확인한 뒤에 의복을 가져왔다. 그런 다음 축일이 끝나면 그들은 의복을 동일한 장소에 다시 갖다 놓고 군 사령관에게 (처음의 봉인과) 동일한 봉인을 보여 준 뒤에 의복을 다시 그 자리에 보관하도록 되어 있었다(《유다 고대사》 15.408).

대사제복이 매우 강한 인상을 준다고 생각했기 때문에 위정자들은 의복이 지닌 정치적, 사회적 영향력을 우려하였다.

(2) 고위 사제

여러 문헌에서 일반 사제보다 더 높은 지위를 가진 사제를 언급한다. 이에 대한 증거는 이미 2열왕 25,18에서 볼 수 있다. 이 구절은 바빌론인들이 스라야 수석 사제(chief priest)와 "두 번째 서열의 스바니야 사제, 그리고 성전 문지기 셋을 체포하였다"고 말한다. 요세푸스는 제2성전 시기에 성전에서 일하는 몇몇 고위 사제직을 언급하며, 복음서들과 사도행전은 그런 인물들뿐 아니라 꽤 논의가 되고 있는 "수석 사제들"(여기에 사용된 단어는 대사제를 가리키는 그리스어의 복수 형태로 되어 있다)을 언급한다. 여러 부류의 성전 관리가 라삐 문학에서 언급되거나 묘사되지만, 제2성전 시기의 라삐 문헌에서 크게 도움이 되는 구절은 많지 않다.

'수석 사제들'은 사제들 가운데에서 분명히 지도자였고 최고 의회(아래를 보라)와 연관하여 자주 언급되지만, 그들이 정확히 어떤 일을 하였는지 말하기는 어렵다. 그들은 대사제를 배출한 몇 안 되는 가문에서 나온 사제였을 수 있다. 로마 시대에는 적어도 그들 가운데 몇몇은 아마 전직 대사제였을 것이다(가령 〈유다 고대사〉 2.243; 6.114를 보라).

성전 경비대장(sagan, stratēgos, captain of the temple)이라 불린 관리가 있었다. 예를 들어 사도 4,1에서 "사제들과 성전 경비대장과 사두가이들"이 성전의 솔로몬 주랑에서 설교하는 베드로와 요한에게 와서 그들을 체포하였다고 한다. 사도행전의 그다음 장에서, "성전 경비대장과 수석 사제들"은 감옥에 갇혀 있어야 할 사도들이 감옥 안에 없는 것을 보고 어리둥절해하였다고 한다(5,24.26; 참조 〈유다 고대사〉 20.131.208). 이 구절들에서 미루어 볼 때 성전 경비대장은 성전 경내에서 일어나는 소요를 진압할 경찰권을 가지고 있었음이 틀림없다. 성전 경비대장들을 언급하는 구절도 있다. 루카는 예수를 배반한 유다 이스카리옷을 묘사하면서 그가 "수석 사제들과 경비대장들"에게 갔다고 하는데, 그들은 나중에 동산에서 예수를 체포하는 데 개입하였다(루카 22,4.52).

성소에서 직무를 맡았던 다른 이들도 있었다. 예를 들어 창고 책임자(treasurer)가 있었으며(〈유다 고대사〉 15.408; 18.93; 〈유다 전쟁사〉 6.390), 더 후대의 원천들은 일반 사제로 구성된 스물네 개 조의 당직 사제를 통솔하는 책임자들이 있었다고 한다(아래를 보라).

(3) 일반 사제

제2성전 시기에 얼마나 많은 일반 사제가 있었는지 알지 못하지만, 그들의 수효는 성전에서 봉직하는 데 필요한 수효보다 훨씬 더 많았던 것 같다. 1역대 24,1-17은 많은 사제를 다룰 해결책을 내놓는다. 곧, 일반 사제들은 스물네 개의 당직반으로 나누어 돌아가며 성전에서 봉직하였다. 관련 문헌들에 따르면 당직반은 일 주일씩 봉직하고, 일 주일이 지나면 다음 당직반과 교체되었다. 스물네 개의 당직반이 모두 봉직하고 나면 다시 첫 당직반이 봉직하기 시작하였다. 결과적으로 스물네 개의 당직반은 한 해에 적어도 두 번 꼴로 봉직하였다(모두 마흔여덟 주간). 그리고 일부 당직반은 그 해 끝무렵에 세 번째 당번이 돌아오기도 하였다. 쿰란에서 발견된 많은 수의 달력 본문은 스물네 개의 당직반 이름을 사용하여 주간을 표시하며, 364일의 달력에서 특정한 어떤 축일에 봉직해야 할 당직반을 열거한 명단을 싣고 있다. 이 본문들에는 6년 주기가 활용된다. 364일로 된 한 해(52주간)에 네 개의 당직반은 세 번 봉직해야 한다. 이렇게 6년이 지난 뒤에는 그 주기가 출발점, 곧 그 해의 첫 주간에 봉직했던 첫 당직반에게 되돌아오게 된다.

    당직반에 대해 언급한 제2성전 시기의 문헌은 얼마 되지 않는다. 예를 들어 마카베오 형제들은 요야립 가문 출신이었고(1마카 2,1),

세례자 요한의 아버지 즈카르야는 아비야 조에 속하였다(루카 1,5).

사제들이 오경에서 비중이 큰 사제계 법전에 관심을 가진 것은 당연하다. 예를 들어 그들은 레위기와 민수기에서 희생 제사, 약품, 정결 문제 등을 책임져야 했으므로 이 규정을 배우는 데 관심을 가졌을 뿐 아니라, 법의 원칙을 새로운 상황에 적용하는 데에도 관심을 가졌을 것이다. 그렇다고 해서 사제들만이 성경에 기록된 법(주로 사제들이 아니었던 바리사이인들이 이 분야의 전문가가 되었다)을 연구하고 상세히 설명하는 일에 관여하였다는 것은 아니다. 그러나 사제들 사이에서 그런 문제들을 특별히 강조하였다고 보는 것이 합리적이다.

2) 사회 통치자

제2성전 시기 초엽에는 사회 통치자들(civil rulers)이 등장하여 이에 대한 언급이 여럿 있다. 성경에서 처음으로 세스바차르(에즈 5,14)가, 다음에는 즈루빠벨(하까 1,1)이 지방관 또는 총독이라 불린다. 세스바차르는 다윗 가문 출신일 가능성이 있는데 반해, 즈루빠벨은 분명히 다윗 가문 출신이다(1역대 3,18-19. 센아차르가 세스바차르와 동일 인물일 수 있다). 즈루빠벨이 예수아 대사제와 나란히 언급된다는 사실(에즈라서와 하까이서에서)은 두 사람이 동시에 관직을 가지고 있었고, 따라서 서로 다른 직무를 가지고 있었음을 보여 준다. 즈루빠벨 다음부터(기원전 520년경에 마지막으로 언급된다) 느헤미야에 이르기까지 성경에는 어떤 지방관의 이름도 거론되지 않는다. 느헤미야는 기원전 444년 지방관의 자격으로 예루살렘에 와서 적어도 기원전 432년까지 지방관 자리에 있었다(느헤 5,14 참조). 느헤 5,15에서 느헤미야는 "나의 선임 지방관들은 백성에게 짐을 무겁게 지웠다"(말라 1,8 참조)고 말하며 그들을 고발한다. 이제 지방관의 인장들, 봉인들, 그리고 항아리에 새겨진 날인들에서 이 지방관들 가운데 엘나탄(그는 즈루빠벨의 딸 슬로밋과 결혼했을 것이다. 1역대 3,19 참조), 여호에젤, 그리고 아자이 같은 몇몇의 이름을 알 수 있다. 물론 자료의 연대는 확실하지 않다. 나중에 지방관 바고히가 엘레판틴의 한 파피루스(30호)에서 언급되고, 여호즈키야라는 이름을 가진 지방관이 페르시아 시기 말과 헬레니즘 시기 초의 동전에 새겨져 있다. 바고히와 여호즈키야 사이에 다른 지방관들이 있었는지 알려져 있지 않지만, 지방관들이 있었다고 추정하는 것이 옳을 것이다.

제2성전 시기 초에 다스렸던 사회 통치자들에 관한 증거는 거의 없어도 그 뒤로 오면 증거 자료가 대단히 많다. 앞에서 살펴본 것처럼 마카베오 형제들이 일어나면서 유다의 자치 정부는 새로운 형태를 갖추게 되었다. 그 유명한 형제들은 군사, 사제, 그리고 사회적 권한을 모두 행사하였고 아리스토불로스 1세(기원전 104-103) 때 임금이라는 칭호까지 가졌다. 마카베오 가문은 알렉산드로스 얀네오스(기원전 103-76)와 알렉산드라 왕후(기원전 76-67)가 다스릴 때까지 임금의 칭호를 보존하였다. 그러나 로마인들이 도착하면서 하스모네아 왕가는 끝났다. 기원전 37년 헤로데가 임금이 될 때까지 여러 명의 로마 관료가 유다 지역을 다스렸다. 헤로데와 그의 후손들이 수 십년 동안 유다의 전부 또는 일부를 다스렸지만, 6년 아르켈라오스가 폐위되면서 유다의 정부 체제가 다시 한 번 바뀌었다. 처음에는 로마의 지방관들이 다스렸지만(6-41년), 아그리파스 1세가 잠시(41-44년) 통치한 뒤에는 66년 독립항쟁이 발발할 때까지 로마의 행정관들이 그 지역을 다스렸다.

3) 최고 의회(산헤드린)

제2성전 시기 초기에 저명한 사람들로 구성된 통치 의회가 예루살렘에 있었겠으나(유딧 4,8; 11,14; 15,8 참조), 요세푸스의 〈유다 고대사〉 12.138에 보존된 셀레우코스 왕조의 안티오코스 3세 임금(기원전 223-187)의 칙서에서 이를 처음으로 명확히 언급한다. 이 칙서에서는 임금의 말을 인용하는데, 임금이 예루살렘에 도착했을 때 원로단(그리스어로 geousia)이 그를 마중하러 나왔다고 한다. 마카베오 시대 초기에 동일한 집단으로 여겨지는 의회가 더욱 자주 언급되는데, 유다(2마카 4,44; 11,27), 요나탄(1마카 12,6), 그리고 시몬(1마카 13,36; 14,20.28. 원로들의 모임을 언급하는데 의회와 동일한 것 같다)의 시대에 이를 볼 수 있다.

　최고 의회(sanhedrin)에 대한 언급은 로마 시대에 와서 부각된다. 원천들이 유다의 최고 의회에 관해 서로 다른 면을 제시하기 때문에 최고 의회에 관한 학자들의 견해는 매우 다양하다. '산헤드린'

이라는 용어는 일반 어휘로 지역이건 국가이건 다양한 종류의 회의를 가리키는 데 사용될 수 있었다. 그래서 예를 들면, 기원전 63년 폼페이우스가 예루살렘을 점령한 후 로마의 시리아 총독 가비니우스는 유다 국가를 예루살렘, 가다라, 아마투스, 예리코, 세포리스를 중심으로 하는 다섯 지역으로 나누고 다섯 개의 의회를 신설하였다(《유다 고대사》 14.91). 그중 예루살렘에 있는 의회는 특히 중요했던 것으로 보인다. 그리스어 본문들(요세푸스, 필로, 복음서들, 사도행전)에 따르면, 대사제가 의장을 맡는 최고 의회는 정치와 사법 기구였으며 중대한 범죄로 고발된 개인의 사건을 취급하였다(예를 들어 헤로데, 예수). 후대의 라삐 문헌들에 따르면, 최고 의회는 종교 문제를 다루기 위하여 모인 학자 단체였으며 당시 두 명의 바리사이파 지도자가 의장이었다. 두 개의 최고 의회, 곧 종교 문제를 다루는 최고 의회와 정치 문제를 다루는 최고 의회가 있었다는 의견이 제시되었으나 어떤 문헌에서도 그런 사실을 언급하지 않는다.

그 문제가 어떤 식으로 결정되든, 예루살렘에는 사건을 심리하는 여러 부류의 의원으로 구성된 최고 의회가 있었다. 최고 의회가 언급될 때 대사제도 언급되는데, 대사제는 의장이었던 것 같다. 예를 들어 히르카노스 2세는 미래에 임금이 될 헤로데를 심리하기 위하여 최고 의회를 소집하라는 권고를 받았고(《유다 고대사》 14.165-79), 예수께서 의회 앞에 불려나가셨을 때 의장은 카야파였다(예를 들어 마태 26,57.59; 마르 14,53.55; 15,1; 루카 22,66; 요한 11,47-50을 보라). 그 뒤 한나스라는 대사제가 예수의 형제 야고보를 심리하는 최고 의회를 소집하였다(《유다 고대사》 20.200). 자연히 로마

정부는 최고 의회에 권위를 행사하였다. 요세푸스는 〈유다 고대사〉의 같은 대목에서 행정관의 동의 없이 최고 의회를 개최하는 것은 적법하지 않다고 주장하는 한나스의 반대자들의 관점을 인용한다. 또한 유다 임금 아그리파스 2세는 레위 가문의 성가대원들에게 사제들처럼 아마 옷을 입도록 허락할 것인지 결정하기 위하여 최고 의회를 소집하였다(《유다 고대사》 20.216-18). 전에는 헤로데가 자신을 재판장에 세웠던 최고 의회의 의회원들을 죽인 일이 있었다(《유다 고대사》 14.175).

더 후대의 미쉬나에 따르면 최고 의회는 일흔한 명의 의원으로 구성되었다(최고 의회 1.6). 최고 의회와 연관하여 언급된 집단은 수석 사제(가령 마태 26,57-59; 마르 14,53-55), 율법 학자, 바리사이들, 사두가이들, 그리고 원로이다. 달리 말해 최고 의회는 성직자와 평신도 가운데 유력 인사로 구성되었고, 그들은 다양한 범죄를 저지른 개인을 심리할 막강한 권한을 가지고 있었다. 기억에 남는 예로, 사도 바오로는 최고 의회에 나가 대사제와 격렬한 말을 주고 받았으며, 죽은 뒤의 생명에 관해 바리사이들과 사두가이들 사이에 분쟁이 일어난 적도 있었다(사도 22,30-23,10. 그리고 사도 4,6; 5,17.21; 6,12-7,60 참조).

최고 의회가 사형죄를 범한 자를 사형에 처할 권한을 가지고 있었는가에 관해 오래 전부터 논의가 있어 왔다. 이런 문제가 제기된 이유가 있다면, 그것은 요한 18,31에서 예수를 범죄자로 고발한 자들이 "우리는 누구를 죽일 권한이 없소"라고 한 말을 인용하기 때문이다. 그러나 다른 곳에서는 최고 의회가 사형에 처할 권한을 가졌다는 느낌을 받는다(가령 헤로데가 재판을 받을 때 최고 의회는 그를 사형에 처하려고 했던 것 같다. 〈유다 고대사〉 14.177). 로마의 권력자들은 유다인들의 중대한 법을 어긴 자를 처형할 수 있는 권한을 최고 의회에 위임하였던 것으로 보인다. 요한 18,31이 최고 의회를 가리키는지도 분명하지 않다.

2. 단체

문헌에 거명되는 여러 집단이 각기 다른 종류의 영향력을 행사하였다.

1) 제2성전 시기 초

우리가 여러 차례에 걸쳐 살펴보았던 것처럼 제2성전 시기의 첫 세기에 관한 문헌은 특히 빈약하다. 그 결과 유다 백성 사이에 존재했을 다양한 당파가 잘 알려져 있지 않다. 유다가 이런 실정이라면, 하물며 디아스포라야 오죽하겠는가! 그렇지만 학자들은 본문들에서 제2성전 시기 초에 있었던 집단들에 대한 증거와 다양한 관점을 어떻게든 알아내려고 시도하였다.

예를 들어 성경에서 묘사하는 재건된 초기 공동체에는 사제적이고 위계적이며 정적인 관점을 주창하는 사람들이 있었고, 그들과 반대로 재건(유배에서 귀환과 성전과 예루살렘 재건)에 관여하기보다는 더 막강한 하느님의 힘이 인간사에 관여할 것을 기대한 환시가들이 있었다고 한다. 에즈라기와 느헤미야기가 보여 주듯이 다른 백성들과의 관계에 관해 다양한 의견이 있었다. 곧 이 두 지도자는 동화되는 것을 단호하게 반대하였으나, 평범한 백성은 주변의 다른 민족들과 혼인하였고 그들과 다른 방식으로 서로 영향을 주고받았다. 어떤 사람들은 모세의 책에 큰 권위를 부여하였으나, 다른 사람들은 모세의 책을 사용하면서도 더 큰 전통에 의존하였다는 것을 우리는 알고 있다. 후자의 예로 에녹의 초기 본문들을 쓴 저자들을 들 수 있다. 그들은 아담부터 일곱째 인물인 에녹에 관해 말하는 창세기에 나오지 않는 원천들에 의존하였던 것으로 여겨진다. 또한 사제들 내부에서도 모든 이가 같은 의견을 지녔던 것 같지 않다. 차독 가문에서 예루살렘의 성전을 통제하였지만, 지배 사제들에 반대하였던 〈아람어 레위기〉의 저자는 자기네 가르침을 아론 이전의 레위의 모습과 연결시킨 집단에 속했던 것으로 여겨진다.

헬레니즘 시기, 특히 기원전 3세기 말과 기원전 2세기 초에 유다에는 프톨레마이오스 왕조를 지지하는 사람들(예를 들어 토비야 가문의 많은 이)과 셀레우코스 왕조를 지지하는 사람들(〈토비야의 소설〉에 나오는 대사제 오니아스 2세와 히르카노스의 형제들?)의 당파가 있었다.

하스모네아 왕가는 셀레우코스 왕조의 군대와 싸워 승리한 뒤에 유다 사회에서 강한 힘을 얻게 되었고, 그들이 대사제직을 갖게 되면서 그들의 영향력은 한층 강해졌다. 1마카 14장과 쿰란의 종파적 문학 같은 문헌들을 통해 알 수 있듯이, 그들이 권력을 갖는 것에 대해 모든 이가 찬사를 보내지 않았다. 사람들이 쿰란으로 옮겨 간 것은 그 후의 일이기는 하지만, 쿰란 공동체 자체는 마카베오 시기 초에 생겨났다. 공동체 주위에 살던 작은 집단은 분명히 의견을 달리하던 사람들이었으며, 그들은 자신들의 관점을 에녹의 작품들과 〈희년서〉 같은 이전의 문헌들에서 끄집어 내었다.

2) 헬레니즘 시기 후기와 로마 시기

요세푸스는 요나탄이 대사제요 군사 수장으로 통치할 때(기원전 152-142)를 이야기하면서 처음으로 중요한 유다의 세 종파(바리사이파, 사두가이파, 에세네파)를 언급한다. 요세푸스는 자신의 작품들 여러 곳에서 이 종파들의 개별 회원들을 언급하지만, 특히 두 곳에서 각 종파의 특성을 식별할 수 있도록 더욱 상세히 묘사해 두었다. 그가 묘사하는 분량으로 추정컨대, 특히 에세네파에 관심이 많았던 것 같다. 어쩌면 그가 에세네파에 관한 자료를 더 많이 가지고 있어서일 것이다.

(1) 바리사이파

요세푸스는 자기가 쓴 저서 중 두 대목(〈유다 전쟁사〉 2.162-63.166

과 〈유다 고대사〉 18.12-15)에서 바리사이들의 관점을 묘사한다. 이 종파 또는 운동이 가지고 있던 특출한 모습은, 그들이 "율법을 가장 정확히 해석하는 사람들"(〈유다 전쟁사〉 2.162; 〈유다 고대사〉 17.41; 〈생애〉 191; 사도 22,3; 참조 사도 23,6)이었다는 사실이다. 바리사이들이 개발한 전통적 율법 해석이야말로 그들을 다른 종파의 사람들과 구별하는 가장 두드러진 방식일 것이다. 역사가 요세푸스가 다른 곳에서 설명하듯이 "바리사이들은 이전 세대로부터 물려받았으나 모세의 율법서에는 기록되어 있지 않은 어떤 규정들을 백성에게 전해 주었다"(〈유다 고대사〉 13.297; 참조 13.408). 마르 7,5은 율법학자들과 바리사이들을 가리키면서 그것을 "조상들의 전통"이라고 묘사한다(마태 15,2 참조). 요세푸스는 모세의 율법을 어떻게 해석하고 이를 일상생활에 어떻게 적용할 것인가를 전해 주는 전승이 있었음을 지적하려는 의도에서 이 말을 한 것 같다. 요세푸스는 육천 명 가량의 바리사이들이 있었지만(〈유다 고대사〉 17.42) 얼마 되지 않은 이 적은 무리가 대중과 권력자들에게까지 큰 영향력을 행사하였다고 한다(〈유다 고대사〉 18.15; 13.288, 298).

'바리사이'라는 말은 '분리된 사람' 또는 '구별된 사람', 곧 부정한 것에서 구별된 사람을 뜻하는 것 같다. 정결과 부정의 문제는 바리사이들에게 중요한 문제였다. 그들은 대다수의 유다 백성보다 훨씬 더 높은 기준을 가지고 있었다. 그들 가운데 사제들이 더러 있기는 했지만, 바리사이들은 대부분 아론 가문 출신이 아니었던 것으로 보인다.

요세푸스는 바리사이들이 가지고 있던 다른 여러 가지 신념, 다른 종파들, 특히 사두가이파 사람들과 다른 입장을 취하는 그들의 신념을 언급한다. 그들은 운명과 인간의 결단이 모두 인간의 행위 안에 포함되어 있으며, 의로운 이들이 부활하고 악한 자들이 영원한 벌을 받는 내세가 있다고 믿었다(《유다 전쟁사》 2.162-63; 《유다 고대사》 18.12-14. 요세푸스는 여기에서 그들의 단순한 생활 양식을 언급한다). 사도 23.8은 그들이 천사들과 영들의 존재를 믿었다고 덧붙인다.

요세푸스는 바리사이들에 관해 서술하면서 그들이 요한 히르카노스 통치(기원전 134-104) 때 영향력을 발휘하였다고 지적한다. 그러나 히르카노스는 바리사이인 엘아자르가 그에게 의로운 사람이 되고 싶다면 대사제직을 버리고 백성의 법을 지킬 것을 강요한 뒤에 바리사이인들과 관계를 끊었다. 히르카노스는 사두가이파에 속하는 친구의 말을 듣고 엘아자르가 자신을 위해서뿐 아니라 바리사이들 모두를 위해서 그런 말을 한 것이라고 확신하자, "바리사이들이 백성을 위해 내놓은 규정들을 폐기하고 그 규정들을 준수하는 자들을 벌하기로"(《유다 고대사》 13.296; 참조 13.291-98) 결심하였다. 그 결과 바리사이들은 히르카노스 통치 초기에 누리고 있었던 일체의 공적 권한을 잃게 된 것 같다. 알렉산드로스 얀네오스(기원전 103-76)는 바리사이들(과 다른 이들)을 모질게 다루었다. 얀네오스가 십자가에 처한 반대자 가운데에는 바리사이들도 포함되어 있었다. 그는 임종을 앞두고 자기 후계자인 아내 알렉산드라에게 "바리사이들에게 일정한 정도의 권력을 나누어 주라고 촉구하였다. 왜냐하면 그녀가 바리사이들에게 이런 대접을 해 주면 그들은 국사에 호의적으로 협력할 것"이기 때문이라는 것이다(13.400. 그리고 13.379-383을 13.398-404와 함께 보라). 알렉산드라는 남편의 유언을 실천하였고, 백성에게 계속 영향력을 발휘해 온 바리사이들은 공적 권한을 되찾았다. 그리고 그들이 세운 규정들도 복구되었다(13.405-9: "그녀는 최고 통치자의 칭호를 가졌고, 바리사이인들은 권력을 가졌다"[13.409]). 그녀의 통치 뒤에는 바리사이들이 비교적 드물게 언급된다. 헤로데가 임금으로 군림할 때 어떤 바리사이들은 호의적으로 다루었으나 어떤 바리사이들은 자기를 반대한다고 하여 처형하였다(〈유다 고대사〉 15.370; 17.41-46 참조). 그리고 제1차 독립항쟁 때 어떤 바리사이들은 특출한 지위를 누렸다(가령 〈생애〉 197 참조). 어떤 바리사이들은 최고 의회의 의회원이었음을 우리는 알고 있다(예로 사도 23장 참조).

몇몇 사해 두루마리(가령 나훔서 주석서)에 나오는 "부드러운 것을 추구하는 사람들"이라는 말은, 쿰란의 에세네파 사람들이 바리사이들에게 가졌던 비판적 태도를 반영하는 것임을 상기해야 한다. 에세네파 사람들은 바리사이들이 "율법"(halakhot)을 추구하지 않고 "쉬운 길"(halaqot)을 추구한다고 생각하였다. 종파들 사이에서 볼 수 있는 이런 경쟁은 그리스도교 전통에서 바리사이인들이 아무리 율법을 아는 체한 것으로 보더라도, 적어도 그들의 동시대 사람들 사이에서는 그들이 지나치게 온건한 사람들로 평가받는다는 사실을 상기시켜 준다(또한 그들이 징벌하는 데 너그러웠다는 사실에 대해 〈유다 고대사〉 13.294를 보라). 바리사이들의 관점과 해석법은 – 70년 성전이 파괴된 뒤에도 약간 변화는 있었지만 – 라삐 유다이즘의 형태로 계속 남아 있었고, 미쉬나 같은 초기 랍삐 본문들은 바리사이들의 가르침을 수용하였다고 생각하는 것이 보통이다.

(2) 사두가이파

사두가이라는 말은 '차독'이라는 이름에서 유래할 수 있는데, 이 차독은 다윗과 솔로몬 시대에 대사제였던 차독을 가리킬 것이다. 제2성전 시기의 원천들에 제한한다면, 여기에서도 요세푸스가 주요 정보를 제공하지만, 그의 증언은 신약성경의 몇몇 구절과 - 어떤 학자들에 따르면 - 사두가이들의 법 형태를 포함하고 있는 쿰란의 두루마리로 보완될 수 있을 것이다.

사두가이들 가운데에는 고위직에 오른 사람들과 대사제들이 있었다. 예를 들어 〈유다 고대사〉 13.298에서 요세푸스는 그들이 "부유한 사람들에게 신망을 얻었으나, 대중의 지지를 받은 바리사이들과 달리 민중 가운데에서 추종자를 얻지 못했다"고 말한다. 요세푸스는 〈유다 고대사〉 18.17에서도 비슷한 점을 지적한다. "이들의 교의를 받아들인 사람은 극소수였지만 모두 고관이었다. 그러나 그들이 하는 일은 사실상 아무것도 없었다. 그들이 어떤 직무를 떠맡을 때 어쩔 수 없이 타의에 의해 발을 들여 놓기는 하였지만, 바리사이들의 교의로 기울어지지 않을 수 없었다. 그렇지 않을 경우 백성이 그들을 용납하지 않았기 때문이다." 요세푸스가 무슨 뜻으로 이런 말을 하였던지, 또 자신의 어떤 선입관을 반영하였던지(그는 스스로 바리사이인이 되었다고 주장한다), 이 진술은 양 종파의 회원들이 서로 다른 사회적 지위를 가지고 있었음을 시사한다. 몇몇 대사제를 사두가이들과 연결시키는 구절들도 있다. 요세푸스는 예수의 형제 야고보를 단죄하기 위하여 최고 의회를 소집한 대사제 한나스를 언급한다. 그는 "다혈질적이고 대담한 성격의 소유자로서 재판에 앉으면 다른 어떤 유다인들보다 범인을 더 가혹하게 다루는 사두가이파를 따랐다"(《유다 고대사》 20.199). 또 다른 경우는 사도 5,17에서 볼 수 있다. 이 구절은 대사제와 "그의 모든 동조자 곧 사두가이파"를 언급한다. 이 구절을 보면서 모든 대사제가 사두가이파에 속했다고 결론 내리는 것은 성급한 일일 것이다. 물론 몇몇 대사제는 사두가이파였다.

사두가이파의 특성은, 그들이 문서에 기록된 율법만을 권위 있는 것으로 인정하였으며, 따라서 바리사이들이 지지하는 조상들의 전통을 거부하였다는 점이다. 요세푸스는 바리사이파의 입장을 언급한 뒤에 다음과 같이 지적한다. "바로 이런 이유 때문에 사두가이파는 이(바리사이파의) 규정들을 인정하지 않았다. 사두가이파는 성문화된 모세 율법만이 유효하며 이전 세대들이 전해 주는 것은 지킬 필요가 없다고 주장하였다"(《유다 고대사》 13.297. 또한 "그들은 율법 외에는 아무것도 준수하지 않았다"고 말하는 18.16 참조). 이 말이 정확히 무엇을 뜻하는가에 관해서는 의견이 분분하다. 어떤 이들은 사두가이들이 모세의 율법만을 성경으로 인정한 것이라고 결론을 내렸지만, 요세푸스가 이 점을 지적한 것은 아니라고 여겨진다. 오히려 요세푸스는 율법 문제에서 사두가이들이 바리사이들의 성문화되지 않은 규정들을 거부하였다는 사실을 알리려 한 것 같다. 요세푸스는 성경의 다른 부분에 대한 그들의 관점을 언급하지 않는다. 그리고 어느 책이 성경이냐는 문제를 두고 바리사이들과 사두가이들 사이에 의견이 달랐다는 증거는 없다.

쿰란의 본문들이 이 상황을 설명하는 데 도움이 될 것이다. 〈할라카 편지(4MMT)〉 같은 본문에서 읽을 수 있는 법에 대한 태도가 사두가이파의 태도라는 사실을 미쉬나(Yadayim 4.6-7)에서 알 수 있다. 또한 많은 경우(전체가 아니라) 쿰란 본문에 나오는 법적 판결은 바리사이/라삐들의 판결보다 훨씬 더 엄하고 가혹한 특성이 있다. 이런 점에서도 그것들은 사두가이파의 특성을 지니고 있다고 말할 수 있다. 여기에서 사두가이들과 쿰란 사람들이 보수적이고 엄격한 방법으로 모세의 율법을 해석하고 적용하였으며, 이런 방법은 사제계 계열에서 보존되고 전승된 것일 수 있다는 사실이 드러난다. 사제계 계열의 사람들은 바리사이파의 특징인 구전 전승을 가지고 있지 않았던 것 같다. 그러나 그들도 분명히 전통을 가지고 있었으며 그 중 어떤 것은 문서로 만들어졌다(쿰란 본문들처럼).

원천들에 따르면 사두가이파와 바리사이파의 교의는 여러 가지 점에서 달랐다. 이 문제를 간단하면서도 명확히 언급하는 본문이 사도 23장이다. 이 본문은 바오로가 최고 의회에 나와 한 말을 전하는데 여기에는 바리사이들과 사두가이들이 모두 언급된다. "사두가이들은 부활도 천사도 영도 없다고 주장하고, 바리사이들은 그것을 다 인정하였다"(사도 23,8). 바리사이파였던 바오로는 그 차이점을 이용하여 최고 의회에 혼란을 일으켰다(〈유다 고대사〉 18.16; 〈유다 전쟁사〉 2.165 참조). 사두가이들이 천사들이나 영들을 부정하였다는 주장은 독특하다. 왜냐하면 그런 존재들이 모세의 율법과 성경의 여러 곳에서 언급되기 때문이다. 어쩌면 사두가이들은 당시 어떤 사람들(예를 들어 에세네파 사람들)이 형성한 발전된 천사론만을 부정하였을 것이다. 이런 관점 외에도 요세푸스는 사두가이들이 자유 의지를 지지하였다고 말하기도 한다. "그들은 인간이 선과 악을 자유롭게 선택할 수 있으며 그가 선을 행하든 악을 행하든 그것은 각자의 의지에 달려 있다고 주장한다"(〈유다 전쟁사〉 2.165).

지금까지 살펴본 것처럼 요세푸스는 요한 히르카노스의 통치 초기에는 바리사이들이 영향력을 발휘하였으나 히르카노스가 사두가이파에 속한 친구의 조언을 받아들여 바리사이들과 관계를 끊었다고 말한다. 이 일로 인하여 히르카노스의 통치 때 사두가이들이 더욱 주도적 위치를 차지하였다고 추측할 수 있을 것이다. 만일 이것이 사실이었다면, 사두가이들은 알렉산드라의 통치 시기에 힘을 잃었을 것이다. 알렉산드라는 나라를 다스리는 일의 대부분을 바리사이들의 손에 맡겼던 것으로 추정되기 때문이다. 시대에 따라 그들의 신분이 어떠했던 사두가이들의 일부는 최고 의회의 의회원이었다(예로 사도 23장 참조).

(3) 에세네파

요세푸스는 유다인들 사이의 세 종파를 구별하면서 에세네파에 관해 가장 많이 쓰고 있다. 요세푸스는 〈유다 전쟁사〉 2.119-61에서 그들에 관해 아주 길게 쓰고 있으며 〈유다 고대사〉 13.171-72와

18.18-22에서도 짤막하게 언급한다. 그는 사건을 전하는 가운데에도 에세네파 사람들을 언급한다(가령 헤로데가 임금이 될 것이라고 예언한 에세네파의 마네무스에 관해 쓰고 있는 〈유다 고대사〉 15.371-79). 필로도 에세네파를 다루며(〈〈선한 사람은 모두 자유롭다〉 75-91), 로마의 대大플리니우스도 《박물지(Natural History)》 5.73에서 쿰란 공동체에 대해 묘사한다. 이상하게도 신약성경은 에세네파를 한 번도 명확하게 언급하지 않는다.

'에세네'가 무슨 뜻인지는 오래 전부터 논의되어 왔으나, 가장 그럴듯한 제안은 "(율법을) 행하는 사람들"을 뜻한다는 것이다. 에세네파에 속하는 사람들은 바리사이들처럼 많지 않았다. 요세푸스와 필로는 그들이 사천 명 이상이었으며(〈유다 고대사〉 18.21; 〈선한 사람은 모두 자유롭다〉 75), 이스라엘의 모든 성읍에서 그들을 찾아볼 수 있었다(〈유다 전쟁사〉 2.124)고 한다. 요세푸스와 필로는 에세네파 사람들을 묘사할 때 그들의 삶의 양식에 주의를 기울였다. 요세푸스의 말마따나 그들은 친밀한 공동체를 이루었고 호화로운 생활과 혼인(원칙은 아니었지만)과 재산을 배제하였으며 모든 면에서 철저히 절제하였다. 그는 그들의 공동체 생활을 길게 이야기하며 공동체에 들어오면서 자기 재산을 공동체에 내놓는다고 지적한다. 에세네파 사람들은 (지역 단체의 회원이든 방문객이든) 공동체의 재산을 공유하였기 때문에 그들에게는 재산에 따른 사회 신분의 차이가 없었다. 요세푸스는 그들의 일상생활이 기도 – 일 – 목욕 – 식사 – 일 – 식사로 이어지는 규칙을 따랐다고 기술한다. 그들은 자기 말에 성실하였고 선조들의 글에 대단한 관심을 기울였다.

에세네파에 가입하는 과정은 여러 해를 두고 이루어졌는데, 요세푸스는 이 입회 과정에도 주의를 기울인다. 그는 입회 과정에 여러 단계가 있다고 소개하면서 마지막 단계는 엄숙히 맹세해야 한다고 한다. 그는 에세네파의 법 실천과 공동체 모임을 지적하며 그들이 안식일을 엄격히(다른 어떤 종파보다 더욱 엄격히) 준수하였다는 사실을 강조한다. 요세푸스는 에세네파가 네 개의 계급으로 나뉘어 있다고 지적하며 로마와 싸운 전쟁에서 그들이 받은 고통도 기록하고 있다. 그는 영혼이 불멸한다고 믿은 그들의 교의와 예언의 정확성에 대해서도 말한다. 에세네파에 혼인한 사람들이 있었다는 사실도 소개한다. 요세푸스가 〈유다 전쟁사〉 2에서 길게 기술한 것을 간략히 요약하였지만, 에세네파는 모든 인간 행위를 운명으로 돌렸으며 그들만의 고유한 희생 제사 의식을 거행하였고 농업에 종사하였으며 노예를 소유하지 않았다는 내용을 덧붙일 수 있겠다.

쿰란 공동체가 에세네파의 한 분파였다면(그럴 가능성이 매우 높다), 쿰란에서 발견된 글은 율법에 대한 그들의 태도, 포괄적이고 학식 있는 성경 해석, 찬양과 기도를 강조하는 점, 그리고 유다인들의 다른 종파들에 대한 견해를 우리에게 보여 준다. 고대의 원천들에서 제시되는 에세네파의 실천과 관점은 쿰란의 공동체 규칙서와 다른 본문들에서 발견되는 것과 매우 밀접한 연관성을 갖는다. 사해 해변에 에세네파가 살고 있었다는 플리니우스의 주장과 부합되는 이와 같은 연관성 때문에 많은 학자가 그들이 에세네파의 일부였다는 결론을 내렸다.

(4) 다른 종파

우리는 요세푸스에게서 다른 종파에 관한 정보를 받지만 때로는 다른 원천들에서 보완 정보를 얻기도 한다. 제2성전 시기 후기에 유다와 갈릴래아(그리고 물론 광범위하게 퍼진 디아스포라)에 세 개 이상의 집단 또는 종파가 있었으며, 요세푸스가 강조하는 세 개의 종파 내부에도 의견의 차이가 있었고 세월이 흐르면서 다양하게 변화했음을 추정할 수 있다. 요세푸스가 언급하는 다른 한 종파는 이른바 네 번째 철학 사조이다. 그는 다른 세 개의 '철학'에 관해 간략히 언급한 뒤에 곧바로 한 단락을 할애하여 네 번째 철학을 지적한다(《유다 고대사》 18.23-25). 네 번째 철학의 창시자는 유다라 불리는 갈릴래아 사람이었다. "이 종파는 다른 모든 면에서는 바리사이파와 같았으나 자유에 대한 열정에서만은 그렇지 않았다. 그들은 하느님만이 그들의 지배자요 주인임을 확신하였기 때문이다. 그들은 어떠한 죽음에도 굴복하지 않았을 뿐 아니라 친지와 친구 들의 죽음 앞에서도(그들이 사람을 주인이라 부르지 않는 이상) 눈 하나 깜짝하지 않았다"(《유다 고대사》 18.23). 요세푸스는 그들을 기원후 6년 아르켈라오스가 폐위된 뒤에 퀴리니우스가 실시한 인구 조사와 연결시킨다. 요세푸스는 〈유다 전쟁사〉 2.118에서 유다가 동족을 비판하고 선동하여서 반란을 일으켰으며, "하느님만을 주님으로 섬겨야 하는데도 로마인들에게 세금을 바치는 짓은 언젠가 죽을 로마인들에게 굴욕을 당하는 것이오" 하고 말했다고 한다. 요세푸스는 "이 사람은 자신의 종파를 창시한 학자였고 다른 종파와 조금도 같은

데가 없었다"고 한다. 요세푸스가 나중에 〈유다 고대사〉에서 그들의 교의가 바리사이파의 교의와 많이 흡사하다고 말한 것에 비추어볼 때, 이 마지막 주석이 흥미롭다. 〈유다 고대사〉 18.4에 따르면 유다는 세금을 걷기 위한 인구 조사가 백성을 노예로 삼는 것과 다를 바 없으므로 이를 반대하도록 사람들을 선동하였고, 바리사이인 차독이 이 일을 지원하였다. 요세푸스는 그들을 평가하면서 그들이 반역의 씨앗을 뿌려 60여 년 뒤에 70년의 사건을 일으켰다고 주장한다(〈유다 고대사〉 18.6-10). 유다와 66-70년의 제1차 독립항쟁의 두 지도자, 곧 므나헴(〈유다 전쟁사〉 2.433. 그는 66년 마사다를 탈취하였고 얼마 동안 예루살렘에서 독립항쟁을 이끌었다)과 엘아자르 벤 야이르(〈유다 전쟁사〉 7.253. 그는 마사다 집단의 지도자였다)는 혈연 관계였다. 그러나 요세푸스는 유다가 선동해 일으킨 반란을 열성당원이나 자객 집단의 반란이라고 하지 않는다. 열성당원이나 자객 집단의 기원이 어떠하든 적어도 요세푸스는 그들을 네 번째 철학에 해당하는 사람들이라고 하지 않는다.

필로가 〈관상 생활에 관하여(On the Contemplative Life)〉에서 묘사한 테라페우테 종파에 관해서도 언급해야 할 것이다. 그는 이집트 북쪽 나일 강 삼각주에 위치한 마레오티스(Mareotic) 호수 주변 지역으로 물러나 에세네 사람들의 생활 방식과 비슷하게 살았던 남녀 집단이라고 묘사한다. 사마리아인들과 같은 다른 집단도 있었다. 그들은 유다 주민과 큰 분쟁을 일으키는 등 고유한 역사를 가지고 있었다. 그들은 예루살렘 북쪽의 그리짐 산을 중심으로 모여 살았고 고유한 성경 책(오경을 포함하여)을 가지고 있었으며 고유한 의식을 실천하였다.

3. 예배

거의 6세기 동안 예배의 중심지는 예루살렘이었지만, 연구와 기도와 찬양을 위한 다른 장소들도 있었다.

1) 성전

우리가 연구하고 있는 기간은 제2성전이 서 있을 때이다. 근본적으로 예루살렘에 있는 이 성전 경내는 팔레스티나에 살고 있던 사람에게나 디아스포라에 살고 있던 사람에게나 유다교의 중심지였다.

(1) 성전 구조

헤로데가 철저하게 성전 건물을 변경하기 전(기원전 20년 이후)에 제2성전의 실제 구조에 관한 정보는 거의 알려져 있지 않다. 에즈라기에 보존되어 있는 키루스 임금의 칙령에 따르면 임금은 주님의 집에 관하여 다음과 같이 말하였다. "희생 제물을 바치던 바로 그곳에 기초를 높이 세우고 집을 다시 짓되, 높이도 예순 암마(한 암마는 약 46센티미터), 너비도 예순 암마로 하여라. 다듬은 돌은 세 겹으로, 나무는 한 겹으로 쌓아라. 비용은 왕실에서 내어 주어라"(에즈 6,3-4). 이는 놀라운 규모이다. 솔로몬이 지은 성전의 규모는 "그 길이가 예순 암마, 너비가 스무 암마, 높이가 서른 암마"(1열왕 6,2)라고 보고되어 있기 때문이다. 제2성전의 높이는 제1성전보다 두 배나 더 높았고 너비는 세 배나 더 넓었다(많은 주석학자가 실현 가능성이 희박한 규모라고 생각한다). 아마 이는 임금이 비용을 댈 수 있는 최대한의 규모를 가리켰던 것 같다. 에즈라기의 이 구절을 제외하면, 기원전 516/15년에 완공된 때부터 헤로데가 재건할 때까지 제2성전에 관해 묘사하는 글은 사실상 전무한 실정이다.

요세푸스는 성전에 대한 묘사를 압데라의 헤카테오스(Hecateus, 알렉산드로스 대왕과 프톨레마이오스 1세 때 살았던 그리스 작가)에서 인용하고 있다. 요세푸스는 성전 경내를 감싸고 있는 담의 길이가 150미터 가량이었고, 너비는 45미터였으며 두 개의 문이 달려 있었다고 썼다. 그는 가로 세로가 각각 9미터이고 높이가 4.5미터인 정방형 제단을 언급한다. 그 제단 옆에는 큰 건물이 있었고, 거기에는 제단과 영구히 불을 밝혀 놓은 촛대가 있었다고 한다. 성전에는 아무런 형상도 없었다고 썼다(〈아피온 논박〉 1.198-99). 성전에 관한 정보를 제공하는 다른 원천은 〈아리스테아스의 편지〉이다. 이 편지는 다소 이상적인 성전의 모습과 내용물, 그리고 의식을 전한다. "가장 높은 언덕 꼭대기에 성전이 건축되었다. 세 개인데 그 크기가 일흔 암마가 넘고, 너비는 적당하며 성전 구조물의 길이도 마찬가지이다. 어디를 봐도 장엄하고 값진 것으로 지어져"(84). 그는 또한

"집이 동쪽으로 나 있으며"(88) 지하 저수 동굴에서 물을 끌어들이는 시설에 깊은 인상을 받았다고 말한다(89-91). 아리스테아스는 근처의 성채에 탑을 여러 개 세워 주변 지역을 모두 볼 수 있었으며 성채는 성전을 방어하기 위한 것이었다고 주장한다(100-104).

벤 시라는 대사제 시몬과 성전에서 봉직하는 시몬의 모습을 선명하게 묘사하면서, 시몬이 "생전에 주님의 집을 수리하고 자기 생애에 성전을 견고하게 만들었다. 그는 안뜰의 높은 벽의 기초를 놓았고 성전을 둘러싸는 담을 높이 쌓아 올렸다. 그는 자기 생애에 저수 동굴을 팠는데, 그 웅덩이 둘레는 바다 같았다"(50,1-3)고 보도한다. 아리스테아스의 성전 묘사를 닮은 벤 시라의 성전 묘사(성전을 둘러싸는 담과 저수 시설에 주목하라)는 성전이 보수되었고 더욱 단단한 구조물이 되었다고 지적한다. 시몬이 성전을 재건한 것은 전쟁에서 입은 피해와 자주 연관된다. 그 전쟁에서 셀레우코스 왕조의 안티오코스 3세는 프톨레마이오스 왕조를 물리치고 팔레스티나를 통제하게 되었다(기원전 200년경). 요세푸스는 안티오코스 임금이 쓴 편지를 인용하는데, 이 편지에서 안티오코스는 최근의 전쟁 때문에 성전 수리가 필요하다고 언급한다(《유다 고대사》 12.141). 그러나 벤 시라가 말하는 시몬은 그보다 약 100년 전에 살았던 시몬 1세로 보인다.

여러 본문이 성전은 엄청난 예물들, 대부분 외국 군주들이 보낸 예물로 부유하게 되었다고 한다. 우리는 키루스의 칙령에 성전 비용을 왕실 금고에서 충당하라는 명령이 포함되어 있었고 다리우스 1세가 그 칙령을 실행하였음(에즈 6,8)을 확인하였다. 또한 기원전

458년 아르타크세르크세스 1세는 그의 고문관들과 함께 에즈라의 손에 선물을 아낌없이 들려 보내 성전을 매우 아름답게 만들도록 하였다(에즈 7,11-24). 나중에 헬레니즘 시기에 오면 프톨레마이오스 2세가 예루살렘의 성소에 놀랄 만한 선물을 보냈다는 보고가 있다(《아리스테아스의 편지》 33, 42, 51-82). 안티오코스 3세는 최근 프톨레마이오스 왕조와 싸울 때 예루살렘의 주민에게서 받은 원조와 환영에 보답하는 뜻으로 성소와 예배, 그리고 사제들을 후원하였다 (《유다 고대사》 12.138-44). 그는 또 칙령을 반포하여 어떤 외국인도 성전 담 안으로 들어가지 못하게 한 일로도 유명하다(《유다 고대사》 12.145). 셀레우코스 왕조가 팔레스티나를 통제한 뒤에 셀레우코스 4세(기원전 187-175)는 과거에 다른 임금들이 하였듯이 예식에 드는 모든 비용을 자기 수입에서 지불하였다고 한다(2마카 3,2-3).

안티오코스 3세 때 입은 피해 외에도 안티오코스 4세가 통치할 때 성전이 모독당했기 때문에 성전 건물을 대대적으로 보수할 필요가 있었다. 기원전 169년 임금은 "거드럭거리며 성소에 들어가 금제단, 등잔과 그것에 딸린 모든 기물, 제사상과 잔, 대접과 금향로, 휘장과 관을 내오고, 성전 정면에 씌워져 있던 금장식을 모두 벗겨냈다. 또 은과 금, 값진 기물들과 깊숙이 간직되어 있던 보물들을 찾아냈다"(1마카 1,21-23; 참조 39절). 몇 년 뒤 마카베오 형제들이 이끄는 군대가 성전을 정화하기 위하여 성전이 서 있는 언덕에 도착하였을 때 그들은 침울해졌다. "성소는 황폐해졌고 제단은 더럽혀졌으며, 대문들은 타 버렸고 뜰은 숲이나 산처럼 잡초가 우거져 있었다. 그곳의 방들도 부서져 있었다"(1마카 4,38). 유다와 그의 병사들은 성전과 주변 지역을 치우기 시작하였다. 그들은 옛 제단이 이민족들의 희생 제사로 더럽혀졌기 때문에 번제 제단을 새로 쌓았다. "그리고 성소와 성전 내부를 복구하고 뜰을 축성하였다. 그들은 또 거룩한 기물들을 새로 만들고, 등잔대와 분향 제단과 상을 성전 안에 들여다 놓았다"(4,48-49). 이 구절들을 보면 그들은 대대적으로 보수하였던 것 같다. 기원전 159년 대사제 알키모스는 "성소 안뜰의 벽을 헐어 버리라고 명령하였다. 예언자들의 업적까지 없애 버리려는 것이었다"(1마카 9,54). 성소의 안뜰과 바깥뜰 사이의 벽을 없애 버리려는 이런 시도는 결국 성공하지 못하였다(55절).

마카베오 가문의 대사제 시몬은 "성채 옆에 있는 성전 언덕을 더욱 튼튼하게 만들고, 거기에서 자기 군사들과 함께 살았다"(1마카 13,52). 더 나아가 시몬은 "성소를 영광스럽게 꾸몄다"(14,15). 알렉산드로스 얀네오스는 초막절 축제를 지내려고 성전에 온 순례객들에게서 레몬 세례를 받은 뒤에 제단과 성전 주위에 나무 벽을 쌓게 하여 자신이 희생 제사를 바칠 때 사람들이 쉽게 자신에게 접근하지 못하게 하였다(《유다 고대사》 13,372-73). 폼페이우스가 성전을 포위하였을 때 성전은 다시 한 번 손상을 입었다. 폼페이우스가 투척기로 큰 돌들을 성전에 던져 성전을 둘러싸고 있는 방어탑들이 무너졌다. 많은 사제가 성전에서 희생 제사를 바치다가 죽었다는 말을 들었지만 폼페이우스는 그 말에 개의치 않고 성전뿐 아니라 지성소까지 들어갔다. 그러나 그는 더는 성전에 피해를 주지 못하게 하였고 성전을 깨끗이 정리하고 계속해서 예배를 드리라고 명령하였다(《유다 고대사》 14,58-73). 헤로데가 임금으로 임명된 뒤 예루살렘을 점령할 때 몇몇 성전 주랑이 불에 탔지만 다른 파괴에 관해서는 보고된 것이 없다(14.476).

성전 뜰과 사제들의 방에 관한 언급에서 성전 경내가 성전 자체의 비교적 단순한 건물만으로 이루어진 것이 아님을 알 수 있다. 솔로몬의 성전처럼, 그 성전은 명백히 세 부분, 곧 현관(4.5×9미터), 성소(18×9미터), 그리고 지성소(9×9미터)로 되어 있었다. 그러나 온 백성이 예배하려면 훨씬 더 넓은 공간이 필요하였다. 곧 당직을 서는 사제들의 숙소로 사용될 공간, 희생 제사에 바칠 동물과 장비들을 위한 공간(느헤 13,4-9 참조), 그리고 말할 필요도 없이 희생 제사와 다른 종교 예식들, 순례 축제에 참석하기 위하여 성전에 온 많은 사람을 위한 공간이 필요하였다. 위에서 지적한 사항들은 사제들의 방과 적어도 거대한 성전 벽 안쪽에 뜰이 두 개 있었음을 가리키지만, 방이 정확히 몇 개나 있었고, 그 크기는 어떠했는지 말하지 않는다. 이미 느헤 8,16에서 성전에 뜰이 있다고 말하지만, 그 크기에 대해서는 전하지 않는다. 헤카테오스도 여러 개의 뜰에 관해 아무것도 말하지 않는다.

헤로데의 성전에 관한 정보는 매우 상세하다. 요세푸스는 임금이 예루살렘 성전을 어떻게 재건하였는지 말하기 시작한다(《유다 고대사》 15.380). 요세푸스는 헤로데 재위 제18년(기원전 20)에 성전 개축에 착수하였다면서, 헤로데는 건축 분야에서 달성한 많은 위업 가운데 가장 훌륭한 이 성전 건물을 통해 자신이 영원히 기억될 것이며 아마 다윗과 솔로몬 같은 이미지를 얻게 될 것으로 착각했다고 한다. 헤로데는 백성에게 공개 연설을 하여 이 대담한 계획을 준비시켰다. 그는 이 연설에서 백성이 지금까지 성취한 수준 이상으로 나라를 발전시켰다고 주장하였다. 물론 백성을 설득시키려는 그의 노력이 백성의 우려를 완전히 누그러뜨린 것은 아니었지만, 새 성전을 짓는 데 필요한 모든 물자가 준비될 때까지 옛 구조물을 허물지 않겠다고 약속하였다. 그 뒤 옛 성소를 기초(제거되었음)까지 파 내고 그 자리에 새 기초를 놓아 45미터 길이의 성전을 건축하였다. 거대한 돌로 엄청난 높이의 축대를 쌓아 성전 언덕을 튼튼하게 하는 엄청난 공사가 진행되었다. 적절한 위치에 돌을 쌓고 저지대를 돌로 채워 성전의 경내 구역을 확장하였다. 그때 쌓은 벽 가운데 일부가 남아 오늘날 서쪽 벽(전에 '통곡의 벽'이라 불렸다)이라 불리는데, 헤로데 성전에서 유일한 부분이다. 임금은 성전을 둘러싸는 울타리 건축을 맡았다. 그가 사제가 아니었기 때문에 직접 관여할 수 있는 것은 이 일밖에 없었다. 이 거대한 사업을 끝내기 위해 헤로데의 병사들이 8년 동안 일했다(《유다 고대사》 15.420). 거대한 성전 경내 중심에 위치한 비교적 작은 성소는 특별 훈련을 받은 사제들이 축조하였는데, 그들은 18개월만에 이 일을 완수하였다 (15.421). 이 일을 완성한 뒤에도 성전 경내의 일은 여러 해 동안 계속되었다(46년이나 걸려서 성전이 건축되고 있다는 사람들의 말을 전하는 요한 2,20을 참조하라). 네로 통치 때에 성소의 높이를 9미터로 높이려는 시도가 있었지만, 제1차 독립항쟁이 발발하여 계획이 실현되지 못했다.

　요세푸스는 성전의 구조물들을 아주 상세히 묘사한다(《유다 고대사》 15.380-420; 〈유다 전쟁사〉 5.184-226). 우리는 그가 사제였으며 성전 구조를 잘 알고 있었음을 기억해야 한다. 그의 묘사가 더 후대에 쓰인 미쉬나의 소책자 미돗(Middot)에서 묘사하는 성전의 모습과 어떤 부분에서는 일치하지 않는데, 이는 그의 성전 묘사가 값지다는 뜻이다. 그는 세 개의 뜰 또는 경내에 관해 설명한다. 외부 뜰에는 흰 대리석 기둥이 많이 세워졌고 기둥 주위에는 두 줄로 된 주랑들이 있었다. 그리고 전 지역이 다양한 돌로 포장되었다. 계단 열네 개를 올라가면 가운데 경내 또는 뜰에 도달하는데, 그 뜰은 돌벽(너비 1.3미터)으로 둘러쳐 있었고, 그 돌벽에는 이민족들에게 이 지점을 넘어가면 죽음을 면치 못하리라고 경고하는 내용이 일정한 간격으로 쓰여 있었다(고고학자들이 그 예를 발견하였다). 북쪽과 남쪽에는 각각 세 개의 문이 있는 반면, 동쪽(성전의 정면 쪽)에는 크고 단순한 문이 하나 있어서 정결한 상태의 유다인들과 그들의 아내들이 그리로 들어가게 되어 있다. 그 지역의 동편에는 여자들의 특별한 뜰이 있었다. 그 지역의 내부는 의식상 정결한 남자들만을 위한 지역으로 따로 구분된다. 내부 뜰은 사제들만이 들어갈 수 있고, 그 안에 바로 성전이 서 있었다(성소의 정면 높이와 너비는 각각 45미터). 성전으로 가려면 또 다른 층계를 열두 개 올라가야 했으며, 성전 앞에는 번제 제물을 바치는 제단이 서 있었다(《유다 고대사》 15.419-20 참조). 제단의 가로와 세로는 22.5×22.5미터였고, 높이는 6.75미터였다[《유다 전쟁사》 5.225]). 성전의 바닥(그 바닥 위로 18미터가량 더 높은 곳에 또 다른 바닥이 있었다)은 길이 27미터, 높이 27미터, 너비 9미터였다. 성전의 세로는 둘로 구분되어 있었는데, 성소가 18미터, 지성소가 나머지 9미터였다. 성소에는 일곱 개의 등경을 단 촛대, 현존의 빵(the bread of the presence)을 놓는 식탁, 그리고 분향 제대가 있었다. 요세푸스는 지성소에 대해 "여기에는 아무것도 없었다"(《유다 전쟁사》 5.219)고 말한다. 성전 본체 주위에는 다양한 종류의 방을 포함한 3층 구조물이 있었다.

헤로데의 재산과 솜씨로 호화롭게 된 전체 성전은 인상적인 정경이었음에 틀림없다. 요세푸스는 이 점에 관해 다음과 같이 말한다.

성전 건물의 외관은 보는 사람의 마음과 눈을 현혹시킬 수밖에 없었다. 전면이 온통 다량의 금으로 입혀 있었으므로 태양이 떠오르면 햇빛에 반사되어 휘황찬란한 광채를 발하였기 때문에 누구나 정면을 바라보지 못하고 고개를 돌려야만 했다. 따라서 지나가는 나그네들이 먼 데서 성전을 바라보면 마치 눈 덮인 산처럼 보였다. 금을 입히지 않은 부분이 매우 하얗게 보였기 때문이다. 성전의 지붕에는 끝이 뾰족한 금못을 많이 박아 새가 앉아 지붕을 더럽히지 못하게 하였다. 성전에 쓰인 돌 가운데에는 길이가 45큐빗(약 22미터), 너비가 6큐빗(약 2.5미터), 높이가 5큐빗(약 2미터) 되는 것도 더러 있었다(《유다 전쟁사》 5.222-24).

헤로데의 성전은 70년의 대량 학살 때 사라졌다.

성전의 완전한 모습을 재구성하기 위해서는 제2성전 시기에 다른 네 개의 성전, 곧 엘레판틴에 있었던 성전, 레온토폴리스(이집트)에 있었던 오니아스의 성전, 요르단 동쪽 아락 엘 에미르에 있었던 토비야의 성소, 그리고 그리짐 산에 사마리아인들의 성전이 존재했다

재건된 즈루빠벨의 성전(T.A. Busink)

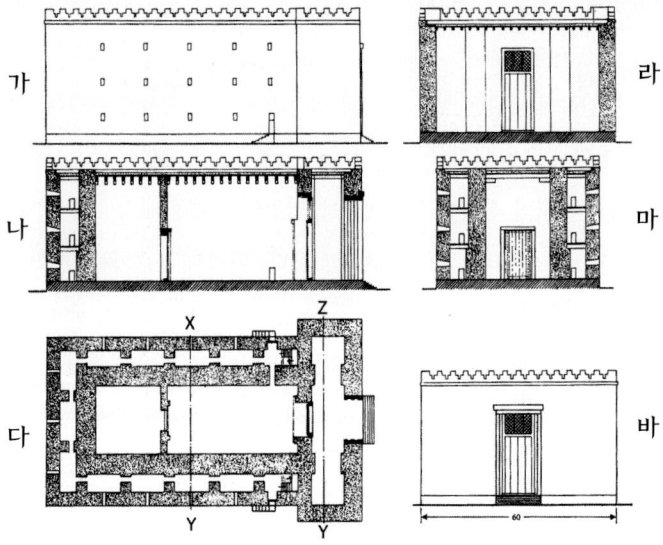

가 측면도
나 세로 단면도
다 평면도
라 단면도 Y-Z
마 단면도 X-Y
바 전면도

헤로데 이전의 성전(T.A. Busink)

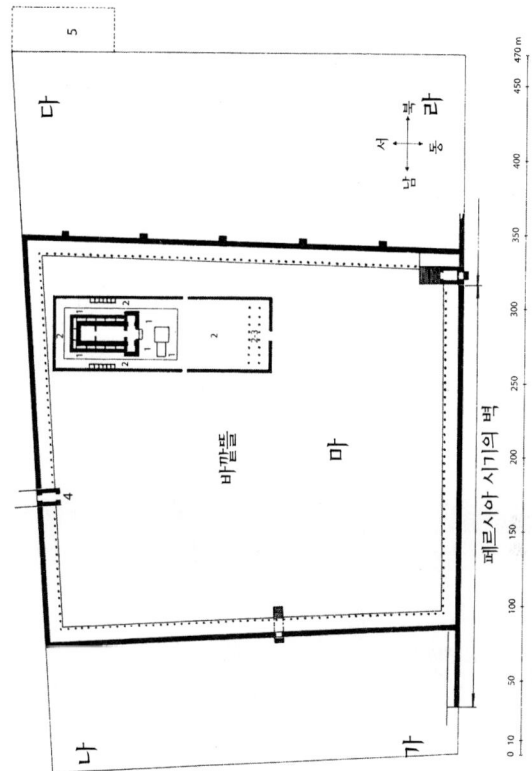

가-라 알 하람 에쉬-샤리프(성전 언덕)
마 에스-사크라
1 사제들의 뜰
2 남자들의 뜰
2-3 남자들의 뜰과 여자들의 뜰
4 다리 문
5 성채 유적지

헤로데 성전의 내부 성소의 도면(T.A. Busink의 복원)

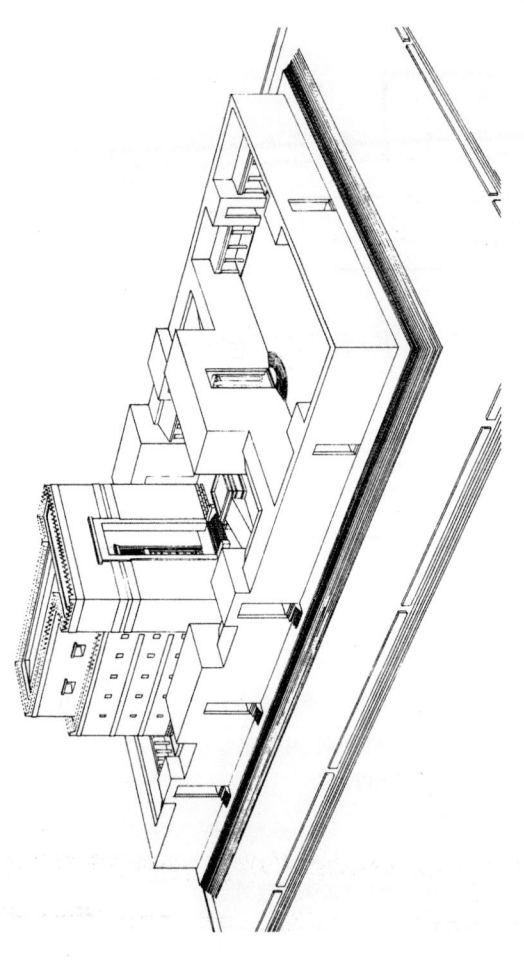

헤로데 성전의 도면(T.A. Busink의 복원)

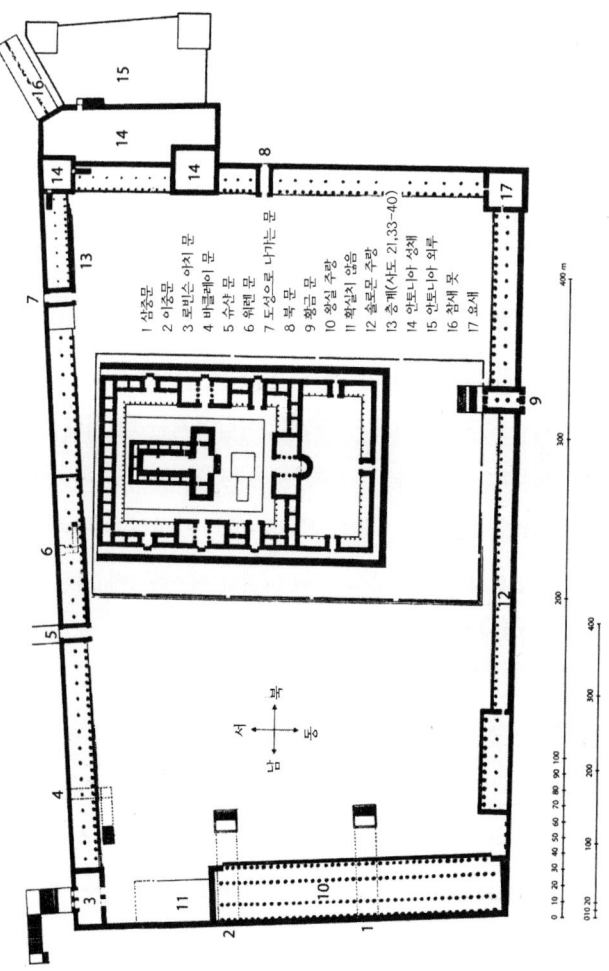

는 사실을 기억해야 한다. 그러나 이 성전들 가운데 어떤 성전도 예루살렘의 성전만큼 뛰어나지 못했고 또 그렇게 오래 존속하지도 못하였다.

(2) 희생 제사 제도

성전은 희생 제사를 바치고 희생 제사 제도와 연관된 다른 예식들을 거행하는 장소였다. 성경에서 사제계 법전(예를 들어 레위 1-7장)은 특별한 경우(지은 죄 때문이든 경축과 감사를 위한 것이든)에 요구되는 다양한 제물을 규정하고 있다. 희생 제사에 관한 법에서 두드러진 면모는 제물을 가져오는 사람의 재정 상태를 고려하여 규정이 만들어졌다는 점이다. 그래서 가난한 사람에게는 더 적게 요구하였다(예컨대 레위 5,7-13 참조). 사제는 의무적으로 매일 두 번의 희생 제사를 제단에서 바쳤다. 탈출 29,38-42은 날마다 아침에 어린 숫양 한 마리를, 저녁(민수 28,4.8에는 "저녁 어스름")에 다른 한 마리를 바쳐야 한다고 규정한다. 특수한 상황에서 바치는 다양한 형태의 희생 제사 외에 매주 안식일(민수 28,9-10), 매달 초하룻날(민수 28,11-15), 그리고 각 축제일에 바치는 제물에 관한 상세한 지침도 있었다. 어떤 경우에는 희생 제사에 동물이 포함되었고, 또 어떤 때는 마른 물품이 포함되었다. 두 가지 제물은 자주 헌주(獻酒)와 함께 바치도록 규정되었다. 희생 제사에는 동물을 잡는 장소, 동물을 다루는 도구, 피를 씻어 내고 도살로 생긴 쓰레기를 치울 기구가 필요하였다. 성경의 법조문에 따르면, 사제들만이 제단에서 성무를 집행하도록 허락되었다(가령 탈출 28장; 민수 18장).

성전과 희생 제사 제도를 운영하는 데에는 막대한 비용이 들었다. 때때로 헌납도 있었지만, 필요한 경비를 충당하는 공식 수단은 모든 성인 유다인에게 매년 할당된 세금 반 세켈이었다. 탈출 30,11-16은 이스라엘 백성이 광야를 방황할 때에도 속전 반 세켈을 부과하였다고 하지만(38,26 참조), 에즈라와 느헤미야 시기에는 백성이 규례를 정하였다. "우리는 우리 하느님 집의 전례를 위하여 해마다 삼분의 일 세켈씩 바친다. 이는 두 줄로 차려 놓는 빵, 일일 곡식 제물, 일일 번제물, 안식일 제물, 초하룻날 제물, 축일 제물, 거룩한 예물, 이스라엘을 위하여 속죄 예식을 거행하는 속죄 예물, 그리고 우리 하느님의 집에서 하는 모든 일을 위한 것이다"(느헤 10,33-34). 나중에 탈출기의 본문은 1회 부과금이 아니라(쿰란에서 이해된 것처럼 말이다. 4Q 159 단편 1의 6-7줄을 보라) 해마다 내는 세금(2역대 24,4-10 참조)으로 이해되었을 것이다. 여하튼 반 세켈은 스무 살 이상 된 모든 남자 유다인이 해마다 내는 세금이 되었다. 마태 17,24-27에는 세금을 거두어들이는 것을 지적하고 있다. 70년 이후 "제국 전역의 모든 유다인은 전에 예루살렘 성전에 세금을 냈듯이 카피톨 신전"(《유다 전쟁사》 7.218), 곧 유피테르 카피톨리누스 신전을 위하여 해마다 세금을 내라는 명령을 받았다.

(3) 축제

성전의 주요 기능에 축제를 거행하는 중심지 역할이 들어 있다. 히브리어 성경은 해마다 거행되는 축제와 해마다 지켜야 할 몇몇 다른 기회와 더불어 이스라엘 역사에서 있었던 중요한 기회들을 기억하기 위한 지침을 내놓고 있다. 대부분의 축일에 관한 정보의 원천은 레위 23장과 민수 28-29장이다(신명 16장 참조).

① 파스카 축제

해마다 첫째 달 열나흗날에 이집트 탈출을 기념하는 파스카 축제를 지내야 했다. 파스카 축제 기념에 관한 성경의 법은 대부분 이집트에서 빠져 나온 이야기, 곧 파스카 축제가 기념하는 사건과 직접 연결하고 있는 탈출 12장에서 찾아볼 수 있다. 그달 열흘날에 집집마다 흠 없는 일 년 된 수컷으로서, 양이나 염소를 선택해야 했다. 그것을 그달 열나흗날까지 두었다가 잡은 뒤에, 그 피를 각 가정의 문설주에 뿌려 그날 밤 주님께서 이집트를 지나가실 때 그 피를 보고 그냥 거르고 지나가시게 해야 했다. 탈출 12장은 먹어야 할 음식과 먹는 방식에 관한 지침도 주고 있다.

② 무교절

파스카 다음 날로 시작하여 이레 동안 축제를 지냈는데, 이 또한 이집트에서 탈출한 사건을 기념하였다. 첫날과 이렛날에는 거룩한 모임을 열어야 했다. 탈출 12장은 파스카 축제와 무교절을 모두 설명한다. "첫째 달 열나흗날 저녁부터 그달 스무하룻날 저녁까지, 너희는 누룩 없는 빵을 먹어야 한다. 이레 동안 너희 집 안에 누룩이 있어서는 안 된다. 누룩 든 것을 먹는 자는 이방인이든 본토인이든 누구든지 이스라엘 공동체에서 잘려 나갈 것이다"(탈출 12,18-19). 누룩을 금지하는 이유는 이스라엘 백성이 급히 서둘러 이집트에서 빠져 나와야 했기 때문으로 소개된다. "그들은 이집트에서 가지고 나온 반죽으로 누룩 없는 과자를 구웠다. 반죽이 부풀지 않았기 때문이다. 그들은 이집트에서 쫓겨 나오느라 머뭇거릴 수가 없어서 여행 양식도 장만하지 못하였던 것이다"(탈출 12,39).

이 축제는 이스라엘의 삼대 순례 축제 가운데 첫 축제이다. 삼대 순례 축제란 명칭은 "남자들은 모두 일 년에 세 번 주 하느님 앞에 나와야 한다"(탈출 23,17; 참조 14-15절)는 규정에서 유래한다. 제2성전 시기에 주님 앞에 나아간다는 것은 성전에 간다는 것을 뜻했다. 파스카 축제가 그런 순례 축제라고 하지 않지만(신명 16,2에서는 성소의 순례를 요구한다), 많은 사람이 파스카 축제와 무교절 축제를 위해 예루살렘 성전으로 몰려들었다. 무교절 때 바쳐야 할 예물은 레위 23,8에서 언급되고, 민수 28,19-25에 더욱 상세히 묘사되어 있다.

레위기는 무교절에 관한 부분을 다룬 뒤에 곡식단을 흔들어 바치는 예식을 언급하기도 한다(레위 9-14장). 언제 이 예식을 거행해야 하는가를 두고 수확의 맏물인 곡식단을 "안식일 다음 날"(레위 23,11) 흔들어 바친다고만 지적했지만, 곡식단을 흔드는 시기가 중요한 것은, 그것이 주간절로 연결되는 날을 계산하는 출발점이 되기 때문이다(아래를 보라).

③ 두 번째 파스카 축제

이스라엘 백성 가운데 어떤 사람이 주검에 닿아 부정하게 되거나 파스카 축제 때 먼 길을 떠나는 경우, 둘째 달 열나흗 날에 이 축제를 지내도록 허락되었다(민수 9,9-12).

④ 주간절

두 번째 순례 축제의 명칭은, 축제일의 날짜를 계산하기 위하여 곡식단을 흔들어 바친 날부터 "일곱 주간을 꽉 차게 헤아린다. 이렇게 일곱째 안식일 다음 날까지 오십 일을 헤아려, 새로운 곡식 제물을 주님에게 바친다"(레위 23,15-16)는 사실에서 유래한다. 곡식단을 흔들어 바치는 예식을 거행하는 날이 명확히 정해지지 않았기 때문에 언제 주간절(또는 수확절)이 시작되는지 불확실하였다. 그 결과 유다인들은 그 날짜에 대해 의견을 달리하였다. 어떤 이들은 셋째 달 초에 주간절을 지냈고, 〈희년서〉의 저자와 쿰란 공동체의 구성원은 그들의 달력에 주간절 시작일을 3월 15일로 적었다. 그들은 곡식단을 흔들어 바치는 예식 거행일을 1월 26일로 잡았는데, 그날은 무교절 다음의 첫째 안식일 다음 날이었다. 달리 말해 그들은 레위 23,11-16을 자구로만 해석하여 무교절 축일 뒤의 안식일을 가리킨다고 생각하였다. 다른 이들은 레위 23,11을 읽으며 무교절 첫날의 다음 날 곡식단을 흔들어 바치는 예식을 거행한다고 생각하였다(성경에서 볼 수 있듯이 그들은 안식일을 '축제일'로 이해하여 1월 16

일로 생각하였다).

〈희년서〉의 저자와 쿰란 공동체는 주간절을 노아와 맺은 계약과, 아브라함과 이사악과 야곱, 그리고 시나이에서 백성과 갱신된 계약과 연결시켰다. 그들은 이 모든 예식을 셋째 달에 거행하였다(탈출 19,1을 보라). 그리스어를 말하는 곳에서는 주간절이 오순절로 알려졌다. 그 까닭은 주간절이 곡식단을 흔들어 바치는 축일부터 오십일째 되는 날이었기 때문이다. 잘 알려진 바와 같이 사도 2장은 유다는 물론 모든 디아스포라에서 순례 축제를 지내기 위하여 예루살렘에 온 유다인들의 모습을 전하고 있다.

⑤ 칠월 초하루

라삐 시대에는 칠월 초하루가 '로쉬 하 샤나' 곧 한 해의 시작인 정월 초하루로 알려졌다. 성경과 제2성전 시기의 문헌들에는 이 명칭이 전혀 언급되지 않지만, 매월의 첫날 가운데 칠월 초하루는 히브리어 성경에서도 특별한 날이었음이 분명하다. 그날은 거룩한 모임을 열고 온전히 휴식을 취하는 날이었다(레위 23,23-25). 민수 29,1-6은 이날 가져와야 할 희생 제물을 상세히 기술하며 "이날은 나팔을 부는 날"(1절; 참조 레위 23,24)이라고 한다.

⑥ 속죄일

레위 16장과 다른 구절들은 속죄일을 7월 10일로 잡고 있다. 속죄

일은 경축하는 날이 아니라 장엄한 날이다. "일곱째 달 초열흘날에 너희는 고행을 하고, 일은 아무것도 해서는 안 된다. 본토인이든 너희 가운데에 머무르는 이방인이든 마찬가지다. 바로 이날이 너희를 위한 속죄 예식을 거행하여 너희를 정결하게 하는 날이기 때문이다. 이로써 너희는 주님 앞에서 너희의 모든 잘못을 벗고 정결하게 된다. 이날은 너희에게 안식일, 곧 안식의 날이다. 너희는 고행을 해야 한다. 이는 영원한 규칙이다"(레위 16,29-31). 레위 16장은 속죄일의 예물과 예식 등을 묘사하는데, 그날은 대사제가 일 년 중에 유일하게 지성소로 들어가는 날이었다. 백성뿐 아니라 성소를 위해서도 속죄하였다. 속죄의 날에 거행하는 예식으로 잘 알려진 것이 두 마리의 숫염소 예식이다. 숫염소 두 마리를 놓고 주사위를 던져 한 마리는 주님을 위하여, 다른 한 마리는 화두와 같은 아자젤을 위하여 선택한다. 주님을 위한 주사위가 떨어진 숫염소는 속죄 제물로 바치고, 아자젤을 위한 주사위가 떨어진 숫염소는 이스라엘이 그 해에 지은 모든 죄를 상징적으로 그 염소 머리에 씌운 뒤에 광야로 내보낸다(레위 16,21-22).

⑦ 초막절

무교절 축제를 지낸 뒤 정확히 반 년만에 이스라엘 백성은 추수철을 끝내면서 초막절 축제를 지내도록 되어 있었다. 초기에는 초막절이 가장 중요한 축제였던 것 같으며(이 축제를 거행하는 동안 솔로몬의 성전이 봉헌되었다. 1열왕 8,2.65-66), 세월이 흘러도 초막절의 중요성은 없어지지 않았다. 제2성전 시기에 인접한 문헌들에서 가장 상세하게 초막절을 묘사한 것은 요한 7-8장이다. 요한 복음서에는 초막절 축일 동안 있었던 예수의 행적과 말씀이 기록되어 있다. 여기서 초막절 축제와 연관된 두 가지 예식이 예수의 말씀과 연결되어 있다. 첫째 예식은 매일 실로암 연못에서 물을 길어다가 성전 경내로 가져가는 예식이다. 초막절 축제 마지막 날 예수께서는 당신을 생명의 물이라고 하신다(요한 7,37-39). 둘째 예식은 대형 횃불로 성전 뜰을 비추는 예식인데, 이 예식은 예수께서 당신이 세상의 빛이라고 하시는 말씀의 배경이 되었다(요한 8,12-59). 히브리어 성경 시대 어느 시점에 오면 이미 여덟째 날이 초막절에 첨가되었다(레위 23,36을 보라).

⑧ 하누카(성전 봉헌 축제)

우리가 앞에서 살펴본 것처럼 하누카 축일은 마카베오 형제들이 이끄는 병사들이 이민족들의 예배로 모독된 성전과 제단을 다시 봉헌한 것을 기념하기 위하여 제정한 축일이다. 하누카를 제정한 첫 유다인들은 아홉째 달, 곧 키슬레우 달 스무닷새날에 시작하여 여드레 동안 기념하도록 규정하였다(1마카 4,52-59). 마카베오기 하권에 "키슬레우 달에 초막절을 지내시"(2마카 1,9)라고 적었듯이, 하누카를 지내는 기간은 초막절 기간과 일치한 것 같다. 요세푸스는 하누카를 빛의 축제라 하였다(《유다 고대사》 12.325; 참조 2마카 1,8). 하누카는 히브리어 성경에는 언급되지 않으며(그 이유는 하누카가 후대에 시작되었기 때문일 것이다), 쿰란의 달력들에도 나타나지 않는다(마카베오 가문과 연결되어 있기 때문일 것이다).

⑨ 푸림절

에스테르기에서 푸림(주사위)절은 유다인들을 말살하려는 하만의 음모에서 유다인들이 구원받고 적대자들과 싸워 승리한 것을 기념하는 축제라고 설명한다. 푸림절은 열두 번째 달 열나흗날에 거행하였다(이날을 모르도카이의 날이라 부르는 2마카 15,36 참조). 쿰란의 동굴에서 에스테르기의 사본이 발견되지 않은 것처럼, 푸림절도 쿰란의 본문에 나타나지 않는다. 쿰란의 본문에 이 축제가 빠진 이유는 1년을 364일로 계산하는 달력에서 푸림절이 안식일이었기 때문일 것이다.

유다 백성은 대개 이 아홉 가지 축제를 거행하였지만, 쿰란의 유다인들은 하누카와 푸림절을 알지 못했다. 그 대신 그들은 두 개의 첫 과일 축제(5월 3일의 포도주 축제와 6월 22일의 올리브 기름 축제)를 첨가하였다. 게다가 그들은 364일 달력을 따랐기 때문에 다른 유다인들과 거의 항상 다른 시기에 자기네 축제들을 기념하였을 것이다. 간혹 시몬의 시대에 예루살렘 성채를 점령한 날(1마카 13,52. 그날은 2월 23일)이나 니카노르의 날(2마카 15,36. 푸림절 전날인 12월 13일)과 같은 다른 축제들을 언급하는 문헌들도 있다. 이 축제들은 70년 이후에는 거행되지 않았다. 또한 알렉산드리아의 유다인들은 오경을 그리스어로 번역한 것을 기념하는 날을 경축하였고(필로, 〈모세의 생애〉 2.41-43), 마카베오기 3권은 이 책에 묘사된 박해에서 구원받은 것도 축제의 기회였다고 주장한다(6,30-36; 참조 요세푸스, 〈아피온 논박〉 2.55).

(4) 다른 형태의 예배

예루살렘 성전이 희생 제사를 바치는 장엄한 장소였으나 그 이상은 아니었다고 생각해서는 안 된다. 성전이 희생 제사를 바치는 장소였다는 것은 사실이지만, 문헌들은 희생 제사 외에 다른 형태의 성전 예배들(그리고 다른 예배 장소들)이 있었음을 지적한다.

① 음악

성경에는 제2성전이 서 있을 때 음악이 예배의 중요한 일부였다고 지적하는 대목이 대단히 많다. 민수 10,10은 번제물을 바치고 축제를 지낼 때 나팔을 분다고 한다. 우리가 가지고 있는 여러 문헌에 따르면, 전례 음악은 이스라엘의 뛰어난 가수였던 다윗에서 기원하였다. 역대기 상·하권은 유배 이후에 열왕기 상·하권 같은 이전의 작품들을 다시 쓰면서 제2성전 시기를 성찰하는 첨가문을 덧붙인 것인데, 위대한 다윗 임금이 임명한 사천 명 가량의 레위인 가수들과 연주자들이 "다윗이 만든 찬양 악기들에 맞추어 주님을 찬양하는 일을 책임졌다"(1역대 23,5)고 적는다. 그들은 "아침마다 주님 앞에 나아가 서서 주님께 찬송과 찬양을 드리고 저녁에도 그렇게 하였다. 또한 안식일과 초하룻날과 축일에 주님께 번제물을 바칠 적마다, 법규에 따라 정해진 때에 주님 앞에 (찬송과 찬양을) 바치는 일을 맡았다"(1역대 23,30-31). 레위인 음악가들의 주요 세 집단은 아삽과 헤만과 여두툰의 자손들이었는데, 그들은 "비파와 수금과 자바라를 연주하며 예언하는 일을"(1역대 25,1; 참조 6-7절) 맡았다. 역대기에 따르면 솔로몬이 성전을 지어 봉헌할 때 레위인 성가대원들은 자기네 악기들을 가지고 참석하였으며 사제들은 나팔을 불었다. 그들이 부른 찬양 노래도 더러 남아 있다. "정녕 주님께서는 선하시고 주님의 자애는 영원하시다"(2역대 5,13). 아마 시편 136,1을 인용한 이 말은 성경의 많은 시편이 이 성가대와 연관되어 있음을 상기시킨다. 아삽의 이름은 시편 50과 73-83의 제목에 나오며, 헤만은 시편 88, 그리고 여두툰은 시편 77의 제목에 나타난다. 또한 레위인들인 코라의 후손들 이름이 시편 42, 44-49, 84-85, 87-88에 나타난다. 많은 시편이 예배 때 사용되었다는 다른 표시도 있다. 예를 들어 시편 113-118(찬양 시편들. 마태 26,30과 병행문 참조)은 파스카 축제 때 노래하였고, 순례의 노래(시편 120-134)는 세 가지 대축제 때 예루살렘에 온 순례객들이 불렀을 것으로 추정된다. 시편 92의 제목은 안식일 노래로 되어 있다.

    역대기, 에즈라기, 그리고 느헤미야기에는 레위인 음악가들과 그들의 작품이 많이 지적되어 있다(가령 2역대 7,6; 8,14; 15,14; 20,19; 23,13.18; 30,21; 34,12; 35,15; 에즈 2,41.70; 3,10-11; 7,7; 느헤 7,44.73; 11,17.22-23; 12,8.27-29.36.42). 특히 2역대

29,25-30에서 상세히 묘사한다. 여기서 히즈키야 임금은,

> 자바라와 수금과 비파를 든 레위인들을 주님의 집에 배치하였다. … 레위인들은 다윗의 악기를 들고 사제들은 쇠 나팔을 들고 섰다. 그러자 히즈키야는 번제물을 제단 위에서 바치라고 분부하였다. 번제물을 바치기 시작하자, 주님을 찬양하는 노래도 시작되고, 이스라엘 임금 다윗의 악기들에 맞추어 나팔 소리도 울려 퍼졌다. 온 회중은 경배를 드리고 성가대는 노래를 부르고 나팔수들은 나팔을 불었다. 번제물을 다 바칠 때까지 모두 이렇게 하였다. 번제물을 다 바치고 나서, 임금과 그와 함께 있던 모든 사람이 엎드려 경배하였다. 그런 다음에 히즈키야 임금과 대신들이 레위인들에게 다윗과 아삽 선견자가 지은 노랫말로 주님을 찬양하라고 이르니, 레위인들은 몹시 기뻐하며 찬양하고 무릎 꿇어 경배하였다.

벤 시라도 예배 때 사용하는 음악이 다윗에게서 기원한다고 말한다. "그는 제단 앞에 성가대를 자리 잡게 하여 그들의 목소리로 아름다운 가락을 노래하게 하였다(어떤 사본들에는 "그리하여 그들은 날마다 자신들의 노래로 찬미하였다"고 덧붙인다). 다윗은 축제를 화려하게 벌였고 그 시기를 완벽하게 정리하였으며 주님의 거룩하신 이름을 찬미하고 그 찬미가 이른 아침부터 성소에 울려 퍼지게 하였다"(집회 47,9-10). 벤 시라는 사제들의 도움을 받으며 대사제 시몬이 희생 제사를 바치는 장면을 묘사한 뒤에 다음과 같이 말한다. "그때에 아론의 자손들이 함성을 지르고 두드려 만든 쇠 나팔을 불며 그

소리를 우렁차게 울려 지극히 높으신 분 앞에서 기념이 되게 하였다"(집회 50,16). 온 백성이 얼굴을 땅에 대고 엎드려 주님께 경배하자 "성가대원들은 자신들의 목소리로 그분을 찬양하였는데 노랫가락이 우렁찬 소리로 아름답게 울려 퍼졌다"(집회 50,18).

희생 제사 때 이처럼 음악을 동반하는 모습은 쿰란의 본문들에서도 볼 수 있다. 그 가운데 하나가 〈안식일 희생 제사의 노래〉라고 불리는 작품인데, 여기에는 일 년의 사분의 일에 해당하는 열세 번의 안식일을 위한 노래들이 들어 있다. 열한 번째 쿰란 동굴에서 발견된 재미있는 본문도 음악을 다윗의 희생 제사 제도와 연결짓는다. "주님께서 그에게 지성과 재기 있는 영을 주시어 그는 시 삼천육백 편과 노래 삼백예순네 개를 지어, 매일 봉헌하는 항구한 희생 제사와 연중 모든 날을 위하여 제단에서 노래하게 하였다. 그는 안식일 예물을 위한 노래 쉰두 개, 초하루와 단식일과 속죄일을 위한 노래 서른 개를 지었다"(11QPsa 27.4-8).

유다 마카베오와 그의 형제들이 성전을 다시 봉헌한 기념일 등 다른 특별한 경우에 부를 음악을 언급하는 구절들도 있다〔1마카 4,54(2마카 10,7 참조); 13,51; 참조 유딧 15,14-16,17〕.

② 기도

두말할 필요도 없이 제2성전 시기보다 훨씬 더 이전부터 기도를 드렸지만, 우리가 가지고 있는 문헌들에서 갖가지 다양한 형태로 다양한 문맥에 나오는 매우 많은 기도문을 발견할 수 있다. 각 개인이

위기를 맞아 기도하였으며 이때 자주 고백의 말이 등장하는 것은 놀라운 일이 아니다(가령 예루살렘의 비참한 상황을 전해 들은 느헤미야가 바치는 기도인 느헤 1,4-11, 아자르야의 기도, 〈므나쎄의 기도〉). 유딧은 자기 백성을 구원할 계획에 착수하기 전에 기도를 바쳤고(유딧 9,2-14), 토빗(토빗 3,2-6), 사라(토빗 3,11-15), 그리고 토비야(토빗 8,5-8)가 기도하였다(모르도카이와 에스테르의 기도를 담고 있는 그리스어 에스테르기의 첨가문 C; 수산나 42-43; 1마카 4,30-33; 3마카 2,1-20; 6,1-15도 보라). 어떤 기도들은 성경의 역사를 추적하며 성경의 예들을 사용한다(가령 느헤 9,6-37에 나오는 에즈라의 기도와 다니 9,3-19에 나오는 다니엘의 기도).

  기도와 연관하여 해결되지 않은 문제들 가운데 하나는 제2성전 시기에 특정한 때를 위해 고정된 기도들이 존재했었느냐는 것이다. 성전은 당연히 예배의 초점이었다. 성전에서 거행되는 예식들과 연관되어 생겨난 고정된 기도들을 기대할 수 있을 것이다. 1열왕 8장에 나오는 솔로몬의 봉헌 기도를 반영하는 2역대 7장에는 성전을 향하여 기도하는 예가 많이 나온다(6,24.26.29.32.34-35.39). 이사 56,7은 성전을 "기도하는 집"이라 부르며, 다니엘은 하루에 세 번 성전을 향하여 기도하였다(다니 6,10. 사도 3,1에서 베드로와 요한은 "오후 세 시 기도 시간에 성전으로 올라갔다"). 루카 1,10에서 사제 즈카르야가 분향하는 동안 백성은 성전에서 기도한다. 쿰란의 본문들은 유다인들의 전례 발전 과정과 연관된 새로운 정보를 풍부히 제공하였다. 쿰란의 두루마리에는 기도 본문들이 많이 들어 있고 자주 고정된 기회와 연결되어 있기 때문이다. 예를 들어 4Q 503은 매일 아침 저녁으로 바치는 축복 기도이다. 4Q 504-6은 평일을 위한 전례 기도이며, 축일을 위한 기도들은 1Q 34(두 번), 4Q 507-9에 들어 있다. 이것들은 특정한 종파의 본문들이며, 따라서 다른 유다인들이 실천한 기도가 아니라고 주장할 수도 있을 것이다. 그러나 이 본문들에는 그들의 종파적 내용이 전혀 없는 경우가 많기 때문에 그 본문들이 더욱 폭넓게 사용되었음을 반영할 수 있다. 만약 그렇다면 그 본문들은 제2성전 시기에 일정한 기도들이 발전하였음을 가리킨다. 쿰란 공동체가 자신들의 기도로 희생 제사를 (잠정적으로) 대체할 수 있다고 생각한 발상이 흥미롭다. "기도는 하느님의 뜻을 거스른 죄와 불충실한 죄를 속죄할 것이다. 기도는 번제 동물과 희생 제사 없이도 우리 민족을 위하여 자애를 얻게 해 줄 것이다. 그리고 올바로 바치는 기도는 흔쾌히 받아들여지는 의로움의 향기와 같고, 완전한 길은 기쁘게 받아들여지는 자유로운 예물과 같다"(1QS 9.4-5).

2) 회당

동물이나 다른 물품을 제물로 바치지 않은 예배 형태를 떠올리자면 자연히 희생 제사를 바치지 않는 회당을 생각하게 된다. 제2성전 시기의 어느 시점에서 회당이 존재하기 시작하여 성전에서 멀리 떨어져 사는 디아스포라 유다인들의 필요를 충족하였다. 그러나 우리는 이스라엘에도 회당이 있었고 심지어 예루살렘에도 회당이 있었음을 알고 있다. 어떤 문헌들은 유다인들의 예배 장소를 가리키는 데 "기도, 기도 장소"를 뜻하는 그리스어 단어 *proseuchē*를 사용한다. 이 장소가 회당이었다면, 우리는 기원전 3세기 초 이집트에서 이 장소를 지적하는 예를 확인할 수 있다(사도 16,13.16에 동일한 단어가 사용된다). 신약성경의 독자들은 팔레스티나(가령 나자렛)와 다른 곳(사도행전에 많이 언급된다)에 있는 회당을 지적하는 구절이 신약성경에 많다는 것을 알고 있다.

회당에서 무슨 일이 일어났는지 전하는 문헌들이 조금 있다. 필로는 〈특별 법규(The Special Laws)〉 2.62에서 다음과 같이 말한다.

이처럼 일곱째 날 각 도시에는 분별력, 절제, 용기, 정의, 그리고 다른 덕행을 갖춘 학교 수천 개가 문을 활짝 열어 놓고 있다. 거기에는 학도들이 귀를 바짝 세우고 주의를 집중하며 조용히 정렬해 앉아 있다. 그들은 스승의 말씀에서 나오는 것에 그토록 목말라 있다. 말씀을 듣는 동안 특별한 체험을 하게 되고, 가장 유용하고 확실한 것을 얻어 인생을 더욱 성숙시키게 된다.

그는 회당에 훈육하는 면이 있음을 강조하며 성경(스승의 말씀) 독서와 해석을 지적하는 것으로 여겨진다. 요세푸스가 유사한 모습을 묘사하고 있다.

그(모세)는 알지 못해서 못했다는 구실을 남겨 놓지 않았다. 그는 율법을 가장 훌륭하고 필요한 훈육 형태로 지목하면서 일생에 한 번,

또는 두세 번 들어야 하는 것이 아니라, 매주 사람들이 다른 일들을 접어 두고 한자리에 모여 율법에 귀를 기울여 완전하고 정확한 율법 지식을 얻도록 하였다. 이는 다른 모든 법 제정자가 무시했던 일이다(〈아피온 논박〉 2.175).

루카 4,16-28에서 예수께서는 늘 하시던 대로 안식일에 나자렛 회당에 들어가셨다. 그분이 "성경을 봉독하려고 일어서시자 이사야 예언자의 두루마리가 그분에게 건네졌다"(루카 4,16-17). 예배 때 율법뿐 아니라 예언서의 일부를 읽도록 되어 있었다. 예수께서는 이사야 예언자의 대목을 읽으신 다음 "두루마리를 말아 시중드는 이에게 돌려주시고 자리에 앉으셨다"(20절). 그런 다음 예수께서 그 구절의 의미를 설명하셨다(21절; 참조 마태 4,23). 사도행전에서 사도 바오로는 도시에 도착하면 꼭 그 지역 회당에 간 것으로 묘사된다. 바오로와 그의 일행은 피시디아의 안티오키아에 이르러 보통 때처럼 하였다(사도 13,14-49). 그들은 "안식일에 회당에 들어가 앉았다. 율법과 예언서 봉독이 끝나자 회당장들이 사람을 보내어 '형제들이여, 백성을 격려할 말씀이 있으면 해 주십시오' 하고 말하였다"(14-15절). 바오로는 이렇게 메시지를 주었고 다음 안식일에도 와 달라는 부탁을 받았다. 미쉬나(Megillah 4.3)는 기도가 회당 예배의 정규 부분이었다고 밝힌다.

제2성전 시기에 팔레스티나에 존재했던 많은 회당 가운데 몇몇 회당만이 발굴되었다. 우리가 앞에서 살펴본 것처럼 마사다에도 회당이 있었다. 다른 회당들은 헤로디움과 골란의 가믈라(Gamla)에서 발굴되었다.

4. 성경

우리가 제2장에서 검토한 많은 문학 작품은 그전의 이스라엘/유다의 문학을 참조하면서 그 작품들에 큰 권위를 부여하고 있다. 제2성전 시기에 '성경'(곧 모든 이에게 최고의 권위를 인정받는 '제한된' 성경 책들)은 따로 없었지만, 하느님의 가르침을 포함하고 있다고 폭넓게 인정받는 책들이 존재했다는 사실에는 의심할 여지가 없다. 에즈라와 느헤미야가 자주 지적하는 모세의 율법서가 가장 명백한 예다. 그러나 많은 예언 문학이 여기에 포함될 수 있었을 것이다. 실제로 히브리어 성경에서 후기 예언의 특징은 더 이전의 예언 본문들을 사용하고 있다는 점이다.

예루살렘이 파괴된 70년 이후 어느 시점에서 유다인들의 정경이 결정되었다. 그 정경은 율법서, 예언서, 그리고 성문서의 세 부분으로 구성되었다. 율법서는 모세가 썼다고 전해지는 다섯 권의 책(창세기에서 신명기까지)으로 이루어졌고, 예언서는 역사서인 여호수아기, 판관기, 사무엘기 상·하권, 열왕기 상·하권, 이사야서, 예레미야서, 에제키엘서, 열두 소예언서(호세아서에서 말라키서까지)를 포함하였으며, 성문서는 나머지 책들(시편, 잠언, 욥기, 룻기, 에스테르기, 코헬렛, 애가, 아가, 다니엘서, 에즈라기, 느헤미야기, 역대기 상·

하권)로 이루어졌다. 정경이 결정되기 전부터 성경이 여러 단락으로 나뉘어 있었다는 증거가 있다. 모든 범주가 이미 마감되었기 때문에 고정된 책들만 포함하였다는 증거는 부족한 상태이다.

1) 권위 있는 저작물 분류

위에서 지적한 것처럼 에즈라와 느헤미야는 모세의 '토라' 곧 율법서를 암시하면서 이스라엘 자손들이 살아가야 할 길을 가르쳐 주었다고 한다. 그러므로 한 가지 예를 들면, 백성은 일곱째 달의 축제 기간 동안 초막에서 살았으며 율법에서 명하는 대로 축일을 지냈다(느헤 8,13-18). 그리고 우리에게 잘 알려져 있는 장면에서 에즈라는 '물 문' 앞 광장에 모인 백성에게 율법을 읽어 주었다(느헤 8,1-12). 느헤 9장에 나오는 참회 기도는 창조부터 성조들, 이집트 여행, 광야의 여정, 정복, 판관들이 다스린 기간과 가나안 땅에서 이스라엘의 역사 기간, 그리고 끝으로 유배와 귀환에 이르기까지 성경 역사를 잘 알고 있음을 보여 준다.

성경 책들이 정경으로 발전하는 과정에 대해 우리가 가지고 있는 빈약한 증거는 대부분 후대의 문헌들에서 유래한다. 아마 당연하다고 생각될 것이다. 도움이 될 만한 정보는 벤 시라의 지혜서 곧 집회서를 그리스어로 번역하면서 덧붙인 머리글이다. 이 머리글에서 저자의 손자는 기원전 2세기 말에 할아버지의 글을 그리스어로 번역하면서 전통적 문학의 범주에 대해 세 차례 언급한다. 그는 머리

글을 다음과 같은 말로 시작한다. "율법과 예언서와 그 뒤를 이은 다른 글들을 통하여 위대한 가르침들이 우리에게 많이 전해졌습니다. 그런즉 이스라엘을 그 교훈과 지혜와 관련하여 칭송하는 것은 마땅합니다." 그는 몇 줄 뒤에 저자를 칭송한다. "나의 할아버지 예수께서는 율법과 예언서와 다른 선조들의 글을 읽는 일에 오랫동안 전념하셨습니다. 그리고 이에 관한 충분한 소양을 갖추시고, 교훈과 지혜에 관한 글을 몸소 쓰기로 결심하셨습니다." 셋째 구절에서 그는 독자들에게 번역이 잘못되었을 수도 있음을 알리며 양해를 구한다. "히브리 말 표현들을 다른 말로는 똑같이 옮길 수 없습니다. 이 글들뿐 아니라 율법서조차도 그리고 예언서와 나머지 글들도 원문과는 적지 않은 차이가 있습니다."

여러 시대의 작가들이 쓴 몇몇 구절에서도 가장 큰 가치를 지녔다고 여겨진 전통적 책들을 이처럼 세 범주로 분류하는 것을 볼 수 있다. 예를 들어 필로는 테라페우테 종파에 관해 말하면서 그들이 "율법서와 예언자들의 입을 통해 전해진 신탁들, 그리고 시편들과 지식과 신앙을 북돋우고 완전하게 해 주는 다른 것들"(《관상 생활에 관하여》 25)을 연구한다고 언급한다. 그리고 루카 복음서의 저자는 부활하신 예수님의 말씀을 인용한다. "내가 전에 너희와 함께 있을 때에 말한 것처럼, 나에 관하여 모세의 율법과 예언서와 시편에 기록된 모든 것이 다 이루어져야 한다"(루카 24,44). 이 구절에서 '시편'은 물론 성경의 책인 '시편'을 뜻하지만, 시편으로 시작되는 성경의 세 번째 범주를 뜻할 수도 있다. 쿰란에서 발견한 한 본문(4QMMT)은 네 개의 범주, 곧 모세의 책, 예언자들의 책, 다윗, 그리고 몇 가지 연대기로 구분하기까지 한다(C 10-11). 물론 비교적 확실한 것은 세 개의 범주이다. 성경을 세 범주로 구분한 모든 경우에서 셋째 범주는 일반적(또는 루카 복음서에서 지적하는 '시편'처럼 잠정적으로 일반적인) 용어로 불린다. 실제로 흔히 확인할 수 있는 것은 거룩하고 권위를 가진 작품들의 두 범주, 곧 율법서와 예언서다. 예를 들어 예수께서 "그러므로 남이 너희에게 해 주기를 바라는 그대로 너희도 남에게 해 주어라. 이것이 율법과 예언서의 정신이다" 하고 말씀하는 것을 볼 수 있다(마태 7,12). 이렇게 말씀하시는 의도는 율법과 예언서로 성경 전체를 가리키려는 것이다.

저술가들 가운데에는 자신들이 특정한 어떤 본문을 하느님의 영감을 받은 책으로 여긴다는 사실을 명확히 밝히는 사람들이 있다. 쿰란에서 발견된 하바쿡 주석서에서 주석가는, 하느님께서 하바쿡에게 그 말들을 기록하라고 말씀하셨다고 한다(7.1-2를 보라). 제2성전 시대의 문학에는 이와 같은 종류의 예가 많이 산재해 있다. 한 가지 예만 더 본다면, 다니 9,2에서 다니엘은 칠십 년에 관해 예레미야 예언자에게 내린 주님의 말씀을 곰곰이 생각한다.

우리는 거룩한 책들의 범주를 일컫는 글을 볼 수 있다. 또 여러 저자가 율법서와 예언서 같은 책을 하느님에게서 비롯하는 것으로 생각하였다는 명백한 내용을 볼 수 있다. 그러나 우리는 제2성전 시대 말까지 정경 책의 명단을 발견하지 못했다. 벤 시라는 성경의 많은 부분을 알고 있다. 그는 44-50장에서 이 사실을 보여 주고 있으며 성경의 인물들을 본보기로 지적한다. 그러나 벤 시라는 우리에게 성경 책의 명단을 제공하지 않는다. 히브리어 성경(개신교의 구약성경)에 속하게 된 대부분의 책은 적어도 제2성전 시기의 후반부에는 권위 있는 책으로 여겨졌다고 하는 것이 안전하다. 그러나 쿰란 사람들은 그 책들 외에 다른 책들도 계시된 책으로 여겼던 것으로 보인다. 그 예로 에녹 문학의 일부와 〈희년서〉를 들 수 있다. 우리는 대부분의 유다인들이 어떤 요인에 근거하여 정경 성경을 고정시키게 되었는지 알지 못하지만, 요세푸스는 〈아피온 논박〉 1.37-43에서 가장 오래되고 가장 특별한 숫자를 우리에게 제공한다. 요세푸스는 이 글에서 정당하게 인정된 책은 스물두 권, 곧 모세의 책 다섯 권, 예언서 열세 권, 찬양가와 교훈서 네 권이라고 말한다. 요세푸스가 마지막 두 범주에 속하는 책을 정확히 어떤 것으로 생각하였는지 알 수 없지만, 그가 제시하는 숫자는 전통적으로 히브리어 성경에 속한다는 책의 숫자와 일치한다.

2) 판본

사해 두루마리가 성경 책들에 대한 우리의 지식에 기여한 가장 큰 공헌은, 어떤 성경 책의 경우 다양한 히브리어 본문들이 존재했다는 사실을 증거한다는 점이다. 달리 말해 사해 두루마리는 히브리어 성경/구약성경의 각 책이 단 하나의 히브리어 본문으로만 되어 있지 않다는 것을 증거한다. 예레미야 예언서처럼 어떤 경우에는 각기 매우 상이한 히브리어 사본들이 있었다. 더 짧은 본문으로서 어쩌면 원문에 더 가까운 본문이 있었고, 민족들에게 내리는 신탁과 같은 어떤 자료가 다른 장소에 들어 있으며 팔분의 일 가량 더 긴 본문이 있었다(더 짧은 사본에서는 25,19 다음에 나오며, 더 긴 본문에서는 46-51장에 나온다). 더 짧은 이 예레미야 예언서는 예레미야서의 그리스어 역본을 통해 알려졌다. 이제 우리는 이 그리스어 사본이, 하나뿐이었던 히브리어 원문을 자유롭게 번역한 것이 아니라 전통적인 히브리어 성경(마소라 본문이라 불린다)에서 발견되는 본문과 현저히 다른 히브리어 본문을 충실하게 번역하였다는 것을 알게 되었다.

제2성전 시기에도 모든 이가 성경 책들을 동일한 방식으로 읽지 않았다. 디아스포라에서는 그리스어 사본들(세월이 흐르면서 그리스어 사본을 개정하였다)을 읽고 연구하였지만, 팔레스티나에서는 히브리어 사본들을 사용하였다. 그러나 유다 광야에서, 심지어 쿰란에서도 그리스어 사본들을 손에 넣을 수 있었다. 사마리아 공동체는 오경의 히브리어 사본들 가운데 하나를 사용하였으며 자신들의 필요에 따라 오경을 더욱 발전시켰다. 쿰란의 몇몇 주석서를 볼 때 주석가들이 다양한 독법 곧 사본들을 알고 있었다는 사실이 명확히 드러나기는 하지만, 상이한 사본들의 말마디가 서로 일치하지 않는 것에 관심을 기울인 사람이 있었는지는 알 수 없다. 그들은 이처럼 사본에 따라 다르게 쓰여 있다는 사실을 한탄하기보다 때로는 그 뜻을 설명하는 쪽을 택하였다.

3) 해석

이 책을 마치면서 제2성전 시기에 널리 퍼져 있었던 현상은 더 오래된 거룩한 본문들의 해석과 재해석이었음을 독자에게 간략히 일깨우고자 한다. 제2장에서 조사한 많은 본문의 저자들은 과거의 사건과 구절을 인용하거나 참조할 뿐 아니라, 고대의 성경 책들을 자기 시대의 관심에 적용하면서 그것들을 창조적으로 다시 활용하기도 하였다. 역대기 상·하권에는 더 오래된 본문들을 대대적으로 다시 작업한 본문들이 들어 있으며, 더 후대의 책인 〈희년서〉는 창세기와 탈출기와 형태적으로 비슷한 이야기를 하고 있다. 이 시기의 기도와 담론 들 가운데에는 과거의 사건들을 요약하는 것도 있다. 예를 들어 느헤 9,6-37에 나오는 에즈라의 기도와 집회 44-50장에 나오는 벤 시라의 조상들에 대한 칭송이 이에 해당한다. 성경의 특수한 부분을 성찰의 기초로 삼는 경우들도 있다. 에녹 문학은 저자가 창세 6,1-4에 나오는 이야기에 매료되어 있음을 여러 차례 보여 준다. 쿰란의 주석서들은 당시에 적용할 수 있는 의미를 이끌어내기 위하여 모든 본문에 설명하는 예를 들었다. 제2성전 시기에 쓰인 다른 작품들은 성경에 나오는 인물들에 맴돌며 그들에 관해 이야기된 것을 해석하고 발전시키며 확장한다. 이런 예들이 〈아람어 레위기〉, 에녹 본문들, 〈열두 성조의 유언서〉, 모세의 문학에 나타나며, 그 밖에도 이런 예는 얼마든지 있다. 또한 쿰란에서 발견된 감사 시편(*Hodayot*)에서 볼 수 있듯이 성경의 시와 다른 대목들의 언어가 새로운 작품으로 다시 만들어지기도 하였다.

이와 같은 모든 형태에서 성경은 출발점인 동시에 방대한 주석 문학에 영감을 불어 넣는 원천이었다. 제2성전 시기에 다양한 종류의 유다이즘은 과거의 거룩한 문학을 중심으로 연결되어 있었으며, 그것을 동시대의 관심사에 적용하고 적응시키기 위하여 지속적으로 재해석을 시도하였다고 말하는 것이 마땅할 것이다.

참 고 문 헌

번역본에 관하여

아래 본문의 번역은 J. Charlesworth, *The Old Testament Pseudepigrapha*, 2 vols. (Garden City, NY: Doubleday, 1983-85)에서 찾아볼 수 있다.

　　모세의 유언서(vol. 1, pp. 927-34; J. Priest 옮김)

　　솔로몬의 시편(vol. 2, pp. 651-70; R. B. Wright 옮김)

　　시빌의 신탁서(vol. 1, pp. 327-472; J. Collins 옮김)

　　아리스테아스의 편지(vol. 2, pp. 7-34; R. J. H. Shutt 옮김)

　　에녹 1서(vol. 1, pp. 13-89; E. Isaac 옮김)

　　열두 성조의 유언서(vol. 1, pp. 782-828; H. C. Kee 옮김)

아래 본문의 영어 번역은 외경을 실은《새 개정 표준역 성경(New Revised Standard Version)》에서 읽을 수 있다.

　　마카베오기 상 · 하권과 3권

　　므나쎄의 기도

　　바룩서

　　벤 시라의 지혜서(집회서)

　　벨과 용(뱀)

　　솔로몬의 지혜서(지혜서)

수산나

아자르야의 노래와 세 젊은이의 노래(또는 세 유다인의 노래)

에스테르기(그리스어)

에즈라 1서

예레미야의 편지

유딧기

토빗기

〈희년서〉 인용: J. VanderKam, *The Book of Jubilees*, 2 vols., Corpus Scriptorum Christianorum Orientalium 510-511, Scriptores Aethiopici 87-88 (Louvain: Peeters, 1989).

엘레판틴 파피루스 인용: A. E. Cowley, *Aramaic Papyri from the Fifth Century B.C.* (Oxford: Clarendon, 1923; repr.: Osnabrück: Otto Zeller, 1967).

일반 작품

Freedman, D. N., *Anchor Bible Dictionary*. 6 volumes. Garden City, NY:Doubleday, 1992.

Grabbe, L., *Judaism from Cyrus to Hadrian*, volume 1: *The Persian and Greek Periods*; volume 2: *The Roman Period*. Minneapolis: Fortress Press, 1992.

Mulder, M. J., ed., *Miqra: Reading, Translation and Interpretation of the Hebrew Bible in Ancient Judaism and Early Christianty*. Assen/Maastricht: van Gorcum; Philadelphia: Fortress Press, 1988.

Safrai, S., and M. Stern, ed., *The Jewish People in the First Century: Historical Geography, Political History, Social, Cultural and Religious Life and Institutions*. 2 volumes. Assen/Maastricht: van Gorcum; Philadelphia: Fortress Press, 1974.

Schürer, E., *The History of the Jewish People in the Age of Jesus Christ (175 B.C. - A.D. 135)*. 3 volumes. Revised and edited by G. Vermes and F. Millar. Edinburgh: T. & T. Clark, 1973-87.

Stone, M., ed., *Jewish Writings for the Second Temple Period: Apocrypha Pseudepigrapha, Qumran Sectarian Writings, Philo, Josephus*. Assen/Maastricht: van Gorcum; Philadelphia: Fortress Press, 1984.

제2성전 시기에 유다인들이 쓴 저작들에 관한 참고 문헌

Collins, John J., *Daniel*. Hermeneia. Minneapolis: Fortress, 1993.

—, *The Sibylline Oracles of Egyptian Judaism*. Society of Biblical Literature Dissertation Series 13. Missoula, MT: Scholars Press, 1974.

Cowly, A. E., *Aramaic Papyri from the Fifth Century B.C*. Oxford: Clarendon, 1923; reprinted: Osnabrück: Otto Zeller, 1967.

Endres, J., *Biblical Interpretation in the Book of Jubilees*. Catholic Biblical Quarterly Monograph Series 18. Washington, DC: Catholic Biblical Association of America, 1987.

Goldstein, Jonathan A., *I Maccabees*. Anchor Bible 41. Garden City, NY: Doubleday, 1976.

—, *II Maccabees*. Anchor Bible 41A. Garden City, NY: Doubleday, 1983.

Hadas, M., *Aristeas to Philocrates*. Dropsie College Edition, Jewish Apocryphal Literature. New York and London: Harper, 1951.

—, *The Third and Fourth Books of Maccabees*. Dropsie College Edition, Jewish Apocryphal Literature. New York and London: Harper, 1953.

Hollander, H. W., and M. de Jonge., *The Testaments of the Twelve Patriarchs: A Commentary*. Studia in Veteris Testamenti Pseudepigrapha 8. Leiden: Brill, 1985.

Kugler, Robert A., *From Patriarch to Priest: The Levi-Priestly Tradition from Aramaic Levi to Testament of Levi*. Society of Biblical Literature, Early Judaism and Its Literature 9. Atlanta: Scholars Press, 1996.

Milik, J. T., *The Books of Enoch: Aramaic Fragments of Qumrân Cave 4*. Oxford: Clarendon Press, 1976.

Moore, Carey A., *Daniel, Esther and Jeremiah: The Additions*. Anchor Bible 44. Garden City, NY: Doubleday, 1977.

—, *Judith*. Anchor Bible 40. Garden City, NY: Doubleday, 1985.

—, *Tobit*. Anchor Bible 40A. Garden City, NY: Doubleday, 1996.

Myers, Jacob M., *I and II Esdras: Introduction, Translation and Commen

-*tary*. Anchor Bible 42. Garden City, NY: Doubleday, 1974.

Porten, B., *The Elephantine Papyri in English: Three Millennia of Cross-Cultural Continuity and Change*. Documenta et Monumenta Orientis Antiqui 22. Leiden/New York/Cologne: Brill, 1996. (이 책은 유다인들의 아람어 본문뿐 아니라 엘레판틴에서 발견된 여러 언어로 쓰인 본문들을 모두 싣고 있다.)

Skehan, P., and A. Di Lella., *The Wisdom of Ben Sira*. Anchor Bible 39. Garden City, NY: Doubleday, 1987.

Stone, M. E., and J. C. Greenfield, "Aramaic Levi Document." In *Qumran Cave 4 XVII Parabiblical Texts, Part 3*, pp. 1-72. Discoveries in the Judaen Desert 22. Oxford: Clarendon, 1996.

Tiller, Patrick A., *A Commentary on the Animal Apocalypse of I Enoch*. Society of Biblical Literature, Early Judaism and Its Literature 4. Atlanta: Scholars Press, 1993.

VanderKam, J., *The Book of Jubilees*. 2 volumes. Corpus Scriptorum Christianorum Orientalium 510-511, Scriptores Aethiopici 87-88. Louvain: Peeters, 1989.

Winston, David, *The Wisdom of Solomon*. Anchor Bible 43. Garden City, NY: Doubleday, 1979.

쿰란과 사해 두루마리에 관한 참고 문헌

Cook, E. M., *Solving the Mysteries of the Dead Sea Scrolls: New Light on the Bible*. Grand Rapids: Zondervan, 1994.

Cross, F. M., *The Ancient Library of Qumran*. 3rd edition. Minneapolis: Fortress Press, 1995.

de Vaux, R., *Archaeology and the Dead Sea Scrolls*. Revised edition. Oxford: Oxford University Press, 1973.

Fitzmyer, J., *Responses to 101 Questions on the Dead Sea Scrolls*. New York/Mahwah, NJ: Paulist Press, 1992.

García Martínez, F., *The Dead Sea Scrolls Translated*. 2nd edition. Leiden/New York/Cologne: Brill; Grand Rapids: Eerdmans, 1996.

Schiffman, L., *Reclaiming the Dead Sea Scrolls: The History of Judaism, the Background of Christianity, the Lost Library of Qumran*. Philadelphia and Jerusalem: The Jewish Publication Society, 1994.

Stegemann, H., *The Library of Qumran: On the Essenes, Qumran, John the Baptist, and Jesus*. Grand Rapids: Eerdmans; Leiden/New York/Cologne: Brill, 1998.

VanderKam, J., *The Dead Sea Scrolls Today*. Grand Rapids: Eerdmans, 1994.

Vermes, G., *The Complete Dead Sea Scrolls in English*. New York/London: The Penguin Group, 1997.

Vermes, G., and M.D. Goodman, eds., *The Essenes According to the*

Classical Sources. Sheffield: Sheffield Academic Press, 1989.

Wise, M., M. Abegg, and E. Cook, *The Dead Sea Scrolls: A New Translation*. San Francisco: HarperSanFrancisco, 1996.

마사다에 관한 참고 문헌

Masada: Final Reports. Jerusalem: Israel Exploration Society, 1989-99. (마사다에서 나온 모든 본문과 고고학 증거가 책 여섯 권으로 발간되었다.)

Yadin, Y., Masada: *Herod's Fortress and the Zealots' Last Stand*. New York: Random House, 1966.

찾아보기

가나안　　139, 184, 188, 248, 376
가다라(Gadara)　　329
가말라(Gamala)　　85
가브리엘　　172
가비니우스(Gabinius)　　69, 329
가우가멜라　　32
가이우스(칼리굴라)　　80, 100, 252, 253, 254, 258, 266
가자　　32, 62
갈리아　　79
갈릴래아　　70, 73, 77, 78, 81, 85, 86, 101, 259, 260, 264, 265, 301, 343
거인의 책　　279
게셈, 아라비아 사람　　22
게시우스 플로루스　　83
계약　　22, 25, 34, 49, 91, 119, 120, 124, 130, 177, 181, 182, 185, 208, 211, 216, 225, 227, 228, 243, 271, 281, 296, 298, 363
굿맨(Goodman, M. D.)　　291
그달야　　26
그리짐 산　　344, 353
기브온　　231
꿈의 책　　181, 193

나딘(Nadin)　　272
나일 강　　98, 232, 267, 344
나자렛　　373, 374
나탄　　217
나하스 임금　　276
나할 헤베르(Nahal Hever)　　96, 307
납탈리　　132, 187, 279
내시(Eunuch)　　162, 229
네로 황제　　85, 86, 259, 351
네부카드네자르　　17, 26, 30, 136-137, 138, 150, 161, 224, 243, 244, 245, 250, 294

노아　172, 179, 182, 183, 184, 192, 195, 199, 201, 205, 217, 221, 222, 232, 257, 283, 363

느헤미야　18, 20-25, 28, 29, 37, 104, 106, 107, 113, 117, 125, 142, 218, 275, 315, 316, 327, 332, 359, 368, 371, 375, 376

니네베　134, 137

니산 달　268

니카노르(Nicanor)　124, 129, 130, 137, 366

니콜라오스, 다마스쿠스의　76

다니엘　30, 92, 93, 143-145, 243, 248-251, 283, 371, 378

다리우스 1세　17-19, 114-116, 347

다리우스 2세　22, 268-270

다리우스 3세　23, 32

다리우스, 메디아의　30, 31, 250, 251

다마스쿠스　66, 76, 281, 282, 292, 294-296

다시 작업한 오경　278

다윗　17, 46, 93, 119, 193, 195, 208, 217, 235, 240, 241, 286, 315, 326, 337, 350, 367, 369, 370, 377

다프네　44, 45

데메트리오스 1세　51-53

데메트리오스 2세　55, 58

데메트리오스 아카이로스　63

데메트리오스, 팔레론의　35, 153, 154, 157, 158

델라이아　25, 28, 270

도미티아누스　88, 93, 261, 262

도시테오스　98, 160, 200

동물 묵시록　194, 197, 208

돼지고기　127, 128

디나(Dinah)　177

디오니소스　47, 148, 152

라멕　172, 221, 222

라삐 아키바　96

라삐 유다이즘　336

라지스(Razis)　128, 131

라파엘　133-135, 172, 175

라피아　147

랄프스(A. Rahlfs)　107

레아 177
레온토폴리스　45, 98, 99, 200, 353
레위(성조)　160, 177-181, 183, 186-188, 283, 330, 332
레위인　18, 21, 118, 180, 209, 314, 368, 369
레위인 가수/성가대/음악가　42, 367, 368
로쉬 하 샤나　363
롤랑 드 보(R. de Vaux)　287
르우벤　186, 189
리디아　42
리시마코스　48, 160

마그네시아 전투　42
마네무스, 에세네파의　341
마네토　265
마레오토스 호수　344
마르둑　248
마르코 안토니우스　73-75
마리암네　75, 76
마사다　72, 73, 75, 84, 88, 89, 213, 261, 285, 291, 299-304, 306-309,
344, 374
마스테마　185
마카베오　23, 49-52, 55, 58, 59, 118, 121, 122, 124, 125, 127-129, 136, 137, 147, 194, 196, 197, 207, 209-211, 262, 296-297, 300, 317, 318, 325, 327, 328, 333, 348, 349, 365, 366, 370
마카베오기 3권　99, 107, 126, 147, 150-152, 367, 383
마카베오기 4권　107, 108, 110
마카베오기 상권　50, 52, 54, 56-58, 106, 118-124, 126, 127-130, 147, 383
마카베오기 하권　43, 45, 48, 50, 106, 124-127, 129-131, 147, 151, 365, 383
마케루스 요새　88
마타티아스, 아나누스(한나스)의 아들 320
마타티아스, 테오필로스의 아들 319, 320
마타티아스　49, 51, 54, 120-123,

127

메네데모스 158

메넬라오스, 대사제   45, 48, 50, 127, 317

메디아   30-31, 133-135, 138

메소포타미아   26, 29, 32, 33, 40, 42, 261, 271

메시아   93-96, 135, 189, 197, 202, 206, 234, 235, 240, 241, 263, 286

멜키체덱 278

멤피스 27

모데인 49

모르도카이   31, 161, 162, 164, 165, 366, 371

모세   22, 35, 94, 99, 137, 155, 157, 181, 182, 189, 195, 200, 207, 208, 210, 211, 216, 217, 225, 232, 254-257, 265, 266, 280, 283, 322, 332, 367, 373, 375, 377, 379, 381

모세의 유언서(승천서)   109, 207, 208, 210

모세의 율법   21, 35, 104, 214, 226, 255, 258, 280, 293, 334, 338-340, 375-377

모압   59, 142, 180

무교절(축제)   268, 360-362, 364

묵시록   90-94, 109-110, 190-198, 202, 208, 211, 219, 220

므나쎄, 대사제 317

므나쎄, 임금   241, 242

므나쎄(유딧의 남편) 137

므나쎄의 기도   241, 242, 371

므나헴   301, 344

므투셀라   167, 191, 193, 222

미르얌 278

미사엘 243

미쉬나   293, 313, 330, 339, 352, 374

미카엘   172, 175, 210

믹돌(Migdol) 27

밉타히아 고문서   268, 271

바고아스 136

바고히   269, 327

바누스 259

바루스, 시리아 총독 78

바룩   106, 222-227, 235, 236, 239, 246, 247
바룩 2서   90, 94, 95, 109
바룩 3서   110
바르 코크바   95-97
바르 코크바의 독립항쟁   95
바리사이파   54, 60, 259, 262, 290, 292-294, 329, 333, 338, 339, 343, 344
바벨 탑   199
바빌로니아 탈무드   313
바빌론   16-18, 22, 26, 28-32, 74, 90, 91, 116, 135, 137, 143, 144, 161, 192, 197, 223-225, 241, 246, 249, 250, 319
바스카마(Baskama)   55
바알   248
바오로, 사도   83, 330, 339, 374
바티칸 사본   107
버머스(G. Vermes)   291
베드로, 사도   324, 371
베르길리우스   311
베스파시아누스   85-88, 93, 260-262
베툴리아   138-142
베테르(Bether)   97
베텔   178
벤 시라의 지혜서   212, 279, 376
벤야민   24, 186, 187
벨   107, 143, 248-250
벨리아르   188
벨사차르, 바빌론의   30, 31, 224
보에토스   319-321
본시오 빌라도   80
부활   128, 189, 193, 221, 286, 335, 339, 377
불가타   113
비텔리우스, 시리아 총독   322
빅바이(바고히)   269, 270
빌하   189

사두가이파   259, 262, 290, 292, 293, 333, 335, 337-340
사라   132-134
사마리아   22, 25, 27, 28, 30, 59, 60, 79, 81, 137, 141, 270, 380

사마리아인	24, 59, 344, 353	세금	37-39, 42, 53, 58, 76, 252, 343, 344, 359
사마리아인들의 성전	59	세포리스	85, 329
사마리아 파피루스	25	셴아차르(세스바차르)	17, 326
사무엘	217	셀레우코스	33, 40, 41, 43, 46, 48-60, 63, 118, 121-124, 126, 132, 137, 196, 308, 314, 315, 317, 328, 332, 347, 348
사비누스	78		
사악한 사제(Wicked Priest)	295, 296		
사울	195, 208		
사탄	185		
사해 두루마리→ '쿰란' (공동체, 유적지)		셀레우코스 4세	40, 42, 43, 124, 126, 348
산발랏, 호론 사람	20, 22, 25, 28, 270	셈	184, 218
산헤립	30, 272	셋	218
살라디엘	91	셰미하자(Shemihazah)	172
살로메 알렉산드라→ '알렉산드라'		소금 성읍	287
살로메, 헤로데의 누이	77	속죄일	295, 321, 363, 364, 370
살만에세르 임금	30, 132	솔로몬	92, 208, 217, 227, 228, 231, 234, 275, 337, 346, 350, 368, 371
선과 악을 알게 하는 나무	185		
성구함(Tefillin)	277		
성전 다시 봉헌	121, 129, 130, 365, 370	솔로몬의 시편	107, 110, 234-236
		수넴 여자	137
성전 두루마리	280	수메르의 임금 목록	170
성전 봉사자	29	수사	20, 29
성전 서기관	42	수산나	107, 143-145, 371

찾아보기 · 395

순교록, 이사야의	109	시몬, 보에토스의 아들	319
스라야	315, 323	시몬, 카미투스의 아들	319
스카우루스	66-68	시몬 칸데라, 보에토스의 아들	320
스켐	177-180, 183, 188	시빌의 신탁서	109, 198
스코파스	41	시에네(Syene)	267, 269
스토아 철학자(Stoics)	233	시파르(Sippar)	170
슬레미아	270	신명기계 신학	130, 142
슬로밋(Shelomith)	327	실로암 연못	365

시나이(산)   171, 180, 181, 195, 197, 200, 363

아그리파스 1세   80, 81, 82, 100, 252, 308, 320, 322, 328

시나이 사본	107

아그리파스 2세   82, 262, 308, 320, 330

시리아   32, 33, 40, 41, 54, 69, 70, 72, 78, 80, 81, 84, 87, 147, 322, 329

시리아 전쟁	41

아나누스(한나스), 셋의 아들   319

시메온(성조)	177, 183

아나누스, 아나누스(한나스)의 아들 320

시메온의 노래	107

시몬(대사제)   40, 54-59, 122, 123, 127, 148, 149, 287, 296, 317, 318, 328, 349, 366

아다르(달)   18, 129, 162, 164, 165

아담   108, 166, 170, 175, 183, 185, 218, 232

시몬 1세(대사제)   217, 218, 317, 322, 347, 349, 369

아담과 하와의 책	109
아락 엘 에미르	353
시몬 바르 기오라	87, 88, 302

아람어 레위기   176, 177, 180, 187, 188, 279, 332, 381

시몬 바르 코시바	96, 97

아레타스 66, 67
아론 217, 256, 286, 314, 332, 334, 339
아르사메스, 총독 27, 268-270
아르켈라오스 73, 77-79 263, 301, 318, 319, 328, 343
아르타크세르크세스 1세 18, 20-22, 24, 114, 161-164, 348
아르타파노스 99
아르곽삿, 메디아인 138
아리스테아스의 편지 35, 36, 109-110, 152, 153, 263, 316, 317, 346, 348
아리스토불로스 1세 61-65, 320, 318, 327
아리스토불로스 2세 65-69, 72, 318
아리스토불로스 3세 73, 75-77, 317-319
아마투스 329
아멘오피스(파라오) 265
아몬 신 32
아므람 284
아브라함 99, 162, 163, 179, 182,

183, 185, 192, 217, 232, 243, 256, 257, 283, 363
아비야 326
아사엘(아자젤) 172, 194, 197, 205, 364
아삽 368, 369
아스모대오스(악귀) 133, 134
아시리아(인) 30, 132, 135, 140, 142, 241
아에네이드 서사시 311
아우구스투스 황제 75, 77, 79, 99, 152
아일리아 카피톨리나 95, 97
아자르야의 기도와 세 젊은이의 노래 107, 244
아자이('Ahzai) 327
아카드어 271
아키오르, 암몬인 139-142
아키카르 30, 110, 133, 271, 272
아탈야 65
아파메아 협정 43
아피온 98-101, 151, 200, 252, 261, 265, 266, 346, 367, 374, 379

아하스에로스　31
아하와(Ahava)　29
아합(거짓 예언자)　144
악티움 해전　75
안식년　21, 278
안식일　21, 34, 47, 120, 121, 170, 183, 255, 282, 284, 285, 309, 321, 342, 358, 359, 361, 362, 364, 366, 368, 370, 374
안티고노스　61, 71, 73, 74, 300
안티오코스 3세　41, 42, 147, 328, 347, 348, 350
안티오코스 4세　40, 43-48, 50-52, 61, 119-121, 126-131, 191, 201, 209, 214, 315, 317, 330, 348
안티오코스 7세　58, 59
안티오코스 9세 시지체노스　60
안티오키아　44, 48, 53, 58, 84
안티오키아, 피시디아의　374
안티파스, 헤로데　77-79
안티파테르, 헤로데 부친　66, 69, 70, 77, 263
알렉산드라 여왕　62-65, 327, 335, 336, 340
알렉산드로스 대왕　22-25, 32, 33, 40, 119, 199, 263, 315-317, 346
알렉산드로스 발라스　52, 53, 122
알렉산드로스 얀네오스　62, 64, 66, 99, 298, 300, 318, 327, 335, 349
알렉산드리아　32, 34-36, 38, 48, 80, 98-100, 148, 151, 153, 154, 251, 252, 255, 266, 291, 366
알렉산드리아 사본　107
알비누스, 총독　76, 83, 88
알키모스, 대사제　50-52, 122, 317, 349
야고보, 예수의 형제　329, 338
야곱　96, 177-180, 183, 185, 187, 189, 195, 215-217, 226, 257, 276, 363
야뚜아, 대사제　22-25, 263, 315-317
야벳　199
야손, 오니아스의 형제, 대사제　44, 45, 48, 126, 127, 316, 317
야손, 키레네의　125, 129

야우 하느님의 성전　269
야페투스(Iapetus)　199
에노스　257
에녹　108, 166-176, 179-181, 184, 188, 190-195, 202-207, 218-222, 229, 257, 279, 282, 332, 333, 379, 381
에녹 1서　109, 166, 168, 173, 188, 191, 202, 203, 219, 222, 279, 281
에녹 2서　109, 110
에녹의 비유집　6, 202-204, 206-207, 229
에녹의 편지　219
에덴(동산)　174, 175, 183
에사르 하똔(Esarhaddon)　30, 272
에세네(파)　54, 254, 259, 262, 280, 290-294, 297, 333, 336, 340-342, 344
에스테르　30-31, 104, 106, 143, 159-161, 163-166, 263, 275, 366, 371, 375
에스테르기의 첨가문　152, 160-166, 371

에우세비우스　253
에윌 므로닥, 바빌론 임금　28
에제키야　70, 72, 78
에제키엘　29, 106, 217, 218, 283, 297, 309, 375
에제키엘, 비극 작가　99
에즈라　17-22, 24, 29, 91-94, 104, 107, 112, 113, 117, 142, 218, 275, 315, 326, 332, 345, 346, 348, 359, 368, 371, 375, 376, 381
에즈라 1서　107, 112-114, 116-118, 263
에즈라 2서　90, 94, 95, 109, 113, 114
에파프로디투스　261
엑바타나　133
엔 게디(엔 가디)　291, 297, 300, 302
엔메두란키　170
엘나탄(Elnathan)　327
엘레판틴 공동체　27, 97
엘레판틴 파피루스　25, 27, 133, 267, 316, 327
엘리사　217

엘리야　　　　　　　193, 195, 217
엘리오네오, 칸데라스의 아들　320
엘아자르(바르 코크바의 사제)　96
엘아자르, 대사제　153, 155, 157, 316
엘아자르, 바리사이인　60, 61, 335
엘아자르 벤 야이르　89, 302-306, 310, 344
엘아자르, 보에토스의 아들　319
엘아자르, 시몬 바르 기오라의 아들　87
엘야십, 대사제　　　　　　316
여두툰의 자손들　　　　　　368
여호수아　207-208, 210, 217, 218, 275, 278, 283, 309, 375
여호야킨 임금(여콘야)　28, 29, 161, 224
여호차닥　　　　　　　　　315
열두 성조의 유언서　109, 180, 186-187, 189, 279, 281
예다니아 고문서　　　　268-270
예레미야(예언자, 예언서)　26-28,106, 114, 125, 144, 192, 217-218, 223, 233, 267, 276, 283, 375, 377-390
예레미야의 편지　　　246-248, 279
예로니모　　　　　　　　113, 160
예리코　58, 273, 278, 288, 290, 298, 329
예수　76, 79, 80, 187, 204, 263, 319, 321, 324, 329, 330, 338, 365, 374, 377, 378
예수, 담네오스의 아들　　　　320
예수, 세에의 아들　　　　　　319
예수, 예루살렘 출신 엘아자르의 아들, 시라의 아들　　212, 279, 377
예수, 피아비의 아들　　　　　319
예수아 대사제　16, 18, 116, 218, 315, 316, 326
오경　103, 189, 218, 251, 253-255, 275, 278, 280, 326, 344, 366, 367, 380
오니아스 1세, 대사제　　　　317
오니아스 2세, 대사제　38, 315-317, 332
오니아스 3세, 대사제　43-45, 59, 98, 124, 126, 127, 200, 316, 317

오니아스 4세　45, 98, 99, 200, 353
오니아스 가문　45
오리게네스, 카이사리아의　254
오순절　182, 363
오스타네스, 하나니의 형제　270
옥타비아누스　73, 75
와디 엣 달리예(Wadi ed-Daliyeh)　25
와스티 왕비　31
와이드랑(Waidrand)　269, 270
외경　29, 105, 107, 108, 111, 112, 118, 124, 131, 135, 143, 147, 152, 159, 212, 222, 227, 243, 246, 248, 278, 279, 309
외경 창세기　222, 283, 284, 309
요나탄, 대사제　83, 122, 123, 127, 296, 298, 300, 316, 317, 318, 328, 333
요나탄, 아나누스(한나스)의 아들　320
요르단(강) 건너편(동편)　37, 39, 40, 77, 86, 353
요세푸스　23, 25, 34, 37, 38, 40, 41, 52, 54, 59-61, 64-66, 68, 70, 72, 74, 76, 77, 82-90, 98, 100, 105, 111,
114, 117, 120, 151, 153, 200, 252, 258-266, 288, 290-294, 298, 300-308, 310, 315, 316, 318, 321-323, 328-330, 333-335, 337-344, 346, 347, 350, 351, 353, 365, 367, 373, 379
요셉　99, 179, 186, 188, 189, 195, 217, 283
요셉(유다의 부하)　123
요셉, 엘렘의 아들　319
요셉, 카메이의 아들　320
요셉 카야파　319, 329
요셉, 토비야의 아들　37-39
요시야, 임금　113, 217
요아킴　143
요야다, 대사제　316
요야립　325
요야킴, 대사제　316
요에제르, 보에투스의 아들　319
요타파타(지명)　85
요하난, 대사제　28, 270, 316
요한, 기살라의　85, 86
요한 바르 기오라　302

요한, 사도　　　　　　　　324, 371
요한, 세례자　　　　　　　79, 326
우리엘　　　91, 167, 168, 172, 174
우상 숭배　　27, 183, 200, 233, 247, 248
위경　　105, 108-111, 166, 180, 186, 190, 191, 193, 198, 202, 207, 219, 234, 271, 278, 279, 283
유다, 갈릴래아 출신인　　78, 89, 343, 344
유다 독립항쟁　　83, 84, 87, 94, 101, 252, 262, 288
유다 마카베오　　49-51, 118, 121, 122, 124, 125, 127-128, 130, 137, 194, 197, 328, 370
유다, 시몬의 아들　　　　　　　58
유다 이스가리옷　　　　　　　324
유딧　　　136, 137, 139-143, 371
유딧기　　　106, 135-138, 141, 142
유배(포로, Exile)　19, 21, 24, 26, 28, 29, 103, 112, 114-116, 132, 134, 137, 143, 189, 193, 196, 200, 222-227, 238, 295, 315, 316, 332, 367, 376
유스투스, 티베리아의　　　264, 266
유스티누스, 순교자　　　　　　159
유피테르 카피톨리누스　95, 97, 359
율리우스 아프리카누스(3세기)　146
율리우스 카이사르　　　　　69, 99
율법 학자　　18, 21, 127, 212, 330, 334
이두매아　　　　　66, 86, 302, 304
이레네우스　　　　　　　　　159
이사악　　178, 179, 185, 188, 217, 243, 257, 363
이사야　　16, 103, 109, 173, 206, 217, 218, 228, 233, 274, 374, 375
이수스　　　　　　　　　　　32
이스마엘, 피아비의 아들　319, 320
이집트 탈출(사건)　99, 184, 195, 200, 232, 266, 360
이투래아　　　　　　　　　　61
인구 조사　　　　　152, 343, 344

자객 집단(Sicarii)　83, 84, 89, 262, 301-304, 308, 310, 344

정의의 스승(Teacher of Righteousness) 284, 294, 295, 297

제2경전　105-108, 112, 118, 124, 131, 135, 143, 147, 159, 212, 222, 227, 241, 243, 245, 248, 278, 279

제3이사야서　103

주간 묵시록　191, 197, 219, 220

주간절(Weeks)　182, 183, 185, 224, 361-363

지성소　147, 148, 209, 321, 349, 350, 352, 353, 364

차독　315, 332, 337, 344

차독 자품의 단편들　100, 111

찰스 R. H.　109-110

찰스워드(Charlesworth, J.)　110-111

천문학 책　167-170, 175, 184, 190, 282

천사(들)　91-93, 133, 134, 145, 149, 164, 167, 168, 171-176, 181, 183, 188, 190, 191, 194, 195, 197, 204, 206, 211, 221, 222, 244, 245, 250, 278, 279, 285, 286, 335, 339, 340

천사, 현존의　181, 183

천상의 서판(Heavenly tablets)　169, 181

체스티우스 갈루스　84

체육관　44, 119, 127

초막절(축제)　21, 53, 62, 82, 118, 125, 302, 349, 364, 365

최고 의회(Sanhedrin)　69, 70, 72, 89, 313, 321, 324, 328-331, 336, 338-340

친헬레니즘(Philhellene)　62

칠십인역 그리스어 성경[Septuagint(a)] 107, 113, 143, 228, 235, 246, 255

카시프야　29

카야파　319, 329

카우치(Kautzsch, E.)　109, 110

카이로의 게니자　213, 282

카이사리아　75, 80, 253

칸데라스, 대사제　320, 321

칼데아(인)　31, 200, 223

칼렙　217

캄비세스　27, 114, 117, 267, 269-

270

켈키아스(Chelkias) 99

코라의 후손들 368

콜리(Cowley, A.) 268-270

쿰란　131, 132, 170, 177, 181, 182, 185, 187, 191, 203, 213, 219, 221, 222, 242, 246, 272-277, 279-294, 296-299, 309, 325, 333, 336-338, 341, 342, 359, 362, 363, 366, 370-372, 377-381

퀴리니우스 343

크눔(이집트의 신)　27, 268, 269

크렐링(Kraeling, E.) 271

크로노스 199

크바르(Chebar) 강 29

크핫(Qahat) 284

클라우디우스 황제　81, 100

클레오파트라　160, 300

클레오파트라 2세 98

클레오파트라 3세　62, 99

키루스(Cyrus)　16, 17, 30, 42, 114, 116, 248, 345, 347

키르벳 쿰란→　'쿰란'

키슬레우(Chislev)　47, 50, 120, 125, 365

키팀 286

키프로스 62

타르굼 277

타마르 188

타호판헤스 26

탁소, 레위인　209, 210

탈무드 313

태양력　168, 170, 184, 281-283, 293

테라페우테(Therapeutae) 종파　254, 344, 377

테르모필레(Thermopylae) 138

테오도시온(Theodotion)　143, 145, 146, 250

테오필로스, 한나스(아나누스)의 아들 320

텔 아비브 29

토라(율법서, Torah)　34-36, 97, 153, 295, 376

토비야　37, 132-135, 353, 371

토비야 가문　　　　37, 38, 40, 332
토비야의 소설　34, 37, 97, 263, 316, 317, 334
토비야, 암몬 사람　　　　20, 22
토빗　　30, 132-135, 142, 273, 371
토빗기　　30, 106, 131, 132, 134, 135, 272, 279
트렌트 공의회　　　　　　108
트리폰　　　　　　54, 55, 159
티로(Tyre)　　　　　　　　32
티베리우스　　　　　　　322
티베리우스 율리우스 알렉산더　82, 101, 252
디탄　　　　　　　　　　199
티투스　　85, 87, 88, 93, 260-262

파니온 전투　　　　　　　41
파라오 호프라　　　　　　27
파르티아(Parthians)　72-74, 203
파사엘　　　　　　70, 72, 73
파수꾼(Watchers)　171, 173, 174, 176, 188, 190, 192, 193, 221, 301
파수꾼의 책　170-172, 190, 191, 204

파스카(축제)　99, 113, 118, 268, 360-362, 368
파스카 파피루스　　　　　268
파트로스(Pathros)　　　　　27
팔레스티나　81, 87, 95, 148, 314, 345, 347, 348, 373, 374, 380
팔레스티나 탈무드　　　　313
페레아　　　　　　　　　　77
페르시아　16, 18, 20, 22, 23, 26-32, 72, 114, 132, 135-137, 163-165, 196, 248, 263, 267, 268, 314, 316, 327
페트라　　　　　　　　　　66
페트로니우스　　　　　　　81
펠릭스　　　　　　　　83, 259
포르키우스 페스투스　　　83
포텐(B. Porten)　　　　　271
포필리우스 레나스　　　　46
폼페이우스　66-69, 235, 237, 329, 349
푸림절(축일)　31, 160, 165, 366
프리기아　　　　　　　　42
프톨레마이스 성읍　　　　54

프톨레마이오스 1세	33, 34, 346		266, 291, 322, 329, 341, 344, 367, 373, 377
프톨레마이오스 2세 필라델푸스 34, 35, 153, 316, 348		필로크라테스(Philocrates)	152, 153
프톨레마이오스 4세 필로파토르 98, 147, 152		필리포스, 헤로데의 아들	77, 79
프톨레마이오스 6세 필로메토르 46, 98, 99, 199, 200		하까이	18, 104, 315, 326
		하나넬, 대사제	75, 319
프톨레마이오스 8세 에우에르게테스 2세(피스콘)	98, 125, 151, 213	하나니	20, 270, 271
		하나니아(아나니아) 고문서	268, 272
프톨레마이오스 9세 소테르 2세	160	하나니아스	99
프톨레마이오스 12세	160	하난야	243
플라비아누스 왕조의 황제들	93, 261	하누카(축일)	50, 121, 125, 130, 131, 365, 366
플라비우스 실바	88, 302, 303		
플라쿠스	100, 252, 254	하드리아누스 황제	95, 96
플라톤	99, 256	하만	31, 162-165, 366
플로루스	83, 84	하모르	177
플리니우스, 대★	290, 291, 341, 342	하스모네아 왕가	49, 55, 59, 61, 73-75, 77, 120, 122, 123, 235, 258, 263, 298, 300, 307, 308, 317, 318, 327, 332
피느하스, 사제	180, 217		
피느하스, 사무엘의 아들	320		
피르케 아봇(Pirke Avot)	110, 111		
피아비	319-321	하와	109, 175, 183
필로, 알렉산드리아의 100, 101, 105, 111, 153, 251-258,	6, 80, 82,	하초르	307
		한나의 노래	107

할례　47, 59, 62, 95, 119, 120, 140, 142, 163, 177, 255

헤로데 대왕　66, 69-81, 203, 207, 209-211, 263, 288, 289, 297, 298, 300, 301, 307, 308, 317-322, 327-331, 336, 341, 346, 349-351, 353

헤로데 성(헤로디움)　75, 78, 88

헤로데, 칼키스의　71, 320

헤만의 자손들　368

헤카테오스, 압데라의　346, 350

헤칼로트(Heakhalot)　285

헬레니즘 시대　32, 33, 35-37, 42, 43, 98, 119, 136, 317, 327, 332, 333, 348

헬리오도로스　43, 44, 126, 130

호부(Mezuzot)　277

홀로페르네스　136-141

홍수　170, 172, 173, 182, 192, 194, 195, 199, 204, 205, 222

희년(Jubilees)　184, 192, 278

희년서　109, 170, 177, 181-185, 188, 189, 192, 208, 278, 279, 281-283, 309, 333, 362, 363, 379, 381

히르카노스 2세　64-76, 318, 329

히르카노스, 요한　59-61, 123, 124, 287-289, 318, 335, 340

히즈키야　217, 369

힉소스　265

힐키야(Hilkiah)　223

초기 유다이즘 입문

서울대교구 인가: 2011년 3월 11일
처음 펴낸 날 : 2004년 12월 1일
3쇄 펴낸 날 : 2011년 4월 5일
지은이 : J. C. 판데어캄
옮긴이 : 박요한 영식
펴낸이 : 한성숙
펴낸곳 : 성서와함께
156-070 서울시 동작구 흑석동 177-8
☎ (02) 822-0125~7 FAX (02) 822-0128
http://www.liwibi.com / e-mail : order@liwibi.com
등록번호 : 14-44(1987년 11월 25일)

ⓒ 2004 성서와함께
성경 ⓒ 한국천주교중앙협의회 2005

ISBN   978-89-7635-254-5 93230
       978-89-7635-910-0(총서)

* 이 도서의 국립중앙도서관 출판시도서목록(CIP)은
e-CIP홈페이지(http://www.nl.go.kr/ecip)와
국가자료공동목록시스템http://www.nl.go.kr/kolisnet)에서 이용하실 수 있습니다.
(CIP제어번호: CIP2011001448)